Compliance e Prevenção
Corporativa de Ilícitos

Compliance e Prevenção Corporativa de Ilícitos

INOVAÇÕES E APRIMORAMENTOS
PARA PROGRAMAS DE INTEGRIDADE

2022

Gustavo Britta Scandelari

***COMPLIANCE* E PREVENÇÃO CORPORATIVA DE ILÍCITOS**
INOVAÇÕES E APRIMORAMENTOS PARA PROGRAMAS DE INTEGRIDADE
© Almedina, 2022
AUTOR: Gustavo Britta Scandelari

DIRETOR ALMEDINA BRASIL: Rodrigo Mentz
EDITORA JURÍDICA: Manuella Santos de Castro
EDITOR DE DESENVOLVIMENTO: Aurélio Cesar Nogueira
ASSISTENTES EDITORIAIS: Isabela Leite e Larissa Nogueira
ESTAGIÁRIA DE PRODUÇÃO: Laura Roberti

DIAGRAMAÇÃO: Almedina
DESIGN DE CAPA: FBA

ISBN: 9786556276212
Agosto, 2022

Dados Internacionais de Catalogação na Publicação (CIP)
(Câmara Brasileira do Livro, SP, Brasil)

Scandelari, Gustavo Britta
Compliance e prevenção corporativa de ilícitos : inovações e aprimoramentos para programas de integridade / Gustavo Britta Scandelari. -- São Paulo : Almedina, 2022.

ISBN 978-65-5627-621-2

1. Compliance 2. Corrupção - Combate 3. Corrupção administrativa 4. Direito 5. Governança corporativa -Brasil 6. Ilícito administrativo - Brasil 7. Ilícito penal - Brasil I. Título.

Números	Mais números

Índices para catálogo sistemático:
1. Governança corporativa : Compliance : Direito administrativo 35
Aline Graziele Benitez - Bibliotecária - CRB-1/3129

Este livro segue as regras do novo Acordo Ortográfico da Língua Portuguesa (1990).

Todos os direitos reservados. Nenhuma parte deste livro, protegido por copyright, pode ser reproduzida, armazenada ou transmitida de alguma forma ou por algum meio, seja eletrônico ou mecânico, inclusive fotocópia, gravação ou qualquer sistema de armazenagem de informações, sem a permissão expressa e por escrito da editora.

EDITORA: Almedina Brasil
Rua José Maria Lisboa, 860, Conj.131 e 132, Jardim Paulista | 01423-001 São Paulo | Brasil
www.almedina.com.br

À Theodora e ao Bento: o amor que sinto por vocês é muito maior do que os limites das palavras.
Beijos e abraços apertados.

À memória do querido Prof. René Dotti: obrigado por tudo.
"They don't die;
They go before".

"Good policy analysis is not about choosing between the free market and government regulation. Nor is it simply deciding what the law should proscribe. If we accept that sound policy analysis is about understanding private regulation – by industry associations, by firms, by peers, and by individual consciences – and how it is interdependent with state regulation, then interesting possibilities open up to steer the mix of private and public regulation".

(Ayres e Brathwaite, p. 3)

"It is not sensible for regulators to aim for perfect compliance or the complete elimination of a hazard".

(Baldwin e Cave, p. 110)

SOBRE O AUTOR

Gustavo Britta Scandelari é Doutor e Mestre em Direito pela Universidade Federal do Paraná – UFPR. Especialista em Direito Penal e Criminologia pela Universidade Federal do Paraná – UFPR em convênio com o Instituto de Criminologia e Política Criminal – ICP. Professor de Direito Penal na graduação do UNICURITIBA. Advogado com atuação nas áreas de Direito Penal, Direito Processual Penal e Compliance.

AGRADECIMENTOS

Devo à amada Martha o suporte incondicional que permitiu o acalento da ideia e da realização desta empreitada acadêmica. Sua ajuda me garantiu a tranquilidade de que necessitei em todos os momentos em que estive longe, dedicado ao presente trabalho; sua cumplicidade e carinho proporcionaram aos nossos filhos e a mim a sustentação de que precisamos para que essa etapa de nossas vidas fosse percorrida com alegria e prazer.

Aos meus pais, irmãos e todos os meus demais familiares e amigos que acompanharam o desenvolvimento das pesquisas, agradeço a motivação e o interesse.

Ao saudoso Prof. René Dotti, pelo estímulo para a busca constante por um trabalho que concilie a prática com a teoria, de modo a se tentar fazer com que o apuro literário não se distancie da realidade. Espero ter me aproximado desse objetivo.

À Rogéria Dotti, muito obrigado por toda a determinação que as nossas conversas me transmitiram ao longo do curso de Doutorado na UFPR, em que tive a felicidade de ser seu contemporâneo.

A todo o Núcleo Criminal da Dotti e Advogados, agradeço, na pessoa do grande amigo e sócio Alexandre Knopfholz, o fundamental amparo com reuniões, atendimentos e audiências sempre que eu estive ausente para cumprir compromissos do Programa de Pós-Graduação em Direito. Farei o mesmo por vocês. Desejo que sempre continuemos essa bela e entrosada equipe de colegas de vida e de profissão.

Fui distinguido com o aceite do Prof. Dr. Paulo César Busato para ser meu orientador para a produção da pesquisa apresentada neste livro Devido a sua criteriosa orientação, pude aprender diversos aspectos de metodologia e de conteúdos ligados ao tema em questão, tive acesso à realização de importantes pesquisas paralelas relativas às nossas áreas de interesse – como, p.ex., o projeto realizado em parceria com a Universidade Humboldt de Berlim, em 2019 –, participei de eventos, e, atualmente, desfruto da sua amizade. A ele, agradeço o privilégio.

Também agradeço ao meu orientador por ter me apresentado ao meu coorientador, o Prof. Dr. Paulo de Sousa Mendes. Como especialista que é no tema *compliance* e *law enforcement*, seus estudos e palavras compõem a estrutura básica do presente trabalho, permitindo-me, diretamente, o desenvolvimento das propostas realizadas ao final. A pandemia, lamentavelmente, me impediu de estudar as suas orientações presencialmente na ULisboa, mas, sem prejuízo de o fazermos no futuro, aprendi com seus ensinamentos por nossas conversas, por suas avaliações escritas e por seus livros. Sou-lhe grato, ademais, pela afabilidade que dedicou a este orientando, mesmo nos momentos em que a orientação demandou observações mais críticas.

Obrigado à Claudia Penovich, amiga sempre disposta, pelo prestimoso auxílio com a organização da paginação e do Sumário.

O crédito da revisão ortográfica e gramatical final é de Anderson Hander Brito Xavier, a quem também sou grato pelo empenho.

PREFÁCIO

Prefaciar um livro compreende uma dupla tarefa: apresentar ao leitor o texto e informá-lo sobre o autor. Usualmente, essas duas etapas costumam estar divididas e aquele que prefacia fala do autor separadamente dos comentários que faz a respeito do livro. Mas, neste caso, tentei várias vezes repetir essa fórmula sem sucesso, até que me rendi à evidência de que Gustavo Scandelari **é** o seu livro.

Explico-me.

O texto que o leitor tem nas mãos é produto da pesquisa de doutoramento do autor, de cuja orientação tive o privilégio de participar. Essa posição – de observador privilegiado – permitiu-me acompanhar, de perto, o método de composição do texto, que foi extremamente revelador da capacidade intelectual, da seriedade no trabalho e do comprometimento e retidão de propósitos do seu autor. Ao mesmo tempo, permitiu-me entrever sua preocupação com a prevenção de ilícitos corporativos por meio do cumprimento das normas, atitude que, de sua parte, é cotidiana. Sim. Gustavo Scandelari representa, pessoalmente, o que propõe no livro: o cumprimento das regras como forma de prevenção, fomento e melhoria do seu entorno.

Jamais tive orientação mais tranquila do que a sua. Cumpriu, estritamente, todos os compromissos que estipulamos durante sua passagem pelo PPGD/UFPR. E quando me refiro a <u>todos</u>, isso não é força de expressão. Do comparecimento pontual às reuniões de orientação, à composição de artigos a quatro mãos, inclusive em língua espanhola, e à apresentação de trabalhos no Núcleo de Pesquisas por mim coordenado, até mesmo na Humboldt Universität Berlin. Todas as suas participações como doutorando se notabilizaram pelo atendimento (com sobras) do que era requerido para o êxito.

Não é estranho, portanto, que o produto final desta passagem seja precisamente um livro sobre os *programas de prevenção corporativa*.

Aliás o uso dessa terminologia – em português – em substituição ao anglicismo *compliance* é, também, uma identidade do autor que se preocupou por situar o seu texto como uma proposta de aperfeiçoamento da prevenção de ilícitos corporativos voltada para a realidade brasileira, bem como valeu-se, em termos de coorientação, das raízes lusitanas da Universidade de Lisboa, por meio do Professor Paulo de Sousa Mendes.

Ao leitor pode – em um primeiro momento – parecer demasiadamente estrito escrever exclusivamente sob o ângulo do aperfeiçoamento de regras locais, diante de uma realidade corporativa global, mas isto também representa a personalidade do autor, que, humildemente, reconhece a quase impossibilidade de exaurir as nuances acerca das regras de cumprimento e as possíveis propostas de aperfeiçoamento corporativo.

Mas não se engane, caro leitor! Não obstante a advertência acerca do alcance com que Gustavo Scandelari apresenta o seu texto, a pesquisa proposta neste livro é profunda e universal, remetendo a uma gama infindável de trabalhos em língua estrangeira, nuances de direito comparado e demonstra amplo conhecimento da situação global do tema.

E não se trata, apenas, da questão jurídica. Embora Gustavo faça questão – novamente revelando seu traço de humildade – de apresentar seu texto como uma proposta estritamente jurídica, é mais do que evidente a erudição com que transita por por questões de gestão pública, questões econômicas, aspectos de ciência política, governança corporativa, intrincadas questões filosóficas e até mesmo éticas e morais.

O texto inicia com uma demonstração de independência e autenticidade do seu autor, na medida em que aponta para a importância da prevenção corporativa de ilícitos em vários países sem passar por alto a questão da responsabilidade penal de pessoas jurídicas, não obstante a posição contrária a respeito do tema defendida por René Dotti, brilhante advogado sob cuja tutela o autor desenvolveu sua carreira na liça forense. Gustavo transita com maestria e lhaneza incomuns em relação a esses temas, logrando uma visão atualizada e pessoal sobre a realidade criminológica do delito corporativo sem ferir ou deslustrar sua formação de origem. Essa habilidade, muitas vezes demonstrada pelo autor em sua jovem, mas já profícua carreira forense, exsuda tranquilamente para o texto e para a sua postura como acadêmico.

A respeito desse ponto do livro, o autor destaca a realidade que enxergamos nos jornais todos os dias: a insuficiência das normas brasileiras, mesmo quando somadas às normas internas das empresas, para promover uma mínima prevenção de delitos. Gustavo aponta como razões dessa insuficiência, entre outras, com especial destaque *"a ausência de uma identidade bem definida dos programas de prevenção nas leis; a defasagem dos mecanismos legislativos voltados a fomentar a contribuição privada na atuação preventiva do Estado; a inércia do setor privado na atuação preventiva e a grande complexidade do cenário regulatório brasileiro"*.

De fato, na área à qual se volta esta obra, o legislador brasileiro tem sido, a um só tempo, profícuo e inócuo. Afinal, uma análise legislativa aponta que o *compliance* aparece com características variáveis tanto em relação ao seu conteúdo quanto ao seu grau de cogência. Nas palavras do autor: *"não se sabe se é uma obrigação prévia ou uma consequência de um fato ilícito; se é somente um elemento de convicção da autoridade ou uma salvaguarda do infrator"*.

É nesse cenário de carência que aparece mais uma característica do autor: a empatia, a preocupação com o bem de todos e que se revela exatamente na proposição da tese, já que a segunda parte do texto é inteiramente dedicada a colmar o déficit de aproveitamento das regras de cumprimento por meio da exploração precisamente dos significados jurídicos das expressões *compliance* e *law enforcement*.

Nada seria mais proveitoso à vida profissional forense do doutor Gustavo Scandelari do que a permanência da maranha legislativa e da confusão conceitual na temática tratada, pois isso levaria à ampliação da necessidade de consultoria e prestação dos serviços advocatícios que oferece com maestria. Aliás, diga-se, esta foi, em terras alienígenas, a exata postura de alguns pseudoacadêmicos. Mas nesta obra, a índole do autor sobressaiu e revelou certamente as fontes de sua formação – tanto familiar quanto profissional, esta por influência de René Ariel Dotti – levando-o a optar por esclarecer os caminhos para todos de modo a colocar em primeiro lugar a evitação da produção de resultados juridicamente desvaliosos.

No afã do esclarecimento das linhas mestras da sua pesquisa, o autor deixa muito claro que na expressão *compliance* ou, como ele prefere, *cumprimento*, encontram-se inseridas não apenas o cumprimento da norma, mas uma verdadeira postura de governança voltada ao respeito do sentido da norma, a ser viabilizada programaticamente. Com isso, conclui que o *compliance* é um instituto jurídico preventivo, que objetiva evitar ilícitos, não apenas desde uma prevenção simbólica, derivada de cominação de sanções, mas real, à margem do aparato sancionatório estatal.

Por outra parte, aponta o texto para uma concepção também ampliada do *law enforcement*, no sentido de que designa não apenas a promoção da aplicação da lei pelo aparato repressivo estatal, mas igualmente uma atitude mais ampla de preocupação com a criação e a gestão pública de políticas capazes de melhorar a atuação cotidiana das corporações, que são reconhecidas no texto como as grandes produtoras de riscos da atualidade. O logro desses objetivos passa longe da mera simplificação sancionatória, especialmente diante da realidade atuarial que rege a política empresarial do Século XXI. A atuação proposta pelo texto é de um modelo de autorregulação regulada flexível em termos de intervenção do Estado na proporção direta do nível de cumprimento das normas por iniciativa própria das corporações e conforme os níveis de transparência dos seus procedimentos.

Chama a atenção, nessa parte do texto, a abordagem contemporânea exibida pelo autor a respeito da delimitação do âmbito coercitivo-sancionatório do Estado. As medidas propostas têm por foco os aspectos mais avançados da tratativa acerca da punibilidade de pessoas jurídicas, descrevendo, detalhadamente, o *shame* como alternativa às tradicionais sanções pecuniárias; explorando os deveres legais de informação, e a necessidade absoluta do *one-stop-shop*, para reduzir o número de autoridades reguladoras, eliminando a discussão eterna a respeito da sobreposição de sanções por acúmulo de instâncias. É uma demonstração clara de uma característica muito presente nas atividades do autor: estar *up-to-date* nos assuntos de que trata.

A terceira parte do texto revela a grande preocupação do seu autor com o meio em que vive, sua capacidade de compreensão e atuação colaborativa, na medida em que oferece propostas acerca de como otimizar as ferramentas legislativas com vistas ao propósito de efetivação do *cumprimento*. E aqui a ampla informação e cultura corporativa do autor se faz sentir nas inovações propostas para o Brasil visando aproximar a assunção de responsabilidade das empresas e a evitação dos danos de entidade penal com o papel de incentivo legislativo, tais como o uso dos *compliance champions*, ferramenta ainda pouco difundida no Brasil, mas que tem melhores resultados para espraiar os valores de cumprimento de normas no ambiente empresarial.

Em complemento ao caráter inovador e ousado das propostas deste texto, Gustavo Scandelari revela-se também um jurista com os pés firmemente fincados na realidade, na medida em que não olvida advertir que o caminho de uma lei federal é o único possível para a viabilização de suas propostas, na medida em que estas supõem a alteração de competências de agentes públicos e que o impulso para alteração dos programas no âmbito privado, dificilmente, se daria sem a imposição legislativa.

Não se furta o autor a esclarecer concretamente o que pretende. Seu objetivo geral é a simplificação do atendimento das leis pelo cidadão e a eliminação de uma relação exclusivamente adversarial entre reguladores e regulados no plano do controle punitivo da atividade empresarial e ele o apresenta sob a forma de uma sugestão de projeto legislativo, no apêndice do texto.

Portanto, o livro que tens nas mãos, caro leitor, é um verdadeiro guia para gerações futuras que se disponham a interferir nessa área tão complexa que é a autorregulação regulada da atividade empresarial frente à prevenção de ilícitos.

Todos os pontos de partida de otimização desse aspecto cotidiano da sociedade de riscos foram perfeitamente pavimentados de modo cuidadoso e criterioso, mas, ao mesmo tempo, ousado e propositivo.

Não poderia haver melhor descrição a respeito do doutor Gustavo Britta Scandelari do que o seu próprio texto. Este é um verdadeiro cartão de visitas do autor, exposto em forma de ideias jurídicas.

De hoje em diante, quem queira conhecer melhor como atuar na área do *criminal compliance* no Brasil terá forçosamente conhecido Gustavo Scandelari e vice-versa: quem queira conhecer o autor verá espelhada em uma pessoa a forma melhor acabada de *cumprimento* da missão de um verdadeiro jurista.

Boa leitura!

Curitiba, 2022.

PAULO CÉSAR BUSATO

APRESENTAÇÃO

A função de um prefácio é apresentar ao leitor a obra e o seu autor. O Professor Paulo César Busato, ao prefaciar a monografia de Gustavo Britta Scandelari que o leitor agora folheia, realizou plenamente essa dupla finalidade. Não vou repetir esse desiderato. Ficaria sempre aquém do engenho e arte do prefaciador que me antecedeu e, por isso mesmo, embaciaria os méritos da obra prefaciada e do seu autor.

Primeiramente refletirei sobre os desafios que a investigação realizada por Gustavo Scandelari lançou no meu caminho. Tive o privilégio de acompanhar o seu percurso de investigador, graças ao seu generoso convite para figurar como seu coorientador, a par do Professor Paulo César Busato, seu orientador principal. Lembro que a monografia resultou na tese apresentada ao Programa de Pós-Graduação em Direito – Doutorado, Setor de Ciências Jurídicas da Universidade Federal do Paraná, em 2021. O meu acompanhamento foi remoto, já que a pandemia alterou os planos de Gustavo Scandelari para uma estada na Faculdade de Direito da Universidade de Lisboa. Nem por isso deixei de seguir, atentamente, os avanços da sua investigação, ademais tendo participado, por videoconferência, na banca de qualificação e na banca examinadora que julgou a defesa da tese de Doutorado. Fiquei impressionado não só pela profundidade e qualidade da tese, mas também pelo modo informado e seguro com que o então candidato respondeu a todos os questionamentos da banca examinadora.

A presente monografia versa sobre a relação entre o cumprimento normativo (*compliance*) e a aplicação efetiva do Direito (*law enforcement*), apresentando propostas para o aperfeiçoamento da prevenção corporativa de ilícitos no Brasil. A obra conjuga, de maneira consistente e equilibrada, o espírito analítico com a convicção reformista. Por um lado, opera a dissecação dos programas corporativos de prevenção de ilícitos à luz da sua evolução em diferentes ordens jurídicas. Por outro lado, acredita na utilidade desses programas para reforçar a aplicação efetiva do Direito no mundo dos negócios. A crença é fundada, contanto que o exemplo venha de cima (*tone from the top*), ou seja, dos líderes das empresas, incluindo os donos do negócio, os administradores e os diretores intermédios, criando-se assim uma cultura de cumprimento normativo que alastre a toda a organização e transforme em atos concretos tudo aquilo que se anuncia (*walk the talk*).

Mas será que conseguiremos mesmo acreditar que uma empresa, seja qual for a sua personificação jurídica, é autenticamente motivável pelo cumprimento normativo, se a isso não for compelida por fatores externos à sua própria organização, designadamente fatores que apelem à tomada de consciência de que litígios, sanções, restrições regulatórias e danos reputacionais somente podem ser evitados se forem implementados programas corporativos de prevenção de ilícitos? Na verdade, a pergunta é meramente retórica e a resposta que se lhe queira dar é desprovida de consequências práticas, pois não interessa tanto saber se a motivação vem de dentro da empresa ou se é induzida de fora da empresa. O que interessa é que a motivação de conformidade, seja qual for a sua causa última, se torna efetiva e se traduz em atos eficazes.

O cumprimento normativo consistiu inicialmente numa autorregulação espontânea das empresas ou grupos de empresas, alargando-se, às vezes, a nichos ou setores de atividade econômica. Entretanto, foi emergindo a autorregulação imposta ou regulada (*enforced self-regulation*). A autorregulação regulada significa que as empresas passaram a ser obrigadas a redigir os seus próprios programas de prevenção de ilícitos, os quais devem depois ser certificados por entidades devidamente acreditadas para o efeito. Havendo falhas no cumprimento desses programas certificados, estas são supridas por meio da intervenção efetiva das autoridades reguladoras. A autorregulação regulada constitui assim um meio termo entre a autorregulação pura e o controle estatal direto, o que se tornou possível porque o cumprimento normativo encontrou eco do lado da regulação das atividades econômicas. A regulação clássica era distante da indústria e adotava uma postura formalista de comando e controle (*command and control regulation*). Ou seja, a cada pedido de informação, auditoria ou inspeção que revelasse um ilícito praticado pelas empresas visadas respondia o regulador mediante a instauração de procedimentos instrutórios destinados à aplicação de sanções. Já a regulação responsiva ou sensível (*responsive regulation*) – um conceito originalmente proposto por Ayres e Braithwaite (*Responsive Regulation: Transcending the Deregulation Debate*, 1992) – adequa-se, simbioticamente, às melhorias de conformidade da indústria, escolhendo, dessa forma, a oportunidade e a intensidade da atuação não apenas supervisora, mas também sancionadora. A atuação dos reguladores é calibrada e doseada de modo a ajustar-se ao comportamento das empresas e ao seu contexto. Os reguladores preferem, assim, aplicar medidas persuasivas e, em caso de ineficácia das mesmas, escalar sucessivamente para medidas mais severas, seja de aviso, tais como cartas de advertência, seja de ressarcimento de danos, seja de sanção administrativa e até penal, seja, quando tudo falha, de suspensão ou mesmo revogação da licença, segundo um esquema que é designado, em sentido figurado, de pirâmide da intervenção regulatória (*enforcement pyramid*).

Os conceitos de regulação responsiva e autorregulação regulada denotam tendências crescentes nas sociedades desenvolvidas, extravasando, aliás, o amplo espaço anglo-saxão em que emergiram. Gustavo Scandelari mostra-se entusiasta dessas novas tendências. Ao mesmo tempo que advoga uma forma mais colaborativa de relacionamento entre as autoridades reguladoras e as empresas, o autor prefaciado não enjeita as ameaças e as dificuldades levantadas pela necessidade de articulação da regulação com a autorregulação e procura dar resposta às grandes questões que avultam nessa matéria, a saber: I. Como evitar que as empresas se limitem a ostentar programas de fachada? II. Como impedir que um regulador sensível ao contexto se torne alvo de captura pelas empresas? III. Em que medida a regulação responsiva depende do quadro legal vigente e não apenas da atitude dos reguladores para com as empresas? IV. Qual o relevo do cumprimento normativo para a responsabilidade das empresas nos planos civil, administrativo e penal? V. Como facilitar a vida às empresas empenhadas em cumprir um emaranhado normativo avassalador?

Eu mesmo tenho vindo a refletir sobre tais questões, em grande medida preocupado com o chamado excesso de conformidade eventualmente desencadeado pela autorregulação regulada, se não houver cuidado na sua implementação. Em muitos países, a autorregulação regulada impôs um crescimento exponencial dos departamentos e funções de conformidade nas empresas, embora de forma proporcional à dimensão de cada uma. Acresce que a autorregulação regulada expandiu as próprias áreas de prevenção dos ilícitos de empresa, a começar pela prevenção da lavagem de dinheiro – a área universalmente mais regulada ao nível da imposição de deveres preventivos, não apenas relativamente aos bancos, mas a todas as entidades sujeitas, financeiras e não financeiras – e a terminar pela prevenção de ilícitos antitruste. Do mesmo passo, a autorregulação regulada incitou os reguladores a fazerem inspeções mais frequentes às empresas com vista ao conhecimento dos mecanismos de prevenção instalados. Mas também passaram a ser inspeções mais amigáveis para melhorar o desenho dos programas de conformidade e os mecanismos da sua aplicação prática. Em princípio, as inspeções administrativas não visam à descoberta de ilícitos, sob pena de se transformarem em buscas encapotadas (em manifesta fraude à lei), mas visam, isso sim, ao controle do cumprimento da lei. É natural, portanto, que, em caso de descoberta de irregularidades ou indícios de infrações, os reguladores emitam preferencialmente recomendações para adoção de medidas de correção e aperfeiçoamento dos sistemas internos de cumprimento das obrigações legais e regulamentares, mas não fica necessariamente excluída a possibilidade de exercerem os seus poderes sancionatórios, dependendo das circunstâncias da situação concreta. Há quem fale até numa Administração simbiótica a propósito dessa quase osmose entre os reguladores e as empresas. A autorregulação regulada não só se transformou num mecanismo dominado pelos reguladores, como se transformou, aliás, num mecanismo mimético da atuação dos próprios reguladores, geralmente com a adesão entusiástica das próprias empresas. Esse modo de atuar é incentivado nas funções de conformidade. Inclusive, as empresas têm interesse em treinar os procedimentos de colaboração devida com os reguladores em caso de inspeções anunciadas ou mesmo de inspeções de surpresa (*dawn raids*), consoante o regime jurídico aplicável. Temendo os riscos de responsabilidade civil, administrativa e penal, ligados aos respectivos ramos de negócio, as empresas exigem frequentemente o máximo de realismo nos procedimentos de conformidade, em especial no tocante às investigações internas (*internal investigations*). Não é raro que sejam invadidos os gabinetes dos colaboradores para pesquisa de papéis, discos rígidos e e-mails, apreendendo-se o que igualmente pudesse ser exigido, por exemplo, durante uma investigação real de ilícitos antitruste. Acontece também de tais diligências levarem à instauração de procedimentos disciplinares e à imposição de sanções a dirigentes e trabalhadores.

Esses exercícios de dramatização servem, aliás, para as empresas alegarem e demonstrarem a implementação de adequados sistemas de cumprimento normativo, se tiverem de enfrentar processos sancionatórios. A existência de programas de leniência (*leniency programmes*) que oferecem imunidade, dispensa ou redução das sanções às empresas que se autodenunciem, ao mesmo tempo que denunciam as demais envolvidas em práticas de cartel, constitui outro contexto de favorecimento para as investigações internas agressivas. Os programas de leniência visam desestabilizar os pactos de silêncio, oferecendo incentivos às empresas cartelizadas para cooperarem com as autoridades. A principal vantagem de um programa de leniência é a redução da complexidade, da morosidade e dos custos de instrução e recolha de provas em práticas de cartel. Do ponto de vista das empresas, a imunidade que é concedida à primeira requerente de leniência e a redução das sanções pecuniárias concedida às seguintes podem constituir um incentivo suficiente para a autodenúncia e a colaboração, nem que seja por receio de que as demais empresas cartelizadas possam oferecer informações e meios de prova. Por aqui se percebe que os programas de leniência tenham contribuído para o incremento da conformidade nas empresas. Tudo isto pode alavancar as funções de conformidade como um passa--culpas das empresas para os seus próprios colaboradores, tentando, assim, transformar os delitos de empresa em delitos dos colaboradores contra a empresa. A conformidade como passa-culpas da empresa para os seus colaboradores, acompanhada de investigações internas que violam os seus direitos, somente pode – como é bem de ver – contribuir para a criação de uma cultura de escapismo e fingimento por parte dos colaboradores, ao invés de estimular o compromisso com as boas práticas, a assunção dos próprios erros e a vontade individual e coletiva de os corrigir. Ao final do dia, em vez de uma verdadeira cultura de conformidade, abre-se a porta à criação de uma subterrânea subcultura de dissimulação dos delitos de empresa. Estas são, sem dúvida, grandes ameaças e dificuldades que afrontam a possibilidade de se edificar um entrosamento virtuoso entre a regulação pública e a autorregulação empresarial.

Se tais ameaças e dificuldades forem identificadas e vencidas, então os programas corporativos de prevenção de ilícitos poderão ser eficazes para evitar a ocorrência de fatos ilícitos, incluindo fatos lesivos de interesses penalmente tutelados. Se a prevenção for real, o Direito penal não precisará sequer ser acionado. Ou seja, o *criminal compliance* idôneo reforça o princípio de intervenção mínima porque produz efeitos antes de se cogitar da intervenção penal: impede, mesmo, a intervenção em si – tornando-a realmente mínima, nas palavras de Gustavo Scandelari.

O presente livro termina com a sugestão de uma proposta de lei federal (apresentada já em forma de diploma legislativo completo), que o autor pretende que tenha a força de uma recomendação às empresas, mas que compromete o Estado, no sentido de lhes garantir que, se desenharem um programa conforme ao recomendado e o submeterem a certificação pública, em princípio não serão alvo de responsabilidades coletivas, mas haverá apuramento de responsabilidades individuais. É, sem dúvida, uma proposta que merece discussão.

Em suma, o livro é um manancial de informação para o leitor interessado, que somos todos nós, porquanto se trata de matéria estruturante nas sociedades contemporâneas. Mas é muito mais do que isso, o que já não seria pouco, porquanto o autor apresenta soluções e propostas inovadoras, pensadas em primeira mão para o Brasil, mas que servem de inspiração para outras ordens jurídicas, designadamente para os países de língua portuguesa. A obra está, pois, destinada a influenciar significativamente os futuros debates em torno dos modelos de regulação pública e de autorregulação empresarial.

Lisboa, 2022.

PAULO DE SOUSA MENDES
Professor Catedrático da Faculdade de Direito da Universidade de Lisboa.

SUMÁRIO

INTRODUÇÃO   29

PARTE I – A REALIDADE DOS PROGRAMAS CORPORATIVOS DE PREVENÇÃO DE ILÍCITOS

CAPÍTULO 1 – OS ILÍCITOS DAS GRANDES CORPORAÇÕES   41
1. *Watergate*: o surgimento do *Foreign Corrupt Practices Act* (FCPA, 1977)   43
2. *Enron*: a figura do *whistleblower* e o *Sarbanes-Oxley Act* (SOX, 2002)   45
3. *British Petroleum*: ordem não sujeita a controle e funcionário desprotegido   48
4. *Dieselgate*: controles inidôneos e pauta ética obscura   49
5. Prevenção corporativa de ilícitos no Brasil   51
    5.1. Mensalão: compliance como fundamento condenatório   52
    5.2. Operação Lava Jato: compliance como resultado de acordos   53
    5.3. As barragens de Mariana/MG e Brumadinho/MG: compliance inidôneo como estímulo para a prática de ilícitos   56
6. Ilícitos corporativos e mecanismos de prevenção no Brasil   59

CAPÍTULO 2 – DIFERENTES FORMAS DE SE POSITIVAR A PREVENÇÃO CORPORATIVA DE ILÍCITOS   63
1. Recomendação   64
2. Obrigação mediante sanção   69
3. Sanção ou condição de acordo   72
4. Exclusão de responsabilidade   74
5. Interferência na aplicação da sanção   76
6. Multiplicidade de formas de positivação   78

CAPÍTULO 3 – ASPECTOS GERAIS DEFINIDORES DOS PROGRAMAS CORPORATIVOS DE PREVENÇÃO DE ILÍCITOS   81
1. Identificação de riscos   83
2. Formação de cultura propícia à fiscalização   85
3. Organização, controle e reprovação   87
4. Canais de denúncia e *whistleblowers*   90
5. Hipóteses de aplicação: *ex ante* e *ex post*   94

PARTE II – A POSSIBILIDADE DE APERFEIÇOAMENTO DA PREVENÇÃO CORPORATIVA COM MECANISMOS DE *LAW ENFORCEMENT*

CAPÍTULO 1 – EFETIVIDADE, IDONEIDADE E PREVENÇÃO   99
1. O problema da ideia de efetividade dos programas de prevenção   102
2. A prevenção real como alternativa à prevenção simbólica da pena criminal e o reforço da intervenção mínima   106
3. *Compliance*: noção e natureza jurídica   116

CAPÍTULO 2 – O (DES)CONTROLE DA ATIVIDADE EMPRESARIAL NO BRASIL   125
1. A independência dos poderes de controle e a sociedade   128
2. A desorganização regulatória a serviço do risco   131
3. Regulação, autorregulação e autorregulação regulada   137
    3.1. A regulação   138
    3.2. A autorregulação   140
    3.3. A autorregulação regulada   144

CAPÍTULO 3 – *LAW ENFORCEMENT*   151
1. *Law enforcement*: noção e natureza jurídica   153
2. Autorregulação regulada como colaboração entre o Estado e as corporações: a *enforced self-regulation*   166
    2.1. A colaboração público-privada e a sociedade   167
    2.2. A possibilidade de se evitar a captura regulatória   169
    2.3. A colaboração público-privada como instrumento de *law enforcement*   172
    2.4. A *enforced self-regulation*   178
3. Outras possíveis ferramentas de *law enforcement* para a prevenção de ilícitos   184
    3.1. A viabilidade prática do uso de programas de prevenção corporativa como *law enforcement*: necessidade de ambiente normativo favorável   184
    3.2. Instrumento formal de início da colaboração: facilitação do monitoramento   188
    3.3. Transparência de verdade: inclusão da sociedade civil e fiscalização   189

3.4. Sanções adaptadas a corporações: repressão assertiva	191
3.5. Legislação e proatividade: ênfase do dever de se informar	193
3.6. A regulação a serviço da prevenção: o *one-stop-shop enforcement*	193

PARTE III – AS PROPOSTAS PARA O APERFEIÇOAMENTO DA PREVENÇÃO CORPORATIVA DE ILÍCITOS NO BRASIL

CAPÍTULO 1 – A PREVENÇÃO COMO META	201
1. O compromisso com a idoneidade do programa: um ideal a ser buscado	203
2. Os desvios cognitivos e os *compliance champions*	208
CAPÍTULO 2 – A NECESSIDADE DE PREVISÃO LEGAL DE MECANISMOS DE *LAW ENFORCEMENT*	213
1. O custo do risco	214
2. A liberdade empresarial como resultado da conduta *compliant*	216
CAPÍTULO 3 – PROPOSTAS DE LEGE FERENDA	219
1. O tratamento legal dos programas de prevenção	221
2. O tratamento legal dos mecanismos de *law enforcement*	225
3. A certificação de idoneidade dos programas corporativos de prevenção de ilícitos	233
4. Detalhamento das repercussões da aplicação de sanções	249
5. Resumo dos aperfeiçoamentos que mecanismos de *law enforcement* podem realizar na prevenção corporativa	251
CONCLUSÕES	255
REFERÊNCIAS	261
APÊNDICE. REDAÇÃO SUGERIDA PARA A PROPOSTA DE LEI	279

INTRODUÇÃO

Ainda que não sejam debatidos (ou, às vezes, sequer conhecidos) pela maior parte da população brasileira, os programas de *compliance* (como são frequentemente designados os conjuntos de regras que particulares podem criar em suas empresas para reduzir os riscos da prática de ilícitos gerados, principalmente, pela exploração de suas atividades econômicas) fazem, hoje, parte do cotidiano de milhares de corporações ao redor do mundo. Instituições financeiras, empresas que contratam com o poder público, que captam e armazenam dados pessoais e outras que exercem atividades especialmente arriscadas são, normalmente, encorajadas por leis a formular e adotar normas internas para prevenir, p.ex., lavagem de dinheiro, corrupção e financiamento ao terrorismo. Como não há, no Brasil, nenhuma lei que determine às empresas privadas em geral – isto é, independentemente do seu contexto jurídico ou de sua área de atuação – o investimento nesses programas, a grande maioria delas é totalmente livre para decidir se (e como) utilizam esses programas.

Em 2018, foram formalizadas 2,5 milhões de novas organizações no Brasil[1]. Em 2019 havia, no país, cerca de 20 milhões de empreendimentos ativos, dos quais aproximadamente 5 milhões eram de médio e de grande porte[2]. Em sua grande maioria, esses empreendimentos são realizados por

---

[1] UOL Economia. Empreendedorismo. "Brasil bate recorde, com 2,5 milhões de novas empresas formalizadas em 2018", por Claudia Varella, em 26 de março de 2019. Disponível em https://economia.uol.com.br/empreendedorismo/noticias/redacao/2019/03/26/brasil-bate-recorde-empresas-formalizadas.htm?cmpid=copiaecola. Acesso em 18 de novembro de 2019.

[2] G1. Pequenas empresas & Grandes Negócios. "Brasil tem 20 milhões de empreendimentos", em 3 de fevereiro de 2019. Disponível em https://g1.globo.com/economia/pme/pequenas-empresas-grandes-negocios/noticia/2019/02/03/brasil-tem-20-milhoes-de-empreendimentos-no-brasil.ghtml. Acesso em 18 de novembro de 2019.

intermédio de pessoas jurídicas[3]. São milhões de novas atividades por ano produzindo os mais variados riscos que, frequentemente, não são objeto da devida fiscalização pelas autoridades competentes.

Assim como na maior parte dos países da América Latina, da Europa e, especialmente, nos Estados Unidos da América, o Brasil conta com leis destinadas ao controle desses riscos. No geral, elas sugerem que empresários que exploram determinadas atividades econômicas se utilizem de programas de prevenção com a finalidade de evitar ao máximo danos a terceiros e ao meio ambiente. Mas, apesar dessas leis, acontecimentos recentes nesses países e no Brasil evidenciam que empresas continuam protagonizando situações de consequências sociais gravíssimas. Os mais frequentes são casos de corrupção, de fraudes diversas e de tragédias ambientais que revelam não apenas o preocupante descompromisso de corporações e de seus gestores com boas práticas de gestão e de integridade, como também o fato de que programas preventivos, ainda quando fomentados por leis, podem ser absolutamente inidôneos[4], o que gera grande insegurança na sociedade.

Essa realidade é causada por mais de um problema, naturalmente. A má índole de determinadas pessoas, certamente, explica a ocorrência de inúmeros ilícitos. Mas uma das causas dessas situações, certamente, é a lenidade e a defasagem dos instrumentos legais de fomento ao cumprimento normativo postos à disposição do Estado e das corporações. A legislação em vigor não viabiliza uma prevenção corporativa de ilícitos minimamente idônea. Este é o problema: como, então, aperfeiçoá-la? É claro que não há uma resposta única, mas se parte da hipótese, neste livro, de que isso pode ser feito com o auxílio de técnicas de *law enforcement*. E tais técnicas devem vir dispostas em nova legislação.

---

[3] Serviço Brasileiro de Apoio às Micro e Pequenas Empresas (SEBRAE). "Pequenos negócios em números". Disponível em http://www.sebrae.com.br/sites/PortalSebrae/ufs/sp/sebraeaz/pequenos-negocios-em-numeros,12e8794363447510VgnVCM1000004c00210aRCRD. Acesso em 18 de novembro de 2019.

[4] A corporação e o sujeito que estejam comprometidos com a prática de ilícitos provavelmente conseguirão, mais cedo ou mais tarde, burlar mecanismos de controle, por mais idôneos que sejam. O mesmo vale para normas públicas proibitivas ou reguladoras de condutas em geral. Mas, felizmente, essa parece ser a exceção e não a regra. Por isso, a presente pesquisa se ocupa da prevenção de ilícitos que ocorreriam por inexistência de normas de prevenção, por defeitos dos mecanismos preventivos existentes ou por falha involuntária e não daqueles resultantes de condutas intencionais.

Entendendo-se prevenção corporativa de ilícitos como os esforços que podem e devem ser feitos por corporações com o objetivo de se evitar ilícitos oriundos, no mínimo, de suas atividades econômicas[5], afirma-se que o aprimoramento da prevenção corporativa é possível e pode ser obtido sobre a base de uma forma mais colaborativa de relacionamento entre as autoridades reguladoras e as empresas, a qual favorece o uso de novas ferramentas jurídicas para reforçar as técnicas de controle e de monitoramento hoje conhecidas. Essas novidades são examinadas, basicamente, com apoio em literatura a respeito da chamada *law enforcement* em ambiente corporativo. Como decorrência da natureza das inovações, propõe-se que sejam veiculadas em lei[6]. Mas uma lei mais detalhada e mais clara do que as que estão em vigor e que seja aplicável a todas as empresas privadas no Brasil, independentemente do porte ou da área de atuação; ressalvada a legislação especial. Isso porque a ausência de legislação de incidência ampla – destinada a todas as corporações particulares em geral – e leis de conteúdo superficial ou pouco assertivo também parecem prejudicar uma prevenção corporativa de maior qualidade.

Para tanto, a pesquisa apresentada neste livro é realizada em três partes. A Parte I destina-se à contextualização da discussão, para que se conheça a realidade que carece de aperfeiçoamento: a das disposições legais sobre os programas de prevenção. Em seu Capítulo 1, são vistos alguns dos casos de ilícitos corporativos recentes mais conhecidos da população mundial (pela repercussão midiática e por suas consequências), mas apenas quanto aos seus aspectos mais pertinentes ao tema dos programas de prevenção corporativa. É possível extrair deles não apenas a importância social do tema, como também que a ausência de mecanismos legais adequados e de normas de controle ou eventuais fragilidades em suas formulações estão diretamente relacionadas ao aumento de riscos em ambiente empresarial e à produção de ilícitos. No Capítulo 2, examinam-se diversas legislações,

---

[5] Como se aponta na Parte III, Capítulo 3, item 1, os ilícitos que os programas corporativos se propõem a prevenir não precisam ser, exclusivamente, aqueles relacionados às atividades econômicas das empresas.

[6] Pode parecer demasiado complexo tratar, em um único diploma legal, de uma disciplina geral de programas corporativos de prevenção. Mas a ideia é justamente unificar obrigações nessa lei, facilitando seu cumprimento, por conta do cenário de grande profusão e de confusão de normas atualmente em vigor, como se tenta demonstrar na Parte II, Capítulo 2, e na Parte III, Capítulo 3.

estrangeiras e brasileiras, com o intuito de se localizar similitudes e diferenças nas formas com que disciplinam a matéria dos programas preventivos. O estudo de leis de outros países (bem como dos casos concretos ocorridos fora do país) é relevante porque corporações sediadas ou que tenham filiais em território nacional podem estar sujeitas não somente a leis brasileiras, mas também estrangeiras. Ademais, parece produtivo considerar, tanto quanto possível, um cenário legislativo mais amplo do que, apenas, o do Brasil para que se possa formular proposta legislativa realmente inovadora e com maiores chances de produzir bons resultados. No Capítulo 3, analisa-se a maneira como as corporações têm formulado seus próprios programas, isto é, quais são os seus requisitos mínimos com base nos conteúdos comuns das leis sobre programas de prevenção. Não é possível sugerir qualquer alteração delas se não forem, antes, conhecidas.

A Parte II apresenta a base teórica da hipótese de resposta ao problema já mencionado, com apoio em literatura a respeito da *law enforcement*. No Capítulo 1, explora-se a inadequada (embora comum) escolha de vocabulário para se tentar aferir o grau de qualidade dos programas de *compliance*: não convém a referência à "efetividade" deles, mas sim, à sua "idoneidade". É também explorada a natureza jurídica desses programas, já que a literatura costuma estudá-los conforme o tipo de ilícito (civil, criminal, tributário etc.) que se quer prevenir, normalmente deixando de lado a sua característica permanente e indeclinável, que é a preventiva. No Capítulo 2, são comentadas as bases atuais do relacionamento entre as autoridades reguladoras e as corporações no Brasil. Há uma profusão de normas que veiculam, desorganizadamente, inúmeras exigências e sanções que a classe empresária deve cumprir. Mas, aparentemente, não há a correspondente preocupação real do poder público em facilitar o cumprimento dessas obrigações para os particulares. Essa situação também contribui para o aumento dos riscos intrínsecos às atividades econômicas e para o próprio descumprimento das normas que o Estado deveria fazer cumprir. No Capítulo 3, realiza-se estudo bibliográfico sobre *law enforcement* a fim de se tentar delinear uma noção clara a seu respeito. Há pouca literatura relacionando expressamente programas corporativos de *compliance* com *law enforcement*, sendo exceções as pesquisas de SOUSA MENDES[7]. Por essa razão,

---

[7] SOUSA MENDES, Paulo de. Law enforcement & compliance. In PALMA, Maria Fernanda; DIAS, Augusto Silva; SOUSA MENDES, Paulo de (Coord. Cient.). **Estudos sobre *law enforcement*, compliance e Direito Penal**. Coimbra: Almedina, 2018; SOUSA MENDES, Paulo

no intuito de fortalecer o material de exame, a pesquisa se vale também de estudos que discorreram sobre *law enforcement* em perspectivas variadas, p.ex., Direito internacional, Direito ambiental e políticas públicas de prevenção de ilícitos em geral. Para melhor explorar o potencial de colaboração[8] público-privada inerente na ideia de prevenção corporativa de ilícitos, o trabalho prossegue apontando um modelo de atuação conjunta entre o Estado e as corporações que é derivado da noção de *law enforcement*, tal como no gênero da regulação responsiva, em sua espécie *enforced self-regulation* proposta por AYRES e BRAITHWAITE[9]. Posteriormente, discorre sobre outros exemplos de ferramentas possíveis de *law enforcement* para aperfeiçoar a prevenção de ilícitos em programas de *compliance*.

A Parte III constitui o momento em que se torna possível realizar propostas para o aprimoramento da prevenção corporativa de ilícitos com base no conteúdo contextual referente à Parte I e à base teórica analisada na Parte II. No Capítulo 1, fixa-se a premissa da prevenção como meta dos programas de *compliance*[10]. Sabe-se que textos legais, por si sós e ainda

---

de. Law enforcement & compliance. In PALMA, Maria Fernanda; DIAS, Augusto Silva; SOUSA MENDES, Paulo de (Coord. Cient.). **Novos estudos sobre *law enforcement*, compliance e Direito Penal.** Coimbra: Almedina, 2020.

[8] Quando se fala em colaboração ou em atuação colaborativa no presente trabalho, não se faz referência a acordos como a colaboração premiada ou a leniência. Trata-se de uma proposta de alteração no relacionamento entre a autoridade reguladora e o regulado para que a colaboração entre ambos se torne uma rotina, como parte natural do desenvolvimento da atividade empresária. Como não há negociação, propriamente dita, entre a autoridade e a empresa, mas sim uma atuação conjunta em prol da prevenção de ilícitos, tornam-se inaplicáveis, nesta obra, as críticas baseadas em estatísticas no sentido de que o modelo de justiça negocial acarreta um afrouxamento das persecuções e das punições (Vide: EISINGER, Jesse. **The chickenshit club: why the Justice Department fails to prosecute executives.** Simon & Schuster: New York, 2017. O argumento central do autor é o de que, instaurada a investigação ou formalizada a acusação, as grandes corporações fazem acordos que, quase sempre, isentam seus executivos de pena; quase nunca há punição efetiva além do cumprimento das condições estabelecidas entre a autoridade e a corporação. A obra conclui que isso frustra a expectativa de justiça da sociedade e enfraquece o sistema persecutório como um todo. No mesmo sentido: RAKOFF, Jed S. *The financial crisis: why have no high-level executives been prosecuted?* In HUANG, Robin Hui; HOWSON, Nicholas Calcina. **Enforcement of corporate and securities law: China and the world.** Cambridge: Cambridge University Press: 2018, p. 3-13).

[9] AYRES, Ian; BRAITHWAITE, John. **Responsive regulation: transcending the deregulation debate.** New York: Oxford University Press, 1992.

[10] Razão pela qual se sugere, na Parte III, Capítulo 3, item 1, a nomenclatura "programas corporativos de prevenção de ilícitos" ao invés da expressão "programas de *compliance*".

quando razoavelmente bem formulados, podem não ser suficientes para regular adequadamente a atividade empresária. Os casos que estão vistos na Parte I, Capítulo 1, evidenciam isso. Dessa forma, procura-se propor um compromisso com a idoneidade dos programas de prevenção. Trata-se de algo na natureza valorativa, mas, se esse compromisso for comum à maioria das autoridades e corporações, ele pode ter a força necessária para aproximar mais as autoridades e as empresas em torno de um ideal comum que reforce o vigor das leis sobre a matéria. Considerando-se tal premissa, no Capítulo 2, explica-se a necessidade de que ocorram inovações legislativas para que se torne possível melhorar a prevenção corporativa de ilícitos. Exploram-se as vantagens existentes na conduta conforme a lei (*compliant*), contrariando-se a eventual impressão de que novas regras significariam maior complexidade no dia a dia e menor liberdade aos empresários. Finalmente, no Capítulo 3, constam as propostas *de lege ferenda*. Em suma, após apresentação teórica das ideias e de como elas poderão aprimorar práticas corporativas, sugere-se a promulgação de uma lei de incidência ampla, que contribua para veicular um padrão obrigatório da disciplina dos programas de *compliance* em território nacional e traga novas ferramentas de prevenção sobre a base de um modelo de atuação mais colaborativa entre os setores público e privado, derivadas dos estudos realizados sobre a *law enforcement*.

É apresentada, inclusive, no Apêndice, uma proposta de redação legal, em suas linhas gerais. A ideia é somente tentar aproximar, o mais possível, a presente pesquisa da obtenção de algum resultado prático. O texto de lei sugerido também contribui para tornar mais concretas as propostas e representa mais um indicativo de sua viabilidade teórica, além de fomentar críticas e debates.

Pode parecer que não, mas a produção literária jurídica sobre prevenção corporativa de ilícitos no Brasil ainda é recente, tem pouco mais de uma década[11]. O interesse jurídico-acadêmico no tema foi muito estimu-

---

A pesquisa prioriza os usos e efeitos dos programas *ex ante facto* – isto é, por um viés realmente preventivo – e não de um ponto de vista reativo (*ex post facto*), em que normalmente se examinam mais questões probatórias, o tratamento de dados, as apurações internas e as sanções. Ainda assim, a expressão *compliance* continua sendo empregada neste texto, haja vista sua popularidade dentre os pesquisadores do assunto e também no meio empresarial.

[11] Uma das primeiras obras que se localizou a respeito é esta: MANZI, Vanessa Alessi. **Compliance no Brasil: consolidação e perspectivas.** São Paulo: Saint Paul, 2008.

lado nos últimos anos por leis que começaram a mencionar a adoção de técnicas de controle por corporações. São elas: a Lei 12.683/12 (que inseriu novos mecanismos de prevenção de lavagem de dinheiro na Lei 9.613/98), a Lei 12.846/13 (permitindo que a existência de procedimentos internos de integridade interfiram na responsabilização administrativa e civil de pessoas jurídicas pela prática de atos contra a administração pública), a Lei 13.303/16 (dispondo sobre práticas de boa gestão em empresas públicas) e a Lei 13.709/18 (recomendando que corporações formulem regras de governança visando a proteção de dados pessoais de consumidores). Desde então, muitos estudos brasileiros a respeito têm se focado nas poucas hipóteses que são disciplinadas em lei[12] e nos atos normativos que lhes regulamentam[13]. Sugere-se a análise de temas que, ainda, não constam nas leis brasileiras que tratam de programa de *compliance*, com o objetivo de se aperfeiçoar a prevenção corporativa de ilícitos em geral e não apenas criminais, civis, tributários ou trabalhistas. Dessa forma, a pesquisa tende naturalmente à multidisciplinaridade de áreas de conhecimento acadêmico e técnico e à pluralidade em matéria de valores éticos e morais.

---

[12] São exemplos: SILVEIRA, Renato de Mello Jorge; SAAD-DINIZ, Eduardo. Criminal compliance: *os limites normativos da cooperação normativa quanto à lavagem de dinheiro*. In **Revista de Direito Bancário e do Mercado de Capitais**, São Paulo, Revista dos Tribunais, v. 56/2012, abr./2012; BENEDETTI, Carla Rahal. **Criminal compliance: instrumento de prevenção criminal corporativa e transferência de responsabilidade penal**. São Paulo: Quartier Latin, 2014; RIBEIRO, Marcia Carla Pereira; DINIZ, Patrícia Dittrich Ferreira. Compliance *e lei anticorrupção nas empresas*. In **Revista de Informação Legislativa**, a. 52, n. 205, jan.-mar. 2015; CARVALHOSA, Modesto. **Considerações sobre a lei anticorrupção das pessoas jurídicas (Lei 12.846/2013)**. São Paulo: Revista dos Tribunais, 2015; ROXIN, Imme; ASSIS, Augusto. *Problemas e estratégias da consultoria de compliance em empresas*. In **Revista Brasileira de Ciências Criminais**, São Paulo, v. 114, mai./jun. 2015; SÁNCHEZ RIOS, Rodrigo; ANTONIETTO, Caio. *Criminal compliance – prevenção e minimização de riscos na gestão da atividade empresarial*. In **Revista Brasileira de Ciências Criminais**, São Paulo, v. 114, mai./jun. 2015; CARVALHO, Paulo de Barros (coord.); DIAS, Karem Jureini; BRITTO, Lucas Galvão de. **Compliance no Direito Tributário**. São Paulo: Thomson Reuters Brasil, 2018; JOBIM, Rosana Kim. **Compliance e trabalho: entre o poder diretivo do empregador e os direitos inespecíficos do empregado**. Florianópolis: Tirant lo Blanch, 2018; SCHAPIRO, Mario G.; MARINHO, Sarah M. Matos. **Compliance concorrencial: cooperação regulatória na defesa da concorrência**. São Paulo: Almedina, 2019.

[13] Como o Decreto 8.420, de 18 de março de 2015, que regulamenta a Lei 12.846/13. Vide: GRECO FILHO, Vicente; RASSI, João Daniel. **O combate à corrupção e comentários à lei de responsabilidade de pessoas jurídicas (lei n. 12.846, de 1º de agosto de 2013) – atualizado de acordo com o Decreto n. 8420, de 18 de março de 2015**. São Paulo: Saraiva, 2015.

Isso significa que há um grande volume de outros assuntos e de enfoques que também poderiam ser pesquisados aqui. P.ex.: processo legislativo, técnica legislativa, administração pública[14], Direitos constitucional, administrativo, econômico, regulatório, civil, penal, internacional, ética, filosofia jurídica, ciência política, governança corporativa, administração de empresas e economia são, sem dúvida, muito pertinentes para o enfrentamento do problema aqui exposto. Assim como o são os instrumentos jurídicos de atuação conjunta entre órgãos do Estado e entre o Estado e o particular, como a concessão, a delegação, a autorização, a parceria público-privada, o convênio, o contrato e o termo de cooperação técnica. Ocorre que, embora devam sim ser examinados no âmbito de *compliance* e *law enforcement*, não é possível fazê-lo aqui. Isso principalmente porque o autor não detém os conhecimentos necessários, mas, também, porque a complexidade e a extensão de todos esses estudos inviabilizariam o propósito mais restrito ora perseguido. Pretende-se demonstrar, ainda que genericamente e por análise precipuamente jurídica (isto é, de viés mais dogmático), a necessidade e a possibilidade de inovações específicas em matéria de programas corporativos de prevenção, derivadas da *law enforcement*, e não as esmiuçar sob todos os outros pontos de vista igualmente (ou mais) apropriados. Para isso, crê-se que os assuntos estudados neste livro sejam suficientes.

Sabe-se que o uso desnecessário de expressões em outros idiomas é de todo prejudicial à compreensão da pesquisa. Por isso, explica-se que, como é indispensável a investigação dos significados e dos usos conjuntos das expressões de origem anglo-saxônica *compliance* e *law enforcement*, torna-se necessária a pesquisa em fontes estrangeiras. Decorre disso a necessidade de, às vezes, reproduzirem-se, no corpo do texto, as expressões originais em inglês que são examinadas para que se possa prosseguir em determinado raciocínio. Optou-se pela apresentação de palavras e frases no idioma

---

[14] Não se trata, nesta obra, de *compliance* na administração pública. Não apenas pelas regras próprias desse setor (CF, art. 37), mas, especialmente, porque já há leis que disciplinam a adoção de programas de integridade por entidades públicas, nos níveis federal (Lei nº 13.303/16), estadual (p.ex.: Lei do Paraná nº 19.857/19; Lei do Pernambuco nº 16.722/19; Lei do Rio de Janeiro 7.753/17) e municipal (p.ex.: Lei de Cotia/SP nº 2.080/19; Lei de Foz do Iguaçu/PR nº 4.832/19; Lei de Goiânia/GO nº 9.796/16). A promulgação de uma lei com esse alcance no setor privado brasileiro (isto é, destinada a todas as empresas independentemente de sua área de atuação) é justamente uma das propostas desta pesquisa.

original apenas quando se trata de passagem considerada mais relevante pelo autor ou quando a tradução, em si, é mais complexa e, por isso, sujeita a questionamentos. As traduções do inglês são todas de responsabilidade do autor. Algumas passagens em língua espanhola não foram traduzidas porque, sendo normalmente de fácil compreensão aos falantes da língua portuguesa, preferiu-se a maior fidelidade ao original.

PARTE I
A REALIDADE DOS PROGRAMAS CORPORATIVOS DE PREVENÇÃO DE ILÍCITOS

Essa Parte I veicula o contexto necessário para que se possa afirmar que a prevenção corporativa de ilícitos no Brasil carece de aperfeiçoamento. Uma das causas dessa necessidade é o fato de que a legislação brasileira em vigor está defasada no que diz respeito à disciplina dos programas de *compliance* e a ferramentas de prevenção corporativa de ilícitos.

Inicialmente, expõem-se alguns dos casos concretos mais conhecidos e/ou relevantes envolvendo empresas. Casos estrangeiros também são analisados porque reforçam o perigo que programas inexistentes ou inócuos representam à sociedade (Capítulo 1). Posteriormente, são vistas leis de diferentes países, para que se conheçam os mecanismos de prevenção corporativa que, atualmente, vêm sendo empregados, as formas como são positivados e o que elas representam à classe empresarial (Capítulo 2). Encerrando essa Parte I, há os aspectos gerais definidores dos programas corporativos de prevenção de ilícitos consoante a literatura especializada, isto é, independentemente de exigências legais por si sós. Isso permite examinar a forma e o conteúdo de programas de prevenção (em geral) na prática (Capítulo 3).

CAPÍTULO 1
OS ILÍCITOS DAS GRANDES CORPORAÇÕES

As empresas "representam forças sociais da vida moderna"[15]. Essa constatação já é antiga: ao menos desde o II Congresso Internacional de Direito Penal da Associação Internacional de Direito Penal (AIDP), ocorrido em Bucareste (Romênia), de 6 a 12 de outubro de 1929, já era considerado necessário que as ordens jurídicas domésticas estabeleçam "medidas eficazes de defesa social" contra o risco representado pela atividade empresarial, que, caso viole a lei penal, pode afetar gravemente toda a sociedade[16]. No Brasil, a primeira lei que declarou ser possível responsabilizar pessoas jurídicas por crime somente foi promulgada em 1998, e de modo muito limitado.

É fato que o aprimoramento legislativo e a conscientização social frequentemente decorrem de acontecimentos mais graves do que o normal[17]. A divulgação que casos de impacto social global mais recentes ganharam

---

[15] DE LA CUESTA, José Luis; BLANCO CORDERO, Isidoro. **Resoluciones de los Congresos de la Asociación Internacional de Derecho Penal (1926-2009) – Nouvelles Études Pénales.** Toluse: Éditions érès, n. 23, 2012, p. 2.

[16] Sem prejuízo da responsabilidade penal individual pelo mesmo fato (DE LA CUESTA, José Luis; BLANCO CORDERO, Isidoro. **Resoluciones de los Congresos...**, p. 21-22).

[17] Lucas Rocha Furtado conduziu extensa pesquisa sobre casos concretos brasileiros (p.ex.: "anões do orçamento", "máfia das sanguessugas", "fraude na SUDAM", "caso Collor", "Operação Curupira", "Escândalo da construção do fórum trabalhista de São Paulo", "Mensalão", "CPMI dos Correios" e a "Operação Lava Jato") e apontou que, logo após a descoberta dos ilícitos, melhorias foram implementadas em textos de lei e em normas infralegais. Em: FURTADO, Lucas Rocha. **Brasil e corrupção: análise de casos (inclusive da Operação Lava Jato).** Belo Horizonte: Fórum, 2018, p. 67 e ss.

por conta do avanço das técnicas de comunicação (*Internet* e redes sociais) parece haver fomentado a produção de leis direcionadas mais à prevenção do que à repressão[18]. Por essa razão, expõem-se, neste Capítulo, sucintamente, os principais pontos de alguns eventos reais para demonstrar, de modo concreto, que a prevenção corporativa de ilícitos, se feita adequadamente, pode evitar grandes desastres sociais[19]; razão pela qual é tema de grande importância.

Os eventos ocorridos em outros países serão vistos somente em seus detalhes que possam explicar o surgimento de leis pertinentes à presente pesquisa ou esclarecer de que forma mecanismos de prevenção poderiam ter reduzido a chance da ocorrência resultados socialmente danosos[20]. Os casos brasileiros serão examinados por suas próprias peculiaridades em relação a programas de prevenção corporativa de ilícitos, como se vê no item 5. Não se ignora a existência de vários outros casos estrangeiros que mereceriam análise por certamente terem contribuído para a mudança de percepção social a respeito da necessidade de melhoria nos mecanismos de prevenção corporativa de ilícitos[21], mas a pretensão, aqui, é exemplificativa.

---

[18] Em viés crítico: SILVEIRA, Renato de Mello Jorge; SAAD-DINIZ, Eduardo. **Compliance, Direito Penal e Lei Anticorrupção.** São Paulo: Saraiva, 2015, p. 248.

[19] Os mecanismos de prevenção, também conhecidos como programas de *compliance*, são vistos, em teoria, como uma "proposta nova de minimização dos riscos da sociedade moderna e contemporânea" (GABARDO, Emerson; CASTELLA, Gabriel Morettini e. *A nova lei anticorrupção e a importância do compliance para as empresas públicas que se relacionam com a Administração Pública.* In **A&C – Revista de Direito Administrativo & Constitucional,** Belo Horizonte, a. 15, n. 60, abr./jun. 2015, Fórum, p. 134).

[20] Como diz BLACK, ao pesquisar casos concretos de danos graves provocados por corporações, "nós precisamos aprender com desastres, independentemente de onde eles ocorram no mundo. Ao fazer isso, podemos não apenas evitar que os mesmos erros ocorram novamente, como também reduzir sua probabilidade" (BLACK, Julia. *Learning from Regulatory Disasters.* In **LSE Law, Society and Economy Working Papers,** n. 24. London School of Economics and Political Science, 2014, p. 17. Disponível em: www.lse.ac.uk/collections/law/wps/wps.htm and the Social Sciences Research Network electronic library at: http://ssrn.com/abstract=2519934. Acesso em 13 de agosto de 2020).

[21] Alguns exemplos: *Northrop Corporation* (corrupção de agentes públicos estrangeiros para a venda de aeronaves na década de 1970); *Lockheed Aircraft Corporation* (corrupção de agentes públicos estrangeiros cuja investigação iniciou na década de 1970); *Exxon* (corrupção de agentes públicos italianos na década de 1970); *Tyco International* (principais executivos desviaram recursos da empresa prejudicando demais investidores, em 2002); *WorldCom* (fraudes contábeis no mercado aberto em 2002).

Os casos foram escolhidos por envolverem ilícitos praticados em ambientes de grandes empresas e por conta de sua repercussão internacional. São eles: *Watergate* (item 1); *Enron* (item 2); *British Petroleum* (item 3); *Dieselgate* (item 4). Há, também, casos brasileiros (item 5): Mensalão (item 5.1); Operação Lava Jato (item 5.2); as barragens de Mariana/MG e Brumadinho/MG (item 5.3). Por fim, serão feitos comentários sobre o atual cenário dos ilícitos corporativos e mecanismos de sua prevenção no Brasil (item 6).

1. *Watergate*: o surgimento do *Foreign Corrupt Practices Act* (FCPA, 1977)
Defronte ao rio Potomac, o complexo *Watergate* é um conjunto edifício de imóveis corporativos e residenciais situado em Washington D.C. O empreendimento, finalizado no início da década de 1970, era endereço da sede do Comitê do Partido Democrático, que concorria o pleito eleitoral de 1972 com o candidato à Presidência da República George MacGovern. Seu opositor era Richard Nixon, do Partido Republicano, que pleiteava reeleição e obteve vitória nas urnas por larga diferença, em janeiro do mesmo ano.

Em junho, em pleno período eleitoral, houve a prisão de um grupo de pessoas que havia invadido o imóvel onde funcionava o comitê: estavam tentando fotografar documentos e instalar dispositivos de captação de áudio no local. Investigação policial e jornalística seguintes, somadas a evidências fundamentais disponibilizadas por um informante secreto, revelaram que Nixon, presidente recém-eleito, tinha conhecimento da ação criminosa contra os democratas. Pouco tempo depois, em agosto de 1972, já enfrentando processo de *impeachment*, renunciou[22]. Décadas depois, em julho de 2005, em matéria publicada na revista Vanity Fair, revelou-se que o informante do Washington Post, por muito tempo conhecido apenas como *Deep Throat*, era o então Vice-Presidente do Federal Bureau of Investigation (FBI), William Mark Felt[23].

---

[22] Washigton Post, "The Watergate Story – timeline", 2012. Em https://www.washingtonpost.com/wp-srv/politics/special/watergate/timeline.html. Acesso em 24 de abril de 2019.
[23] Vanity Fair, "I'm the guy they called deep throat", por John D. O'Connor, em julho de 2005. Em https://www.vanityfair.com/news/politics/2005/07/deepthroat200507?currentPage=all&printable=true. Acesso em 24 de abril de 2019. Há obra a respeito de sua atuação: WOODWARD, Bob. **O homem secreto: a história do garganta profunda de Watergate** (Trad. Equipe Editorial). Rio de Janeiro: Rocco, 2005.

O caso até hoje ocupa lugar especial na história e no imaginário da sociedade estadunidenses, tendo rendido filmes[24] e livros[25]. Mas o que mais importa no caso para a presente pesquisa é notar como a flexibilidade do controle das autoridades privilegiou a execução dos ilícitos, nos quais várias empresas participaram.

Naquela época, vigia o *Corrupt Practices Act* nos Estados Unidos da América (EUA). Uma lei de 1925 que não obrigava doadores de campanha a se identificar, desde que, no momento da doação, seu candidato ainda não houvesse sido formalmente registrado como tal perante as autoridades. A organização de campanha obviamente trabalhava com isso e corria para que a maior quantidade possível de dinheiro entrasse antes de determinado prazo (o limite para o registro). Nixon arrecadou U$ 60 milhões dessa forma, o que foi considerado um recorde. Boa parte desse dinheiro foi repartido entre diversos atores-chave da campanha e do início do seu governo, sempre em espécie. Não só inexistia formalização alguma sobre os gastos correspondentes, como havia uma estrutura secreta, dentro da Casa Branca, visando à proteção desse "fundo", para o qual inclusive várias empresas haviam contribuído clandestinamente, pois a doação eleitoral por corporações já era ilegal[26]. Durante as apurações, a *Gulf Oil*, p.ex., confessou que havia pago U$ 100.000,00 ao fundo de campanha de Nixon por meio de uma subsidiária nas Bahamas[27]; também a *Northrop Corporation* revelou ter contribuído ilegalmente para a campanha[28].

---

[24] P.ex.: *All the President's men* (1976) e *Frost/Nixon* (2008).

[25] P.ex.: JAWORSKI, Leon. **The right and the power: the prosecution of Watergate.** New York: Reader's Digest Press, 1976; LASKY, Victor. **It didn't start with Watergate.** New York: The Dial Press, 1977; FEINBERG, Barbara Silberdick. **Watergate: scandal in the White House.** New York: Franklin Watts, 1990; EMERY, Fred. **Watergate: the corruption & fall of Richard Nixon.** London: Jonathan Cape Random House, 1994; WOODWARD, Bob. **Five presidents and the legacy of Watergate.** New York: Simon & Schuster, 1999; DEAN, John W. **Worse than Watergate: the secret presidency of George W. Bush.** New York: Little, Brown and Company, 2004; BERNSTEIN, Carl; WOODWARD, Bob. **Todos os homens do presidente: o caso Watergate e a investigação jornalística mais famosa da história** (Trad. Denise Bottmann). São Paulo: Três Estrelas, 2014.

[26] EMERY, Fred. **Watergate: the corruption & fall of Richard Nixon.** London: Jonathan Cape Random House, 1994. p. 108-110.

[27] New York Magazine, "How the Oil Companies Help the Arabs to Keep the Prices High", por Anthony Sampson, vol. 8, n. 38, September 22. New York: NYM Corporation, 1975, p. 48.

[28] NY Times, "Bribe Charges Backed as Northrop Era Ends", por Richard W. Stevenson, Sept. 21, 1990, p. 01. Disponível em https://www.nytimes.com/1990/09/21/business/bribe-charges-backed-as-northrop-era-ends.html. Acesso em 6 de maio de 2019.

Dentre várias despesas não contabilizadas, o grupo investiu mais de U$ 100.00,00 na contratação de *experts* em instalação de escutas ambientais e/ou telefônicas. Um dos contratados era James McCord: oficial da aeronáutica aposentado, ex-agente do FBI e da *Central Intelligence Agency* (CIA) e formalmente integrante do comitê de reeleição de Nixon, em que deveria realizar apenas funções de segurança e "defesa" dos republicanos. Ele foi preso juntamente com outras pessoas na invasão ao *Watergate Complex*, enquanto tentavam realizar seu intuito criminoso[29].

Subvertendo a importância democrática do chamado "sigilo presidencial" – que se presta a proteger informações sensíveis de uma nação contra exploração indevida por terceiros[30] –, Nixon e sua equipe deixavam de registrar ou de prestar contas sobre todas as circunstâncias relativas a ações que consideravam essenciais para a sua segurança no poder. A ausência de transparência, controle e fiscalização era total e parece ser um fator que encorajou toda a empreitada criminosa. Pouco tempo depois de publicados os detalhes do caso, sancionou-se a *Foreign Corrupt Practices Act* (FCPA, 1977)[31], que visa combater, dentre outros, atos de corrupção envolvendo corporações e servidores públicos.

2. *Enron*: a figura do *whistleblower* e o *Sarbanes-Oxley Act* (SOX, 2002)
Anos depois, sucedeu o caso *Enron*, envolvendo fraudes corporativas na casa dos bilhões de dólares voltadas a maquiar a contabilidade da empresa para manter alto seu valor especulativo de mercado. Basicamente, de 1999 a 2002, e com o apoio da firma de auditoria contábil Arthur Andersen, a companhia declarou, publicamente, rendimentos inexistentes com a finalidade de esconder seus prejuízos econômicos e, assim, sustentar fraudulenta-

---

[29] EMERY, Fred. **Watergate...**, p. 112-113.
[30] "Presidential secrecy" (DEAN, John W. **Worse than Watergate: the secret presidency of George W. Bush**. New York: Little, Brown and Company, 2004. p. 13).
[31] AIOLFI, Gemma; PIETH, Mark. *International aspects of corporate liability and corruption*. In TULLY, Stephen. **Research handbook on corporate legal responsibility**. Gloucestershire: Edward Elgar, 2005, p. 396-397. Também revelado na década de 1970, o caso dos pagamentos de propina feitos a partir dos EUA, pela *Lockheed Aircraft Corporation*, a servidores públicos estrangeiros para garantir o fechamento de contratos com outros países é comumente citado como elemento motivador da criação da FCPA. Até então, tal prática não era considerada crime nos EUA (Whistleblower Justice Network, "Birth Of The FCPA: This Bribery Is Positively Bananas". Disponível em https://whistleblowerjustice.net/birth-of-the-fcpa/. Acesso em 6 de maio de 2019).

mente a imagem de uma empresa rentável[32]. Os processos administrativos e judiciais que seguiram condenaram ambas as empresas, que estiveram entre as maiores do mundo em suas respectivas áreas de atuação. Milhares de investidores foram prejudicados[33].

Destaca-se a atuação de Sherron S. Watkins. Em depoimentos como testemunha sobre o caso, ela revelou que, na qualidade de então diretora executiva da empresa (então Vice-Presidente de *Corporate Development* da *Enron*), comunicou, em reunião pessoal, ao *CEO* Kenneth L. Lay das distorções contábeis que havia identificado, argumentando a importância de que a companhia trouxesse a público a verdade sobre os prejuízos que vinha acumulando[34]. Antes dessa reunião, Watkins preparou um longo documento para apresentar a Lay, contendo a comprovação das fraudes e até mesmo sugestões de como tratar do assunto da forma mais transparente possível[35]. O presidente respondeu que investigaria o assunto, mas não lhe deu retorno ou tomou atitudes adequadas.[36] Há registros de que o executivo, na realidade, considerou até mesmo demiti-la[37].

Após o processo, divulgou-se o texto do *e-mail* que a executiva havia encaminhado a Lay com o mesmo propósito, antes da citada reunião. Algumas de suas frases: "a Enron se tornou um lugar arriscado para trabalhar? Para aqueles de nós que não ficaram ricos nos últimos anos, é viável ficar aqui? (...) Estou extremamente nervosa porque nós poderemos implodir em uma onda de escândalos contábeis. (...) investidores foram prejudicados, eles compraram a $70 e $80 a ação esperando vendê-la por $120 e

---

[32] DIMENTO, Joseph F. C.; GEIS, Gilbert. *Corporate criminal liability in the United States*. In TULLY, Stephen. **Research handbook on corporate legal responsibility.** Gloucestershire: Edward Elgar, 2005, p. 167-169.

[33] BBC Brasil, "Linha do tempo: a história da Enron", 30 de janeiro de 2002. Disponível em https://www.bbc.com/portuguese/economia/020128_esp_eronti.shtml. Acesso em 26 de abril de 2019.

[34] A atuação de Sherron Watkins em todo o desenrolar do caso é tratado com detalhes em: Fox, Loren. **Enron: the rise and fall.** New Jersey: John Wiley & Sons, 2003, p. 247-527; 302.

[35] A informação de que Watkins escreveu esse texto em um e-mail também consta em: MCLEAN, Bethany; ELKIND, Peter. **The smartest guys in the room: the amazing rise and scandalous fall of Enron.** New York: Penguin Books, 2004, p. 356-358.

[36] NY Times, "Enron Official Says She Warned Lay About Financial Irregularities", em 14 de fevereiro de 2002. Disponível em https://www.nytimes.com/2002/02/14/business/enron-official-says-she-warned-lay-about-financial-irregularities.html. Acesso em 26 de abril de 2019.

[37] MCLEAN, Bethany; ELKIND, Peter. **The smartest guys...**, 2004, p. 358.

agora elas custam $38 ou menos."[38] A sua conduta fez com que recebesse a nomeação de "pessoa do ano" de 2002 na revista *Time*, por ter agido corretamente na condição de *whistleblower*[39].

Mesmo tendo sido alertada dos danos que a contabilidade falsa da empresa estava causando para um grande número de pessoas, a alta cúpula da *Enron* não agiu imediatamente, tampouco adequadamente. Passou a divulgar novos balanços mencionando perdas, mas que ainda eram irreais e que seriam posteriormente retificadas[40].

Certamente a ausência, na época, de legislação regulamentando a atuação de *whistleblowers*[41] e sancionando, rigorosamente, as empresas que se omitem perante o público prejudicado mesmo quando devidamente cientificadas de que devem fazê-lo tornava o ambiente corporativo mais propício ao desenvolvimento de situações como a da *Enron*. Em 2002 – por

---

[38] Tradução livre do seguinte texto: "Has Enron become a risky place to work? For those of us who didn't get rich over the last few years, can we afford to stay? (...)I am incredibly nervous that we will implode in a wave of accounting scandals. (...) investors were hurt, they bought at $70 and $80 a share looking for $120 a share and now they're at $38 or worse." Web Archive, "Sherron Watkins eMail to Enron Chairman Kenneth Lay", em 20 de janeiro de 2002. Disponível em https://web.archive.org/web/20040422140914/http://www.itmweb.com/f012002.htm. Acesso em 26 de abril de 2019. A informação de que Watkins escreveu esse email também consta em: MCLEAN, Bethany; ELKIND, Peter. **The smartest guys...**, p. 355-356.

[39] Em tradução literal, *whistleblower* significa "soprador de apito". Uma tradução adequada seria "denunciante interno", em oposição ao "denunciante" em geral, que normalmente é alguém de fora da empresa (para mais informações sobre o tema, confira Parte I, Capítulo 3, item 4). Vide *Time Magazine*, "Persons of The Year 2002: The Whistleblowers: SHERRON WATKINS of Enron COLEEN ROWLEY of the FBI CYNTHIA COOPER of WorldCom", por Richard Lacayo and Amanda Ripley, Mon. Dec. 30th, vol. 160, n. 27, 2002. Disponível em: http://content.time.com/time/magazine/article/0,9171,1003998,00.html. Acesso em 13 de maio de 2019. Vide, também: Journal of Leadership & Organizational Studies, "Featured Interview Sherron Watkins, Former Vice President for Corporate Development of Enron", por Nance Lucas e V. Scott Koerwer, v. 11, ago./2004, p. 38-47. Disponível em https://journals.sagepub.com/doi/10.1177/107179190401100106. Acesso em 29 de abril de 2019.

[40] BBC Brasil, "Linha do tempo: a história da Enron". Idem.

[41] Também para o cumprimento ideal da FCPA especialistas recomendam a inclusão de normas de proteção a *whistleblowers* nos programas internos das empresas (OLVER, Michael. Whistleblower protection protocols are now a key element of FCPA compliance. In **The FCPA Blog (News and commentary about white-collar crime, enforcement, and compliance).** On Wednesday, May 15, 2019 at 8:18AM. Disponível em http://www.fcpablog.com/blog/2019/5/15/whistleblower-protection-protocols-are-now-a-key-element-of.html?utm_source=feedburner&utm_medium=feed&utm_campaign=Feed%3A+fcpablog%2FsLbh+%28The+FCPA+Blog%29. Acesso em 23 de maio de 2019.

conta deste e de outros casos[42] – sancionou-se a *Sarbanes-Oxley Act* (SOX)[43], visando criar mais e melhores mecanismos de controle dos mercados de investimentos[44], bem como prevendo sanções graves a atores financeiros que vierem a desrespeitar suas exigências.

3. *British Petroleum*: ordem não sujeita a controle e funcionário desprotegido

Considerado o maior derramamento de petróleo em águas marinhas da história, esse crime ambiental se iniciou em abril de 2010, no Golfo do México, onde a *British Petroleum* – uma das mais ricas empresas do mundo – explorava nova fonte de petróleo e gás. A estação em que ocorreram as explosões, *Deepwater Horizon*, foi construída em 2001, a cerca de 66 quilômetros da costa da Louisiana e custou U$ 350 milhões. Havia 98 trabalhadores no local: 11 morreram e 17 ficaram feridos. O fogo e os danos estruturais fizeram com que a fonte de petróleo permanecesse vários meses jorrando no oceano do Golfo do México (quase 800 milhões de litros)[45]. Inúmeras espécies marinhas, terrestres e aves foram afetados de modo irreversível. Atualmente, há uma camada de 5 centímetros de petróleo depositada no fundo do mar na extensão do Golfo[46].

O ponto de destaque é: "horas antes da explosão, um executivo da BP ordenou que o perfurador chefe recolocasse a lama de perfuração juntamente com água do mar para começar a selar o poço. O empregado arguiu que isso não seria seguro. Mas, com medo de ser demitido, seguiu a ordem."[47] Como os custos operacionais diários da estação são elevadíssimos (cerca de U$ 750 mil), e ela estava atrasada na agenda de perfuração, a gestão responsável não esperou o tempo necessário para fechar de forma segura o poço recém selado. Em seguida, a estação reiniciou a per-

---

[42] Como lembram SILVEIRA, Renato de Mello Jorge; SAAD-DINIZ, Eduardo. **Compliance, Direito Penal e Lei Anticorrupção.** São Paulo: Saraiva, 2015, p. 247.
[43] DIMENTO, Joseph F. C.; GEIS, Gilbert. *Corporate criminal liability in the United States.* In TULLY, Stephen. **Research handbook on corporate legal responsibility.** Gloucestershire: Edward Elgar, 2005, p. 169-171.
[44] HENNING, Peter J. *Sarbanes-Oxley Act § 307 and Corporate Counsel: Who Better to Prevent Corporate Crime?* In **Buffalo Criminal Law Review** (State University of New York), v. 8, dez./2004, p. 101-104.
[45] BENOIT, Peter. **The BP Oil Spill.** New York: Children's Press, 2011, p. 7.
[46] BENOIT, Peter. **The BP...**, p. 24-28 e 34-35.
[47] Idem, p. 14.

furação em outro ponto. Na mesma noite, gases inflamáveis romperam a contenção e explosões seguiram[48].

Ou seja, uma ordem importantíssima, mas equivocada e aparentemente não sujeita a controle; um funcionário experiente e com condições de evitar o dano, porém desprotegido contra represálias e mal orientado. Também chama a atenção o fato de que uma empresa que à época já possuía cerca de 110 anos de conhecimentos técnicos acumulados no ramo[49] tenha aparentemente ignorado essa experiência e permitido que tais consequências drásticas ocorressem. Embora estivesse visando maximizar lucros ao evitar mais despesas, o resultado econômico foi um prejuízo à empresa de cerca de U$ 32 bilhões[50], além da demissão de milhares de seus funcionários como consequência da diminuição de sua operação.[51] A soma desses fatores, em uma empresa que explora petróleo, águas profundas, certamente, contribuiu para o resultado criminoso.

4. *Dieselgate*: controles inidôneos e pauta ética obscura

Em setembro de 2015, a Volkswagen[52] foi publicamente denunciada pela Agência de Proteção Ambiental dos EUA[53] por ter instalado, em seus veículos a diesel, fabricados desde 2009 até então, um *software*[54] que dissimulava os níveis reais de emissão de poluentes[55]. Na realidade, tais veículos produziam até 40 vezes mais gases do que o permitido, uma clara violação da lei chamada *Clear Air Act*. Após cerca de 1 ano e meio de produção de provas e tentativas de defesa – alegando, basicamente, falhas técnicas[56] –, o grupo econômico realizou um acordo com as autoridades, confessando

---

[48] Idem, p. 16-17.
[49] FERRIER, R. W. **The history of the British Petroleum company, v. 1. The developing years (1901-1932).** Cambridge: Cambridge University Press, 1982.
[50] Idem, p. 41.
[51] Idem, p. 42.
[52] As fabricantes do grupo envolvidas são: Volkswagen AG, Audi AG, Volkswagen Group of America, Inc., Volkswagen Group of America Chattanooga Operations, LLC, Porsche AG e Porsche Cars North America, Inc.
[53] A *Environmental Protection Agency*.
[54] Chamado de *"defeat device"*, algo como dispositivo de desvio.
[55] Óxido de nitrogênio (HOWARD, Steven B. **Leadership lessons from the Volkswagen saga.** Palm Springs/CA: Caliente Press, 2017, p. 17).
[56] EWING, Jack. **Faster, higher, farther: the Volkswagen Scandal.** New York: W. W. Norton & Company, 2017, p. 179.

crimes ambientais e fraudes e arcando com mais de U$ 4 bilhões em multas[57], além de cerca de U$ 10 bilhões em acordos de indenizações[58]. O caso ficou conhecido como *Dieselgate* em referência ao escândalo de *Watergate*.[59]

Importa, aqui, a conduta empresarial. A corporação teve a chance de admitir para as autoridades, muito antes de o escândalo ganhar a dimensão que teve, que usava um dispositivo para mascarar a emissão de gases[60]. Segundo avaliação de especialistas locais, isso, provavelmente, renderia multa de algumas dezenas ou centenas de milhões de dólares e uma curta repercussão negativa na imprensa, mas não causaria o estrago à imagem da empresa que um longo período de negação causou. Ao invés de tratar o problema de modo transparente, optaram por expandir a aplicação da técnica criminosa, para atender a metas de vendas astronômicas[61]. As avaliações de tais decisões foram frias e levavam em conta, basicamente, os custos de cada opção.[62]

Mesmo após descobertos os crimes, não se teve notícia de nenhuma determinação de investigação interna do grupo para apurar responsabilidades[63]; nenhuma manifestação de choque ou de indignação de seus exe-

---

[57] United States Environmental Agency, "Learn About Volkswagen Violations". Disponível em https://www.epa.gov/vw/learn-about-volkswagen-violations. Acesso em 7 de maio de 2019.

[58] EWING, Jack. **Faster, higher, farther...**, p. 265. Há relato de que a empresa teria pago, no total, mais de U$ 24 bilhões (HOWARD, Steven B. **Leadership lessons...**, p. 8).

[59] "O termo Dieselgate (*Abgasskandal*, em alemão) faz alusão ao histórico episódio do Watergate, ocorrido no mandato do ex-presidente norte-americano Richard Nixon, em 1974. Trata-se de um divisor de águas para a doutrina dos *compliance programs* pelo mundo, sendo considerado por especialistas como um dos mais recentes *biggest cases of corporate fraud* indicativos da necessidade de *compliance* nas organizações" (PEIXOTO, Bruno Teixeira. *Dieselgate: marco para o compliance ambiental – escândalo mundial da Volkswagen define o momento para programas de compliance na área ambiental*. In **JOTA – Opinião & Análise**, em 24 de outubro de 2019. Disponível em https://www.jota.info/opiniao-e-analise/artigos/dieselgate-marco-para-o-compliance-ambiental-24102019. Acesso em 25 de outubro de 2019).

[60] "o ex-CEO da empresa alemã possuiu conhecimento dos trâmites internos para a consecução da fraude pelo menos um ano antes da eclosão das investigações, e, mesmo de posse dos relatórios irregulares, nada fez. Ao depor no Congresso estadunidense, foi duramente criticado pela quebra da confiança pública na Volkswagen" (Idem).

[61] EWING, Jack. **Faster, higher, farther...**, p. 178.

[62] EWING, Jack. **Faster, higher, farther...**, p. 179.

[63] Posteriormente, houve notícia de que alguns funcionários, cujos nomes não foram divulgados, foram suspensos (Idem, p. 223). Por outro lado, não se teve notícia de que o tema da instalação do dispositivo tenha sido discutido abaixo do nível de gestão (HOWARD, Steven B. **Leadership lessons...**, p. 175).

cutivos ou acionistas; ninguém da empresa pareceu surpreso ao descobrir que ela utilizava mecanismo ilícito para fraudar a fiscalização ambiental. Pelo contrário: um comunicado do mais alto funcionário de *compliance* do grupo, tratando de quanto deveriam revelar às autoridades, dizia: "primeiro, deveremos decidir se seremos honestos"[64]. Apesar de ter admitido crimes nos EUA, a empresa continuou negando ter desrespeitado leis na Europa[65].

Não há dúvidas de que a empresa tinha uma estrutura de prevenção de ilícitos formalmente bem aparelhada. Mas ela não era idônea[66]. Um dos membros das famílias fundadoras, Ferdinand Piëch, conseguiu dar à sua esposa – que havia sido babá de seus filhos e professora de ensino fundamental – um assento na mesa supervisora da companhia em 2012, apesar de ela nunca ter tido experiência alguma nessa área[67]. Não havia seriedade ou independência[68] dos principais responsáveis pelo cumprimento à lei, pois assuntos como esse não eram passíveis de discussão por outros acionistas ou executivos[69]. Todo o setor de governança parecia estar mais atrelado ao fluxo de caixa do que a valores éticos, o que permite concluir ter ele sido um dos fatores que motivaram a prática e a permanência de tais delitos por tantos anos[70].

5. Prevenção corporativa de ilícitos no Brasil

Não há pretensão exauriente na menção aos casos reais: estudaram-se apenas alguns de seus detalhes que guardam correspondência temática com o objeto da presente pesquisa. Busca-se, nas narrativas seguintes, focar os

---

[64] Idem, ibidem.
[65] Idem, p. 231.
[66] "Sem dúvidas, é manifesta a ineficácia (ou subversão) do programa de *compliance* na empresa alemã, tanto voltado à prevenção de fraude e corrupção como à observação dos padrões ambientais mínimos exigidos" (Peixoto, Bruno Teixeira. *Dieselgate: marco para o compliance ambiental – escândalo mundial da Volkswagen define o momento para programas de compliance na área ambiental*. In **JOTA – Opinião & Análise**, em 24 de outubro de 2019. Disponível em https://www.jota.info/opiniao-e-analise/artigos/dieselgate-marco-para-o-compliance-ambiental-24102019. Acesso em 25 de outubro de 2019).
[67] Howard, Steven B. **Leadership lessons...**, p. 172-173.
[68] "A mais óbvia lição de liderança da estrutura de governança da Volkswagen AG é que a falta de diretores independentes na mesa supervisora impedia um escrutínio adequado por parte de executivos e administradores" (Howard, Steven B. **Leadership lessons...**, p. 174-175).
[69] Idem, ibidem.
[70] Howard, Steven B. **Leadership lessons...**, p. 175.

detalhes que permitem perceber a inidoneidade dos controles preventivos legislativos e, consequentemente, corporativos no trato de situações que culminaram em situações de grandes danos públicos.

5.1. Mensalão: *compliance* como fundamento condenatório

Um dos casos mais rumorosos do Brasil, o Mensalão, veio à tona em 2005, quando o então presidente do PTB/RJ, Deputado Roberto Jefferson, foi processado (crime contra a honra) por ter dito que José Janene (então Deputado do PP/PR) seria "um dos operadores do esquema do mensalão, suposto pagamento de propina a deputados federais pelo Partido dos Trabalhadores"[71]. Posteriormente, instalou-se a CPI do Mensalão "para apurar denúncias de recebimento de vantagens patrimoniais indevidas por membros do Congresso Nacional"[72]. Como resultado de extensas investigações, o MPF denunciou, em 2006, 40 pessoas, entre empresários, parlamentares, publicitários e ex-políticos[73]. Dentre eles, houve gestores de instituições financeiras acusados de gestão fraudulenta e de lavagem de dinheiro: ilícitos que eram os procedimentos por meio dos quais (dentre outros) se viabilizavam os pagamentos indevidos de vultosas quantias a parlamentares[74]. As acusações foram parcialmente recebidas, dando início

---

[71] Notícias STF, "Chega ao Supremo queixa-crime de José Janene contra Roberto Jefferson", 14 de junho de 2005. Disponível em http://www.stf.jus.br/portal/cms/verNoticiaDetalhe.asp?idConteudo=65028&caixaBusca=N. Acesso em 8 de maio de 2019.

[72] Notícias STF, "Negado pedido para instalação da CPMI do Mensalão na sessão de hoje do Congresso Nacional", 5 de julho de 2005. Disponível em http://www.stf.jus.br/portal/cms/verNoticiaDetalhe.asp?idConteudo=65181&caixaBusca=N. Acesso em 8 de maio de 2019; Notícias STF, "Delúbio Soares pede habeas corpus antes de acareação na CPI do Mensalão", 25 de outubro de 2005. Disponível em http://www.stf.jus.br/portal/cms/verNoticiaDetalhe.asp?idConteudo=65834&caixaBusca=N. Acesso em 8 de maio de 2019.

[73] Notícias STF, "Supremo explica o andamento do inquérito que investiga o 'mensalão' após a apresentação da denúncia pelo MP", 17 de abril de 2006. Disponível em http://www.stf.jus.br/portal/cms/verNoticiaDetalhe.asp?idConteudo=66751&caixaBusca=N. Acesso em 8 de maio de 2019.

[74] Notícias STF, "Resultado parcial: STF recebe denúncia contra 37 acusados no esquema do mensalão", 27 de agosto de 2007. Disponível em http://www.stf.jus.br/portal/cms/verNoticiaDetalhe.asp?idConteudo=70948&caixaBusca=N. Acesso em 8 de maio de 2019; Notícias STF, "Supremo aceita denúncia contra integrantes do PP e membros do núcleo publicitário-financeiro do mensalão", 27 de agosto de 2007. Disponível em "http://www.stf.jus.br/portal/cms/verNoticiaDetalhe.asp?idConteudo=70954&caixaBusca=N. Acesso em 8 de maio de 2019.

à ação penal 470. O julgamento do mérito se iniciou em agosto foi encerrado em dezembro de 2012. O acórdão tem 8.405 páginas[75].

O ponto de relevo é que o STF, no julgamento do caso, fundamentou condenações dos réus do chamado "núcleo financeiro" pelo crime de lavagem de dinheiro com base na chamada quebra de deveres de *compliance*. Em linhas gerais, o desrespeito doloso a normas internas de controle serviu para "viabilizar o aporte de recursos mediante empréstimos simulados materialmente, além de proporcionar os mecanismos de lavagem capazes de permitir o repasse dos valores aos destinatários finais"[76]. Em que pese a noção superficial do que seja *compliance* no acórdão[77], o fato é que o STF utilizou a circunstância da violação de normas internas corporativas de controle como fundamento para condenações criminais[78].

5.2. Operação Lava Jato: *compliance* como resultado de acordos

Provavelmente, o escândalo corporativo atualmente mais conhecido do público brasileiro, "a Lava Jato decorre de contratos superfaturados ocorridos em uma entidade da Administração Pública brasileira: a Petrobras"[79], foi vítima de um grande esquema de desvio de seu patrimônio em benefício de partidos políticos. As investigações se iniciaram ao final de 2013 e a operação foi deflagrada em 2014[80]. As cifras "alcançam somas altíssimas, da ordem de bilhões de dólares americanos, e fazem os casos examinados

---

[75] Informações extraídas do inteiro teor do acórdão da AP 407/MG, disponível na movimentação processual pública correspondente, no sítio eletrônico do Supremo Tribunal Federal. Em http://portal.stf.jus.br/processos/detalhe.asp?incidente=11541. Acesso em 8 de maio de 2019.

[76] Acórdão da AP 470/MG. Em http://portal.stf.jus.br/processos/detalhe.asp?incidente=11541. Acesso em 8 de maio de 2019. p. 2712.

[77] Vide SAAD-DINIZ, Eduardo. *O sentido normativo dos programas de compliance na APN 470/MG*. In Revista dos Tribunais, São Paulo, v. 933, jul./2013.

[78] A menção a normas de *compliance*, ainda, é rara como fundamento de responsabilização em decisões judiciais brasileiras. Há outra mais recente (2019), da área cível, que determinou à OLX a apresentação de "mecanismos de compliance e checagem da autenticidade da identidade do usuário", cujos dados pessoais teriam sido inadequadamente armazenados pela empresa (Poder Judiciário da Paraíba, 6º Juizado Especial Cível da Capital, autos de Ação de Reparação de Danos Morais nº 0816138-65.2019.8.15.2001, p. 2).

[79] FURTADO, Lucas Rocha. **Brasil e corrupção: análise de casos (inclusive da Operação Lava Jato).** Belo Horizonte: Fórum, 2018, p. 221.

[80] NETTO, Vladimir. **Lava Jato: o juiz Sergio Moro e os bastidores da operação que abalou o Brasil.** Rio de Janeiro: Primeira Pessoa, 2016, p. 20-25.

no Capítulo anterior – ou qualquer outro verificado em toda a história do Brasil ou do mundo – parecerem brincadeira de criança."[81]

A Lava Jato é interessante de inúmeros pontos de vista. Mas o que mais interessa aqui é o envolvimento de grandes empresas e a sua adesão a negócios jurídicos com autoridades públicas voltados à reparação do dano e à instituição ou otimização de mecanismos de prevenção de ilícitos. Uma das companhias ligadas a práticas espúrias foi a Odebrecht, que possuía um "departamento inteiro (...) dedicado a administrar propinas"[82].

Em 1º de dezembro de 2016, a empresa publicou comunicado com o título "desculpe, a Odebrecht errou". Nele, além de reconhecer que "participou de práticas impróprias em sua atividade empresarial", afirmou adotar, doravante, compromisso com uma "atuação Ética, Íntegra e Transparente". Para tanto, várias medidas serão tomadas e, dentre elas, a seguinte: "Incorporar nos Programas de Ação dos Integrantes avaliação de desempenho no cumprimento do Sistema de Conformidade."[83] A empresa realizou, ainda, acordo de leniência e cerca de R$ 1,4 bilhão, decorrentes de suas atividades ilícitas, já foram recuperados pelas autoridades[84].

Outra empresa foi a Andrade Gutierrez, que se valia de lobby para viabilizar pagamento de propina a políticos[85] e também divulgou "pedido de desculpas ao povo brasileiro", comprometendo-se a reparar danos. Afirmou, ainda, que a "operação Lava Jato poderá servir como um catalisador para profundas mudanças culturais, que transformem o modo de fazer negócios no país". Segundo a reportagem, a empresa declarou que implantaria um "moderno modelo de compliance [transparência], baseado em um

---

[81] FURTADO, Lucas Rocha. **Brasil e corrupção...**, p. 221.
[82] VIEIRA, Geraldo da Silva. **Direito penal econômico; abordagem da corrupção pela legislação brasileira; aspectos fundamentais da Operação Lava Jato**. 2. ed. Belo Horizonte: D'Plácido, 2018, p. 247-248.
[83] Odebrecht. Comunicação. Releases. "Desculpe, a Odebrecht errou". Disponível em https://www.odebrecht.com/pt-br/comunicacao/releases/desculpe-a-odebrecht-errou. Acesso em 6 de maio de 2019.
[84] Folha de S. Paulo, "Suíça já devolveu ao Brasil R$ 1,4 bilhão relacionado a casos da Lava Jato", 9 de abril de 2019. Disponível em https://www1.folha.uol.com.br/poder/2019/04/suica-devolve-ao-brasil-r-14-bilhao-relacionado-a-casos-da-lava-jato.shtml. Acesso em 6 de maio de 2019.
[85] TUMA JR., Romeu; TOGNOLLI, Claudio. **Assassinato de reputações II: muito além da Lava Jato**. 2. ed. São Paulo: Matrix, 2016, p. 241-245. "A propina é a moeda que paga a relação com lobistas no Brasil, essa é a rubrica orçamentária a encarecer os serviços e a sonegar saúde, segurança, educação e infraestrutura a nossa sociedade" (idem, p. 245).

rígido Código de Ética e Conduta"[86]. Em seu sítio eletrônico, a companhia comunicou o acordo de leniência que assinou com a AGU e a CGU, assumindo responsabilidade de ressarcir R$ 1,49 bilhão (valor que pode aumentar ao longo dos anos). Afirmou, também, que "adotou as melhores iniciativas de Compliance em suas operações, visando garantir a ética, lisura e a transparência em suas relações empresariais, seja com clientes ou fornecedores, assumindo ainda o compromisso de rechaçar tudo aquilo que não seguir os rígidos padrões éticos adotados pela companhia."[87]

A OAS, por sua vez, assinou acordo de leniência revelando "a participação de quase 50 empresas do setor, em fraudes em licitações do Departamento Nacional de Infraestrutura de Transportes (Dnit) no governo Lula. (...) O grupo principal seria formado por oito grandes empreiteiras. Além da OAS, Andrade Gutierrez, Carioca Engenharia, Camargo Corrêa, Galvão Engenharia, Mendes Júnior, Odebrecht e Queiroz Galvão"[88]. Como resultado da operação, a empresa adotou procedimentos relativos a mecanismos de prevenção, como, p.ex.: "criação de um programa de compliance com participação da alta direção e de um canal para denúncias com garantia de anonimato; Criação de um Conselho de Administração, que recebe diretamente as avaliações do comitê de compliance; Criação de um código de conduta e de um comitê de compliance com poder de veto em decisões da diretoria executiva. 'O comitê não está subordinado à diretoria Executiva, o que lhe garante independência e autonomia', informa a empresa."[89]

Os resultados favoráveis da operação foram devidos não apenas à atuação ostensiva de vários órgãos públicos de fiscalização, controle e repressão, mas também a leis que eram novidades à época e surpreenderam a

[86] Folha de S. Paulo, "Andrade Gutierrez divulga pedido de desculpas por ilegalidades em obras", 8 de maio de 2016. Disponível em https://www1.folha.uol.com.br/poder/2016/05/1769144-andrade-gutierrez-divulga-pedido-de-desculpas-por-ilegalidades.shtml. Acesso em 6 de maio de 2019.
[87] "AG assina acordo de leniência com AGU e CGU", 19 de dezembro de 2018. Disponível em http://www.andradegutierrez.com.br/Imprensa.aspx#. Acesso em 6 de maio de 2019.
[88] O Estado de S. Paulo, "Em leniência, OAS admite cartel com 47 empresas", por Eduardo Rodrigues, 20 de março de 2019. Disponível em https://economia.estadao.com.br/noticias/geral,em-leniencia-oas-admite-cartel-com-47-empresas,70002761654. Acesso em 6 de maio de 2019.
[89] G1, "Para virar a página, empresas da Lava Jato investem em planos anticorrupção", por Darlan Alvarenga e Luísa Melo, 9 de julho de 2017. Disponível em https://g1.globo.com/economia/negocios/noticia/para-virar-a-pagina-empresas-da-lava-jato-investem-em-planos-anticorrupcao.ghtml. Acesso em 13 de maio de 2019.

sociedade e os investigados com sua eficácia. Tratam-se, essencialmente, da Lei nº 12.846/13, que disciplinou o acordo de leniência, previu penas rigorosas para empresas envolvidas com corrupção e estabeleceu a possibilidade de mitigação de sanções pela existência prévia de mecanismos de integridade, e da Lei nº 12.850/13, que tratou em detalhes do acordo de colaboração premiada e da repressão de organizações criminosas[90]. Essa realidade motivou análises críticas como a seguinte: "o futuro da democracia brasileira pós-Lava-Jato, portanto, depende (...) da criação de mecanismos efetivos de controle."[91]

5.3. As barragens de Mariana/MG e Brumadinho/MG: *compliance* inidôneo como estímulo para a prática de ilícitos

Em novembro de 2015, rompeu-se a barragem de Fundão, situada próxima a Mariana/MG. A sua controladora, Samarco Mineração S.A., não impediu a morte de 19 pessoas. O lançamento de "34 milhões de metros cúbicos de rejeitos de minério de ferro" na natureza, "14 toneladas de peixes mortos", "centenas de milhares de moradores da bacia sem água potável" e repercussões ambientais em longo prazo que, ainda hoje, não podem ser dimensionadas[92]. Em dezembro de 2019, o Conselho Nacional dos Direitos Humanos (CNDH) resolveu reconhecer tais fatos como "violações a direitos humanos de excepcional gravidade"[93], algo inédito até então[94].

---

[90] É digo de nota o exemplo da empresa JBS, cujos dirigentes chegaram a firmar acordos com as autoridades no âmbito da Operação Lava Jato, mas, posteriormente, foram apontadas ilicitudes que teriam sido praticadas pelos próprios empresários durante as tratativas para que os acordos fossem firmados (vide, p.ex., *Consultor Jurídico*, "JBS: Histórico de negócios desmonta versão de *insider trading*", em 14 de janeiro de 2019. Disponível em: https://www.conjur.com.br/2019-jan-14/jbs-historico-negocios-desmonta-versao-insider-trading, acesso em 5 de agosto de 2020; Exame, Negócios, "2017, o ano em que a JBS abalou o país", por Karin Salomão, em 28 de dezembro de 2017. Disponível em: https://exame.com/negocios/2017-o-ano-em-que-a-jbs-abalou-o-pais/, acesso em 5 de agosto de 2020.

[91] CHEMIM, Rodrigo. **Mãos Limpas e Lava Jato: a corrupção se olha no espelho.** 2.ed. Porto Alegre: CDG, 2018, p. 243.

[92] SERRA, Cristina. **Tragédia em Mariana: a história do maior desastre ambiental do Brasil.** Rio de Janeiro: Record, 2018, p. 13-14.

[93] Ministério da Mulher, da Família e dos Direitos Humanos (MDH). Conselho Nacional dos Direitos Humanos (CNDH). Resolução 14, de 11 de dezembro de 2019. Disponível em https://www.mdh.gov.br/informacao-ao-cidadao/participacao-social/conselho-nacional-de-direitos-humanos-cndh/Resoluon14MarianaeBaciadoRioDoce.pdf. Acesso em 6 de janeiro de 2020.

Em abril de 2019, o Tribunal Regional Federal da 1ª Região, nos autos do *Habeas Corpus* nº 1029985-02.2018.4.01.0000 – impetrado por um dos integrantes do Conselho de Administração da Samarco Mineração S.A. (por indicação da Vale) – concedeu a ordem para trancar ação penal a que respondia por conta dos fatos acima mencionados. As imputações, conforme o respectivo acórdão, eram: "suposta prática, por 19 (dezenove) vezes, dos crimes dos arts. 121, § 2º, I, III e IV; 129 (na forma do caput, c/c §1º, I e III, por três vezes, sendo duas c/c o § 7º), 254 e 256, do Código Penal; e dos arts. 29, caput, § 1º, I e II, § 4º, I, III, V e VI; 33, 38, 38-A, 40, caput, § 2º, 49, 50, 53, I e II, alíneas 'c', 'd' e 'e'; e 54, § 2º, I, III, IV e V, c/c o art. 58, I e 62, da Lei n.º 9.605/98, tudo combinado com o disposto nos arts. 13, § 2º, alínea 'a' (crimes comissivos por omissão), 18, I (crimes dolosos) e art. 70 (concurso formal), do Código Penal, e com o art. 2º da Lei n.º 9.605/98."[95] Basicamente, o fundamento do trancamento foram a ausência de demonstração do dever jurídico de agir do acusado e do nexo jurídico de causalidade entre suas ações/omissões e os resultados[96].

O destaque é a alta nocividade de programas de prevenção meramente formais. Na Samarco, o sistema de governança continha uma "estrutura complexa, com muitas interseções, composta por diretoria, comitês, subcomitês e o Conselho de Administração, este último com representantes das controladoras Vale e BHP Billiton. (...) Entre centenas de documentos internos analisados pelos procuradores, um impressiona pela precisão

---

[94] UOL Notícias, "Mariana vira 1º crime ambiental apontado como violação de direitos humanos", por Marcelo Oliveira, em 16 de dezembro de 2019. Disponível em https://noticias.uol.com.br/meio-ambiente/ultimas-noticias/redacao/2019/12/16/mariana-pela-1-vez-conselho-aponta-crime-ambiental-como-violacao-de-dh.htm?cmpid=copiaecola. Acesso em 7 de janeiro de 2020.

[95] TRF 1ª Região, consulta processual. Disponível em https://pje2g.trf1.jus.br/pje-web/DetalheProcessoConsultaPublica/documentoSemLoginHTML.seam?ca=f870cf7e930419d58ccfa3b9c3373553e58661dfa998a4a7b98b4819409358f23e14ba80556a3238fc116d09e418ab0faefa46104779c879&idProcessoDoc=14348947. Acesso em 10 de maio de 2019. A informação consta na p. 2 do arquivo *.pdf* do acórdão.

[96] "Não alude à ação individual ou a uma conduta pessoal de garantidor que, como Conselheiro, tivesse tal aptidão se praticada, não havendo, portanto, o elo de causalidade entre a ação devida (se indicada) e o resultado, ação que (viu-se) não poderia ser pura e simplesmente a desativação da barragem, que operava há anos, e que não estava ao alcance da atuação de um eventual voto do paciente numa reunião quadrimestral do Conselho de Administração, o mesmo se podendo dizer de um eventual voto por medida corretiva outra diferente das adotadas pelo órgão ao longo das reuniões citadas pela denúncia" (idem, p. 12 do acórdão).

acerca do que seria a tragédia. Trata-se do 'Manual de riscos corporativos', que analisa desdobramentos de um eventual rompimento de Fundão."[97] O documento datava de 7 meses antes do rompimento, mas, ainda assim, a gestão da empresa não conseguiu (ou não tentou) impedi-lo. "Os técnicos encaminharam suas avaliações às instâncias superiores", mas "os dois principais executivos (...) afirmaram desconhecer que a barragem corresse riscos."[98] Esse relato sugere que a companhia não dispunha de nenhum mecanismo que tivesse por objetivo avaliar a idoneidade da governança em si ou de garantir que as análises de riscos fossem tratadas e respondidas adequadamente e em tempo hábil.

Outro fato muito parecido ocorreu poucos anos depois: em janeiro de 2019, houve o rompimento de uma barragem administrada pela Vale na Mina Feijão, em Brumadinho/MG[99]. Até 7 de maio de 2019, o número de mortos tinha alcançado 237 e as buscas do Corpo de Bombeiros continuavam[100]. "O rompimento da barragem de rejeito de minério de ferro da Vale em Córrego do Feijão despejou cerca de 12 milhões de metros cúbicos de lama numa das áreas de maior importância ambiental de Minas Gerais, com danos para a segurança hídrica e a biodiversidade"[101].

Um laudo de segurança da barragem em questão, concluído em setembro de 2018, examinou a sua estabilidade em condição drenada (potencial de ruptura seca) e não drenada (potencial de ruptura por liquefação). Explicando que a norma vigente (NBR-13208, 2017) exigia fator de segurança mínimo de 1,50, indicou que, em condição drenada, os fatores obtidos pela barragem variaram entre 1,60 a 1,93, pelo que, embora próximos do mínimo, estavam dentro do admitido[102]. Todavia, em condição não dre-

---

[97] SERRA, Cristina. **Tragédia**..., p. 179.
[98] SERRA, Cristina. **Tragédia**..., p. 180.
[99] Vale, "Vale informa sobre rompimento de barragem em Brumadinho, Minas Gerais", 25 de janeiro de 2019. Disponível em http://www.vale.com/brasil/PT/aboutvale/news/Paginas/Nota.aspx. Acesso em 8 de maio de 2019.
[100] G1 Minas, "Número de mortos identificados sobe para 237 na tragédia da Vale, em Brumadinho", em 7 de maio de 2019. Disponível em https://g1.globo.com/mg/minas-gerais/noticia/2019/05/07/numero-de-mortos-identificados-sobe-para-237-na-tragedia-da-vale-em-brumadinho.ghtml. Acesso em 8 de maio de 2019.
[101] O Globo, "Dano ambiental em Brumadinho ameaça centenas de espécies", 3 de fevereiro de 2019, por Ana Lucia Azevedo. Disponível em https://oglobo.globo.com/brasil/dano-ambiental-em-brumadinho-ameaca-centenas-de-especies-23424033. Acesso em 8 de maio de 2019.
[102] Auditoria Técnica de Segurança, 2º Ciclo 2018; Complexo Paraopeba – Mina Córrego Feijão; Barragem I; Relatório de Auditoria Técnica de Segurança de Barragem; Laudo Técnico

nada, os fatores foram de 1,09 a 1,22. O laudo, então, aponta que nessa condição a norma aplicável não fornece um fator de segurança mínimo, mas considerando "a variabilidade dos parâmetros geotécnicos" e "a variabilidade dos resultados" dos fatores obtidos, havia "uma probabilidade não nula de falha por liquefação"[103]. Mas, após o ocorrido, a imprensa noticiou que a Vale tinha conhecimento de que o risco de rompimento era, na realidade, grande[104].

6. Ilícitos corporativos e mecanismos de prevenção no Brasil

Todos os casos supracitados envolvem grandes empresas e consequências drásticas. Afora eles, no Brasil ainda existem milhares de processos que tratam de ilícitos corporativos em andamento que não ganharam a atenção da mídia[105]. A capacidade de vitimização generalizada que empresas apresentam na atualidade é uma realidade tão preocupante que passou a ser estudada em um campo criminológico próprio, a vitimologia corporativa (*corporate victimology*)[106]. Não se trata de alarmismo[107], mas de notar que a repercussão dos resultados desses ilícitos é grave, precisamente porque contaram com a participação, em maior ou em menor grau, de gran-

---

de Segurança de Barragem/2018. Disponível em https://worldminetailingsfailures.org/wp-content/uploads/2019/02/Brumadinho1.pdf. Acesso em 17 de maio de 2019, p. 56.

[103] Idem, p. 64.

[104] Veja, "Engenheiro da Vale diz que empresa sabia sobre risco de barragem", 24 de abril de 2019, por Giovanna Romano. Disponível em https://veja.abril.com.br/brasil/engenheiro-da-vale-diz-que-empresa-sabia-a-situacao-de-risco-de-barragem/. Acesso em 8 de maio de 2019; Reuters, World News, "Exclusive: Brazil miner Vale knew deadly dam had heightened risk of collapse", por Stephen Eisenhammer, 11 de fevereiro de 2019. Disponível em https://www.reuters.com/article/us-vale-sa-disaster-exclusive/exclusive-brazil-miner-vale-knew-deadly-dam-had-heightened-risk-of-collapse-idUSKCN1Q0287. Acesso em 17 de maio de 2019.

[105] O Globo, "Brasil tem quase 6 mil processos relativos a crimes financeiros", por Cássio Bruno, em 27 de julho de 2015. Disponível em http://oglobo.globo.com/brasil/brasil-tem-quase-6-mil-processos-relativos-crimes-financeiros-16971893#ixzz3h5dByCtj. Acesso em 5.9.19.

[106] "O desenvolvimento da vitimologia corporativa poderá provocar mudanças sensíveis no ambiente corporativo brasileiro, promovendo melhores práticas empresárias e menos danos e quem é vulnerado pelo ambiente corporativo nocivo" (Saad-Diniz, Eduardo. **Vitimologia corporativa.** São Paulo: Tirant lo Blanch, 2019, p. 16).

[107] Há obras voltadas basicamente à mera especulação alarmista, como, p.ex.: Rees, Martin. **Hora final: alerta de um cientista – o desastre ambiental ameaça o futuro da humanidade** (Trad. Maria Guimarães). São Paulo: Companhia das Letras, 2005. A ideia, aqui, é de otimismo diante de novas possibilidades.

des corporações[108]. Se o evento da AIDP de 1929 já havia detectado que as empresas são enormes fontes de riscos sociais[109], atualmente, elas podem ser classificadas como os novos Leviatãs[110].

BLACK realizou levantamento sobre casos concretos de tragédias conduzidas por corporações (o que ela chama de "desastres regulatórios") de diferentes partes do mundo. Ela identificou, em todos eles: que hábitos arriscados ou inadequados dos integrantes das empresas foram os fatores que os fizeram desviar da norma escrita; que, frequentemente, a empresa não dispunha de pessoal capacitado; que as falhas organizacionais das empresas comumente foram determinadas por suas cúpulas; que a falta de comunicação de riscos dentre os setores da mesma empresa contribui para o aumento do risco[111].

Ou seja, a existência, por si só, de códigos de conduta e declarações de princípios, bem como o registro formal de treinamentos e capacitações pode até atender, em uma análise superficial, a exigências do poder público, mas está longe de corresponder ao que se espera de uma corporação realmente comprometida com a prevenção de ilícitos. É importante o estudo individualizado dos itens que normalmente constam em programas corporativos de prevenção (como mapa de riscos, canais de comunicação e de denúncia, *whistleblowers*, apurações internas etc.), mas eles não terão serventia alguma se o programa, em si, não for idôneo, isto é, se não

---

[108] "Com efeito, são peculiaridades aplicáveis ao Dieselgate e à tragédia ocorrida em Brumadinho pela mineradora Vale: multinacionais de amplas relações organizacionais complexas, que exigem a aplicação de um *compliance* ambiental abrangente e eficaz em suas atividades finais" (PEIXOTO, Bruno Teixeira. *Dieselgate: marco para o compliance ambiental – escândalo mundial da Volkswagen define o momento para programas de compliance na área ambiental*. In **JOTA – Opinião & Análise**, em 24 de outubro de 2019. Disponível em https://www.jota.info/opiniao-e-analise/artigos/dieselgate-marco-para-o-compliance-ambiental-24102019. Acesso em 25 de outubro de 2019).

[109] DE LA CUESTA, José Luis; BLANCO CORDERO, Isidoro. **Resoluciones de los Congresos de la Asociación Internacional de Derecho Penal (1926-2009) – Nouvelles Études Pénales.** Toluse: Éditions érès, n. 23, 2012, p. 21-22.

[110] BUSATO, Paulo César. *O Leviatã de Brumadinho*. In **Boletim IBCCRIM**, a. 27, n. 316, mar./2019, p. 7-8.

[111] BLACK, Julia. *Learning from Regulatory Disasters*. In **LSE Law, Society and Economy Working Papers**, n. 24. London School of Economics and Political Science, 2014, p. 8-10 e 16. Disponível em: www.lse.ac.uk/collections/law/wps/wps.htm and the Social Sciences Research Network electronic library at: http://ssrn.com/abstract=2519834. Acesso em 13 de agosto de 2020.

estiver comprometido com a prevenção real de ilícitos. A implementação de programas de prevenção meramente formais pode ser mais nociva do que a total ausência de normas internas porque eles transmitem uma falsa ideia de segurança aos colaboradores da empresa e à sociedade, ao mesmo tempo em que permitem à cúpula diretiva da empresa explorar os limites da licitude sem se preocupar com o controle devido.

A legislação nacional contemplou alguns avanços importantes a partir de 2012 (p.ex.: alterações na lei de lavagem de dinheiro, a promulgação das chamadas lei anticorrupção, lei das estatais e lei geral de proteção de dados), os quais indicam que, provavelmente, haverá ainda mais avanços positivos como esses[112]. Mas, por ora, há muito por fazer em matéria de prevenção corporativa de ilícitos[113].

Sequer a prevenção específica de crimes em empresas pelo uso de programas de prevenção, p.ex. é regulada, direta e expressamente, por lei no Brasil[114], assim como não há legislação que trate da adoção desses progra-

---

[112] Está em trâmite o Projeto de Lei 5442, apresentado em outubro de 2019, que visa alterar a Lei 9.605/98 para disciplinar os programas de prevenção de ilícitos em corporações que explorem atividade econômica potencialmente lesiva ao meio ambiente. Na justificação do Projeto, consta: "as recentes tragédias envolvendo o rompimento das barragens de Mariana e de Brumadinho despertaram a atenção de especialistas e autoridades públicas para a necessidade de desenvolvimento de novos instrumentos de preservação do meio ambiente. Dentre tais instrumentos, ganham destaque aqueles de natureza preventiva, ou seja, voltados a evitar a ocorrência de danos ambientais, os quais, muitas vezes, podem ser irreversíveis ou exigirem anos para que o meio ambiente se recupere" (Câmara dos Deputados. Disponível em https://www.camara.leg.br/proposicoesWeb/prop_mostrarintegra;jsessionid=8E4EF2 8D219C9C74B1CCE38B5D28C739.proposicoesWebExternol?codteor=1818737&filename =PL+5442/2019. Acesso em 7 de fevereiro de 2020).

[113] Como, p.ex., a criminalização da corrupção privada (nesse sentido: GONTIJO, Conrado Almeida Corrêa. **O crime de corrupção no setor privado.** São Paulo: LiberArs, 2016, p. 185-204). Nada impede, porém, que empresas insiram, desde logo, em seus programas de prevenção, normas específicas para evitar esse ilícito, mas a proibição em lei criminal seria um grande avanço nesse sentido. Vide o Projeto de Lei 3163/2015, que "define como crime a corrupção praticada no âmbito do setor privado" (Câmara dos Deputados. Disponível em: https://www.camara.leg.br/proposicoesWeb/fichadetramitacao?idProposicao=1806128. Acesso em 5 de agosto de 2020).

[114] As recentes alterações legislativas mencionadas estabeleceram diretrizes gerais para um programa de prevenção de riscos de ilícitos *administrativos* e não, diretamente, de *crimes*. É pertinente a seguinte lembrança: a "ciência do Direito Penal deve levar a sério a existência de organizações como realidade social e construir uma dogmática do delito que permita à *praxis* tratar adequadamente deste fenômeno das sociedades modernas" (FEIJOO SÁNCHEZ, Bernardo. **Cuestiones actuales de Derecho Penal Económico.** Buenos Aires: B de F, 2009, p. 16).

mas por toda e qualquer empresa de modo indiscriminado[115]. Uma nota comum dos fatos acima vistos é que o Estado e a sociedade apenas ficaram sabendo que ilícitos estavam sendo praticados muito tempo depois do seu início e os órgãos de controle estavam totalmente no escuro quanto ao que se passava dentro das empresas[116]. Por mais que alguns funcionários dessas empresas pudessem saber o que ocorria, não se localizaram registros de que eles tivessem, à sua disposição, algum mecanismo corporativo seguro que lhes auxiliassem a formalizar, de modo seguro, denúncias a terceiros independentes. As inovações legislativas poderão incluir não apenas possibilidades mais atuais de repressão dos atos das empresas em si[117], mas também meios mais adequados para o controle e a fiscalização de toda a cadeia de atos que antecederam a prática do ilícito para todos os setores empresariais e para empresas de todas as dimensões[118].

---

[115] É nesse sentido a proposta veiculada na Parte III, Capítulo 3.

[116] "Justamente nestes casos de grandes ilícitos ambientais, por multinacionais, é que o *compliance* merece aprimoramento, tanto para melhor compreensão da responsabilização da pessoa jurídica como para a prevenção a casos semelhantes" (PEIXOTO, Bruno Teixeira. *Dieselgate: marco para o compliance ambiental – escândalo mundial da Volkswagen define o momento para programas de compliance na área ambiental*. In **JOTA – Opinião & Análise**, em 24 de outubro de 2019. Disponível em https://www.jota.info/opiniao-e-analise/artigos/dieselgate-marco-para-o-compliance-ambiental-24102019. Acesso em 25 de outubro de 2019).

[117] Como defende BUSATO, Paulo César. *O Leviatã*..., p. 7-8.

[118] Vide, a respeito, as propostas de inovações legislativas constantes da Parte III, Capítulo 3, itens 1 a 5.

CAPÍTULO 2
DIFERENTES FORMAS DE SE POSITIVAR A PREVENÇÃO CORPORATIVA DE ILÍCITOS

A circunstância de estarem disciplinados em lei não significa, por si só, praticamente nada no tema dos programas corporativos de prevenção de ilícitos. Isso porque a qualidade da previsão legal é decisiva para a noção de prevenção corporativa idônea. Para que a realização de proposições nesse campo esteja mais conectada com a realidade, convém avaliar alguns exemplos de como esses mecanismos de prevenção estão dispostos em leis diversas.

A escolha dos países abaixo citados foi determinada pelo seu pioneirismo na promulgação de leis sobre programas de prevenção corporativa (caso, p.ex., dos EUA e as suas leis mais conhecidas, como a FCPA e a SOX), pela representatividade das leis no cenário acadêmico (caso das leis europeias) e, no caso dos países da América Latina, pela maior proximidade sociocultural com o Brasil[119]. Ademais, há corporações de tais países que realizam negócios no Brasil, mas se sujeitam, também, às respectivas legislações domésticas (como ocorre com a FPCA, p.ex.), razão pela qual o aperfeiçoamento da prevenção de ilícitos no Brasil passa, necessariamente, pelo estudo de formas legais do tratamento da prevenção corporativa em outros países.

---

[119] Há textos – como, p.ex., o da mexicana *Ley General del Sistema Nacional Anticorrupción y de Responsabilidades Administrativas*, de 2016 (Estados Unidos Mexicanos, Cámara de Diputados del H. Congreso de la Unión, Secretaría General. Disponível em http://www.diputados.gob.mx/LeyesBiblio/pdf/LGSNA.pdf, acesso em 29 de maio de 2019) – que sequer preveem a criação de programas de cumprimento no interior de empresas privadas, razão pela qual poderiam ser classificados como omissos. Mas, por não constituírem material apto ao debate sobre a forma de previsão legal do *compliance*, não serão mencionados outros exemplos de omissões.

Assim, são as seguintes as formas de positivação: mera recomendação (item 1); obrigação mediante sanção (item 2); sanção ou condição de acordo (item 3); exclusão de responsabilidade (item 4); interferência na aplicação da sanção (item 5). Posteriormente, comenta-se o fato de que há uma multiplicidade de formas de positivação dos programas de *compliance* e seus conteúdos (item 6). A visualização global das formas de se disciplinar em leis os programas de prevenção, abaixo apresentadas, facilita a crítica e permite que o trabalho prossiga para o exame das bases teóricas de possíveis propostas de aperfeiçoamento.

1. Recomendação

Há leis que, embora tratem da implementação de boas práticas como algo devido, não chegam a sancionar, direta e especificamente, pela não adoção de programas de prevenção. O desenvolvimento de tais mecanismos é mera faculdade dos empresários. Na prática, pode constituir, inclusive, uma exigência do mercado ou do setor específico – por se tornar algo usual ou, de certa forma, esperado pela sociedade – embora não haja obrigação estabelecida mediante sanção prevista em lei[120].

No *Foreign Corrupt Practices Act* (FCPA), de 1977, dos EUA, o assunto não é tratado expressamente. Mas, como, nos §§78m, 78dd-1 e 78dd-2, são descritas várias condutas puníveis criminalmente[121], empresas passaram a, voluntariamente, adotar medidas de controle e de fiscalização para tentar reduzir riscos de sua ocorrência. Cerca de 10 anos após sua entrada em vigor, o governo norte-americano divulgou orientações sobre como as corporações que queriam adotar espontaneamente métodos de controle preventivo deveriam proceder[122]. Atualmente, as autoridades se utilizam dos dispositivos acima indicados do FCPA como fundamento legal para avaliar o grau de qualidade do programa corporativo de *compliance*[123], bem como para exigir eventuais melhorias. Ademais, o governo também adota

---

[120] A cogência de um comando normativo, na prática, pode não decorrer da positivação de uma sanção, mas de eventual necessidade (seja por razões econômicas, éticas ou ambas) de a empresa assumir, publicamente, a imagem de cumpridora da lei.

[121] Department of Justice of the USA, Anti-Bribery and Books & Records Provisions of the Foreign Corrupt Practices Act. Disponível em https://www.justice.gov/sites/default/files/criminal-fraud/legacy/2012/11/14/fcpa-english.pdf. Acesso em 20 de maio de 2019.

[122] Idem. Vide letra *d*, itens 1 e 2.

[123] "*Corporate compliance program*". Como o demonstra a documentação de um caso concreto, produzida em dezembro de 2018 e disponibilizada no sítio eletrônico do Departamento de

uma política de reforço das boas práticas (*"FCPA Corporate Enforcement Policy"*), ao estabelecer vantagens como, p.ex., o abrandamento de sanções às empresas que, porventura, tenham bons programas de integridade e que cooperem com as autoridades[124]. É digno de nota o guia produzido pelo *Department of Justice* (DOJ) dos EUA para a melhor interpretação e aplicação da FCPA. Em seu capítulo 5, há diversas recomendações para manter a efetividade de programas de *compliance* e, em seu capítulo 8, há provisões para a proteção dos *whistleblowers*[125]. Mas não há, na lei em si, sanção aplicável a empresas por não adotarem tais medidas.

O Código dos EUA[126], em seu Título 31 ("Dinheiro e Finanças"[127]), permite ao Estado exigir de instituições financeiras que mantenham "procedimentos apropriados" para garantir o cumprimento à lei e prevenir a lavagem de dinheiro[128]. Aponta, apenas, que os programas de prevenção devem conter políticas, procedimentos e controles internos, designar *compliance officers*[129] e incluir permanente programa de capacitação[130]. Mas sem consequências para os que não seguirem essas recomendações.

Justiça dos EUA (disponível em https://www.justice.gov/opa/press-release/file/1043236/download; acesso em 20 de maio de 2019).

[124] Department of Justice of the USA, 9-47.120 – FCPA Corporate Enforcement Policy. Disponível em https://www.justice.gov/criminal-fraud/file/838416/download. Acesso em 20 de maio de 2019.

[125] *A Resource Guide to the U.S. Foreign Corrupt Practices Act, Second Edition* (July 2020). By the Criminal Division of the U.S. Department of Justice and the Enforcement Division of the U.S. Securities and Exchange Commission. Disponível em: https://www.justice.gov/criminal-fraud/file/1292051/download. Acesso em 6 de agosto de 2020.

[126] O *U.S. Code* é uma consolidação de leis federais norte-americanas que se iniciou em 1926 e, desde então, vem recebendo constantes atualizações decorrentes da prática e de precedentes jurisprudenciais (Office of the Law Revision Counsel, United States Code. Disponível em http://uscode.house.gov/about/WhatTheCodeIs.pdf, acesso em 20 de maio de 2019).

[127] *"Money and Finance"*.

[128] Office of the Law Revision Counsel, United States Code. Disponível em http://uscode.house.gov/download/download.shtml#.xhtml. Acesso em 20 de maio de 2019. Vide o §5318 *"Compliance, exemptions, and summons authority"*, letra *a*, item 2.

[129] Os *compliance officers* (desconhecidos da legislação criminal brasileira) são "profissionais dotados de *expertise* técnica e de gestão para avaliar os riscos e criar controles internos na empresa com objetivo de prevenir ou minimizar os riscos de responsabilidade legal" (BENEDETTI, Carla Rahal. **Criminal compliance: instrumento de prevenção criminal corporativa e transferência de responsabilidade penal**. São Paulo: Quartier Latin, 2014, p. 81).

[130] No §5318, letra *h*, consta que os programas de prevenção de crimes de lavagem de dinheiro a serem estabelecidos pelas empresas deverão incluir, no mínimo: a) o desenvolvimento de

O *Dodd-Frank Wall Street Reform and Consumer Protection Act* (2010) visa otimizar a transparência e a qualidade geral dos serviços financeiros nos Estados Unidos ao prover maior proteção aos consumidores destes serviços. O texto é extenso e realiza diversas mudanças em outros diplomas legais. A lei é bastante descritiva, abrangendo desde as competências e deveres do *compliance officer* (Sec. 725, 728, 731-733, 764 e 932), passando por regras de proteção a *whistleblowers* (Sec. 922-924) e tratando da imposição de aplicação de sanções internas a integrantes da empresa que não tenham respeitado as normas de *compliance* (Sec. 725). Em que pese a lei atribua capacidade sancionadora a órgãos como o *Board of Trade* (Sec. 735), a *Comission* (Sec. 913) e ao *Appraisal Subcomittee* (Sec. 1473), não se localizou dispositivo específico sobre sanções relativas ao descumprimento da obrigação de se implementar programas de *compliance*[131].

Na Alemanha, publicou-se, em 2002, o *Deutscher Corporate Governance Kodex* (DCGK)[132]. Além de inovar em matéria de administração e de supervisão de sociedades anônimas alemãs listadas em bolsa, esse código tem sido utilizado pela Suprema Corte alemã como referência em casos de crimes de corrupção entre particulares, por estabelecer o necessário cumprimento aos ditames legais e um padrão de atuação profissional do "empresário respeitável"[133]. Ele recomenda a tais empresas declarar, como parte da contabilidade anual, quais os itens do código que têm sido seguidos, quais não têm e por quê[134]. Em sítio eletrônico próprio, é possível

---

políticas internas, procedimentos e controles; b) a designação de um *compliance officer*; c) um permanente sistema específico de treinamento de funcionários; d) uma função de auditoria independente para testar o programa. O Código prossegue, detalhando inúmeras outras formas de controle a serem obedecidas pelas empresas para evitar a lavagem de dinheiro (Office of the Law Revision Counsel, United States Code. Disponível em http://uscode.house.gov/download/download.shtml#.xhtml. Acesso em 20 de maio de 2019).

[131] Authenticated US Government Information GPO, Public-Law 111-203-July 21, 2010, Dodd-Frank Wall Street Reform and Consumer Protection Act. Disponível em https://www.congress.gov/111/plaws/publ203/PLAW-111publ203.pdf. Acesso em 27 de maio de 2019.

[132] Código de Governança Corporativa alemão.

[133] "*Leitbild des Ehrbaren Kaufmanns*" (Regierungskommission Deutscher Corporate Governance Kodex. Disponível em https://www.dcgk.de//files/dcgk/usercontent/en/download/code/170214_Code_markup.pdf. Acesso em 21 de maio de 2019. Foreword, p. 1).

[134] "Corporações podem não cumprir com as recomendações, mas, nesse caso, elas estarão obrigadas a revelar e explicar, anualmente, cada um dos não cumprimentos" (Disponível em https://www.dcgk.de//files/dcgk/usercontent/en/download/code/170214_Code_markup.pdf. Acesso em 21 de maio de 2019. Foreword, p. 2).

verificar e analisar declarações de atendimento desses itens ("*declaration of compliance*") de várias empresas[135].

No Reino Unido, o *Bribery Act* (2010) unificaram-se os delitos de corrupção de funcionários públicos e privados, no que diz respeito à punição de pessoas jurídicas, na figura típica da "falha de empresas comerciais em prevenir a corrupção"[136]. A própria lei estabelece que "é uma defesa" da empresa provar que dispunha de procedimentos adequados formulados para evitar que pessoas ligadas à organização comercial praticassem tal conduta[137]. Em março de 2011, o Ministério da Justiça do Reino Unido publicou diretriz indicando os "procedimentos adequados" que se espera das empresas para o cumprimento ideal do *Bribery Act*[138]. Na norma, a eventual adoção dos procedimentos permite uma defesa válida em Juízo: "organizações que tenham procedimentos adequados para prevenir corrupção terão posição mais forte se incidentes isolados ocorreram apesar dos seus esforços"[139]. Todavia, o "distanciamento dos procedimentos sugeridos nessa diretriz, por si só, não permitirá a presunção de que a organização não adote os procedimentos adequados" recomendados.[140] Mais adiante,

---

[135] Regierungskommission Deutscher Corporate Governance Kodex. Disponível em https://www.dcgk.de/en/declarations-of-compliance.html. Acesso em 21 de maio de 2019.

[136] "*Failure of commercial organisations to prevent bribery*". The Official Home of Revised Enacted UK Legislation, Bribery Act 2010. Disponível em https://www.legislation.gov.uk/ukpga/2010/23/crossheading/failure-of-commercial-organisations-to-prevent-bribery. Acesso em 23 de maio de 2019. Seção 7, item 1, letras *a* e *b*.

[137] Tradução livre. No original: "*but it is a defence for C to prove that C had in place adequate procedures designed to prevent persons associated with C from undertaking such conduct.*" (item 7, subitem 2).

[138] O documento indica seis princípios gerais para prevenção de corrupção de funcionários públicos: 1) procedimentos proporcionais; 2) comprometimento da alta cúpula da organização empresarial; 3) permanente estudo dos riscos de existência de corrupção em determinada atividade; 4) governança corporativa e *due diligence*; 5) comunicação e treinamento; 6) monitoramento e revisão. Disponível em http://www.justice.gov.uk/downloads/legislation/bribery-act-2010-guidance.pdf. Acesso em 23 de maio de 2019.

[139] "*It also establishes a statutory defence: organisations which have adequate procedures in place to prevent bribery are in a stronger position if isolated incidents have occurred in spite of their efforts.*" Disponível em http://www.justice.gov.uk/downloads/legislation/bribery-act-2010-guidance.pdf. Acesso em 23 de maio de 2019. Foreword, p. 1.

[140] "*However, departures from the suggested procedures contained within the guidance will not of itself give rise to a presumption that an organisation does not have adequate procedures.*" Disponível em http://www.justice.gov.uk/downloads/legislation/bribery-act-2010-guidance.pdf. Acesso em 23 de maio de 2019. Introduction, item 4, p. 6.

a diretriz reconhece que se trata de uma política de encorajamento de empresas para implementar programas de prevenção[141].

O Decreto Legislativo 231/01[142], na Itália, afirma que empresas poderão adotar modelos de organização e de gestão, bem como códigos de conduta com a finalidade de prevenir ilícitos. Também declara os requisitos mínimos de tais modelos e indica melhores formas de geri-los (art. 6º, 3, e art. 7º, 2, 3 e 4, *a* e *b*). Embora a adoção de programas de prevenção, considerados efetivos de acordo com a lei, possa render alguns benefícios às corporações, não há sanção caso elas não os implementem[143].

Na Argentina, a Lei 27.401/17, que permite a responsabilização penal de pessoas jurídicas, declara que as empresas "poderão implementar programas de integridade (...) orientados a prevenir, detectar e corrigir irregularidades e atos ilícitos" (art. 22, primeira parte)[144]. Não se localizou sanção aplicável no caso de não implementação de tais programas.

No Equador, a *Ley Orgánica de Prevención, Detección y Erradicación del Delito de Lavado de Activos y del Financiamiento de Delitos*, de 21 de julho de 2016[145], estabelece que "*la Unidad de Análisis Financiero y Económico (UAFE), es la entidad técnica responsable de la recopilación de información, realización de reportes, ejecución de las políticas y estrategias nacionales de prevención y erradicación del lavado de activos y financiamiento de delitos*" (art. 11). Dentre suas funções, estão as de: "*elaborar programas y ejecutar acciones para detectar (...) operaciones*

---

[141] "(...) the defence is also included in order to encourage commercial organisations to put procedures in place to prevent bribery by persons associated with them." Disponível em http://www.justice.gov.uk/downloads/legislation/bribery-act-2010-guidance.pdf. Acesso em 23 de maio de 2019. Introduction, item 11, p. 8.

[142] Parlamento Italiano, Camera dei Deputatti. Disponível em http://www.camera.it/parlam/leggi/deleghe/01231dl.htm. Acesso em 14 de junho de 2019.

[143] Para comentários sobre essa lei, vide: ROSI, Elisabetta; UBERTIS, Giulio. *Prevention, investigation, and sanctioning of economic crime – a comparative analysis of normative control systems in Italy*. In SIEBER, Ulrich (ed.). **Prevention, investigation, and sanctioning of economic crime: national perspectives. International Review of Penal Law (RIDP).** Antwerpen (Belgium): Maklu, 2019, v. 90, iss. 1, p. 237-238.

[144] Ministerio de Justicia y Derechos Humanos, Presidencia de la Nación, Informarción Legislativa. Disponível em http://servicios.infoleg.gob.ar/infolegInternet/anexos/295000-299999/296846/norma.htm. Acesso em 23 de maio de 2019.

[145] Registro Oficial, Órgano del Gobierno del Ecuador – Administración del Sr. Ec. Rafael Correa Delgado. Segundo Suplemento, Año IV, nº 802. Disponível em https://www.asambleanacional.gob.ec/es/system/files/ro-preven-lavado-activos-2do-sup-21-07-2016.pdf. Acesso em 29 de maio de 2019.

o transacciones económicas inusuales e injustificadas"; *"organizar programas periódicos de capacitación en prevención de lavado de activos y del financiamiento de delitos*"; *"expedir la normativa correspondiente y asumir el control para el caso de los sujetos obligados a entregar información, que no tengan instituciones de control específicas*"; *"imponer sanciones por el incumplimiento de las obligaciones establecidas en esta ley"* (art. 12, a, i, k, l, respectivamente). Nota-se que a UAFE detém o monopólio da criação, da fiscalização e do controle dos programas de *compliance*, voltado à prevenção da lavagem de dinheiro nas empresas. A lei prevê sanção pela falha na obrigação de reportar atividades financeiras suspeitas (arts. 17 a 20), mas não por ter deixado de adotar mecanismos de prevenção.

No Brasil, a Lei 13.303/16, art. 9º, estabelece que "a empresa pública e a sociedade de economia mista adotarão regras de estruturas e práticas de gestão de riscos e controle interno (...)". No §1º, dispõe que "deverá ser elaborado e divulgado Código de Conduta e Integridade" e, nos incisos que seguem, aponta quais são os itens que devem constar desse regramento interno. No art. 12, II, consta que "a empresa pública e a sociedade de economia mista deverão adequar constantemente suas práticas ao Código de Conduta e Integridade e a outras regras de boa prática de governança corporativa, na forma estabelecida na regulamentação desta Lei". A partir do art. 85, está disciplinada a possibilidade de fiscalização pelo Estado e pela sociedade. Apesar do vocábulo cogente "deverá", não há dispositivo tratando especificamente da possibilidade de sanção pela não adoção das regras de integridade que a lei menciona.

Em sentido semelhante, no Brasil, a Lei 13.709/18 (Lei Geral de Proteção de Dados) estabelece que "os controladores e operadores, no âmbito de suas competências, (...) poderão formular regras de boas práticas e de governança que estabeleçam as condições de organização, o regime de funcionamento, os procedimentos (...)" (art. 50). O dispositivo prevê alguns itens que não podem faltar caso seja implementada tal governança, mas não indica sanção alguma para o caso de sua não implementação.

2. Obrigação mediante sanção

Há leis que instituem, de forma clara, um dever geral de determinadas empresas criarem e zelarem pela manutenção de programas de *compliance*. Também prescrevem a sanção administrativa que se deverá aplicar na hipótese de seu descumprimento. Tal dever é autônomo, pois não depende de processo, punição ou acordo prévios, decorrendo, unicamente, da letra da lei.

Em 2002, nos EUA, o *Sarbanes-Oxley Act* (SOX), voltado a evitar crimes no mercado aberto de investimentos, criou um órgão independente com múltiplas funções estabelecidas, especialmente em seus Títulos I e II. Basicamente, cumpre-lhe, mediante amplos poderes, fiscalizar a contabilidade e os controles internos de todas as empresas que negociam títulos publicamente. Cabe-lhe, inclusive, formular os padrões de conduta, de qualidade e de ética que tais corporações deverão seguir (Sec. 101, *a*, *b* e *c*; Sec. 103). A partir da Sec. 105, o SOX atribuiu a tal órgão a competência para investigar e aplicar sanções disciplinares às empresas que não cumprirem com as suas exigências. As consequências podem ser: censura; treinamento adicional; suspensão ou revogação de licenças de funcionamento; multas[146]. É natural que as empresas tenham, desde então, implementado programas de prevenção à altura das exigências.

Em Portugal, a Lei 83/17[147], voltada à prevenção da lavagem de dinheiro e do financiamento ao terrorismo, determina que instituições financeiras e não financeiras adotem extensivos programas de *compliance*, detalhando todos os mecanismos de controle, de fiscalização, de monitoramento e de denúncia que deverão implementar. Os deveres preventivos gerais constam do art. 11º e alíneas. O art. 169º e suas várias alíneas descrevem as condutas (contraordenações) de descumprimento desses deveres, ao passo que as consequências jurídicas (coimas e sanções acessórias) estão previstas nos arts. 170º, 171º e 172º.

A lei chilena 20.393/09[148], que estabelece responsabilidade penal de pessoas jurídicas em crimes de lavagem de dinheiro, financiamento ao terrorismo e corrupção, permite a punição delas quando *"sus dueños, controladores, responsables, ejecutivos principales, representantes o quienes realicen actividades de administración y supervisión"* praticarem tais delitos por via do descumprimento *"de los deberes de dirección y supervisión"* (art. 3º). Explica que esses deveres serão considerados cumpridos quando, *"con anteriori-*

---

[146] U. S. Securities and Exchange Comission, Sarbanes-Oxley Act of 2002. Disponível em http://legcounsel.house.gov/Comps/Sarbanes-oxley%20Act%20Of%202002.pdf. Acesso em 20 de maio de 2019.

[147] Diário da República Eletrónico de Portugal, Assembleia da República. Disponível em https://dre.pt/application/conteudo/108021178. Acesso em 3 de julho de 2019.

[148] Biblioteca del Congreso Nacional de Chile/BCN. Disponível em https://www.leychile.cl/Navegar?idNorma=1008668. Acesso em 29 de maio de 2019.

dad a la comisión del delito, la persona jurídica hubiere adoptado e implementado modelos de organización, administración y supervisión para prevenir delitos como el cometido" (art. 3º, III). Assim, a lei atribui à prévia ausência de programa de prevenção a importância de um possível fundamento para condenar pela prática de eventual crime. É fato que não se trata, exatamente, de uma sanção correspondente à inexistência do *compliance*. Na prática, tal dispositivo pode produzir efeito prático equivalente.

Em seguida, a lei veicula um modelo de programa de prevenção de ilícitos, exigindo que apresente, no mínimo, uma série de requisitos, tais como: a criação de meios e recursos para que ele possa desempenhar sua função de modo autônomo; o estabelecimento de um complexo sistema de prevenção dos crimes, com regras e procedimentos voltados à identificação de riscos específicos, bem como sanções administrativas internas e mecanismos de denúncias; a realização de supervisão e a certificação do sistema de prevenção de crimes, o que poderá ser feito por *"empresas de auditoría externa, sociedades clasificadoras de riesgo u otras entidades registradas ante la Superintendencia de Valores y Seguros que puedan cumplir esta labor"* (art. 4º, 4, b)[149]. Trata, no mesmo dispositivo, da designação de um *encargado de prevención* (figura mais conhecida como *"compliance officer"*) de modo expresso, algo raro no cenário legislativo criminal latino.

No Paraguai, a Lei 1015/97, que *previene y reprime los actos ilícitos destinados a la legitimacion de dinero o bienes*[150], prevê a obrigação, a determinados sujeitos[151], de que estabeleçam *"los procedimientos adecuados para el control interno de la información a fin de conocer, prevenir e impedir la realización de operaciones de lavado de dinero o bienes"* (art. 21). O descumprimento dessa norma sujeita a pessoa jurídica a sanções administrativas, tais como advertência, admoes-

---

[149] Para pesquisa sobre a possibilidade de certificação de programas corporativos de prevenção de ilícitos no Brasil, vide: Parte III, Capítulo 3, item 3.

[150] Biblioteca y Archivo Central del Congreso de la Nación, BACCN. Paraguay. Disponível em http://www.bacn.gov.py/leyes-paraguayas/988/previene-y-reprime-los-actos-ilicitos-destinados-a-la-legitimacion-de-dinero-o-bienes. Acesso em 29 de maio de 2019.

[151] Conforme seu art. 13, são eles: *"a) los bancos; b) las financieras; c) las compañías de seguro; d) las casas de cambio; e) las sociedades y agencias de valores (bolsas de valores); f) las sociedades de inversión; g) las sociedades de mandato; h) las administradoras de fondos mutuos de inversión y de jubilación; i) las cooperativas de crédito y de consumo; j) las que explotan juegos de azar; k) las inmobiliarias; l) las fundaciones y organizaciones no gubernamentales (ONGs); m) las casas de empeño; y, n) cualquier otra física o jurídica que se dedique de manera habitual a la intermediación financiera, al comercio de joyas, piedras y metales preciosos; objetos de arte, antigüedades, o a la inversión filatélica o numismática."*

tação pública, multa e suspensão temporária de atividades (art. 24). O art. 28, item 1, confere à Secretaria de Prevenção de Lavagem de Dinheiro ou Bens a prerrogativa de *"dictar en el marco de las leyes, los reglamentos de carácter administrativo que deban observar los sujetos obligados con el fin de evitar, detectar y reportar las operaciones de lavado de dinero o bienes"*. Nota-se que essa lei permite que o programa de prevenção seja formulado e conduzido (ainda que não exclusivamente) por empresas particulares, o que não é comum na América Latina[152].

No Brasil, a Lei 9.613/98 (Lei de Lavagem de Dinheiro), art. 10º, III, estabelece que instituições financeiras "deverão adotar políticas, procedimentos e controles internos, compatíveis com seu porte e volume de operações", de modo a atender as exigências legais e administrativas de controle. Caso não o façam, poderão receber sanções – aplicáveis pelo Conselho de Controle de Atividades Financeiras (COAF) – que vão desde advertência até a cassação da autorização para funcionamento (arts. 12 a 14).

3. Sanção ou condição de acordo

A criação, otimização e/ou a sujeição à fiscalização de programas corporativos de prevenção de ilícitos também pode ser legalmente imposta como a condenação em si ou pactuada como condição de um acordo com o poder público. Nesse sentido, o programa de prevenção também figura como um dever, mas não de forma geral, e sim individualizada para um ou alguns jurisdicionados individualizados, conforme o caso concreto.

As *Sentencing Guidelines* dos EUA preveem a possibilidade de que corporações sejam punidas com *"probation"* – um período de prova –, e uma das condições durante o período pode ser a de que elas "desenvolvam e apresentem ao tribunal um programa efetivo de compliance e ética", acompanhado de um cronograma para a sua implementação. Além de outras obrigações, a empresa deverá reportar ao fiscal o seu progresso na consolidação do programa de prevenção[153].

---

[152] Para uma análise focada nas previsões normativas sobre programas de prevenção corporativa de ilícitos na América Latina, vide: Busato, Paulo César; Scandelari, Gustavo Britta. *La incorporación de los programas de cumplimiento ("criminal compliance") en la realidad jurídico-penal latino-americana*. In: Gómez Colomer, Juan-Luis (Coord.). **Tratado sobre compliance penal: responsabilidad penal de las personas jurídicas y modelos de organización y gestión.** Valencia: Tirant lo Blanch, 2019, p. 1231-1258.

[153] *"The organization shall develop and submit to the court an effective compliance and ethics program (...)"*. United States Sentencing Comission, §8D1.4 "Recommended Conditions of Probation –

O boliviano *Código del Sistema Penal* (Lei 1005/17)[154] prevê a responsabilidade penal da pessoa jurídica e, nesse âmbito, a *"implementación de mecanismos de prevención"* como uma "sanção reparadora". Não estão sujeitas à aplicação de pena criminal as pessoas jurídicas que prestem serviços públicos ou realizem atividades de interesse público, cuja interrupção possa causar danos à população ou graves prejuízos sociais e econômicos (art. 71, 4, c; II). Os mecanismos de prevenção deverão ser instalados em até um ano e, por fim, evitar *"futuras infracciones penales"*. O Judiciário poderá contar com o auxílio profissional de especialistas para verificar se eles, realmente, foram implementados (art. 75, 3). A sanção reparadora da criação de mecanismos de prevenção é citada, novamente, nos arts. 101, IV, 102, III, 166, II e 168, III, que tratam de crimes ambientais (*"crímenes contra la Madre Tierra"*); no art. 174, II, que dispõe sobre crimes tributários; no art. 196, III, que trata de crimes contra os direitos trabalhistas; no art. 252, III, que trata de crimes financeiros.

No Peru, o Decreto Legislativo 1.352/17[155] modificou a *Ley que Regula la Responsabilidad Administrativa de las Personas Jurídicas por el delito de Cohecho Activo Transnacional* (Lei 30.424/16)[156] para ampliar a responsabilidade das corporações. O art. 16 (itens I e II) do decreto permitiu a suspensão, excepcionalmente, da pena administrativa, imposta pelo juiz por um prazo determinado, desde que, nesse período de prova, o sujeito repare o dano e cumpra *"la obligación de adoptar e implementar un modelo de prevención"*.

A lei brasileira 12.846/13 (chamada lei anticorrupção ou lei da empresa limpa) – que dispõe sobre a responsabilização administrativa e civil de pessoas jurídicas pela prática de atos contra a administração pública – disciplina o acordo de leniência que pode ser firmado entre o poder público e o particular. O art. 16, §4º, declara que o acordo "estipulará as condições necessárias para assegurar a efetividade da colaboração e o resultado útil do processo". Diante da amplitude da permissão legal, têm sido comuns

---

Organizations (Policy Statement)", letra *b*, itens 1 e 2. Disponível em https://www.ussc.gov/guidelines/2018-guidelines-manual/2018-chapter-8#NaN. Acesso em 17 de maio de 2019.

[154] Cámara de Senadores, Asamblea Legislativa Plurinacional de Bolivia. Disponível em http://senado.gob.bo/sites/default/files/LEY%201005-2017.pdf. Acesso em 8 de maio de 2018.

[155] Diario Oficial del Bicentenario, El Peruano. Disponível em http://busquedas.elperuano.pe/normaslegales/decreto-legislativo-que-amplia-la-responsabilidad-administra-decreto-legislativo-n-1352-1471551-4/. Acesso em 29 de maio de 2019.

[156] El Peruano, Normas Legales, Jueves 21 de abril de 2016, p. 583798-583801. Disponível em http://www.leyes.congreso.gob.pe/Documentos/Leyes/30424.pdf. Acesso em 29 de maio 2019.

casos em que, no bojo de tais acordos, exige-se das empresas, dentre outras contrapartidas, a implementação ou a otimização de programas de *compliance*, sujeitos ao controle e fiscalização provisórios do Estado[157].

4. Exclusão de responsabilidade

Ainda, há leis que criam um direito relevantíssimo à pessoa sujeita à punição: uma espécie de imunidade. Uma vez respeitados os requisitos legais, a existência, prévia ao fato, de um programa de prevenção pode render à empresa um escudo contra consequências administrativas e/ou penais.

No Código Penal espanhol, "a pessoa jurídica ficará isenta de responsabilidade se forem cumpridas" quatro condições que, em síntese, constituem: a) a administração tinha um programa de prevenção de delitos eficaz; b) a supervisão desse programa era feita por órgão independente; c) as pessoas físicas que praticaram o fato descumpriram as normas internas da empresa; d) os responsáveis pelo programa de prevenção não se omitiram e não agiram de modo insuficiente (art. 31 bis, 2)[158].

O decreto legislativo italiano 231/01[159] estabelece que a empresa não será punida se demonstrar que havia implementado, antes da prática do ilícito, modelos organizacionais e de gestão adequados para prevenir fatos semelhantes, além de outros requisitos (art. 6, 1, *a* e art. 7).

A lei argentina 27.401/17[160] estabelece uma causa de isenção de pena quando, além de cumpridos outros requisitos, a empresa tiver "implementado um sistema de controle e supervisão adequado". Ela mesma define os requisitos desse sistema (art. 9º, *a*, *b* e *c*).

---

[157] Como se nota dos exemplos da Odebrecht e da Andrade Gutierrez (respectivamente em https://www.odebrecht.com/pt-br/comunicacao/releases/desculpe-a-odebrecht-errou. Acesso em 6 de maio de 2019; Folha de S. Paulo, "Andrade Gutierrez divulga pedido de desculpas por ilegalidades em obras", 8 de maio de 2016. Disponível em https://www1.folha. uol.com.br/poder/2016/05/1769144-andrade-gutierrez-divulga-pedido-de-desculpas-por-ilegalidades.shtml. Acesso em 6 de maio de 2019).

[158] Agencia Estatal Boletín Oficial del Estado. Disponível em https://www.boe.es/legislacion/codigos/codigo.php?modo=1&id=038_Codigo_Penal_y_legislacion_complementaria. Acesso em 23 de maio de 2019.

[159] Parlamento Italiano, Camera dei Deputatti. Disponível em http://www.camera.it/parlam/leggi/deleghe/01231dl.htm. Acesso em 14 de junho de 2019.

[160] Ministerio de Justicia y Derechos Humanos, Presidencia de la Nación, Informarción Legislativa. Disponível em http://servicios.infoleg.gob.ar/infolegInternet/anexos/295000-299999/296846/norma.htm. Acesso em 23 de maio de 2019.

Na Colômbia, a Lei 1.778/16, *"por la cual se dictan normas sobre la responsabilidad de las personas jurídicas por actos de corrupción transnacional"*[161], contempla sanções administrativas a pessoas jurídicas e prevê a possibilidade de sua isenção quando os envolvidos com as infrações *"pongan en conocimiento de la Superintendencia y colaboren oportunamente con la entrega de información y pruebas"*, relativas a tais condutas (art. 19). Não se trata, expressamente, da exigência de um programa de prevenção como condição, mas, para que a empresa possa desempenhar tal colaboração, supõe-se que tenha contado com os mecanismos normativos de um sistema preventivo interno. Além disso, permite que a Superintendência de Sociedades – órgão ao qual cumpre fiscalizar e sancionar os ilícitos administrativos em questão – promova *"en las personas jurídicas sujetas a su vigilancia la adopción de programas de transparencia y ética empresarial, de mecanismos internos anticorrupción, de mecanismos y normas internas de auditoría, promoción de la transparencia y de mecanismos de prevención"* dos ilícitos que menciona (art. 23).

No Peru, a Lei 30.424/16[162] contempla, para a pessoa jurídica, uma *"eximente por implementación de modelo de prevención"*, sempre que o programa tenha sido adotado antes da prática do crime e seja adequado à sua natureza, riscos, necessidades e características (art. 17). Para que seja considerado adequado, o programa deve atender alguns requisitos mínimos, como designação de um oficial de cumprimento (*"compliance officer"*) que tenha meios de exercer sua função; identificação dos riscos da atividade empresarial; previsão de procedimentos que permitam aos funcionários da empresa impedir o crime tratado na lei; existência de canal de denúncia e de proteção do denunciante; existência de previsão e de aplicação de sanções internas quando houver infração ao programa (subitens do art. 17). É prevista, assim como no Chile (vide item 2, acima), a *"certificación del modelo de prevención"*. Terceiros devidamente registrados e acreditados poderão certificar o cumprimento de todas as exigências do art. 17 da Lei. Os detalhes a respeito da acreditação e da certificação são estabelecidos por regulamento (art. 19)[163].

---

[161] Presidencia de la República de Colombia. Disponível em http://es.presidencia.gov.co/normativa/normativa/LEY%201778%20DEL%2002%20DE%20FEBRERO%20DE%202016.pdf. Acesso em 29 de maio de 2019.

[162] El Peruano, Normas Legales, Jueves 21 de abril de 2016, p. 583798-583801. Disponível em http://www.leyes.congreso.gob.pe/Documentos/Leyes/30424.pdf. Acesso em 29 de maio 2019.

[163] Para pesquisa sobre a possibilidade de certificação de programas corporativos de prevenção de ilícitos no Brasil, vide: Parte III, Capítulo 3, item 3.

5. Interferência na aplicação da sanção

Os programas de *compliance*, também, podem fundamentar modificações na intensidade da resposta estatal ao delito. Há leis que determinam que somente poderão ser usados para mitigar a reprimenda; outras são genéricas, permitindo a interpretação de que poderão tanto mitigar quanto exasperar a situação do apenado.

As *Sentencing Guidelines* dos EUA admitem a existência de um "programa efetivo de compliance e ética" ao tempo do fato como fator apto a reduzir a gravidade da sanção[164]. Um dos itens que o juiz deverá considerar ao dimensionar a pena de multa é "se a empresa não tinha, ao tempo do fato, um programa efetivo de compliance e ética"[165].

No Código Penal espanhol, caso as condições exigidas para a isenção da pena (no art. 31 bis, item 2) sejam preenchidas somente parcialmente, o magistrado poderá atenuar a pena[166]. Também poderá reduzir a pena a implementação, mesmo que após o fato, de "medidas eficazes para prevenir e descobrir" crimes futuros[167].

Na Itália, o Decreto Legislativo 231/01[168] permite que a sanção pecuniária, aplicável à pessoa jurídica, seja reduzida de um terço até a metade se a empresa provar, até um momento processual inicial, que adotou e está executando um modelo organizacional adequado para a prevenção de ilícitos semelhantes (art. 12, 2, *b*).

Na Argentina, a Lei 27.401/17, art. 8º, prevê que, "para graduar as penas (...)", "os juízes levarão em conta o descumprimento de regras e procedi-

---

[164] "(...) *an effective compliance and ethics program*". United States Sentencing Comission, §8C2.5 "Culpability Score", letra *f*, item 1. Disponível em https://www.ussc.gov/guidelines/2018-guidelines-manual/2018-chapter-8#NaN. Acesso em 17 de maio de 2019.

[165] "(...) *whether the organization failed to have, at the time of the instant offense, an effective compliance and ethics program*". United States Sentencing Comission, §8C2.8 "Determining the Fine Within the Range (Policy Statement)", letra *a*, item 11. Disponível em https://www.ussc.gov/guidelines/2018-guidelines-manual/2018-chapter-8#NaN. Acesso em 17 de maio de 2019.

[166] Agencia Estatal Boletín Oficial del Estado. Disponível em https://www.boe.es/legislacion/codigos/codigo.php?modo=1&id=038_Codigo_Penal_y_legislacion_complementaria. Acesso em 23 de maio de 2019.

[167] Código Penal espanhol, art. 31 quater, item 1, letra *d*. Agencia Estatal Boletín Oficial del Estado. Disponível em https://www.boe.es/legislacion/codigos/codigo.php?modo=1&id=038_Codigo_Penal_y_legislacion_complementaria. Acesso em 23 de maio de 2019.

[168] Parlamento Italiano, Camera dei Deputatti. Disponível em http://www.camera.it/parlam/leggi/deleghe/01231dl.htm. Acesso em 14 de junho de 2019.

mentos internos (...)", permitindo a interpretação de que a pena poderá mais grave na hipótese de ter existido tal descumprimento.

A lei chilena 20.393/09[169] declara que "*la adopción por parte de la persona jurídica, antes del comienzo del juicio, de medidas eficaces para prevenir la reiteración de la misma clase de delitos objeto de la investigación*" servirá como circunstância atenuante da pena (art. 6º, 3).

A lei colombiana 1.778/16[170], em seu art. 35, determina a alteração de outro diploma (Lei 1.474/11) para tratar de penas aplicáveis a empresas que tenham praticado crimes contra a Administração Pública. Nesse ponto, o §1º estabelece que, para efeito de graduação das sanções pecuniárias, "*se tendrá en cuenta*": a existência de um eficaz programa de ética e de prevenção anticorrupção; a realização da devida diligência pela empresa; a colaboração na investigação[171].

O Decreto Legislativo peruano 1.352/17[172] prevê como circunstância atenuante da sanção "*la adopción e implementación por parte de la persona jurídica, después de la comisión del delito y antes del inicio del juicio oral, de un modelo de prevención*" e "*la acreditación parcial de los elementos mínimos del modelo de prevención*" (art. 12, d e e).

Consoante a lei brasileira 12.846/13, art. 7º, "serão levados em consideração na aplicação das sanções": "a cooperação da pessoa jurídica para a apuração das infrações" (VII); "a existência de mecanismos e procedimentos internos de integridade, auditoria e incentivo à denúncia de irregularidades e a aplicação efetiva de códigos de ética e de conduta no âmbito da pessoa jurídica" (VIII).

---

[169] Biblioteca del Congreso Nacional de Chile/BCN. Disponível em https://www.leychile.cl/Navegar?idNorma=1008668. Acesso em 29 de maio de 2019.

[170] Presidencia de la República de Colombia. Disponível em http://es.presidencia.gov.co/normativa/normativa/LEY%201778%20DEL%2002%20DE%20FEBRERO%20DE%202016.pdf. Acesso em 29 de maio de 2019.

[171] Para comentários sobre essa lei, vide: ENCISO VANEGAS, Camilo Alberto. *Alternative investigation and sanctioning systems for corporate and corporate-related crime in Colombia*. In SIEBER, Ulrich (ed.). **Prevention, investigation, and sanctioning of economic crime: national perspectives. International Review of Penal Law (RIDP).** Antwerpen (Belgium): Maklu, 2019, v. 90, iss. 1, p. 128-129.

[172] Diario Oficial del Bicentenario, El Peruano. Disponível em http://busquedas.elperuano.pe/normaslegales/decreto-legislativo-que-amplia-la-responsabilidad-administra-decreto-legislativo-n-1352-1471551-4/. Acesso em 29 de maio de 2019.

Também, no Brasil, a Lei 13.709/18, ao prever as sanções administrativas aplicáveis aos "agentes de tratamento de dados", determina que elas "serão aplicadas após procedimento administrativo que possibilite a oportunidade da ampla defesa, de forma gradativa, isolada ou cumulativa, de acordo com as peculiaridades do caso concreto e considerados os seguintes parâmetros e critérios": "a adoção de política de boas práticas e governança" e "a pronta adoção de medidas corretivas" (art. 52, §1º, IX e X).

6. Multiplicidade de formas de positivação

Como se viu, as possibilidades de positivação são várias. Conforme a redação legislativa, a adoção de um programa de prevenção pode motivar o desejo dos empresários de usufruírem algum benefício, mais do que fomentar um dever de prevenir ilícitos; pode ser algo tão superficialmente tratado que, na prática, torne-se socialmente irrelevante; pode, ainda, ser uma obrigação imposta mediante sanção legal ou constituir a própria consequência jurídica do fato, hipóteses que representam maior probabilidade de repercussão prática do instituto.

Salvo quando se trata de *compliance* como recomendação e como obrigação mediante sanção (que parecem situações autoexcludentes), não há prejudicialidade teórica em relação a elas: a mesma lei pode, em um determinado momento, tratar do *compliance* como isenção de pena, como condição de acordo, como forma de sanção e/ou como elemento de interferência na sanção. Ademais, há textos legais que são mais detalhados, pois tratam de vários requisitos do programa e de punições internas; enquanto há leis genéricas que mencionam, apenas, a necessidade ou o dever geral de que as empresas se organizem de modo a evitar ilícitos.

Como apontam os vários exemplos de leis atuais acima vistos, há grande multiplicidade na forma das disciplinas legais dos programas de prevenção. Não é algo exclusivo do Brasil: chama a atenção a ausência de uniformidade mínima no tratamento legal da matéria em diversos países. Essa multiplicidade de formas de positivação parece contribuir em muito para a dificuldade de compreensão do significado dos programas de *compliance* pela classe empresária. Os programas de prevenção não têm um significado facilmente divisável porque, conforme as leis vistas, eles podem ser várias coisas ao mesmo tempo. Naturalmente, essa dubiedade das leis se transmite ao setor empresarial. Afinal: é algo facultativo ou obrigatório? Qual a consequência de sua não adoção? Qual abrangência deve ter? Qual o seu conteúdo? Qual a sua finalidade? Que benefícios a lei prevê para os empresários que os adotam? É uma proteção legal contra sanções? São dúvidas comuns e muitas delas são provocadas pela ausência de uma identidade clara em textos legislativos. De todo modo, a pesquisa feita, em relação aos 5 itens acima, aponta que estas são as tendências mais comuns para o tratamento legal dos programas corporativos de prevenção de ilícitos.

CAPÍTULO 3
ASPECTOS GERAIS DEFINIDORES DOS PROGRAMAS CORPORATIVOS DE PREVENÇÃO DE ILÍCITOS

Seja para atender a obrigação sancionada por lei, seja por estratégia na condução dos negócios[173], as corporações que adotam programas de prevenção de ilícitos devem possuir liberdade para produzi-los conforme suas próprias vicissitudes[174], já que as leis não proíbem essa criatividade. Assim, independentemente da ausência de um padrão uniforme nas legislações acima vistas, na prática os programas podem se identificar uns com os outros por razões de hábitos de gestão ou por experiência própria dos profissionais do mercado que atuam na área.

Identificam-se, normalmente, três etapas para a instalação de um programa de *compliance*: a) o *projeto* do programa, o qual, além de satisfazer padrões legais eventualmente existentes – especialmente os ligados à identificação dos riscos –, deverá ser aprovado e ter sua implementação conduzida pela cúpula diretora da empresa, cujo comprometimento com o programa deve ser inquestionável[175]. O projeto deverá reger a eventual necessidade de reestruturação da empresa, com a criação de novos seto-

---

[173] Extensa pesquisa realizada com empresários alemães indicou que diferentes motivos (afora eventual obrigação legal) têm levado corporações, nos últimos anos, a adotar e manter programas de *compliance*. Dentre os mais comuns, figuram, nesta ordem decrescente de importância: considerações éticas; reputação da empresa perante opinião pública; expectativas de parceiros de negócios; expectativas do mercado em geral; expectativas dos acionistas (SIEBER, Ulrich; ENGELHART, Marc. **Compliance programs for the prevention of economic crimes – an empirical survey of German companies.** Berlin: Max-Planck-Institut für ausländisches und internationales Strafrecht, 2014, p. 133).

[174] SIEBER, Ulrich. *Programas de* compliance *en el derecho penal de la empresa. Una nueva concepción para controlar la criminalidad económica.* In ZAPATERO, Luis Arroyo; NIETO MARTÍN, Adán (direct.). **El Derecho Penal Económico en la era Compliance.** Valencia: Tirant lo Blanch, 2013, p. 76.

[175] SIEBER, Ulrich; ENGELHART, Marc. **Compliance programs...**, p. 85-86.

res e a contratação de pessoal especializado, interno e externo. O objetivo do programa (prevenção de quais tipos de ilícitos a partir da mitigação de riscos específicos[176]) deve ser estabelecido nessa etapa; b) a *materialização* do programa, que não prescinde de vigilância permanente e de mecanismos de divulgação de informações de natureza técnica e ética. Para ser materializado, é altamente recomendável que o programa seja, primeiramente, formalizado em documentos individuais (físicos e/ou digitais) que contenham redação sistemática e clara[177] relativa a cada item a que se destinam (código de conduta, carta de princípios, programas sociais, apurações internas, treinamentos, denúncias, sanções, benefícios etc.)[178]; c) a *identificação* das infrações, que deverão ser reportadas à diretoria e/ou às autoridades públicas e, conforme o caso, sancionadas[179].

Qualquer desrespeito ao programa visto é considerado *non-compliance* (descumprimento), o que pode ser de menor importância perante os valores da corporação ou dar lugar a apurações internas com a possível aplicação de variadas consequências. A execução dessas etapas, normalmente, é atribuição do responsável ou encarregado pelo seu cumprimento, o administrador de *compliance*, o agente de integridade ou, como é mais conhecido, o *compliance officer*[180].

A liberdade de criação das corporações não chega, todavia, a ser plena em todas as situações, porque há várias leis que enumeram as condições ou requisitos mínimos desses programas[181], os quais não podem ser contrariados. Na realidade, então, muitos acabam apresentam conteúdos asse-

---

[176] SIEBER, Ulrich. *Programas de* compliance..., p. 70.
[177] SAAD-DINIZ, Eduardo. **Ética negocial e *compliance*: entre a educação executiva e a interpretação judicial.** São Paulo: Thomson Reuters Brasil, 2019, p. 168-169.
[178] LIÑÁN LAFUENTE, Alfredo. *La necesaria racionalidad de los programas de compliance penal.* In **Revista Lex Mercatoria – Doctria, praxis, jurisprudencia y legislación**, n. 3, artículo 9, Alicante, Universidad Miguel Hernández de Elche, p. 46. Disponível em http://revistas.innovacionumh.es/index.php?journal=lexmercatoria&page=article&op=view&path%5B%5D=944&path%5B%5D=151. Acesso em 27 de junho de 2019.
[179] ROBLES PLANAS, Ricardo. *El responsable de cumplimiento* ("compliance officer") *ante el Derecho penal*. In SILVA SÁNCHEZ, Jesús-María (Dir.); MONTANER FERNÁNDEZ, Raquel (Coord.). **Criminalidad de empresa y Compliance – Prevención y reacciones corporativas.** Barcelona: Atelier, 2013, p. 320-321.
[180] SAAD-DINIZ, Eduardo. **Ética negocial e *compliance*...**, p. 175-178.
[181] P.ex.: *Sentencing Guidelines*, §8B2.1 (EUA); Código Penal espanhol, art. 31 bis, item 5; Decreto Legislativo italiano 231/01, art. 6º, 2 e 7º, 4; Lei 27.401/17, arts. 22 e 23 (Argentina); Lei 13.303/16, art. 9º, §1º (Brasil); Lei 20.393/09, art. 4º (Chile); Lei 30.424/16, art. 17.2 (Peru).

melhados no que diz respeito a tais itens essenciais. Eles correspondem aos instrumentos mais utilizados, na prática, para se tentar evitar o desrespeito às normas (legais e/ou internas) aplicáveis em cada contexto. Para que seja possível a reflexão sobre a realidade dos programas de prevenção, é necessário conhecê-los: identificação de riscos (item 1); formação de cultura propícia à fiscalização (item 2); organização, controle e reprovação (item 3); canais de denúncia e *whistleblowers* (item 4). Por fim, indicam-se, em um mesmo item, algumas hipóteses de aplicação *ex ante* e *ex post* previstas em programas de *compliance* (item 5).

1. Identificação de riscos

O primeiro passo para a construção de um programa de prevenção de ilícitos é, normalmente, o mapeamento dos riscos[182] gerados pela exploração daquele ramo econômico específico da atividade empresarial[183]. É a etapa mais importante de todo o programa, pois a falha na identificação de um risco expõe não apenas a empresa e seus colaboradores, como também terceiros (fornecedores, parceiros comerciais, consumidores etc.) e, potencialmente, toda a sociedade às consequências de eventual descumprimento das normas de controle e de fiscalização aplicáveis[184]. Os casos concretos relatados no Capítulo 1 acima são exemplos da gravidade da realização de certas atividades empresariais a descoberto de cautelas adicionais.

Essa etapa tende a ser bastante complexa, pois a sua execução adequada exige profundo conhecimento de todas as especificidades do negócio em si e as técnicas de controle mais atuais relativamente ao nicho econômico explorado pela empresa[185]. Ressalta-se que apenas poderão ser tratados

---

[182] "O risco é a probabilidade de que uma ameaça se aproveite de uma vulnerabilidade para provocar um impacto" (JAVIER CARBAYO, Francisco. *Abogados, riesgos legales y Compliance*. In **Diario La Ley**, ISSN 1989-6913, n. 8701, Sección Tribuna, 15 de fevereiro de 2016, Ref. D-68, Madrid, Wolters Kluwer, p. 4. Disponível em https://dialnet.unirioja.es/servlet/articulo?codigo=5342496. Acesso em 27 de junho de 2019).

[183] GARCÍA CAVERO, Percy. ***Criminal compliance* – en especial *compliance* anticorrupción y antilavado de activos**. Lima: Instituto Pacifico S.A.C., 2017, p. 40-41.

[184] BACIGALUPO, Enrique. **Compliance y Derecho Penal**. Navarra: Thomson Reuters Aranzadi, 2011, p. 13-18. Para uma interessante análise da definição dos riscos a partir de uma racionalidade social, vide: PASTOR MUÑOZ, Nuria. **Riesgo permitido y principio de legalidade**. Barcelona: Atelier, 2019, p. 105-110.

[185] JAVIER CARBAYO, Francisco. *Abogados, riesgos legales...*, p. 1-2. No mesmo sentido: BACIGALUPO, Enrique. **Compliance y Derecho Penal**. Navarra: Thomson Reuters Aranzadi, 2011, p. 21-23.

riscos humanamente previsíveis, considerando-se a natureza da atividade empresária[186]. É recomendável que a identificação de riscos seja norteada por critérios, exclusivamente, objetivos, evitando-se, com isso, a influência de dados inseguros, como opiniões pessoais ou intuições[187].

Dessa forma, instituições financeiras devem contar com o serviço de *experts* em finanças, economia e prevenção à lavagem de dinheiro; se o ramo é a construção civil, engenheiros e arquitetos serão necessários; corporações que exploram o ambiente precisarão de engenheiros ambientais e, conforme a atividade específica, especialistas diversos (em barragens, turbinas, química, agricultura, biologia etc.); indústrias em geral são reguladas por diversos órgãos de controle e seus riscos variam enormemente, a depender do que fabricam (automóveis, vestuário, alimentos, medicamentos etc.)[188]. O profissional de tecnologia da informática parece necessário em praticamente todos os contextos empresariais, na medida em que ferramentas informáticas de armazenagem e de fluxo de dados, comunicação, registro, transparência e denúncia são indispensáveis[189] e o emprego de *softwares* individualizados para cada corporação é o ideal (claro, desde que as dimensões do negócio em si assim o exijam)[190]. Profissionais do Direito, também, podem ser mais ou menos importantes na identificação

---

[186] LIÑÁN LAFUENTE, Alfredo. *La necesaria racionalidad de los programas de compliance penal.* In **Revista Lex Mercatoria – Doctria, praxis, jurisprudencia y legislación**, n. 3, artículo 9, Alicante, Universidad Miguel Hernández de Elche, p. 48. Disponível em http://revistas.innovacionumh.es/index.php?journal=lexmercatoria&page=article&op=view&path%5B%5D=944&path%5B%5D=151. Acesso em 27 de junho de 2019.

[187] GARCÍA CAVERO, Percy. **Criminal compliance...**, p. 47.

[188] Uma referência útil é o Decreto 10.178/19, que regulamenta a Lei 13.374/19 para dispor sobre os critérios e os procedimentos para a classificação de riscos de atividades econômicas.

[189] RITTO, Antonio Carlos Azevedo de. *Compliance e ética – uma nova consciência em tempos de trabalho em redes* e CARVALHO, Marinilza Bruno de. Compliance *e níveis de serviço*. In RITTO, Antonio Carlos de Azevedo; CARVALHO, Marinilza Bruno de (Org.). **Compliance e ética – uma nova consciência em tempos de trabalho em redes.** Rio de Janeiro: Ciência Moderna Ltda., 2019, p. 1-34 e 155-173, respectivamente; CARRAU CRIADO, Rafael. **Buen gobierno corporativo para PYMES. Sociedades de capital y cooperativas.** Valencia: Tirant lo Blanch, 2019, p. 107-108.

[190] Vide o exemplo do Decreto 10.159/19, que instituiu o Comitê de Governança Digital da Presidência da República. Algumas de suas competências são: "coordenar, articular e implementar políticas, diretrizes e normas que assegurem a adoção de boas práticas de governança de tecnologia da informação e comunicação e o alinhamento estratégico dessas ações no âmbito da Presidência da República e da Vice-Presidência da República" e "promover a integração entre as estratégias de tecnologia da informação e comunicação e as estratégias

dos riscos, conforme a atividade seja mais ou menos disciplinada por leis especiais e normas regulamentadoras. Portanto, a identificação dos riscos deve ser multidisciplinar[191].

Ademais, não é uma tarefa realizada uma única vez ao início da formalização do programa. O correto tratamento dos riscos da atividade empresarial requer monitoramento ininterrupto.[192] Para isso, convém que o setor ou os funcionários responsáveis trabalhem, permanentemente, na observação do dinamismo dos limites das áreas exploradas pela empresa, que podem se alterar em virtude de novas leis, novas técnicas ou demandas do mercado.

2. Formação de cultura propícia à fiscalização

Não se pode simplesmente, de imediato, instalar costumes e criar hábitos. A cultura de transparência e de cumprimento à lei é consequência de um processo de fomento cuja duração, a depender das condições da empresa, pode ser longa e sua preservação depende de uma incessante revitalização das notas fundamentais do programa[193] – especialmente dos valores em que este se assenta[194].

Há vários anos, grandes corporações, movidas especialmente pela repercussão negativa de casos de ilícitos empresariais graves, praticados em diferentes países, passaram a divulgar, em seus sítios eletrônicos, as suas missões, que se tornaram aliadas a compromissos sociais, à atenção com o interesse público, à responsabilidade moral[195] e sempre com muito (ao menos aparentemente) apreço à boa ética[196]. Mais recentemente, porém, entendeu-se que, além de divulgar, é imprescindível o comprometimento real e

---

organizacionais no âmbito da Presidência da República e da Vice-Presidência da República" (art. 2º, I e II).

[191] VEGAS AGUILAR, Juan Carlos; E. HERNÁNDEZ SÁNCHEZ, Francisco; IZQUIERDO GARCÍA, Fernando. *La figura del «ComplianceOfficer» y los «Programas de prevención de riesgos penales»*. In **Diario La Ley**, ISSN 1989-6913, n. 8689, Sección Tribuna, 26 de janeiro de 2016, Ref. D-41, Madrid, Wolters Kluwer, p. 5. Disponível em https://dialnet.unirioja.es/servlet/articulo?codigo=5311785. Acesso em 27 de junho de 2019.

[192] BOCK, Dennis. *Compliance y deberes de vigilancia en la empresa*. In: KUHLEN, Lothar; MONTIEL, Juan Pablo; ORTIZ DE URBINA GIMENO, Íñigo (Eds.). **Compliance y teoría del derecho penal**. Madrid: Marcial Pons, 2013, p. 114.

[193] VEGAS AGUILAR, Juan Carlos; E. HERNÁNDEZ SÁNCHEZ, Francisco; IZQUIERDO GARCÍA, Fernando. *La figura del «Compliance Officer»*..., p. 3.

[194] GARCÍA CAVERO, Percy. **Criminal compliance**..., p. 50-51.

[195] SIEBER, Ulrich; ENGELHART, Marc. **Compliance programs**..., p. 35; 38.

[196] SIEBER, Ulrich. *Programas de compliance*..., p. 69-70.

público da cúpula diretiva com o programa e seus valores por prazo indeterminado[197]. Permanece altamente recomendável, naturalmente, a adoção de códigos de conduta escritos como base formal (ainda que com função simbólica de estímulo) difusora dos valores comuns defendidos pela empresa[198].

Esse é o fator de mais difícil avaliação em um programa de prevenção de ilícitos, porque, como é possível imaginar, indicadores subjetivos tais como comportamentos e orientações pessoais individuais e coletivas somente são captados de modo seguro quando as pessoas os revelam com sinceridade[199]. Na hipótese de não haver tal revelação, os fiscais competentes terão de usar técnicas de extração indireta de tais indicadores – como, p.ex., análise de documentos, relatórios internos, depoimentos de terceiros, históricos funcionais etc. – o que pode comprometer a fidedignidade da informação resultante[200]. Recomenda-se, identificar se os integrantes da empresa partilham os mesmos ideais, ditados pela alta gestão, e se esses ideais correspondem aos valores morais e éticos perseguidos pela corporação. Um ambiente de trabalho saudável e funcionários felizes e satisfeitos com seus empregos são uma importante premissa para o desenvolvimento da cultura de transparência e cumprimento[201].

---

[197] JAVIER CARBAYO, Francisco. *Abogados, riesgos legales...*, p. 5.
[198] LLEDÓ BENITO, Ignacio. **Corporate compliance: la prevención de riesgos penales y delitos en las organizaciones penalmente responsables.** Madrid: Dykinson, 2018, p. 91-94.
[199] Pesquisa extensa e pioneira se propôs a mensurar a "cultura ética" em empresas brasileiras. Análise com base na opinião dos colaboradores de 1.122 organizações brasileiras, entre os anos de 2014 a 2018, apresentou um *ranking* interessante em percentual de cada empresa respondente. Os tópicos vistos como "desqualificadores éticos" são: "injustiça organizacional, liderança abusiva, orientação egoísta, falta de consciência e medo de retaliação"; os indicadores de "qualificadores éticos" são: "confiança organizacional, liderança ética, orientação para o bem comum, empatia e liberdade para falar". A metodologia considerou que as pessoas transmitem pela linguagem muitas queixas e elogios que podem ser agrupados em um desses desqualificadores ou qualificadores. Isso permitiu a adoção de um sistema de pontuação aparentemente eficaz para que se possa identificar o grau de maturidade da cultura de cumprimento nas organizações (Direzione – transformando organizações, "**Cultura ética no ambiente organizacional brasileiro**", julho de 2019, p. 1-4. Disponível em https://www.direzione.com.br/publicacoes. Acesso em 9 de julho de 2019).
[200] Não apenas porque a informação obtida pode estar errada, mas também porque surge o risco de a empresa (por seus representantes) vir a praticar algum abuso para obtê-la (p.ex.: coação, chantagem, invasão de dispositivo informático, constrangimento etc.). Além disso, há o desafio representado pelos desvios cognitivos (vide Parte III, Capítulo 1, item 2).
[201] AZNAR, Enrique. *¿Como y para qué crear una cultura ética en las organizaciones?* In FRAGO AMADA, Juan Antonio. **Actualidad Compliance (2018).** Navarra: Aranzadi/Thomson Reuters, 2018, p. 67-72.

Quando conquistado esse requisito, tende a ser ele o que garante a longevidade do programa[202]. Quando mais arraigada no ambiente corporativo, mais árdua se torna a missão de quem pretende destoar de atos que estejam conformes à cultura de cumprimento à lei. As imprudências, que antes poderiam ser comuns, passam a ser evitadas de modo habitual pelos integrantes da corporação. Também é essa uma condição que se relaciona intimamente ao grau de materialidade do sistema de prevenção: de nada adiantam códigos, técnicas e investimentos se, na prática, o que vige na rotina profissional são perfis arriscados de condução dos negócios. A cultura de cumprimento é uma evidência de que o programa existe não apenas no papel e, por isso, tem muito mais chances de ser idôneo[203].

3. Organização, controle e reprovação

Afirma-se que um dos problemas dos programas de *compliance* decorre do fato de que, em virtude de haver regras de conduta voluntárias (*soft law*; em oposição à *hard law*, que é a lei oficial emanada do Estado[204]), a sua infração, frequentemente, é relevada internamente, não gerando sanção alguma (interna ou externa) ao infrator[205]. Possivelmente, por isso, corporações – seguindo comandos legislativos ou não – utilizam mecanismos de organização[206] interna para estruturar setores inteiros dedicados à prevenção – com a contratação de equipe especializada[207] –, esporadicamente, contando com serviços de auditoria externa[208], bem como para melhor divulgar e tornar cogentes, na prática, as suas próprias normas[209].

---

[202] SIEBER, Ulrich; ENGELHART, Marc. **Compliance programs...**, p. 86; 90.

[203] FRAZÃO, Ana; MEDEIROS, Ana Rafaela Martinez. *Desafios para a efetividade dos programas de* compliance. In CUEVA, Ricardo Villas Bôas; FRAZÃO, Ana (Coord.). **Compliance: perspectivas e desafios dos programas de conformidade.** Belo Horizonte: Fórum, 2018, p. 100.

[204] Para mais informações sobre a natureza de normas de *soft law* e seu papel na sociedade, vide: SHELTON, Dinah. *Law, non-law, and the problem of 'soft law'*. In SHELTON, Dinah. **Commitment and compliance: the role of non-binding norms in the international legal system.** New York: Oxford University Press, 2003, p. 1-18.

[205] TIEDEMANN, Klaus. *El derecho comparado en el desarrollo del derecho penal económico*. In ZAPATERO, Luis Arroyo; NIETO MARTÍN, Adán (direct.). **El Derecho Penal Económico en la era Compliance.** Valencia: Tirant lo Blanch, 2013, p. 37.

[206] BACIGALUPO, Enrique. **Compliance y Derecho Penal.** Navarra: Thomson Reuters Aranzadi, 2011, p. 27-30.

[207] SIEBER, Ulrich; ENGELHART, Marc. **Compliance programs...**, p. 53 e 81; GARCÍA CAVERO, Percy. *Criminal compliance...*, p. 60-64.

[208] SIEBER, Ulrich; ENGELHART, Marc. **Compliance programs...**, p. 81.

[209] SIEBER, Ulrich. *Programas de* compliance..., p. 72.

A ideia de controle é relacionada à realização de seminários, rotinas de treinamento presenciais ou eletrônicos, exercícios de capacitação e de fixação de condutas a seguir para os graus hierárquicos[210], bem como de conteúdos éticos em diferentes cenários e setores da empresa[211]. Tais rotinas podem ou não estar sujeitas à fiscalização de órgãos públicos, conforme o nicho econômico explorado. Quanto mais bem elaboradas forem as técnicas, mais bem aceitas serão essas formas de controle. Isso significa que as normas em questão devem ser simples, as razões de existirem devem ser de fácil compreensão[212] e não devem ser demasiado exigentes[213], sob pena de burocratizar demais a atividade da empresa e tornar descumprimentos do programa muito frequentes[214]. Os canais de denúncia[215] também representam uma ótima forma de controle na medida em que maximizam o grau de supervisão.

A reprovação é exercida pela efetiva aplicação de consequências previstas formalmente no programa relativamente a cada infração constatada[216]. Convém que as sanções sejam discriminadas de modo claro, objetivo e escalonado, com gravidade diretamente proporcional ao fato praticado, seja ele anterior ou posterior à prática de eventual crime[217]. Este é o item que está diretamente relacionado à transmissão da ideia de que o programa, em si, é obrigatório e suas normas não são irrelevantes[218]. Trata-se de tema complexo, pois desafia direitos e garantias fundamentais dos infratores[219], aos quais as corporações não podem ficar alheias[220].

---

[210] SIEBER, Ulrich; ENGELHART, Marc. **Compliance programs...**, p. 59.
[211] SIEBER, Ulrich. *Programas de* compliance..., p. 75.
[212] SIEBER, Ulrich; ENGELHART, Marc. **Compliance programs...**, p. 66-67.
[213] SAAD-DINIZ, Eduardo. *Brasil vs. Golias: os 30 anos da responsabilidade penal da pessoa jurídica e as novas tendências em compliance.* In **Revista dos Tribunais**, São Paulo, v. 988, fev./2018, DTR\2018\7952, p. 10.
[214] LIÑÁN LAFUENTE, Alfredo. *La necesaria racionalidad de los programas de compliance penal.* In **Revista Lex Mercatoria – Doctrina, praxis, jurisprudencia y legislación**, n. 3, artículo 9, Alicante, Universidad Miguel Hernández de Elche, p. 48. Disponível em http://revistas.innovacionumh.es/index.php?journal=lexmercatoria&page=article&op=view&path%5B%5D=944&path%5B%5D=151. Acesso em 27 de junho de 2019.
[215] Vide item 4, a seguir, para os canais de denúncia (e *whistleblowers*).
[216] LLEDÓ BENITO, Ignacio. **Corporate compliance...**, p. 108.
[217] HAENSEL, Taimi. **A figura dos gatekeepers: aplicação às instituições intermediárias do mercado organizado de valores mobiliários brasileiro.** São Paulo: Almedina, 2014, p. 134-137.
[218] SIEBER, Ulrich; ENGELHART, Marc. **Compliance programs...**, p. 114.
[219] Conforme se nota das seguintes pesquisas: SANTOS, Felipe Matias. *Compatibilização dos deveres de informação e colaboração com o princípio da não autoinculpação.* In PALMA, Maria

A melhor opção é descrever, em detalhes, como se dará o processo prévio de apuração das responsabilidades pela falta, evidenciando-se, por um lado, o propósito de cooperação com as autoridades eventualmente envolvidas[221], e alinhando-se, por outro lado, tais regras à Constituição Federal e à legislação infraconstitucional correlata[222]. As sanções, em si, variam bastante conforme a empresa e o caso concreto. As mais comuns são: orientação (com ou sem a participação em treinamentos específicos de *compliance*), advertência, censura reservada, censura pública, transferência, suspensão temporária, reparação indenizatória, multa, exclusão de benefícios corporativos[223] e desligamento (observando-se, claro, a lei trabalhista no que for cabível)[224].

Fernanda; DIAS, Augusto Silva; SOUSA MENDES, Paulo de (Coord. Cient.). **Novos estudos sobre *law enforcement*, *compliance* e Direito Penal.** Coimbra: Almedina, 2020, p. 471-500; ARAUJO, Marcelo Azambuja. **Investigações empresariais.** São Paulo: LiberArs, 2019, p. 72-118; OLIVEIRA, Fabrício dos Santos de. *Investigações internas corporativas.* In OLIVEIRA, Luis Gustavo Miranda de. **Compliance e integridade: aspectos práticos e teóricos, v. 2.** Belo Horizonte: Editora D'Plácido, 2019, p. 353-390; AGUILERA GORDILLO, Rafael. **Compliance penal en España.** Navarra: Aranzadi/Thomson Reuters, 2018, p. 314; LEITE FILHO, José Raimundo. **Corrupção internacional, *criminal compliance* e investigações internas: limites à produção e valoração dos interrogatórios privados.** Lumen Juris: Rio de Janeiro, 2018; GRECO, Luis. *Internal investigations e o princípio da não auto-incriminação.* In LOBATO, José Danilo Tavares; MARTINELLI, João Paulo Orsini; SANTOS, Humberto Souza (Orgs.). **Comentários ao Direito penal econômico brasileiro.** Belo Horizonte: D'Plácido, 2017, p. 787-820; NIETO MARTÍN, Adán. *Investigaciones internas.* In NIETO MARTÍN, Adán (Dir.); LASCURAÍN SÁNCHEZ, Juan Antonio; BLANCO CORDERO, Isidoro; PÉREZ FERNÁNDEZ, Patricia; GARCÍA MORENO, Beatriz. **Manual de cumplimiento penal en la empresa.** Valencia: Tirant lo Blanch, 2015, p. 231-271. Sobre esse tema, vide, ainda: Compliance & Enforcement – Progam on Corporate Compliance and Enforcement at New York University School of Law. **United States v. Connolly and the Risk That "Outsourced" Criminal Investigations Might Violate Foreign Blocking Statutes**, por Frederick T. Davis, em 6 de novembro de 2019. Disponível em https://wp.nyu.edu/compliance_enforcement/2019/11/06/united-states-v-connolly-and-the-risk-that-outsourced-criminal-investigations-might-violate-foreign-blocking-statutes/. Acesso em 7 de novembro de 2019.

[220] ALMEIDA, Joana. *Investigações internas: ponderações e limites.* In PALMA, Maria Fernanda; DIAS, Augusto Silva; SOUSA MENDES, Paulo de (Coord. Cient.). **Novos estudos sobre *law enforcement*, *compliance* e Direito Penal.** Coimbra: Almedina, 2020, p. 59-78; GARCÍA CAVERO, Percy. *Criminal compliance*..., p. 74-75.

[221] MADRUGA, Antenor; FELDENS, Luciano. *Cooperação da pessoa jurídica para apuração do ato de corrupção: investigação privada?* In **Revista dos Tribunais**, São Paulo, v. 947, set./14, DTR\2014\9965, p. 73-90.

[222] GARCÍA CAVERO, Percy. *Criminal compliance*..., p. 70-71; 99-100.

[223] O Estado de S. Paulo, "**Executivo já perde bônus por meta de compliance**", por Marcelo Godoy, em 13 de abril de 2019. Disponível em https://economia.estadao.com.br/noticias/

4. Canais de denúncia e *whistleblowers*

Os canais de denúncia são ferramentas imprescindíveis para que se possa tentar assegurar um ambiente de trabalho mais seguro no que diz respeito à intolerância com relação a ilícitos e condutas antiéticas[225]. É um importante ingrediente para que se consolide um padrão mínimo de comportamentos e atitudes na empresa que sejam compatíveis com os valores que ela assume publicamente[226]. Na grande maioria dos casos, os fatos relatados nos canais oficiais da empresa são reportados ao setor de *compliance* e à cúpula diretora[227] e deve haver presunção de boa-fé quanto ao conteúdo das situações narradas e à intenção do denunciante[228].

Normalmente o canal se materializa, no mínimo, em um *link* no sítio eletrônico da própria empresa, em que os colaboradores e o público, em geral, podem registrar notícias de fatos suspeitos que podem configurar crimes ou outros ilícitos[229]. Também são canais possíveis as redes sociais (como *WhatsApp* e *Facebook*), o *e-mail*, a ligação telefônica ou até mesmo o envio de carta física, conforme a natureza do fato. A guarda e a gestão do conteúdo do canal podem ser feitas pela própria empresa ou por terceirizada (opção que transmite ao denunciante maior segurança quanto ao sigilo de seus dados).

Há certa maleabilidade na denominação do canal: de denúncias, de ética, de relatos, de divulgação, de relacionamento etc. O importante é que fique claro que todos os interessados poderão manifestar não apenas relatos de fatos que acreditam suspeitos, mas também qualquer possível desvio das pautas estabelecidas pela empresa, seja no que diz respeito à contenção de riscos, seja no que diz respeito aos princípios por ela preconizados.

---

geral,executivo-ja-perde-bonus-por-meta-de-compliance,70002790604. Acesso em 2 de julho de 2019.
[224] SIEBER, Ulrich; ENGELHART, Marc. **Compliance programs...**, p. 82.
[225] LLEDÓ BENITO, Ignacio. **Corporate compliance...**, p. 69-77. Inclusive na administração pública: GARCÍA-MORENO, Beatriz. Whistleblowing *como forma de prevención de la corrupción en la administración pública*. In NIETO MARTÍN, Adán; MAROTO CALATAYUD, Manuel (Dir.). **Public compliance: prevención de lá corrupción en administraciones públicas y partidos políticos.** Cuenca: Ediciones de la Universidad de Castilla-La Mancha, 2014, p. 43-60.
[226] SIEBER, Ulrich; ENGELHART, Marc. **Compliance programs...**, p. 68-69.
[227] Idem, p. 56-57.
[228] PUYOL, Javier. **El funcionamiento práctico del canal de compliance "whistleblowing".** Valencia: Tirant lo Blanch, 2017, p. 172-173.
[229] GARCÍA CAVERO, Percy. **Criminal compliance...**, p. 97.

Whistleblowers é o nome comumente atribuído àqueles integrantes da empresa que tomam conhecimento de um (possível) fato ilícito ocorrido em seu local de trabalho (ainda que virtual, no sistema de *home office*) e o reportam à cúpula diretora da mesma empresa, às autoridades ou até mesmo à imprensa[230]. A expressão deriva da noção cultural inglesa do "policial que soprava seu apito" (*"policeman who would blow his whistle"*) para alertar a população e as demais autoridades acerca da ocorrência de crimes ou de situações de perigo[231]. É algo similar aos chamados *gatekeepers* (guardiões do portão); mas essa expressão corresponde a uma atividade mais ampla, de fiscalização e de controle, e é relativa ao mercado aberto[232]. O surgimento da figura do *whistleblower* é atualmente explicado como resultado da ineficácia dos meios convencionais de prevenção de ilícitos e da valorização dos direitos dos cidadãos de conhecer os negócios que empresas e seus governos realizam[233].

Normalmente, *whistleblowers* são integrantes da corporação (quando também podem ser chamados de "informantes internos"[234]). Para que possam fazê-lo, convém que seja muito bem divulgada a localização dos canais de denúncia e sua disponibilidade permanente a todos os interessados. Da mesma forma, é importante assegurar ao público interno e externo que todos poderão acessar e reportar (anonimamente, sigilosamente ou com identificação), no canal escolhido, o fato em questão: deve-se

---

[230] BROOKS, Graham; WALSH, David; LEWIS, Chris; KIM, Hakkyong. **Preventing corruption: investigation, enforcement and governance.** New York: Palgrave Macmillan, 2013, p. 79. SÁNCHEZ RIOS e MACHADO noticiam que se trata de "um método nascido na cultura anglo-saxã e que, a depender do contexto no qual esteja inserido, assumirá as peculiaridades dessas realidades, mantendo, contudo, um núcleo duro o qual conservará os traços mínimos para identificá-lo. Esse sistema foi originalmente instituído na normativa dos Estados Unidos, em 2002, com a promulgação da Lei Federal Sarbanes- Oxley Act" (SÁNCHEZ RIOS, Rodrigo; MACHADO, Allian Djeyce Rodrigues. *Criminalidade intraempresarial, sistemas de denunciação interna e suas repercussões na seara penal: o fenômeno do whistleblowing.* In **Revista Brasileira de Ciências Criminais** | vol. 137/2017 | p. 89 – 123 | Nov / 2017, DTR\2017\6616, p. 6).

[231] GOLD, Dana L. *Whistleblowers: the critical link in corporate accountability.* In TULLY, Stephen. **Research handbook on corporate legal responsibility.** Gloucestershire: Edward Elgar, 2005, p. 256.

[232] HAENSEL, Taimi. **A figura dos gatekeepers: aplicação às instituições intermediárias do mercado organizado de valores mobiliários brasileiro.** São Paulo: Almedina, 2014, p. 134.

[233] MUELLER, Tom. **Crisis of conscience: whistleblowing in an age of fraud.** New York: Riverhead Books, 2019, p. 43-44; 536-537.

[234] A expressão "denunciante" é normalmente entendida em uma acepção mais ampla, designando terceiros externos (AGUILERA GORDILLO, Rafael. **Compliance penal...**, p. 303).

reduzir ao máximo o medo de retaliação[235]. Os *whistleblowers* não são apenas os que se utilizam de canal disponibilizado pela própria empresa, mas também os que se valem dos meios à disposição do público para realizar o reporte, como comparecendo à delegacia de polícia para registrar um boletim de ocorrência.

Ao mesmo tempo em que a utilização de canais de denúncia dissemina e dinamiza os fiscais do programa de prevenção – pois qualquer pessoa pode passar a exercer algum controle de seu cumprimento –, aumentando, sensivelmente, as possibilidades de se evitarem ilícitos; a inclusão de normas internas claras de proteção e de incentivo aos *whistleblowers* que integram a empresa é fundamental[236]. Em 2016, a *Financial Conduct Authority* (FCA) do Reino Unido publicou novas normas sobre *compliance* para instituições financeiras em geral, reunidas no chamado *Senior Managers and Certification Regime* (SM&CR)[237]. No documento, exige-se que as instituições adotem regramentos específicos para *whistleblowers*, contendo informações sobre seus direitos, benefícios e como reportar atos ilícitos da melhor forma possível, inclusive prevendo sanções a membros da cúpula que não noticiarem fatos no tempo e modo devidos[238].

Na Espanha, tramita a proposta de *Ley Integral de Lucha contra la Corrupción y Protección de los Denunciantes*[239], que visa garantir direitos aos denunciantes, confidencialidade de seus dados e relatos (embora com vedação do anonimato) e criar um órgão que será responsável pela gestão e pelo trato das denúncias[240]. Como se vê, a história da legislação sobre a atuação dos *whistleblowers* não é antiga: há somente cerca de 10 países na União

---

[235] GOLD, Dana L. *Whistleblowers...*, p. 269.
[236] SIEBER, Ulrich; ENGELHART, Marc. **Compliance programs...**, p. 77-78.
[237] United Kingdom, Financial Conduct Authority. Disponível em https://www.fca.org.uk/firms/senior-managers-certification-regime/banking. Acesso em 26 de junho de 2019.
[238] Compliance & Enforcement – Progam on Corporate Compliance and Enforcement at New York University School of Law. **UK Senior Managers Regime Encourages SEC Whistleblowing**, por Richard Pike, em 23 de maio de 2019. Disponível em https://wp.nyu.edu/compliance_enforcement/2019/05/23/uk-senior-managers-regime-encourages-sec-whistleblowing/. Acesso em 26 de junho de 2019.
[239] Congreso de los Diputados. Disponível em http://www.congreso.es/portal/page/portal/Congreso/Congreso/Iniciativas?_piref73_2148295_73_1335437_1335437.next_page=/wc/servidorCGI&CMD=VERLST&BASE=IW12&FMT=INITXDSS.fmt&DOCS=1-1&DOCORDER=FIFO&QUERY=%28122%2F000022*.NDOC.%29. Acesso em 26 de junho de 2019.
[240] BENÍTEZ PALMA, Enrique. *El control externo y el* whistleblowing *(canales de denuncia)*. In **Revista Española de Control Externo**, v. XX, n. 59, maio de 2018, p. 31-32. Disponível em

Europeia que publicaram normas de proteção a quem decide denunciar ilícitos em corporações[241].

No Brasil, a Lei 13.303/16 determina que "a empresa pública e a sociedade de economia mista adotarão regras de estruturas e práticas de gestão de riscos e controle interno que abranjam mecanismos de proteção que impeçam qualquer espécie de retaliação a pessoa que utilize o canal de denúncias" (art. 9º, IV). A Lei nº 13.460/17, que dispõe sobre participação, proteção e defesa dos direitos do usuário dos serviços públicos da administração pública, permite que ele apresente "manifestações perante a administração pública acerca da prestação de serviços públicos" (art. 9º). Tais manifestações serão identificadas e não precisam de motivação específica para serem realizadas (arts. 10 a 12)[242]. A Lei 13.608/18[243] obriga empresas de transportes que funcionem sob concessão do poder público a exibir em seus veículos canais de comunicação de denúncias e expressões de incentivo à colaboração da população, sendo assegurado sigilo e/ou anonimato quando for o caso (arts. 1º, 2º e 3º). Com as alterações promovidas pela Lei 13.964/19, esse diploma passou a obrigar "a União, os Estados, o Distrito Federal e os Municípios e suas autarquias e fundações, empresas públicas e sociedades de economia mista" a manter "unidade de ouvidoria ou correição, para assegurar a qualquer pessoa o direito de relatar informações sobre crimes contra a administração pública, ilícitos administrativos ou quaisquer ações ou omissões lesivas ao interesse público" (art. 4º-A). Ademais, "o informante terá direito à preservação de sua identidade, a qual apenas será revelada em caso de relevante interesse público ou interesse concreto para a apuração dos fatos" e "será assegurada ao informante proteção contra ações ou omissões praticadas em retaliação ao exercício do

---

Tribunal de Cuentas de España, em https://www.tcu.es/repositorio/2388e0c6-5eaf-4f9f-8b0b-b6a1a4b52c1b/R59_01_BenitezPalma_CEyWB.pdf. Acesso em 26 de junho de 2019.

[241] Compliance & Enforcement – Progam on Corporate Compliance and Enforcement at New York University School of Law. **European Parliament Adopts New Whistleblower Directive**, por Katja Langenbucher, em 15 de agosto de 2019. Disponível em https://wp.nyu.edu/compliance_enforcement/. Acesso em 16 de agosto de 2019.

[242] A Lei 13.460/17 é regulamentada pelo Decreto 10.153/19, que dispõe sobre as salvaguardas de proteção à identidade dos denunciantes de ilícitos e de irregularidades praticados contra a administração pública federal direta e indireta.

[243] A respeito dessa lei e referindo-se ao *whistleblower* como "informante do bem", vide: CAMBI, Eduardo; KICHILESKI, Gustavo Carvalho. *Whistleblowing no pacote anticrime*. In **Revista dos Tribunais**, v. 1006, ago./2019, São Paulo, p. 6-14.

direito de relatar, tais como demissão arbitrária, alteração injustificada de funções ou atribuições, imposição de sanções, de prejuízos remuneratórios ou materiais de qualquer espécie, retirada de benefícios, diretos ou indiretos, ou negativa de fornecimento de referências profissionais positivas" (art.4º-B e art. 4º-C).

Embora ainda possa inspirar críticas (especificamente quanto a políticas de premiações de denunciantes[244]), essa já é uma prática comum para empresas que exploram determinados setores[245] e, por isso, uma tendência a ser seguida pelas corporações em geral[246], inclusive promovendo a divulgação de padrões éticos no ato de denunciar para evitar, p.ex., denúncias falsas e conluios[247]. Desse modo, é uma atividade que será cada vez mais controlada legislativamente[248], inclusive, ao que tudo indica, no cenário brasileiro[249].

5. Hipóteses de aplicação: *ex ante* e *ex post*

Programas mais detalhados normalmente esclarecem seus âmbitos de incidência *ex ante* (pré-fato ilícito) e *ex post* (pós-fato ilícito)[250]. Antes do fato,

---

[244] RAFIH, Rhasmye El. *Algumas consequências da premiação patrimonial do* whistleblowing *no âmbito criminal e em programas de* compliance: *impactos inaugurais da Lei 13.608/2018.* In **Boletim IBCCrim**, São Paulo, a. 26, n. 309, ago./18, p. 7-8. No mesmo sentido: SÁNCHEZ RIOS, Rodrigo; MACHADO, Allian Djeyce Rodrigues. *Criminalidade intraempresarial, sistemas de denunciação interna...*, p. 15.

[245] HAENSEL, Taimi. **A figura dos gatekeepers...**, p. 156-165.

[246] Valor Econômico, "**Crescem denúncias feitas por funcionários**", por Letícia Arcoverde, em 22 de janeiro de 2018. Disponível em https://www.valor.com.br/carreira/5271147/crescem-denuncias-feitas-por-funcionarios. Acesso em 2 de julho de 2019.

[247] GARCÍA MORENO, Beatriz. *Whistleblowing...*, p. 209-212; 224.

[248] COFFEE JR. John C. **Gatekeepers: the professions and corporate governance.** New York: Oxford University Press, 2019 (paperback), 2006 (first print), p. 373-374.

[249] BARBAS, Leandro Moreira Valente. *Questionamentos e pontos relevantes ao se pensar uma política de proteção a whistleblowers no Brasil a partir de casos e experiências norte-americanas: suas repercussões em políticas de* compliance *criminal.* In BECHARA, Fábio Ramazzini; FLORÊNCIO FILHO, Marco Aurélio Pinto (Coord.). **Compliance e direito penal econômico.** São Paulo: Almedina, 2019, p. 157; como indicam, ainda, as alterações feitas na Lei 13.608/18 pela Lei 13.694/19.

[250] HAENSEL, Taimi. **A figura dos gatekeepers...**, p. 133-137; BACIGALUPO, Enrique. **Compliance y Derecho Penal.** Navarra: Thomson Reuters Aranzadi, 2011, p. 30-31. O *compliance* antes do fato, isto é, *ex ante*, já foi também chamado *"compliance* por persuasão" *("compliance through persuasion"),* enquanto o *ex post* também se identifica como *"compliance* por monitoramento e sanção" *("compliance through monitoring and sanctioning")* (AMTENBRINK, Fabian; REPASI, René. *Compliance and enforcement in economic policy coordination in EMU.* In

as normas internas de *compliance* consubstanciam-se em regras de conduta, valores, princípios, capacitação, treinamento, denúncias, orientações, controles de pagamentos e recebimentos e organização de funções, basicamente. Após o fato, elas passam a se referir a consequências como notificações compulsórias às autoridades e aos órgãos de controle, comunicados ao público e ao mercado, procedimentos internos de revisão e de reestruturação, de apuração de responsabilidades[251], as sanções aplicáveis e eventuais entregas de benefícios a denunciantes e a quem, de alguma forma, tenha atuado no sentido de que o fato fosse descoberto ou de que suas consequências tenham sido minimizadas ou evitadas[252].

Muitos desses controles não carecem ser de responsabilidade prioritária dos setores de *compliance* e/ou de agentes de integridade. Conforme a natureza do procedimento, pode estar a cargo do setor fiscal, de *marketing*, contábil ou de gestão comercial da empresa[253], por mais que a definição das condutas mais adequadas a seguir diante do risco identificado seja atribuição primeira do responsável pela prevenção de ilícitos.

JAKAB, András; KOCHENOV, Dimitry. **The enforcement of EU law and values. Ensuring member states' compliance.** Oxford: Oxford University Press, 2017, p. 154-155).

[251] Para orientações gerais a respeito de como conduzir investigações internas em corporações, vide: MCQUITTY, Jake. **A guide to conducting internal investigations.** London: Bloomsbury Professional, 2021.

[252] SIEBER explora especificamente os impactos das normas de *compliance* na fundamentação da quebra do dever de cuidado para determinar se há a possibilidade de imputação de tipos imprudentes (SIEBER, Ulrich. *Programas de* compliance..., p. 89-95).

[253] DOPICO GÓMEZ-ALLER, Jacobo. *Posición de garante del* compliance officer *por infracción del "deber de control": una aproximación tópica*. In ZAPATERO, Luis Arroyo; NIETO MARTÍN, Adán (direct.). **El Derecho Penal Económico en la era Compliance.** Valencia: Tirant lo Blanch, 2013, p. 167.

PARTE II
A POSSIBILIDADE DE APERFEIÇOAMENTO DA PREVENÇÃO CORPORATIVA COM MECANISMOS DE *LAW ENFORCEMENT*

Estabelecida a realidade da prevenção corporativa de ilícitos no Brasil, isto é, o contexto da pesquisa, torna-se possível iniciar a abordagem do problema proposto de modo mais direto: como aperfeiçoar a prevenção corporativa de ilícitos no Brasil? Há, ao menos, duas dificuldades que são derivadas dessa questão e que demandam, da mesma forma, reflexão: é possível falar em *efetividade* de programas de *compliance*? Como a noção de *law enforcement* pode contribuir para esse aperfeiçoamento? Na tentativa de oferecer respostas a tais questionamentos, organizaram-se da seguinte forma os temas cujo enfrentamento é necessário: inicialmente (Capítulo 1), será necessária reflexão sobre a ideia de *efetividade* (quando se trata de *compliance*) e a sua substituição pela noção de *idoneidade*, que está ligada à qualidade potencial da prevenção que o programa poderá entregar. Em seguida (Capítulo 2), será visto como o alto grau de complexidade da tarefa de atendimento das exigências dos múltiplos órgãos de controle e de fiscalização torna mais arriscada a atividade empresarial no Brasil e impede, consequentemente, uma prevenção de maior qualidade. Ao término dessa Parte (Capítulo 3), será possível ingressar no raciocínio nuclear da presente obra[254], no sentido de que o emprego prático de conhecimentos teóricos de *law enforcement* – o que depende de uma nova lei, aqui proposta – pode reduzir a citada complexidade e proporcionar, consequentemente, a abertura de maior espaço para o aprimoramento da prevenção corporativa de ilícitos no Brasil.

[254] Já na Parte III (a última), são apresentadas propostas de como se implementar *compliance* e *law enforcement* juntos, visando a criação de programas idôneos para otimizar a prevenção corporativa de ilícitos.

CAPÍTULO 1
EFETIVIDADE, IDONEIDADE E PREVENÇÃO

Os programas de prevenção corporativa que contenham todos os 5 itens vistos no Capítulo 3 da Parte I – que sigam as balizas legais aplicáveis, que sejam planejados e implementados por profissionais comprometidos e experientes, e que, consequentemente, logrem cultivar hábitos de transparência, fiscalização e ética – muito provavelmente serão efetivos (ou melhor, como se explicará a seguir, serão *idôneos*[255]). Mas ainda parece que sejam poucos. Quando existem, resultam muito mais de um alinhamento moral pré-existente de pessoas específicas envolvidas no projeto – e que se dedicaram de forma contínua – do que de uma hipotética política público-privada bem-sucedida de fomento ao cumprimento da lei.

Profissionais que atuam no dia a dia, juntamente a empresas de todos os portes no Brasil, têm condições de afirmar, por experiência própria, que, infelizmente, a maioria das corporações, ainda, não se preocupa, de fato, com a adoção de programas de prevenção de ilícitos que realmente os previnam. Os objetivos normalmente têm sido ligados ao mero atendimento for-

---

[255] A ideia de trabalhar com a característica de idoneidade para programas de prevenção já havia sido exposta, de modo superficial, em SCANDELARI, Gustavo Britta. Compliance *como prevenção idônea de crimes e sua compatibilização com a intervenção mínima*. In COUTINHO, Aldacy Rachid; BUSATO, Paulo César (Org.). **Aspectos jurídicos do *compliance*.** Florianópolis: Empório do Direito, 2017, p. 114-118. Agora, apresenta-se pesquisa mais desenvolvida a respeito, com o foco na distinção entre a prevenção *simbólica* e a prevenção aqui chamada *real*, tendo como referência o uso da característica da *idoneidade* dos programas de prevenção em vez de uma imaginada ideia de sua *efetividade*.

mal de obrigações legais ou à maximização do lucro[256]. Especialmente após a entrada em vigor da Lei 12.846/13[257], houve um aumento da demanda pelo serviço de auditorias, advogados e outros profissionais de *compliance*, mas o escopo principal tem sido ostentar a mera aparência de que há uma cultura de cumprimento – para, com isso, criar possível defesa quando ilícitos forem praticados – e não verdadeiramente conquistá-la para evitar ilícitos. Esses problemas foram constatados em pesquisas e estatísticas[258].

---

[256] É claro que não se considera errado, de forma alguma, que o empreendimento privado tenha o lucro como objetivo, muito pelo contrário. O que se quer criticar é a comum (e nociva) extensão do objetivo de auferir lucro ao programa de integridade em si (para mais detalhes, vide Parte III, Capítulo 1).

[257] GABARDO, Emerson; CASTELLA, Gabriel Morettini e. *A nova lei anticorrupção e a importância do* compliance *para as empresas públicas que se relacionam com a Administração Pública*. In **A&C – Revista de Direito Administrativo & Constitucional**, Belo Horizonte, a. 15, n. 60, abr./jun. 2015, Fórum, p. 133.

[258] SANEN, Claudia; DONEGÁ, Guilherme. *Integridade e empresas no Brasil*. In **Transparência Internacional Brasil**. São Paulo: Associação Transparência e Integridade, maio de 2018, p. 1-56 (Disponível em https://transparenciainternacional.org.br/assets/files/conhecimento/relatorio-executivo.pdf. Acesso em 5 de julho de 2019): "ainda que as maiores empresas brasileiras tenham implementado sistemas de governança e controles internos nos anos recentes, cobrindo os riscos mais relevantes de corrupção, é preciso saltar ao próximo nível e garantir que esses esforços sejam efetivos na criação de um contexto de integridade" (p. 32); "as grandes empresas, por iniciativa própria ou por necessidade, têm dado mais importância a políticas anticorrupção. Divulgam seus códigos de conduta e criam suas áreas de compliance. Mas com frequência inaceitável tais iniciativas ficam no discurso, no papel" (p. 39); KMPG, "Maturidade do *Compliance* no Brasil", final do 3º trimestre de 2015: pesquisa com aproximadamente 200 empresas de 19 segmentos e com receitas, em sua maioria, de R$ 300 milhões a R$ 5 bilhões, concluiu que a maturidade dos programas é baixa. Quase a totalidade das empresas não possuía infraestrutura mínima nos setores de *compliance*, investem muito pouco neles, não adotavam políticas anticorrupção claras e não utilizavam nenhum sistema de monitoramento, revisão e avaliação da efetividade dos programas (p. 7-12). Quase 20% das empresas respondentes sequer possuía programas de prevenção de ilícitos. Disponível em https://cndl.org.br/politicaspublicas/wp-content/uploads/estudos/Maturidade%20do%20compliance%20no%20Brasil%20-%20KPMG.pdf. Acesso em 5 de julho de 2019. A mesma pesquisa foi realizada cerca de 1 ano depois, com cerca de 250 empresas, e os resultados se mantiveram quase iguais (KPMG, "Maturidade do *Compliance* no Brasil, 2ª edição", 2º semestre de 2016, p. 11. Disponível em http://www.amchamrio.com.br/srcreleases/compliance2_bernardo_lemos.pdf. Acesso em 5 de julho de 2019). Em sua 3ª edição, realizada em 2017 e 2018, com 450 empresas das mais variadas dimensões e áreas, os resultados, embora melhores, continuavam preocupantes: 27% das empresas não possuíam estruturas dedicadas de *compliance*; 36% não contavam com recursos suficientes para o programa; 23% admitiram não possuir independência e autonomia; 53% não

Atualmente, é indiscutível que o objetivo principal de um programa idôneo deve ser a prevenção de ilícitos, juntamente à sua detecção e o trato adequado dos que porventura já tenham ocorrido[259]. Umas das razões para isso é que "os casos de uma criminalidade praticada na empresa são (...) os mais complexos em termos de atribuição de responsabilidades"[260] e os programas (ao menos aqueles considerados idôneos da forma como se propõe na presente pesquisa) poderão contribuir para a correta delimitação e imputação de responsabilidades quando a autoria do fato for nebulosa[261]. Para tratar da questão da prevenção em programas corporativos, serão vistos, a seguir, estes itens: o problema da ideia de efetividade dos programas de prevenção (item 1); a prevenção real como alternativa à prevenção simbólica da pena criminal e o reforço da intervenção mínima (item 2); *compliance*: noção e natureza jurídica (item 3). Seria uma opção metodologicamente válida tratar, primeiramente, do conteúdo do item 3, entretanto, considera-se que as questões dos itens 1 e 2 são mais amplas e precedem, sistematicamente, o aclaramento da natureza jurídica do *compliance*.

---

adotavam rotinas de monitoramento; 54% não executavam *due diligence* para a contratação de terceiros; 20% afirmaram não dispor de canal de ética/denúncias; 10% não possuem código de ética ou de conduta (Disponível em http://www.sistemafiep.org.br/rede-compliance/uploadAddress/Pesquisa_Maturidade_do_Compliance_3ed_2018_web_pag[83801].pdf. Acesso em 5 de julho de 2019, p. 1-8); ICTS, Protiviti (Brasil), "Nível de Maturidade de Compliance das Organizações Brasileiras", Edição 2017. Informações coletadas entre janeiro de 2016 e abril de 2017, com 1.417 participações: "principais resultados da pesquisa: (...) 45% das empresas participantes apresentaram nível de Compliance baixo, situação de extrema exposição a riscos de corrupção". Disponível em https://www.protiviti.com/sites/default/files/pesquisa_de_maturidade_de_compliance_2017_0.pdf. Acesso em 5 de julho de 2019; indicando um baixo nível de cultura ética em muitas empresas do setor financeiro (pesquisa com 1.122 organizações conduzida de 2014 a 2018): Direzione – transformando organizações, "**Cultura ética no ambiente organizacional brasileiro**", julho de 2019, p. 1-4. Disponível em https://www.direzione.com.br/publicacoes. Acesso em 9 de julho de 2019.

[259] GARCÍA CAVERO, Percy. ***Criminal compliance***..., p. 38-39. Vide, ainda, a Parte III, Capítulo 1, itens 1 e 2.

[260] SILVEIRA, Renato de Mello Jorge; SAAD-DINIZ, Eduardo. **Compliance, Direito Penal e Lei Anticorrupção.** São Paulo: Saraiva, 2015, p. 250-251.

[261] Em Direito penal, a literatura reconhece a necessidade de se criarem novos marcos teóricos que possam se adaptar à realidade das grandes organizações econômicas, especialmente no que diz respeito a técnicas de imputação por conta das dificuldades de se identificar com precisão a autoria (MOURA, Bruno. *Autoria e participação nos crimes desde a empresa: bases para um modelo de imputação individual.* In **Revista CEPPG**, a. 15, n. 25, 2º sem./2011. Catalão: Centro de Ensino Superior de Catalão, 2011, p. 63).

1. O problema da ideia de efetividade dos programas de prevenção

Tanto os Estados que promulgam leis, disciplinando programas de prevenção de ilícitos em empresas, quanto os empresários que investem em tais programas, provavelmente, compartilham ao menos uma mesma preocupação: como saber se eles estão funcionando? A maior parte das leis[262] e das pesquisas[263] sobre o assunto tem utilizado a ideia de efetividade (ou, com menor frequência, eficácia). O problema é que esse vocábulo indica a necessidade de verificabilidade empírica, ou seja, exige que a preven-

---

[262] P.ex.: *"effective compliance and ethics program"* (EUA, *Sentencing Guidelines*, §8B2.1); *"con eficacia"* (Código Penal espanhol, art. 31 bis, item 2, 1ª); *"l'efficace attuazione del modello"* (Decreto Legislativo italiano 231/01, 7º, 4); *"evaluación continua de la efectividad del programa"* (Lei argentina 27.401/17, art. 23, VIII); "a aplicação efetiva de códigos de ética e de conduta no âmbito da pessoa jurídica" (Lei brasileira 12.846/13, art. 7º, VIII); "efetividade do gerenciamento dos riscos e dos processos de governança" (Lei brasileira 13.303/16, art. 9º, §3º, II); "demonstrar a efetividade de seu programa de governança" (Lei brasileira 13.709/18, art. 50, II); *"deberá establecer métodos para la aplicación efectiva del modelo de prevención"* (Lei chilena 20.393/09, art. 4º, item 4, a); *"el fiscal o el juez (...) verifican la efectiva implementación y funcionamiento del modelo de prevención"* (Lei peruana 30.424/16, art. 18).

[263] KLINKHAMMER, Julian. *On the dark side of the code: organizational challenges to an effective anti-corruption strategy*. In **Crime, Law and Social Change**, v. 60, issue 2, Springer Netherlands (Science+Business Media Dordrecht), jul./2013, p. 191-208. Disponível em https://doi.org/10.1007/s10611-013-9453-y. Acesso em 2 de agosto de 2019; STUCKE, Maurice E. *In Search of Effective Ethics & Compliance Programs*. 39 Journal of Corporation Law 769, University of Tennessee Legal Studies, Research Paper n. 229, 2014. Disponível em https://dx.doi.org/10.2139/ssrn.2366209. Acesso em 29 de outubro de 2019; MUÑOZ DE MORALES ROMERO, Marta. *Programa de cumplimiento "efectivos" en la experiencia comparada*. In ZAPATERO, Luis Arroyo; NIETO MARTÍN, Adán (direct.). **El Derecho Penal Económico en la era Compliance**. Valencia: Tirant lo Blanch, 2013, p. 211-230; GONZÁLEZ DE LEÓN BERINI, Arturo. *Autorregulación empresarial, ordenamiento jurídico y derecho penal. Pasado, presente y futuro de los límites jurídico-penales al libre mercado y a la libertad de empresa*. In SILVA SÁNCHEZ, Jesús-María (Dir.); MONTANER FERNÁNDEZ, Raquel (Coord.). **Criminalidad de empresa y Compliance – Prevención y reacciones corporativas**. Barcelona: Atelier, 2013, p. 91-100; PORTO, Roberta Guasti; CASSINI, Flavia Tiemi Oshiro; LIMA, Mirela Clemente Pedrosa. *Reflexões sobre a efetividade de programas de compliance*. In OLIVEIRA, Luis Gustavo Miranda de. **Compliance e integridade: aspectos práticos e teóricos, v. 2**. Belo Horizonte: Editora D'Plácido, 2019, p. 467- 604; HAYASHI, Felipe Eduardo Hideo. **Corrupção – combate transnacional, compliance e investigação criminal**. Rio de Janeiro: Lumen Juris, 2015, p. 183; CARDOSO, Débora Motta. **Criminal *compliance* na perspectiva da lei de lavagem de dinheiro**. São Paulo: LiberArs, 2015, p. 180; MOTA FILHO, Humberto E. C.; CASAGRANDE, Morgana Ana Daler. *Desenvolvendo programas de integridade efetivos: como traduzir o compliance para as pequenas e médias empresas?* In OLIVEIRA, Rafael Carvalho Rezende; ACOCELLA, Jéssica (Coord.). **Governança corporativa e compliance**. Salvador: Juspodivm, 2019, p. 25-45.

ção seja provada como algo incontestável[264]. Se tal comprovação ocorrer, o programa será efetivo. Seria algo como a avaliação de um colete à prova de balas: feito o teste, se ele repelir o projétil, será efetivo. Se não o repelir, será inefetivo e, consequentemente, inútil para seu desiderato.

O problema, no que diz respeito aos programas de prevenção, é uma questão de lógica: não importa quão bom seja o programa, assim que ocorrer algum ilícito cuja prevenção estava no seu escopo, ele será imediatamente considerado falho e, obviamente, inefetivo[265]. Se ilícitos não forem evitados para sempre naquela empresa, o programa, inevitavelmente, será classificado, em algum momento, como falho. Como não parece que atos ilícitos serão completamente erradicados da realidade corporativa mundial, com base na implementação de ferramentas como os programas corporativos de prevenção, é só uma questão de tempo até que todo e qualquer programa seja considerado inefetivo (haja vista o significado do vocábulo). Por outro prisma, os ilícitos que tenham sido evitados, também, jamais serão passíveis de registro, afinal, nunca ocorreram. Hipoteticamente, é possível que determinado programa de prevenção tenha repelido mais de 1.000 ilícitos em um período de 6 meses. Todavia, bastará a realização de, apenas, 1 ilícito para que ele sofra a pecha de inefetivo.

Uma má consequência do uso da ideia de efetividade para descrever programas de *compliance* é a avaliação pessimista a respeito da sua utilidade para o fim a que se propõe. Afinal, se nunca prevenirá ilícitos de forma efetiva, por que investir tempo e dinheiro neles? A verdade é que não se podem avaliar programas de prevenção como se avaliam coletes balísticos. Estes são passíveis de verificação empírica de efetividade (projéteis são sempre uma realidade visível, assim como a eventual perfuração da veste de proteção); aqueles não (ilícitos podem não ter repercussão natural alguma e são fenômenos dependentes de interpretação subjetiva). É impossível constatar, materialmente, ilícitos que foram evitados[266], assim

---

[264] Pesquisa no verbete "efetividade" em HOUAISS ELETRÔNICO, versão monousuário 3.0, jun./09, Instituto Antônio Houaiss. Rio de Janeiro: Objetiva, 2009. O conteúdo do software corresponde à edição integral do Dicionário Houaiss da Língua Portuguesa.
[265] FERRAZ, Sérgio Valladão. *Programas de compliance: é possível aferir sua efetividade para fins penais?* In COUTINHO, Aldacy Rachid; BUSATO, Paulo César (Org.). **Aspectos jurídicos do compliance**. Florianópolis: Empório do Direito, 2017, p. 138-143.
[266] O problema, neste livro, é similar ao da ação devida em crimes omissivos: consumado o crime, ele somente pode ser imputado ao autor por uma causalidade hipotética, haja vista que,

como é impossível que algum programa de prevenção evite ilícitos sempre com 100% de sucesso[267].

Então, é preciso alterar o foco da análise, adaptando-o à natureza do funcionamento dos programas de prevenção. Se não é possível medir a sua efetividade material, parece possível identificar fatores que apontem para a sua potencialidade de prevenção. Ou melhor: a sua *idoneidade*[268]. Tratando, especificamente, do quesito *idoneidade* de programas de *compliance*, a literatura aponta que "a idoneidade refere-se a que o conjunto de medidas de gestão adotado seja adequado e suficientemente compreensivo e abrangente para *potencialmente ser efetivo*, de maneira que a pessoa jurídica adote todas as medidas recomendadas como boas práticas administrativas para o seu específico tipo de negócio ou atividade, considerando todas as suas características"[269]. GUTIÉRREZ PÉREZ sinalizou, quanto aos programas

---

como a ação devida não foi praticada (eis a omissão punível), nunca se sabe se ela realmente teria sido apta para evitar o resultado típico.

[267] Se não por essa abordagem lógica em programas de prevenção de ilícitos em empresas, pela conhecida análise sociológica, segundo a qual uma certa porção de ilícitos é absolutamente natural em coletividades humanas e, por isso, não é passível de total eliminação: "o crime não é encontrado somente na maioria das sociedades desta ou daquela espécie, mas em todas as sociedades de todos os tipos. Não existe nenhuma em que não haja alguma forma de criminalidade. Esta muda de feitio, os atos qualificados de crimes não são os mesmos em toda a parte; mas sempre e em todo lugar houve homens que se conduziram de maneira a chamar sobre si a repressão penal. Se, pelo menos, a taxa de criminalidade, isto é, relação entre a quantidade anual de crimes e a quantidade de população tendesse a baixar (...) poder-se-ia acreditar que, embora permanecendo fenômeno normal, tendia, porém, o crime a perder esse caráter. Não temos, porém, nenhuma razão que nos permita crer na realidade desta regressão. Diversos fatos pareceriam antes demonstrar a existência de um movimento em sentido inverso. Desde o começo do século, a estatística nos fornece o meio de seguir a marcha da criminalidade; ora, ela aumentou em toda a parte. (...) Não existe, pois, fenômeno que apresente da maneira mais irrecusável todos os sintomas da normalidade, uma vez que aparece estreitamente ligado às condições de toda a vida coletiva" (DURKHEIM, Émile. **As regras do método sociológico**. 8.ed. São Paulo: Companhia Editora Nacional, 1977, p. 57). Vide, também, DURKHEIM, Émile. **O suicídio, estudo de sociologia**. São Paulo: Martins Fontes, 2000, p. 438-496, em que o autor se referiu especialmente ao homicídio e sua relação com as espécies de suicídio que estudou.

[268] Vocábulo que pode ser sinônimo de "apto, capaz" e que significa a presença de "qualidades para desempenhar determinada atividade". Pesquisa no verbete "idôneo" em HOUAISS ELETRÔNICO, versão monousuário 3.0, jun./09, Instituto Antônio Houaiss. Rio de Janeiro: Objetiva, 2009.

[269] FERRAZ, Sérgio Valladão. *Programas de compliance: é possível aferir sua efetividade para fins penais?* In COUTINHO, Aldacy Rachid; BUSATO, Paulo César (Org.). **Aspectos jurídicos do *compliance*.**

de *compliance*, que a sua "eficácia deve ser entendida desde um prisma da idoneidade genérica para evitar" a prática de ilícitos[270]. Isso equivale a dizer que eficácia, em tema de programas de *compliance*, implica idoneidade. Esta é uma proposição para que se altere o significado das palavras por mera convenção. E, a rigor, é uma admissão de que se deve utilizar a noção de idoneidade em lugar de eficácia. O ideal seria adotar o termo idoneidade, o que é mais simples e adequado do que lutar contra o significado das palavras "eficácia" ou "efetividade", defendendo que o programa continua efetivo, mesmo não tendo prevenido o ilícito[271].

Qualquer programa será inefetivo quando deixar de evitar um ilícito, mas um programa inefetivo não necessariamente será inidôneo, porque a sua idoneidade se refere à sua capacidade de evitar o ilícito e não à evitação concreta dele. Embora hipotética, essa capacidade é mensurável segundo critérios objetivos passíveis de verificação[272], o que torna a idoneidade não somente um conceito adequado para descrever programas de prevenção, como também útil para avaliá-los objetivamente[273].

A rigor, é possível que haja controle dos riscos de ilícitos em empresas sem o emprego formal ou profissional de métodos de prevenção, por serem

---

Florianópolis: Empório do Direito, 2017, p. 145. Itálicos não originais. Acolhendo-se a crítica de FERRAZ (idem, p. 146), não se defende, aqui, que o programa de *compliance* possa servir, por si só e com base legal expressa, como causa excludente de imputação ou de pena (as possibilidades negociais estão de fora dessa análise). Mas o fato de que existem leis que o permitam e autores que defendam o *compliance* como impeditivo de responsabilização criminal não significa que o qualificativo *idôneo* seja inadequado. FERRAZ criticou o uso da expressão citada como argumento para impedir a punição dos responsáveis e não a sua utilidade para, tão só, avaliar a qualidade dos programas. Afinal, "(...) é possível analisar a idoneidade e a cultura de cumprimento da pessoa jurídica para fins de influir na fixação da dosimetria da pena" (idem, p. 147).

[270] GUTIÉRREZ PÉREZ, Elena. *Los* compliance programs *como eximente o atenuante de la responsabilidad penal de las personas jurídicas. la "eficacia e idoneidad" como principios rectores tras la reforma de 2015*. In GÓMEZ DE LA TORRE, Ignacio Berdugo (Dir.). **Revista General de Derecho Penal (RGDP)**, n. 24, novembro de 2015. Madrid: Iustel, 2015, p. 20-21. Disponível em https://www.iustel.com/v2/revistas/buscador.asp?id=8&autor=%22Mar%C3%ADa%20 Guti%C3%A9rrez%20Rodr%C3%ADguez%22. Acesso em 30 de outubro de 2019.

[271] Como se vê, p.ex., em GOENA VIVES, Beatriz. **Responsabilidad penal y atenuantes en la persona jurídica**. Madrid: Marcial Pons, 2017, p. 364.

[272] Como pela verificação do atendimento dos itens verificados na Parte I, Capítulo 3. Outros itens passíveis de verificação objetiva são sugeridos na Parte II, Capítulo 3 e na Parte III, Capítulo 3.

[273] Para pesquisa sobre a possibilidade de certificação de programas corporativos de prevenção de ilícitos no Brasil, vide: Parte III, Capítulo 3, item 3.

desnecessários em ambiente no qual bons valores e as leis aplicáveis já são respeitados[274]. Porém, corporações de grande porte, provavelmente, não conseguirão criar e manter ambiente com riscos controlados sem o uso de um programa de prevenção complexo, formal e materialmente implementado. Nesse caso, quando tal programa atende aos requisitos objetivos de idoneidade, torna-se *mais provável* que determinados crimes sejam realmente evitados. Assim, a idoneidade corresponde, na prática, a um grau determinável de probabilidade de evitar ilícitos apresentado pelos programas de *compliance*.

2. A prevenção real como alternativa à prevenção simbólica da pena criminal e o reforço da intervenção mínima

Mas, afinal, ser idôneo significa que o programa apresenta grande probabilidade de cumprir com qual finalidade? Propõe-se, neste livro, que programas idôneos são os que podem entregar uma *prevenção* de ilícitos de maior qualidade do que os inidôneos, os quais, normalmente, são meramente formais e podem, inclusive, ser classificados como fraudulentos, a depender do caso. Além disso, quando se trata de prevenir crimes, em especial os programas idôneos se destacam por realizar uma espécie de prevenção distinta daquela que sempre se atribuiu ao próprio Direito penal.

Por um lado, a prevenção que se realiza mediante a aplicação de penas somente funciona, por definição, após a prática do fato. Assim, aquele fato específico que motivou a intervenção penal (necessariamente) não foi evitado; aquele bem jurídico não foi protegido. E a cominação de penas, sabe-se, não tem obtido resultados satisfatórios de evitação de crimes há muito tempo. Essa é a prevenção que o Direito penal entrega. Por outro lado, a prevenção que se realiza mediante a implementação de um programa de *compliance* idôneo pode se iniciar antes da prática do fato, mediante a aplicação de normas que regulamentam condutas pré-típicas. Por isso, ela tem o condão de evitar a sua ocorrência de forma mais segura[275]. Assim, como age para que aquele fato específico sequer chegue a ocorrer, pode-se chamá-la de prevenção *real*.

É verdade que tal como não se pode constatar quantos e quais foram os crimes evitados por programas de *compliance*, também não se pode fazê-lo

---

[274] GARCÍA CAVERO, Percy. **Criminal compliance.** Lima: Palestra Editores, 2014, p. 99.
[275] Sobre os desvios cognitivos e sua influência na formação da cultura de cumprimento, vide: Parte III, Capítulo 1, item 2.

em relação a crimes que tenham sido evitados pela prevenção decorrente da cominação/aplicação de penas. Assim, faria sentido dizer que o Direito penal, ao menos em teoria, poderia realizar uma prevenção *real* na medida em que criminosos tenham desistido de seu intento. Por exemplo, unicamente pela ação das funções de prevenção geral e especial da pena. Mas essa reflexão estaria desconectada da verdadeira natureza da prevenção almejada pelo Direito penal.

Tal prevenção é uma das notas definidoras do ramo criminal do ordenamento jurídico[276]. Decorre disso a admissão da finalidade de prevenir crimes das sanções que comina e que aplica (de acordo com as teorias tradicionais da pena[277]), as quais se dividem nas conhecidas espécies da prevenção geral (positiva e negativa) e da prevenção especial (positiva e negativa).[278] De fato, "o Direito penal de um Estado social e democrático de

---

[276] MIR PUIG, Santiago. **Funcion de la pena y teoria del delito en el Estado social y democratico de Derecho**. 2. ed. Barcelona: Bosch, 1982, p. 37-40; HASSEMER, Winfried. **Direito penal: fundamentos, estrutura, política**. Porto Alegre: Sergio Antonio Fabris, 2008, p. 297.

[277] "(...) A medida da pena é encontrada em função de exigências de prevenção especial, em regra positiva ou de socialização, excepcionalmente negativa, de intimidação ou de segurança individuais" (FIGUEIREDO DIAS, Jorge de. **Direito Penal – Parte Geral, Tomo I – questões fundamentais; a doutrina geral do crime**. São Paulo: Revista dos Tribunais, 2007, p. 84).

[278] CARDENAL MONTRAVETA, Sergi. *Función de la pena y suspensión de su ejecución. ¿Ya no 'se atenderá fundamentalmente a la peligrosidad criminal del sujeto'?* In **InDret – Revista para El Análisis del Derecho**, n. 4, oct./2015, p. 4-5. As ideias de prevenção especial e de prevenção geral da pena não estão isentas de críticas: "(...) a teoria de prevenção especial enfrenta a questão sobre qual o direito do Estado para educar e tratar cidadãos adultos (...)" e "não se sabe o que fazer com os autores que não carecem de ressocialização"; "o Princípio da Prevenção Geral também apresenta consideráveis deficiências (...)" porque "não inclui nenhuma medida para a delimitação da duração da pena (...)" e não oferece justificativas para que o sofrimento do apenado não lhe renda efeito benéfico algum, pois somente provoca efeitos na sociedade (ROXIN, Claus. **Derecho penal, parte general – tomo I: fundamentos. La estrutura de la Teoría del Delito** [Trad. Diego-Manuel Luzón Peña; Miguel Díaz y García Conlledo; Javier de Vicente Remesal]. Madrid: Civitas, 1997, p. 88-89; p. 93). Além disso, criticando especialmente a finalidade de prevenção geral positiva, BUSATO identifica um "reducionismo já que o foco da pena se reduz a um dos efeitos que ela produz, que é, sem dúvidas, o estímulo ao comportamento obediente às regras", o que gera um problema de legitimidade, pois se admite como fundamento da pena meramente aquilo que ela produz, acarretando a "rendição das missões do direito penal" aos efeitos da pena (BUSATO, Paulo César. **Direito Penal...**, p. 759). De modo crítico: "devemos nos despedir da prevenção geral positiva também como teoria de imposição da pena. O Estado não pode ameaçar nem impor coação para mostrar aos cidadãos o que é correto ou incorreto jurídica ou moralmente. (...) esses efeitos que se verificam não

Direito exige atribuir à pena a função de prevenção de delitos"[279]. A pena tem a "missão política" de realizar uma "regulação ativa da vida social que assegure seu funcionamento satisfatório", decorrendo daí a "necessidade de conferir à pena a função de prevenção" dos fatos que atentem contra os bens jurídicos tutelados pela lei penal[280]. Como reconhece HASSEMER, "a prevenção é o paradigma reinante de nossa época e também de nossa Política criminal"[281]. Porém, essa prevenção sempre foi pensada para ser simbólica (no sentido de simplesmente comunicar uma pretensão de prevenção), e não real (no sentido de se tentar, de fato, evitar o ilícito por meio de normas de controle de condutas que ainda não correspondem a tipos penais). É claro que o Direito penal, mediante cominação e aplicação de penas, provê alguma prevenção de crimes na prática. Contudo, examina-se, neste livro, o alto ganho de consistência da prevenção quando realizada por normas de regulação, controle e fiscalização de condutas que, ainda, não são típicas.

WELZEL, embora tratando da orientação do Direito penal para o desvalor da ação, reconhecia que a proteção de bens jurídicos é secundária porque "tem somente um fim preventivo" simbólico: quando o Estado "entra efetivamente em ação, já é demasiado tarde". Assim, para o autor, "mais essencial do que a proteção de bens jurídicos" é a "missão mais profunda" de "dar forma ao juízo ético-social dos cidadãos e fortalecer sua consciência de permanente fidelidade jurídica"[282]. Nunca se planejou, todavia, atingir tal desiderato mediante intervenção (pré-)penal antes mesmo da prática do fato, como se pretende, agora, com o *compliance* corporativo. O Direito penal sempre buscou fazê-lo, criminalizando condutas mediante a ameaça da sanção penal ou, efetivamente, punindo fatos típicos já realizados.

HASSEMER, abordando o assunto, constatou que "a pena possui pelo menos a força 'simbólica' da evidenciação da norma." Adverte, contudo, esse simbolismo somente será suportável se for mantido um "projeto para substituir o direito penal por algo melhor, pois esse direito retira sua força

---

podem ser invocados para justificar a pena", embora possam servir para descrevê-la (GRECO, Luís. **Lo vivo y lo muerto**..., p. 365-366).

[279] MIR PUIG, Santiago. **Funcion de la pena**..., p. 37.
[280] Idem, p. 40.
[281] HASSEMER, Winfried. **Direito penal**..., p. 297-298.
[282] WELZEL, Hans. **Derecho penal aleman, parte general**. (Trad. da 11ª ed. alemã por Juan Bustos Ramírez e Sergio Yáñez Pérez). Santiago: Editorial Jurídica de Chile, 1970, p. 13.

simbólica dos ossos dos seres humanos: pela limitação da liberdade e a sanção dos comportamentos." Essa finalidade se "baseia na esperança da ocorrência de um efeito que ninguém sabe se e quando se realiza"[283], embora sempre ao alto custo do apenamento de pessoas.

Vê-se que o sentido da prevenção que o Direito penal buscou (e busca) transmitir com a cominação e a aplicação de penas nunca foi o de uma prevenção real, inclusive porque a ocorrência do crime tem sido vista como condição de sua intervenção. "As normas penais não produzem o efeito fático de que os bens que protegem estejam mais seguros (...)"[284]. Isso não impede, por si só, a esperança de que tal prevenção simbólica possa, isoladamente, surtir efeitos. Ocorre que – observa FEIJOO SÁNCHEZ – "a confiança nas normas é incentivada, exclusivamente, mediante um controle eficaz de suas violações"[285], e essa confiança "será tanto maior quanto mais conscientes sejam os cidadãos da eficácia da detenção e da persecução de crimes."[286] A grande questão, então, é que essa "eficácia" não se comprovou, ao menos no Brasil. Essa prevenção que não previne é, inclusive, objeto de antiga crítica:

> o déficit da tutela real dos bens jurídicos é compensado pela criação, junto ao público, de uma ilusão de segurança e de um sentimento de confiança no ordenamento e nas instituições que tem uma base real cada vez mais fragilizada. De fato, as normas continuam sendo violadas; e a cifra obscura das infrações permanece altíssima, enquanto que as agências de controle penal continuam a medir-se com tarefas instrumentais de realização impossível[287].

---

[283] HASSEMER, Winfried. **Direito penal libertário** (trad. Regina Greve). Belo Horizonte: Del Rey, 2007, p. 98.
[284] FEIJOO SÁNCHEZ, Bernardo. **Retribución y prevención general – un estudio sobre la teoría de la pena y las funciones del Derecho Penal.** Buenos Aires: B de F, 2007, p. 837.
[285] FEIJOO SÁNCHEZ, Bernardo. **Retribución y prevención general...**, p. 838-839. Itálicos nossos.
[286] FEIJOO SÁNCHEZ, Bernardo. **Retribución y prevención general...**, p. 840. Daí a conclusão do autor de que "é preciso desenvolver uma nova teoria político criminal que não esteja tão centrada no melhor modo de proteger bens jurídicos mediante sanções (...)" (idem, p. 848), argumentando que, "em minha opinião, o que se quer prevenir com a pena é a quebra da juridicidade como o código ou elemento básico para o funcionamento da vida social" (idem, p. 852).
[287] BARATTA, Alessandro. *Funções instrumentais e simbólicas do direito penal – lineamentos de uma teoria do bem jurídico.* In **Revista Brasileira de Ciências Criminais**, São Paulo, vol. 5, jan./mar. 1994, p. 12.

Ou seja, não se busca, com o Direito penal, a qualidade de prevenção que se pode buscar com o *compliance*. O que, no primeiro, não passa de uma conjectura otimista (como crer na eficácia, por si só, da teoria de uma coação psicológica da pena); no segundo, torna-se algo objetivamente mensurável com base em critérios constatáveis de idoneidade (ao menos, é claro, no que diz respeito ao ambiente empresarial). É uma prevenção realizável e, por isso, real.

Ademais, quando se fala em prevenção de crimes corporativos, fala-se em possível punição criminal de pessoas jurídicas. Ainda há uma lacuna na literatura a respeito dos fundamentos e das finalidades das penas criminais destinadas a empresas[288]. Mas se sabe que "tais penas [são] muito diferentes das penas das pessoas físicas, sem o significado simbólico de reprovação que lhes caracteriza."[289] Por isso, elas não podem compartilhar, exatamente, as mesmas bases teóricas (que têm sido utilizadas há séculos para a prevenção de crimes praticados exclusivamente por pessoas físicas)[290]. É necessária uma nova noção de prevenção, e, em relação ao *compliance*, ela é esta: a real.

Isso, entretanto, ainda não resolve outro aparente problema. Por limitação da garantia da intervenção mínima, o Direito penal depende da ocorrência de crimes para poder fazer funcionar a sua prevenção (simbólica) pela aplicação de penas. Sendo assim, a intervenção estatal, antes mesmo de ocorrência de um crime (*compliance ex ante facto*), não violaria a intervenção mínima? À primeira vista, a resposta parece positiva. Todavia, é

---

[288] Para análises propositivas a respeito, vide: BUSATO, Paulo César. **Tres tesis sobre la responsabilidad penal de personas jurídicas.** Valencia: Tirant lo Blanch, 2019; GÓMEZ-JARA DÍEZ, Carlos. **Fundamentos modernos de la culpabilidad empresarial: esbozo de un sistema de responsabilidad penal de las personas jurídicas.** Peru: ARA Editores, 2010.

[289] MIR PUIG, Santiago. *Las nuevas 'penas' para personas jurídicas: una clase de 'penas' sin culpabilidad.* In MIR PUIG, Santiago; CORCOY BIDASOLO, Mirentxu; GÓMEZ MARTÍN, Víctor (Dir.); HORTAL IBARRA, Juan Carlos; VALIENTE IVAÑEZ, Vicente (Coord). **Responsabilidad de la empresa y compliance – programas de prevención, detección y reacción penal.** Buenos Aires: B de F, 2014, p. 8.

[290] SCANDELARI, Gustavo Britta. *As sanções criminais aplicáveis às pessoas jurídicas: uma nova teoria das penas?* In: BUSATO, Paulo César; GRECO, Luís. (Org.). **Seminário Brasil-Alemanha: responsabilidade penal de pessoas jurídicas.** Florianópolis: Tirant lo Blanch, 2018, p. 89-113; SCANDELARI, Gustavo Britta; ANDRADE, Guilherme Oliveira de. *A prevenção geral positiva na sanção aplicável à pessoa jurídica: crítica e sugestões*. In BUSATO, Paulo César (Org.); GRECO, Luís; BUSATO, Paulo César (Coord.). **Responsabilidade penal de pessoas jurídicas (anais do III Seminário Brasil-Alemanha).** v. 2. São Paulo: Tirant lo Blanch, 2020, p. 35-64.

possível demonstrar não apenas que inexiste violação, mas que, também, há a confirmação da garantia em questão.

A técnica dos programas de *compliance*, na seara criminal, "orienta-se (...) pela finalidade preventiva, por meio da programação de uma série de condutas (condução de cumprimento) que estimulam a diminuição dos riscos da atividade."[291] Tal atividade é, especialmente, a das empresas e de seus diretores e funcionários.

Para enfrentar esse tema, deve-se considerar que há uma estreita relação entre o modelo de Estado e o Direito penal que ele emprega[292]. Isto é, a legitimação do controle social a ser realizado pelo Estado depende da correspondência desse controle com as aspirações sociais[293]. Assim como "afirmar que a função do Direito penal seja vista como uma *efetiva* proteção de bens jurídicos nada diz acerca da *forma* como este objetivo deverá ser alcançado"[294], aquilo que se atribui ao Direito penal como sua missão deve poder ser alcançado mediante o menor custo social possível. Isso porque, além de simbólica, a prevenção almejada pelo Direito penal produz malefícios:

> o sistema penal promove violência; estigmatização; marginalização; e sofrimento. Aliás, quanto a esse último efeito, vale lembrar que essa é a ideia central da punição: pena significa sofrimento. O sistema penal promove desigualdade e discriminação, tendo como alvo grupos já em desvantagem social. (...) Com efeito, situações, fatos ou comportamentos negativos, indesejáveis ou danosos não desaparecem com a imposição de penas. A punição apenas adiciona novos danos e dores aos danos e dores causados pelas condutas criminalizadas[295].

Essa evidente contradição entre a finalidade almejada (prevenção de crimes) e o que a pena entrega (custo social alto; prevenção insatisfatória)

---

[291] SILVEIRA, Renato de Mello Jorge; SAAD-DINIZ, Eduardo. **Compliance...**, p. 255.
[292] D'AVILA, Fabio Roberto. **Ofensividade em Direito Penal – escritos sobre a teoria como ofensa a bens jurídicos.** Livraria do Advogado: Porto Alegre, 2009, p. 67.
[293] BUSATO, Paulo César. **Direito Penal...**, p. 22.
[294] AMBOS, Kai. **Direito Penal – fins da pena, concurso de pessoas, antijuridicidade e outros aspectos** (Trad. Pablo Rodrigo Alflen da Silva). Porto Alegre: Sergio Antonio Fabris Editor, 2006, p. 30. Itálicos nossos.
[295] KARAM, Maria Lucia. *Os paradoxais desejos punitivos de ativistas e movimentos feministas.* In **Justificando**, São Paulo, 13 de março de 2015. Disponível em http://justificando.com/2015/03/13/os-paradoxais-desejos-punitivos-de-ativistas-e-movimentos-feministas/. Acesso em 25 de julho de 2019.

pode conduzir a um questionamento: se o Estado detém legitimidade para atacar a esfera de direitos do particular de modo bastante grave – cerceando-lhe a liberdade – por qual razão não poderia instituir mecanismos muito menos invasivos que visariam, justamente, reduzir a necessidade futura da privação da liberdade? Nesse cenário, se pode inserir o *compliance* criminal como reforço da característica preventiva do Direito penal[296].

A tentativa de compatibilização da intervenção penal com a hipótese em que não se realizou, ainda, a conduta criminosa, não é nova. Decorre da regulação de condutas que produzam risco ao ambiente ou à saúde pública o desenvolvimento do chamado *princípio de precaução*. Gabriel WEDY explica:

> o princípio da precaução teve o seu nascedouro no final da década de 60 na Suécia, com a Lei de Proteção Ambiental, e na República Federal Alemã, no início dos anos 70 (Século XX), já denominado *Vorsorgeprinzip*. A sua evolução legislativa culminou com a sua definição mais aceita atualmente, que é a exposta pelo princípio 15, constante na Conferência sobre o Meio Ambiente e o Desenvolvimento, realizada no Rio de Janeiro, a chamada Rio/92[297].

De acordo com KÄSSMAYER e BUSATO,

> (...) o princípio de precaução igualmente se atém ao futuro e à equidade intergeracional, compreendida esta como um fluxo constante da humanidade. (...). O princípio da precaução, portanto, circunscreve-se em um novo referencial no qual a sociedade está exposta a riscos diários, urgindo para seu controle uma regulação jurídica e um repensar dos limites de atuação estatal[298].

Efetivamente, a ideia básica é um esforço de garantia do direito das gerações futuras, o que "pode ser muito mais difícil do que assegurar o

---

[296] SILVEIRA, Renato de Mello Jorge. *Direito penal da Era Compliance, a realidade penal econômico-empresarial brasileira e a variação de seus momentos*. In SOUZA, Luciano Anderson de (Coord.). **Compliance no Direito Penal**. São Paulo: Thomson Reuters Brasil, 2020, p. 28.

[297] WEDY, Gabriel. **O princípio constitucional da precaução como instrumento de tutela do meio ambiente e da saúde pública**. Belo Horizonte: Fórum, 2009, p. 183.

[298] KÄSSMEYER, Karin; BUSATO, Paulo César. *Intervenção mínima x precaução: conflito entre princípios no Direito Penal ambiental?* In: **Direito e Risco – o direito do ambiente na sociedade de risco** (Org.: Karin Kässmayer e Paulo César Busato). Curitiba: UNIFAE, 2008, p. 143-144.

respeito pelos direitos humanos atuais."[299] Isto é: "o princípio de precaução advém do progresso tecnológico e das incertezas científicas quanto aos riscos e danos dele advindos (...)."[300] Trata-se de admitir (ou não) a atuação do Estado como fiscalizador e controlador de condutas humanas e de empresas em momentos nos quais, ainda, não há, propriamente, um dano a bens jurídicos tutelados pelo ordenamento jurídico. "A criminalidade empresarial, a globalização, a utilização de redes logísticas complexas e eficientes são fenômenos da sociedade atual que precisam de resposta penal."[301] Conforme BOTTINI,

> a incapacidade da ciência em oferecer respostas diante dos novos contextos tecnológicos não exime o gestor de riscos de empreender sua tarefa. A não comprovação do risco não implica sua inexistência. (...) O conjunto de decisões de gestão que optem pela restrição de atividades sobre cujo risco não existe conhecimento científico está diretamente ligado ao chamado princípio de precaução.[302]

Ou, dito de outra forma: "o Estado não se torna inimigo do desenvolvimento e da indústria se aplicar o princípio da precaução de forma proporcional e sem excessos"[303]. Na adaptação da ideia de *precaução* ao Direito penal, o que persiste é a missão social de enfrentar novos riscos. Se ela for assumida com prudência, crises de legitimidade podem ser evitadas.[304] Nesse contexto, o princípio de intervenção mínima não precisa ser refratário a políticas criminais de redução de riscos. A compreensão adequada dessa garantia "exige definir a periculosidade como elemento nuclear da ação penalmente relevante." Deve-se, então, atentar à existência de um "risco de dano ao bem protegido, mesmo que sob uma perspectiva *ex ante* ou abstrata, de modo que a ausência deste risco afastará a lesividade".[305]

---

[299] KISS, Alexandre. *Os direitos e interesses das gerações futuras e o princípio da precaução.* In: VARELLA, Marcelo Dias; PLATIAU, Ana Flávia Barros (Org.). **Princípio da precaução.** Belo Horizonte: Del Rey, 2004, p. 10.
[300] KÄSSMEYER, Karin; BUSATO, Paulo César. *Intervenção mínima...*, p. 142.
[301] BOTTINI, Pierpaolo Cruz. **Crimes de perigo abstrato e princípio da precaução da sociedade de risco.** São Paulo: Revista dos Tribunais, 2007, p. 105.
[302] BOTTINI, Pierpaolo Cruz. **Crimes de perigo abstrato...**, p. 61.
[303] WEDY, Gabriel. **O princípio constitucional...**, p. 106-107.
[304] BOTTINI, Pierpaolo Cruz. **Crimes de perigo abstrato...**, p. 106.
[305] Idem, p. 205-206.

BOTTINI concluiu, contrariamente, ao acolhimento do princípio de precaução pelo Direito Penal[306]. A dificuldade de compatibilização da intervenção mínima com a ideia de precaução também foi identificada por KÄSSMAYER e BUSATO. Assim:

> vistos separadamente os princípios, apresenta-se uma contradição fundamental: como é possível obedecer às diretrizes de pensamento de precaução de ocorrência de riscos ambientais, compatível com o compromisso de preservação dos meios de vida das futuras gerações e de um direito penal que cuida de atribuir responsabilidades de modo absolutamente limitado por força de sua condição de *ultima ratio*, no âmbito dos mecanismos de controle social do Estado?[307].

Mas se podem explicar tais oposições pela circunstância de que os autores citados discorriam, especificamente, a respeito de técnicas de tipificação de condutas, ou seja, abordavam a intervenção penal unicamente como um mecanismo de atuação *ex post facto*, o que decorre da natureza da ideia de prevenção do Direito penal acima vista. O foco de atenção, assim, foi somente o momento de criminalização primária. Daí a conclusão de que, "para editar legislação penal de proteção ambiental, é necessário que o tipo incriminador descreva um perigo concreto ao futuro desenvolvimento da vida ou da saúde humana."[308] Mas não se trata, em *compliance*, de tipificar condutas. E não se debatia o *compliance* em tais textos.

É inegável que "nosso sistema criminal está fechado em uma racionalidade penal de mais de dois séculos, baseada na necessidade do binômio crime-pena, que não nos permite buscar novas soluções, mais restauradoras, garantistas e menos voltadas para a função retributiva, baseada na ideia de castigo e da pena como aflição de um mal". Essa racionalidade é, e sempre foi, "centrada na ideia da pena, e pior, na ideologia do endurecimento penal como resposta para todos os problemas relacionados ao crime."[309]

Mas é "necessário reconhecer que o Direito penal, tal como todos os demais ramos do direito, é uma criação do homem, por ele e para ele, ou

---

[306] Idem, p. 295-298.
[307] KÄSSMEYER, Karin; BUSATO, Paulo César. *Intervenção mínima...*, p. 144.
[308] Idem, 2008, p. 148.
[309] FERREIRA, Luisa Moraes Abreu. *A função da pena mínima: uma proposta de fomento do debate para reconstrução do sistema criminal*. In **Revista Ultima Ratio**, a. 3, n. 3, Rio de Janeiro: Lumen Juris, 2009, p. 317. Itálicos nossos.

seja, é voltado à regulamentação da vida humana em sociedade. Ocorre que a sociedade encontra-se em permanente mutação, seus valores históricos, culturais e morais variam em relação direta com a evolução do próprio pensamento humano."[310] Atualmente, para tentar reduzir a criminalidade sofisticada em ambiente empresarial[311], a sociedade carece de medidas preventivas mais efetivas. Então, a ideia de *compliance*, aplicado ao crime, não tem relação, necessariamente, apenas com a tipificação ou a punição de condutas.

O *compliance* pode tanto transmitir o sentido de intervenção *ex ante* (quando, p.ex., a existência de um programa idôneo de prevenção regula condutas de fiscalização e de supervisão para controlar riscos) quanto o de uma intervenção *ex post* (provocando, p.ex., a exclusão da responsabilidade ou modificando a pena[312]). Discute-se, nesse momento, somente a primeira possibilidade, quando, ainda, não há, de fato, uma intervenção incriminadora e a expectativa é a de que não haja. Restrições principiológicas absolutas são desnecessárias quando não se está tratando de incriminações ou aplicação de sanções, isto é, da intervenção penal mais conhecida. Sendo assim, seria possível trabalhar com a ideia de algo semelhante à "precaução" penal. Mas se prefere, neste livro, falar em *prevenção real* de crimes, que consiste em uma expressão mais consentânea com a essência dos programas corporativos de prevenção de ilícitos.

A ideia, em resumo, é a de que, para se evitar a ocorrência de "comportamentos arriscados para bens jurídicos tutelados", penalmente, não é preciso negar o aparato político segundo o qual o Direito penal é (e deve continuar sendo) a *ultima ratio*.[313] Na realidade, se a prevenção for real, o Direito penal (com a intervenção incriminadora ou punitiva) sequer pre-

---

[310] KÄSSMEYER, Karin; BUSATO, Paulo César. *Intervenção mínima...*, p. 145. Ou, como já o disse DOTTI: "desde o direito à vida até o direito à sepultura, começo e fim da aventura da existência, movimenta-se um amplo repertório de bens e interesses que tem no ser individual os pontos de partida e de chegada. (...) Na categoria dos direitos humanos, o Direito Penal é o mais relevante (...). Por isso, o trabalho de elaboração positiva de sua ciência deve convergir para os objetivos de prevenção e repressão dos comportamentos antagônicos à *condição humana* sempre que eles se apresentem" (DOTTI, René Ariel. **Bases e alternativas para o sistema de penas**. 2. ed. São Paulo: Revista dos Tribunais, p. 151. Itálicos originais).

[311] O ambiente empresarial é gerador dos maiores riscos atualmente, como se viu na pesquisa da Parte I, Capítulo 1.

[312] Vide as leis citadas na Parte I, Capítulo 2, item 4.

[313] BOTTINI, Pierpaolo Cruz. **Crimes de perigo abstrato...**, p. 207.

cisará ser acionado. Ou seja, o *compliance* criminal idôneo reforça o princípio de intervenção mínima porque produz efeitos antes de se cogitar da intervenção penal: impede, mesmo, a intervenção em si – tornando-a realmente mínima[314] – porque contribui decisivamente para evitar a ocorrência do crime. Ao fazê-lo, também diminui o custo social que o Direito penal impõe à coletividade quando se faz sentir, por meio de suas graves sanções e nefastas, consequências delas advindas.

3. *Compliance*: noção e natureza jurídica

É da noção corrente que os programas corporativos de *compliance* derivam seu sentido do verbo inglês *"to comply"*. Na realidade, não há, em português, uma tradução literal ideal para esse verbo ou para *"compliance"*. Mas é possível compreender *"to comply"* como "cumprir". No sentido de "cumprir a lei" (*"to comply with the law"*), pode significar o atendimento de tudo o quanto seja juridicamente devido[315].

Compliance é um substantivo que significa *"agreement to do what is ordered"*, ou "aceitar fazer o que é ordenado". Aquele que é *"compliant"* (algo como "em concordância") está em conformidade com a ordem; quem é *"not compliant with"* (algo como "não conforme com") diverge dela. *"To comply"*, portanto, é um possível sinônimo de *"to obey"*[316] (obedecer). O uso mais comum da palavra *compliance*, como se vê, não se refere aos programas corporativos de prevenção, mas à situação de conformidade ou desconformidade de uma pessoa física ou jurídica com dada exigência normativa.

Para designar os programas de cumprimento normativo, de integridade, de prevenção de ilícitos etc. – que são utilizados nas corporações – a literatura especializada menciona a expressão *"compliance process"*. Nesse sentido, "(...) *compliance* se refere às medidas que entidades estabelecem

---

[314] Não se está com isso afirmando que o *compliance* possa vir a substituir o Direito penal ou eliminá-lo de qualquer forma. Isso, além de impossível (sempre haverá crimes a se punir), é indesejável: "(...) o desejo de suprimir o Direito penal não é uma opção agradável para aos seres humanos e muito menos para os direitos humanos das pessoas" (HASSEMER, Winfried. *Contra el abolicionismo: acerca del porqué no se debería suprimir el derecho penal*. In **Revista Penal**, n. 11, Huelva, Universidad de Huelva, 2003, p. 40. Disponível em http://rabida.uhu.es/dspace/handle/10272/12585. Acesso em 8 de agosto de 2019).

[315] PRITTWITZ, Cornelius. *La posición jurídica (en especial, posición de garante) de los* compliance officers. In KUHLEN, Lothar; MONTIEL, Juan Pablo; ORTIZ DE URBINA GIMENO, Íñigo (Eds.). **Compliance y teoría del Derecho Penal**. Madrid: Marcial Pons, 2013, p. 208.

[316] COLLIN, P. H. **Dictionary of law**. 2. ed. Middlesex: Peter Collin, 1993, p. 48-49.

para garantir que certos deveres serão cumpridos com o objetivo de cumprir requerimentos específicos. (...) Os elementos desse processo podem ser educar, monitorar, elogiar, sancionar ou oferecer incentivos"[317]. Este é o uso que a presente pesquisa aplica com maior frequência.

Tão complexo quanto tentar definir o sentido da palavra *compliance* em abstrato é decidir quando há *compliance* nos casos concretos. Ao tentar discernir a natureza do *compliance*, DIMENTO propôs-se a responder à pergunta *"what does it mean to comply?"* ("o que significa cumprir?").

> Essa pergunta aparentemente simples pode ser respondida de diversas maneiras. Grupos de interesse promovem intepretações distintas por conta das relevantes implicações financeiras, ambientais e filosóficas que residem em decidir o que significa cumprir [*to comply*]. Eles podem fazer isso porque o sistema legal desenvolve um contexto tolerante. Legisladores frequentemente não especificam o significado de palavras e frases. Pessoas com perfis técnicos e disciplinares diferentes (...), então, leem e interpretam as leis e os regulamentos. Esses grupos utilizam diferentes significados para calibrar o conteúdo de cumprir [*compliance*]. (...) Deve a definição de cumprimento [*compliance*] ser exclusivamente legal? (...) Há uma dimensão ética de cumprimento [*compliance*] que precisa ser enfrentada?[318].

Pode-se haver dúvida sobre o significado do vocabulário empregado por determinada exigência normativa. Por consequência, poderá ser difícil identificar quando a corporação está *compliant* (de acordo) com ela. Na realidade, então, *compliance*, também, pode representar uma espécie de norma em branco, a ter seu sentido complementado, nos casos reais,

---

[317] "(...) *compliance refers to the measures that entities put in place to make sure they undertake certain duties in order do comply with specific requirements.* (...) *Elements in such a process might be educating, monitoring, praising, applying penalties, or offering incentinves*" (BRAITHWAITE, Valerie. *Resistant and dismissive defiance towards tax authorities*. In CRAWFORD, Adam; HUCKLESBY, Anthea. **Legitimacy and compliance in criminal justice**. Oxfordshire: Routledge, 2013, p. 92).

[318] "*This deceptively simple question is answered in several ways. Interest groups promote different interpretations because of the significant financial, environmental, and philosophical implications of deciding what it means to comply. They can do so because the legal system develops a tolerant context. Lawmakers often do no specify the meaning of words and phrases. People with very different technical and disciplinary backgrounds* (...) *then read and interpret laws and regulations. These groups employ different means to calibrate compliance.* (...) *Should the definition of compliance be exclusively legal?* (...) *Is there an ethical dimension of compliance that must be addressed?*" (DIMENTO, John F. **Environmental law and American business: dilemmas of compliance**. New York: Plenum Press, 1986, p. 25;28).

por outras normas aplicáveis, pelas condutas realizadas ou omitidas e por interpretação dialética das autoridades e partes envolvidas. Afinal, trata-se de decidir quando a lei ou a norma foi cumprida. Por isso, não convém que haja um conceito legal de *compliance*, tanto quanto não o há de uma série de outros institutos similares "lícito", "ilícito", "jurídico", "antijurídico", "constitucional", "ilegal" etc. Obviamente, há uma dimensão ética – como em quase tudo quando se trata de cumprir a lei – em *compliance*, cujo enfrentamento é interessante; mas tal empreitada não é objeto da presente pesquisa.

Os programas de prevenção em corporações (*compliance programs*) não se resumem a códigos de ética e de fiscalizações periódicas: exigem, também, a adoção de "medidas positivas de formação, que podem não apenas neutralizar fatores culturais ou dinâmicas de grupo favorecedoras de fatos ilícitos, além de incentivar culturas de grupo de fidelidade ao Direito"[319]. De modo geral, trata-se de uma decisão firme pela condução dos negócios mediante a fidelidade pública ao Direito, pelo uso de uma estrutura de governança própria para garanti-la[320]. O fato de que determinada empresa utiliza de um programa de prevenção de ilícitos aparentemente bem estruturado poderá ser visto como um indício de que ela emprega, no mínimo, boas práticas de governança corporativa[321].

Como se procurou demonstrar no item 2, logo acima, mecanismos de *compliance*, quando bem utilizados, podem reafirmar a intervenção mínima na área penal. Mas, ainda assim, a sua natureza jurídica pode ser questionada: seria o *compliance* um instituto de direito civil, econômico, regulatório, administrativo, penal, outra área ou nenhuma delas? Não é uma diferenciação fácil, especialmente porque se trata de atividade preventiva, consoante indicado nos itens 1 e 2, supra. Não se pode classificar como ilícito civil ou criminal um fato que nunca ocorreu. Sequer atos preventivos e investigativos se distinguem com facilidade. Para SOUSA MENDES, "são

---

[319] SILVA SÁNCHEZ, Jesús-María. *Deberes de vigilancia y compliance...*, p. 100. No mesmo sentido: GARCÍA CAVERO, Percy. **Criminal...**, p. 113-114.
[320] BOCK, Dennis. Compliance *y deberes de vigilância en la empresa*. In: KUHLEN, Lothar; MONTIEL, Juan Pablo; ORTIZ DE URBINA GIMENO, Íñigo (Eds.). **Compliance y teoría del Derecho Penal**. Madrid: Marcial Pons, 2013, p. 114-115.
[321] GARCÍA CAVERO, Percy. **Criminal...**, p. 73; BENEDETTI, Carla Rahal. *Criminal compliance...*, p. 83. Sobre a chamada "prática do governo democrático da empresa", vide a abrangente abordagem de: WALD, Arnoldo. *O governo das empresas*. In **Revista de Direito Bancário e do Mercado de Capitais**, São Paulo, v. 15, jan./2002, p. 53.

cada vez mais difíceis de traçar as fronteiras da prevenção criminal com a própria investigação criminal, como acontece diante do aparecimento na práxis de distintas modalidades de procedimentos administrativos, investigações preliminares, pré-inquéritos, investigações proativas ou o que se lhes queira chamar."[322]

Se o ilícito vier a ocorrer, o programa de prevenção pode vir a repercutir na(s) seara(s) jurídica(s) própria(s) daquela(s) em que tal fato se encaixe. Se for um crime, o programa pode constituir elemento de convicção pela condenação ou absolvição; pode ser utilizado como atenuante ou para exasperar a pena. Se for um ilícito civil, normativa interna pode auxiliar o julgador a concluir pela má-fé ou para mensurar o dano a ser indenizado. Se for um ilícito trabalhista, eventual sanção ao empregado ou ao seu superior pode estar prevista como regra de *compliance*, e assim por diante. Isso não significa que tais hipotéticos programas sempre tiveram ou terão naturezas jurídicas criminal, civil ou trabalhista, respectivamente. Mas somente que, em tais casos, essas foram as suas repercussões.

Em relação a esse questionamento sobre sua exata natureza, outras inseguranças mais ligadas à área criminal podem surgir: "seria [o *compliance* em Direito penal] apenas mais um (...) instrumento de controle penal? Um modelo de autorregulação regulada? Ou outro dos critérios preventivos de política criminal?"[323] A questão sobre se é instrumento de controle penal é a mesma questão sobre sua natureza jurídica. Como se viu, pode ser que o seja, a depender do tipo de ilícito que se pretenda evitar; um modelo de autorregulação regulada? Nada impede que o seja, conforme se vê adiante, no Capítulo 2, item 3. Um critério preventivo de política criminal? Não há motivo para crer que não o seja, consoante se afirmou no item 2, acima. Mas se propõe, uma dúvida que parece preliminar: saber se a natureza jurídica do *compliance* é eminentemente de política legislativa ou de controle de ilícitos cíveis, administrativos, criminais ou outros é de importância fundamental? Parece que não.

Como os programas de prevenção podem, em tese, contribuir para prevenir ilícitos de todas essas naturezas (e outras), eles parecem ter natu-

---

[322] SOUSA MENDES, Paulo de. *A problemática da punição do autobranqueamento e as finalidades de prevenção e repressão do branqueamento de capitais no contexto da harmonização europeia*. In **Católica Law Review**, Católica Research Centre for the Future of Law, v. I, n. 3, nov./17, Lisboa: Universidade Católica Editora, p. 138.

[323] CARDOSO, Débora Motta. **Criminal *compliance*...**, p. 183.

reza jurídica. Mas essa natureza é cambiante (Direito penal, econômico, regulatório, administrativo, cível, isto é, variável conforme a espécie de fato que se propõem a evitar), múltipla (conforme se proponham a prevenir simultaneamente fatos de diversas espécies) e/ou ainda indefinida[324]. O que mais importa é que a finalidade precípua deles é a de controle preventivo de riscos e de danos a bem da coletividade. Sendo assim, podem, em tese, impedir ilícitos sistematicamente localizáveis em qualquer esfera do direito. Mas não apenas isso: também podem contribuir para prevenir ilícitos de ordens não exclusivamente jurídicas – como a ética ou a disciplinar – conforme eles não correspondam a proibições legais, mas a vedações costumeiras ou previstas somente nos códigos internos e disciplinares das corporações.

Todavia, eventual especificação de sua natureza jurídica poderia revelar o mérito de organização didática para uma melhor compreensão da matéria. Por isso, passa-se a elaborar sobre possíveis classificações de sua(s) natureza(s) jurídica(s) e algumas implicações delas resultantes.

Como já se antecipou, se os programas de *compliance* estiverem previstos em lei ou se autodeclararem como mecanismos de prevenção específica de crimes, não haverá problema em classificá-los como de natureza penal[325]. Especialmente, quando vierem a assumir em casos concretos a feição, por exemplo de elemento de convicção para provar (ou afastar) o dolo, para motivar causa de isenção ou de modificação de pena. Quando a norma interna estiver voltada unicamente à regulação de condutas pré-típicas, nada impede classificar sua natureza como *pré-penal*[326]. Isso porque tais condutas reguladas não chegam a se enquadrar, ainda, em tipos penais, mas a norma está voltada a impedir sua ocorrência. A expressão

---

[324] "Estamos a assistir porventura à emergência de um novo ramo de Direito, que congrega aspectos de direito administrativo e de direito sancionatório público, inclusive penal" (SOUSA MENDES, Paulo de. Law enforcement & compliance. In PALMA, Maria Fernanda; DIAS, Augusto Silva; SOUSA MENDES, Paulo de [Coord. Cient.]. **Estudos sobre *law enforcement*, *compliance* e Direito Penal.** Coimbra: Almedina, 2018, p. 18).

[325] "Todo programa de *Criminal Compliance* é obrigatoriamente um programa de *compliance* extrapenal. Mas nem todo programa de *compliance* extrapenal é obrigatoriamente um programa de *Criminal Compliance*" (HABIB, Gabriel. O criminal compliance e sua abrangência. In OLIVEIRA, Rafael Carvalho Rezende; ACOCELLA, Jéssica [Coord.]. **Governança corporativa e compliance.** Salvador: Juspodivm, 2019, p. 232-233).

[326] Exclusiva referência, nesse ponto, ao *compliance* como forma de intervenção *ex ante facto* (antes da ocorrência do fato penalmente relevante) e não *ex post facto*.

pré-penal parece adequada porque, ao lado de não haver conduta típica, não se trata de intervenção propriamente estatal, que, no âmbito penal, seria incriminadora ou punitiva. Embora o *compliance* como interferência *ex ante* não seja equivalente a normas de aplicação de penas privativas de liberdade (ao contrário, visa evitá-las), sua essência está intimamente ligada a elas, porque pretende, justamente, anular a formação de condutas que poderiam ser correspondentes a tipos penais (realizando-se, assim, a já citada prevenção real).

Não se cuida necessariamente de um delito concreto, mas apenas de uma conduta que, por ser apta a violar determinada expectativa normativa penal, relaciona-se, de modo socialmente relevante, com prováveis ataques intoleráveis a bens jurídico-penais essenciais ao desenvolvimento humano em coletividade. Em que pese opinião possível de que, nessas situações, a regulamentação seria "não penal"[327], afigura-se mais adequada a expressão pré-penal, já que, conquanto não seja, ainda, uma área punitivo-criminal do Estado, trata-se de sua antessala. É um mecanismo dotado de estrutura normativa regulatória que atende a fins preventivos[328] de natureza político-criminal, o que é, "sem dúvida, um lado positivo da absorção do *compliance* ao ambiente penal".[329] Portanto, não se pode dizer que o *compliance* que visa prevenir crimes é "não penal" porque seu objetivo consiste, exatamente, em evitar as mesmas condutas que o Direito penal quer evitar ao cominar e aplicar penas; mas a norma de *compliance* não tipifica condutas ou comina sanções penais. Naquilo que importa haver uma classificação de sua natureza jurídica quando se trata de prevenção real (isto é, *ex ante*) de crimes, justifica-se, assim, a nomenclatura pré-penal.

---

[327] "Na ausência de uma ofensa ao objeto jurídico de proteção da norma, não nos resta alternativa senão reconhecer que tais fatos não possuem substrato material suficiente para originar uma reprovação jurídico-criminal, o que, porém, não significa afirmar a sua irrelevância em termos de desvalor ético-social ou impossibilidade de censura, mas apenas que este juízo e as suas consequências devem advir de uma espaço de regulamentação não penal, nomeadamente, do direito administrativo sancionador" (D'AVILA, Fabio Roberto. **Ofensividade em Direito Penal...**, p. 102).

[328] PAGOTTO, Leopoldo; NAKAHARA, Eric Felipe Sabadini. *O programa de* compliance *como mecanismo de prevenção de responsabilidade penal no ambiente corporativo*. In SOUZA, Luciano Anderson de (Coord.). **Compliance no Direito Penal.** São Paulo: Thomson Reuters Brasil, 2020, p. 231-233.

[329] SILVEIRA, Renato de Mello Jorge; SAAD-DINIZ, Eduardo. ***Compliance*...**, p. 262.

Também não se trata de direito de mera ordenação social, o qual não precisa ter nenhuma proximidade ou consideração de pertinência com a figura do crime. Ora, se quando não há "ao menos uma possibilidade, não insignificante, de dano ao objeto jurídico da norma, sem ao menos uma ofensa de cuidado-de-perigo, não podemos reconhecer a ocorrência de legítimo"[330] controle penal, então, é certo que, quando há tal possibilidade, a intervenção será devida (ainda que pré-penal).

Além disso, o argumento de que o *compliance*, mesmo que voltado à prevenção de crimes, seria melhor enquadrado como direito administrativo sancionador, não resolve o fato de que as consequências de tal área do ordenamento jurídico podem, hoje, ser tão graves quanto as criminais. Isso porque

> (...) o mito de que as sanções administrativas são menos graves do que as sanções penais propiciou a transformação do direito administrativo sancionador em uma espécie de território livre da administração, infenso às garantias fundamentais. (...) Exemplo disso é a Lei 12.846/2013, cujo art. 6º, §4º, prevê multa de até R$ 60.000,00 (sessenta milhões de reais). Tem-se, assim, penas tão ou mais graves que as aplicadas no processo criminal (...)[331].

Finalmente, *compliance* não parece representar um aumento indevido da área de incidência do Direito penal. Está mais próximo de ser indicativo da migração dessa incidência, que deposita maior ênfase em uma intervenção preventiva em relação aos crimes em ambiente empresarial. Como explica BUSATO, "é necessário combater o processo de expansão do Direito penal, porém, é igualmente necessário admitir a migração de seus mecanismos de intervenção de acordo com as exigências socioculturais"[332]. E continua:

> parece, isto sim, que mais que um movimento de expansão, o Direito penal vive um fenômeno de «migração», posto que ao mesmo tempo que surgem novas áreas de interesse penal como o meio ambiente, a economia popular, se debate a possibilidade de diminuir a intervenção em outros campos (...). Assim sendo, vista a migração dos interesses jurídico penais como caracte-

---

[330] D'AVILA, Fabio Roberto. **Ofensividade...**, p. 100-101.
[331] ZARDO, Francisco. **Infrações e sanções em licitações e contratos administrativos – com as alterações da Lei Anticorrupção (Lei 12.846/2013).** São Paulo: Revista dos Tribunais, 2014, p. 212.
[332] BUSATO, Paulo César. **Direito Penal...**, p. 731.

rística permanente, própria da evolução social, não é possível amparar-se nela para justificar que o Direito penal não deva seguir atuando nos campos cujas agressões sejam consideradas as mais importantes desde um ponto de vista da proteção dos bens jurídicos essenciais ao desenvolvimento do cidadão na sociedade[333].

Então, o *compliance* criminal *ex ante* pode ser Direito penal (em um nível pré-penal) – e de caráter de controle criminal de forma realmente preventiva – na medida em que seu conteúdo seja pensado para evitar crimes, tornando desnecessária intervenção estatal punitiva[334]. Mas isso, por simples organização didática, quanto ao objeto de sua atuação preventiva, pois, como se disse, tal classificação não parecer ter outra utilidade nesse ponto: o que importa mais é sua idoneidade para entregar uma prevenção real de ilícitos (crimes incluídos), como uma nova alternativa político-criminal para o uso de uma intervenção penal, que pode não precisar ser, primariamente, de natureza punitiva.

---

[333] BUSATO, Paulo César. *O papel do Ministério Público no futuro do Direito Penal brasileiro*. In **Revista de Estudos Criminais**, Instituto Transdisciplinar de Estudos Criminais, Porto Alegre, v. 5, n. 5, p. 105-124, 2002. In http://egov.ufsc.br/portal/sites/default/files/anexos/32755-40424-1-PB.pdf, acesso em 30 de julho de 2019.

[334] Deixa de ser pré-penal quando o *compliance* repercute *post facto*, como na dosimetria da pena. Mas segue apresentando natureza jurídica de controle social de crimes, isto é, de Direito penal.

CAPÍTULO 2
O (DES)CONTROLE DA ATIVIDADE EMPRESARIAL NO BRASIL

Este Capítulo é destinado a indicar uma falha jurídica do aparato fiscalizatório brasileiro que compromete a prevenção corporativa de ilícitos e que pode ser corrigida mediante o uso de conhecimentos de *law enforcement*, especialmente o chamado *one-stop-shop enforcement*, tratado mais adiante, no Capítulo 3, item 3, subitem 3.6. Convém explorar essa falha antes de se prosseguir a tais conhecimentos e às demais propostas que, com base neles, são feitas no citado Capítulo 3. Em resumo, visa demonstrar que a grande quantidade de normas reguladoras da atividade empresária no Brasil dificulta a compreensão de quais são as obrigações a adimplir, e a prejudica, consequentemente, em relação à fiscalização e ao cumprimento normativo.

Sabe-se que, no Brasil, a atividade empresarial no Brasil está sujeita a controle e fiscalização. Entretanto, há dificuldade para compreender, ao certo, quais são os órgãos e entidades que podem exercê-los, como e quando o farão. Isso porque não há nenhuma orientação detalhada do poder público à sociedade a respeito de quais providências o interessado em se aventurar como empresário deve adotar para o completo e contínuo atendimento das normas porventura aplicáveis. Há controle e fiscalização, mas, ao mesmo tempo, parece não haver[335].

---

[335] Esse (des)controle, muito provavelmente, não é característica apenas da atividade empresarial no Brasil. Nesse ponto, contudo, considerando-se as minúcias burocráticas próprias de cada país (que não são objeto de preocupação específica aqui), a pesquisa se limita a colher dados da realidade brasileira.

As diligências necessárias para a abertura de empresas em geral não são o problema principal: no sítio eletrônico da Receita Federal, constam informações sobre como requerer a inscrição no CNPJ (Cadastro Nacional de Pessoas Jurídicas)[336]. Normalmente, os interessados contratam os serviços de contadores e/ou advogados. A par de todos os procedimentos prévios ligados à obtenção do CNPJ, o governo federal, ainda, disponibiliza na *Internet*, desde o início de 2015, o REDESIM (Rede Nacional para a Simplificação do Registro e da Legalização de Empresas e Negócios[337]), que veicula um "passo a passo" para a abertura de empresas[338]. São 3 passos: 1º) consulta prévia sobre se é possível empreender no endereço desejado e com o nome escolhido; 2º) inscrição no CNPJ; 3º) obtenção das licenças da vigilância sanitária, do corpo de bombeiros e do meio ambiente, quando exigíveis, cada qual com seus requisitos próprios[339]. Ocorre que, mesmo sendo a reunião dessas informações uma iniciativa elogiável, ela, ainda, está muito aquém daquilo que seria o mais prudente quanto à preocupação (como a que se veicula neste livro), ou seja, a redução, de fato, dos riscos de ilícitos produzidos pela atividade empresarial.

Há, a rigor, grande quantidade de riscos que poderiam ser tratados não apenas quando a empresa já está há anos funcionando (frequentemente com vícios arraigados), mas, também, antes mesmo de iniciar suas ativida-

---

[336] Ministério da Economia, Receita Federal, Informações Gerais sobre o CNPJ. Disponível em http://receita.economia.gov.br/orientacao/tributaria/cadastros/cadastro-nacional-de-pessoas-juridicas-cnpj/informacoes-gerais-sobre-o-cnpj. Acesso em 2 de agosto de 2019.

[337] Somente no seu perfil do *Facebook*, foi possível localizar a informação do nome por extenso da ferramenta. Em uma postagem de 23 de janeiro de 2015, consta a seguinte descrição: "é um Sistema Informatizado que integra os órgãos públicos envolvidos no Registro de Empresas tais como Junta Comercial, Receita Federal, Secretaria de Fazenda Estadual, além de Prefeituras Municipais, dentre outros, visando a desburocratização e automação dos processos de abertura, alteração e baixa de empresas" (disponível no perfil de REDE SIM Rede Nacional para a Simplificação, mantido no *Facebook*. Acesso em 2 de agosto de 2019). Em 2 de agosto de 2019, o perfil não tinha nenhuma movimentação desde 2 de dezembro de 2017 e havia obtido 34 curtidas. Já o estado do Rio de Janeiro também possui seu próprio perfil com o mesmo objetivo na rede social (Redesimplesrj), o qual é bastante movimentado, embora focado na atividade empresária naquele estado.

[338] Governo do Brasil, REDESim. Disponível em http://www.redesim.gov.br/passo-a-passo. Acesso em 2 de agosto de 2019.

[339] Esses passos estão bastante resumidos, pois ainda há os custos com taxas, a contratação de advogados, a demora natural dos procedimentos de registros (Junta Comercial, inscrição estadual, marca), alvarás etc.

des ou em conjunto com os procedimentos de constituição da empresa e de obtenção das licenças básicas. Uma das propostas é a de que o empreendedor possa ser titular de um direito, expressamente reconhecido em lei, de procurar a assistência do Estado para que ambos, em conjunto, enderecem essa questão[340]. Os representantes de todos os órgãos públicos competentes para controlar e fiscalizar, especialmente, o nicho econômico a ser explorado por aquela empresa transmitiriam, formalmente, suas exigências e/ou suas orientações, seja previamente ao início da empreitada, seja para que ela possa continuar a se desenvolver de modo adequado. O poder público teria o dever de localizar todos os seus representantes competentes e de informar ao interessado quais os deveres a cumprir e as instruções a obedecer, desonerando, com isso, o particular dessa tarefa às vezes impossível[341].

O interessado teria a chance de demonstrar o seu comprometimento com o cumprimento da lei e das normas aplicáveis tais quais são vistas pelas autoridades e, com isso, atendê-las; expor suas dificuldades para tanto (as justificativas poderiam ser acatadas) ou, até mesmo, desistir de levar adiante tal projeto. Mas, provavelmente, não continuaria, simplesmente, ignorando tais regras e gerando os riscos que elas visam evitar. Caso o fizesse, a fundamentação para a sua punição estaria praticamente definida.

Já há notícia, no Paraná, de um "projeto de lei, propõe que empresas se autorregulem". A ideia seria "criar a Declaração Estadual de Direitos de Liberdade Econômica. É uma tentativa de diminuir o poder do estado na regulação e fiscalização de alguns setores empresariais."[342] A matéria destaca que é possível viabilizar maior supervisão com menor burocracia. A Lei

---

[340] Parte III, Capítulo 3, item 2, e uma sugestão de positivação desse direito na proposta de lei no Apêndice (em seu art. 25).

[341] Não se adentra, nesta seção, em pormenores sobre o arranjo político-institucional ou na forma de execução dessa atividade. Saber, por exemplo, se seria necessária a criação de um Ministério para tanto, ou de uma agência nova que aglutinaria essas demandas, ou, ainda, se a natureza jurídica desse serviço público seria consultiva ou outra são questões de organização política do Estado e de Direito administrativo, que, embora relevantíssimas, fogem ao âmbito desta pesquisa. Parece certo, entretanto, que essa nova atividade dos servidores públicos deverá ser devidamente descrita e regulada em lei.

[342] Gazeta do Povo. "Desburocratização: *'Vacina contra a burocratite'*: projeto de lei propõe que empresas se autorregulem", por Katia Brembatti, em 17 de julho de 2020. Disponível em: https://www.gazetadopovo.com.br/parana/projeto-liberdade-economica-parana-seja/. Acesso em 6 de agosto de 2020.

13.874/19 (Lei da Liberdade Econômica) e a Lei 14.129/21 (Lei do Governo Digital) são claros indicativos de que há uma tendência de desburocratização e de simplificação da vida do cidadão empreendedor. A proposta de criação de uma nova lei não contradiz tal movimento, porque veicula novas normas que dispensam a aplicação de um número muito maior de outras normas atualmente existentes, além de facilitar os trabalhos de fiscalização do Estado e melhorar a qualidade da prevenção corporativa de ilícitos. A proposição, ao fim, também acarreta desregulação, na prática.

Não parece haver outra razão para que o Estado crie órgãos de fiscalização e edite normas de regulação relativas a empresas a não ser para poder realizar o controle devido a fim de (tentar) evitar danos e perigos de danos que suas atividades possam gerar ao consumidor, ao mercado, ao ambiente, enfim, à sociedade como um todo. Ou seja, o objetivo do controle é a mitigação de riscos de ilícitos. Então, se o propósito é prevenir ilícitos ligados ao ambiente corporativo, uma proposta legislativa voltada a facilitar essa atuação estatal, inclusive admitindo a possibilidade de acionamento pelo próprio interessado em empreender ou já empreendedor pode reduzir em muito a geração de riscos ligados à atividade empresarial.

Logo, presta-se este Capítulo a tentar demonstrar: (item 1) que a multiplicidade e a independência dos poderes de controle podem dificultar a prevenção de ilícitos; (item 2) que, quando se trata de empreender, os formalismos não são ruins, mas não devem onerar, desnecessariamente, o empresário; (item 3) que, em termos de prevenção de ilícitos, a literatura jurídica já produziu relevantes pesquisas a sustentar uma base teórica que possibilite uma ação conjunta Estado-empresa: a autorregulação regulada[343]. Após, será possível tratar de mecanismos de *law enforcement* que, dispostos adequadamente em lei, podem corrigir essa desorganização regulatória, iniciando-se, assim, o aperfeiçoamento da prevenção corporativa de ilícitos.

1. A independência dos poderes de controle e a sociedade

Não há uma lista ou orientação consolidada ao cidadão que deseja empreender para lhe indicar quais são/serão todas as exigências que ele deverá

---

[343] Posteriormente, nesta Parte II, Capítulo 3, item 2, será explorada uma forma específica de autorregulação regulada (a *enforced self-regulation*) como um dos instrumentos de *law enforcement*, aptos a aperfeiçoar a prevenção corporativa de ilícitos.

atender para constituir e para continuar regularmente seus negócios no Brasil. Essa lacuna decorre da maneira como é disposto o exercício do poder de controle e de fiscalização pelo poder público: a União, Administração Pública, os Estados e os Municípios, as autarquias, as agências reguladoras, as Empresas Públicas, as Sociedades de Economia Mista, as polícias, o Ministério Público, as Controladorias-Gerais, os Tribunais, os órgãos de classe e mais uma miríade de outros órgãos detêm poderes para, em suas respectivas esferas de atuação, editar normas que possam vincular o empresário ao atendimento de determinada obrigação, bem como supervisioná-lo em tal atividade e puni-lo conforme o caso[344]. Qual órgão fiscaliza o quê? Isso normalmente depende do nicho econômico a ser explorado.

Exemplificando: aqueles que pretendam explorar o ambiente (mineração, energia, madeira, defensivos agrícolas, plantio etc.) poderão estar submetidos a normas da União, do IBAMA (Instituto Brasileiro do Meio Ambiente e dos Recursos Naturais), da Polícia Federal, Secretaria do Meio Ambiente, Ministério Público Federal dentre outros; quem deseje explorar a saúde (medicamentos, instrumentos de uso hospitalar, máquinas de exames, clínicas de procedimentos cirúrgicos, exercícios físicos, aparelhos de ginástica etc.) poderá ter de observar normas da ANS (Agência Nacional da Saúde), da ANVISA (Agência Nacional de Vigilância Sanitária), do Conselho Nacional de Saúde (CNS), dos Conselhos de Medicina, de Farmácia e de Educação Física e outros. O nível de exigências é altíssimo também em outras áreas especialmente arriscadas, como comércio exterior, armas de fogo e itens de defesa pessoal controlados, água, alimentos, telecomunicações, sistema financeiro, transportes e substâncias químicas em geral.

Para todos esses casos, poderá haver, ainda, normas específicas do Ministério do Trabalho visando garantir a segurança do trabalhador diante dos riscos ligados a cada área de exploração. Normas internacionais, eventualmente, terão de ser observadas pelas autoridades brasileiras e pelos particulares. E cada órgão de controle é soberano dentro dos limites de seu nicho de disciplina e de controle. São órgãos que exercem seus poderes de modo independente e direto perante o particular, o qual fica sujeito a fiscalizações e sanções autônomas previstas em normas especiais. MOREIRA

---

[344] Não se adentra, neste livro, às dificuldades de ordem tributária que a classe empresária enfrenta, para que não haja desvio do objeto de pesquisa. Todavia, parece claro que elas integram, sob o viés das políticas de arrecadação, esse mesmo problema.

e MAÇÃS reforçam a independência conceitual (guardadas as diferenças de legislação em cada país[345], naturalmente) desses órgãos de controle[346]:

> de um ponto de vista funcional, a independência traduz-se no facto de as AAI [Autoridades Administrativas Independentes] desenvolverem sua atividade sem sujeição a quaisquer ordens ou instruções e sem qualquer censura ou controlo, por parte dos governos ou de qualquer outra autoridade estadual (salvo os tribunais, bem entendido). A sua actuação não está sujeita a qualquer controlo de mérito nem têm de prestar contas sobre a orientação seguida a qualquer tipo de poder público. O que significa que suas decisões estão isentas de controlo hierárquico ou tutelar do Executivo, não podendo ser reformuladas nem anuladas a não ser pela via jurisdicional[347].

SOUSA MENDES já discorreu a respeito:

> o surgimento das autoridades independentes subverteu o clássico modelo da separação de poderes, por isso mesmo que foram dotadas de três tipos de poderes públicos, tradicionalmente separados, a saber: poderes normativos, executivos e (para)judiciais. As modernas autoridades independentes editam regulamentos de caráter geral e abstrato, acompanham e inspecionam a atividade das empresas e, por fim, aplicam sanções pecuniárias (coimas) e sanções acessórias, se detetarem infrações[348].

Essa espécie de soberania administrativa de cada autoridade responsável pelo controle e sancionamento de condutas pertencentes à sua área

---

[345] GUERRA lembra que essa independência é relativa, pois elas possuem apenas maior ou menor autonomia conforme as legislações de cada país; nunca uma independência absoluta do governo (GUERRA, Sérgio. **Agências reguladoras: da organização administrativa piramidal à governança em rede.** Belo Horizonte: Fórum, 2012, p. 119).

[346] Frise-se que esse item "1. A independência dos poderes de controle e a sociedade" não se refere somente às agências reguladoras em sentido restrito, mas às autoridades de controle em geral, incluindo-se o Ministério Público, o Tribunal de Contas, o IBAMA, o INMETRO, a CVM, o CADE etc. (GUERRA, Sérgio. *Regulação estatal sob a ótica da organização administrativa brasileira.* In GUERRA, Sérgio (Org.). **Regulação no Brasil: uma visão multidisciplinar.** Rio de Janeiro: Editora FGV, 2014, p. 367-369).

[347] MOREIRA, Vital; MAÇÃS, Fernanda. **Autoridades reguladoras independentes: estudo e projecto de Lei-Quadro.** Coimbra: Coimbra Editora, 2003, p. 26.

[348] SOUSA MENDES, Paulo de. Law enforcement & compliance. In PALMA, Maria Fernanda; DIAS, Augusto Silva; SOUSA MENDES, Paulo de (Coord. Cient.). **Estudos sobre *law enforcement*...**, p. 18.

de atribuição, considerada no contexto de que, atualmente, há várias dessas autoridades, pode produzir – a despeito do justo propósito da regulação devida – um cenário de grande fragmentação de obrigações[349]. Isso não é bom por nenhum ângulo de análise: 1º) aumenta a dificuldade de o empresário de boa-fé estar permanentemente em dia com todas as obrigações, pois não as conhece; 2º) cria chance de pretexto para o empresário de má-fé alegar ausência de dolo para violar a norma regente, já que "não a conhecia"; 3º) a complexidade para o atendimento das normas é contraditória com o propósito de cumprimento normativo; 4º) gera risco de contradição entre as orientações de uma e de outra autoridade que editem normas destinadas a uma mesma corporação regulada. É como se o Estado declarasse à população: "cumpram com todas as suas obrigações, sob pena de sanção". Mas, ao invés de contribuir, fornecendo um mapa ou orientações claras de como fazê-lo, abandona a todos no meio de um gigantesco labirinto com poucas placas. O propósito de reduzir riscos é prejudicado e aumento da insegurança é inevitável.

2. A desorganização regulatória a serviço do risco

Apenas em nível federal, há 11 agências reguladoras no Brasil: ANATEL (Agência Nacional de Telecomunicações), ANEEL (Agência Nacional de

---

[349] Algo semelhante ocorre em relação à celebração de acordos de leniência no Brasil: a depender ramo de atuação da empresa, descobrir quantos e quais órgãos públicos e autoridades devem ser convidados a celebrá-los pode ser uma missão dificílima, o que gera grande insegurança e expõe os empresários e seus negócios a riscos desnecessários. Também não há norma regulamentadora quanto a isso. Nesse sentido: **O Globo**. Editorial. *É preciso acabar com a disputa de poder sobre os acordos de leniência*. Em 9 de dezembro de 2019. Disponível em https://oglobo.globo.com/opiniao/e-preciso-acabar-com-disputa-de-poder-sobre-os-acordos-de-leniencia-24123130. Acesso em 9 de dezembro de 2019. Vide, ainda, a Nota Técnica nº 2/2020 emitida pelo MPF em oposição ao "Acordo de Cooperação Técnica assinado pela Advocacia-Geral da União (AGU), Controladoria-Geral da União (CGU), Tribunal de Contas da União (TCU) e Ministério da Justiça e Segurança Pública (MJSP), em 06.08.2020, com participação do Supremo Tribunal Federal (STF), em matéria de combate à corrupção no Brasil, especialmente em relação aos Acordos de Leniência, da Lei nº 12.846, de 2013". O documento apontou que "a não adesão do MPF ao Acordo de Cooperação Técnica não deve ser interpretada como uma recusa institucional à busca de soluções consensuais entre as relevantes Instituições que o assinaram (...)". Disponível em: MPF. Comissão Permanente de Assessoramento para Acordos de Leniência e Colaboração Premiada (http://www.mpf.mp.br/atuacao-tematica/ccr5/notas-tecnicas/docs/nota-tecnica-2-2020-acordo-de-cooperacao-acordo-de-leniencia-final.pdf). Acesso em 27 de agosto de 2020.

Energia Elétrica), ANCINE (Agência Nacional do Cinema), ANAC (Agência Nacional de Aviação Civil), ANTAQ (Agência Nacional de Transportes Aquaviários), ANTT (Agência Nacional de Transportes Terrestres), ANP (Agência Nacional do Petróleo), ANVISA (Agência Nacional de Vigilância Sanitária), ANS (Agência Nacional de Saúde Suplementar) e ANA (Agência Nacional de Águas), ANM (Agência Nacional de Mineração). Cada uma delas é um universo independente e autônomo de produção de regras e de fiscalização de seu cumprimento. GUERRA lembra, ainda, que "foram reestruturadas entidades, como o CADE (criado em 10 de setembro de 1962) e a CVM (criada em 07 de setembro de 1976), trazendo, praticamente, a esses entes estatais as mesmas características das agências reguladoras"[350]. Essa é uma minúscula amostra da quantidade total (desconhecida) de autoridades produtoras de normas e de decisões, no Brasil, que intervêm diretamente no controle e no sancionamento das atividades econômicas privadas.

A verdade é que "(...) o Brasil é um caso típico de explosão do modelo de 'agência independente' ou de difusão de outros modelos e instrumentos regulatórios. No país, existem mais de cinquenta agências reguladoras (federais e estaduais), que abrangem uma gama de funções e atividades díspares (...) e tentativas de novos modismos regulatórios internacionais (...)"[351]. A enorme dificuldade de se conseguir catalogar todas as obrigações do empresário para que o seu empreendimento não seja irregular é notória no Brasil[352]. A depender do âmbito em que se atue, ela pode ser quase invencível. Em síntese, este é o lugar comum: "atualmente, quem quer empreender precisa antes desvendar quais são as regras a serem seguidas e quem é o órgão competente para deferir esta e/ou aquela autorização.

---

[350] GUERRA, Sérgio. **Agências reguladoras...**, p. 135.
[351] PECI, Alekta. *Regulação e administração pública*. In GUERRA, Sérgio (Org.). **Regulação no Brasil: uma visão multidisciplinar**. Rio de Janeiro: Editora FGV, 2014, p. 53.
[352] Para ilustrar: "atualmente, o Brasil é um dos países mais burocráticos no mundo para abertura de empresas. Um estudo do Banco Mundial feito em 190 países no ano passado mostra que são necessários, em média, 11 procedimentos durante 18,5 dias para abrir um empreendimento, o que coloca o Brasil em 140ª posição no ranking de facilidade para criar uma empresa. O país com o melhor desempenho é a Nova Zelândia, onde com um procedimento, que dura meio dia, é possível estabelecer uma empresa" (**Gazeta do Povo**. *Brasil dá primeiro passo para se livrar da fama de "país dos alvarás"*, por Vandré Kramer, em 19 de agosto de 2019. Disponível em https://www.gazetadopovo.com.br/economia/brasil-tempo-pais-alvaras/. Acesso em 20 de agosto de 2019).

O que desestimula e inibe a livre iniciativa, que se vê atada ao passado devido a exigências descabidas dos Poderes Públicos."[353] É fato que "o acúmulo de regulações obsoletas e incongruentes produzidas ao longo do tempo – e que não condizem com a realidade atual – tem como efeito uma sobrecarga comportamental dos agentes econômicos a elas submetidos, afetando o exercício da atividade estatal, a livre iniciativa e a vida do cidadão em geral"[354].

Pesquisa sobre o estoque normativo brasileiro, realizada pela Escola de Direito da Fundação Getulio Vargas (Rio de Janeiro), aponta que "a situação da qualidade regulatória do país é preocupante. A burocracia empurrou o Brasil para o 179º lugar num *ranking* global de 183 países. Segundo dados veiculados pelo *IMD World Competitive YearBook* do Banco Mundial, o Brasil é um dos países com maior nível de burocracia do mundo (...)". E conclui: "daí a importância de se positivarem parâmetros objetivos para que os reguladores avaliem ex *ante* a própria necessidade (ou desnecessidade) e os custos da edição/alteração de atos regulatórios."[355] Ao final do estudo, os autores propõem a criação de uma nova lei que possa introduzir tais parâmetros.

É lamentável que, ao cabo, não apenas as atividades em curso estejam constantemente lidando com essa complexidade – a qual, como se afirmou no item 1, acima, impede a redução adequada de riscos – como também que muitas atividades possam nunca ter iniciado, precisamente, pela insegurança que essa desorganização de exigências produz nos cidadãos.

---

[353] MOREIRA, Egon Bockmann. *Por uma lei a assegurar a liberdade: mais iniciativa, menos regulação*. In **Gazeta do Povo**, Vozes, Curitiba, 28 de março de 2019. Disponível em https://www.gazetadopovo.com.br/vozes/egon-bockmann-moreira/por-uma-lei-a-assegurar-a-liberdade-mais-iniciativa-menos-regulacao/. Acesso em 2 de agosto de 2019.

[354] GRACINDO, Gabriel Rosa. **Desenhos institucionais e instrumentos jurídicos da revisão de estoque regulatório no Brasil: o estudo de caso da Agência Nacional de Vigilância Sanitária**. Dissertação de Mestrado apresentada ao Programa de Pós-Graduação da Escola de Direito de São Paulo da Fundação Getulio Vargas, em 2019, p. 21. Cadastrada no Sistema de Bibliotecas FGV. Disponível em: https://bibliotecadigital.fgv.br/dspace/bitstream/handle/10438/27700/GRACINDO%2C%20Gabriel.%20Desenhos%20institucionais%20e%20instrumentos%20juri%CC%81dicos%20da%20RER%20-%20Final.pdf. Acesso em 13 de agosto de 2020.

[355] DAYCHOUM, Mariam; VÉRAS, Rafael. *Do processo normativo*. In GUERRA, Sérgio; SAMPAIO, Patrícia (Org.). **Processo administrativo nas agências reguladoras: uma proposta de disciplina legislativa**. Rio de Janeiro: Escola de Direito do Rio de Janeiro da Fundação Getulio Vargas, 2016, p. 21-22. Itálicos do original.

A sociedade perde, simultaneamente, de duas maneiras: as atividades que estão em andamento poderiam ser menos arriscadas e perigosas; a economia poderia estar mais dinâmica[356].

Regramentos difíceis de se localizar, contraditórios ou incompreensíveis não ajudam a prevenir, tampouco o fazem as sanções que eram desconhecidas do cidadão até serem aplicadas. A aplicação injustificada de "(...) penalidades nem serve ao Estado, nem coíbe a fraude. (...) Estimulam tão-somente o mau funcionário que, desinteressando-se pelo cumprimento da lei, vê, na penalidade, um meio de auferir vantagens."[357] A desorganização regulatória é ruim para o empresário (que pode sofrer punições decorrentes da falta de orientação que poderia ter sido dada pelo Estado) e para a sociedade (que é a destinatária dos riscos e das consequências de atividades empresariais mal controladas).

Não se ignora que as múltiplas obrigações que podem recair sobre as atividades empresárias são de diversas naturezas jurídicas. Mas, como já se expôs no item 3 do Capítulo 1, supracitado, isso não parece relevante. Especialmente porque há uma "unidade fundamental do sistema jurídico". Embora divisível em diferentes setores, "suas diversas 'partes' são solidárias (...)."[358] Sendo assim, cabe ao Estado veicular suas exigências quanto às atividades empresárias de modo minimamente uniforme e sem enigmas.

Uma lei ou norma a mais não são significa, necessariamente, exigências ou obrigações novas, pois isso depende do conteúdo da inovação. Ou seja, "um dos principais indicadores para a avaliação da qualidade de determinada proposta regulatória é a *redução dos custos de compliance* (...)", que são as despesas das empresas ao tentar cumprir com as exigências públicas. É fundamental respeitar o *"princípio da liberdade de iniciativa*, o qual visa

---

[356] Sobre a então Medida Provisória de Liberdade Econômica (MP 881, de 2019), convertida na Lei nº 13.874/19, "o secretário de Desburocratização, Paulo Uebel, chegou a afirmar que apenas as novas regras de liberdade econômica poderão gerar 3,7 milhões de empregos e aumentar o PIB em 7%, em um período de dez anos. Isso, argumenta, porque ficará mais fácil abrir e gerenciar novas empresas, criando emprego e renda" (**Gazeta do Povo**. *Editorial*, por Vandré Kramer, em 22 de agosto de 2019. Disponível em https://www.gazetadopovo.com.br/opiniao/editoriais/a-liberdade-economica-finalmente-sera-a-lei/. Acesso em 23 de agosto de 2019).

[357] FARIA, Milton. **Contrabando X Legislação.** Rio de Janeiro: Récord, 1961, p. 12. Ortografia original.

[358] ATALIBA, Geraldo. *Denúncia espontânea e exclusão de responsabilidade penal*. In **Revista de Informação Legislativa**, Brasília, João Batista Soares de Sousa/Senado Federal, a. 32, n. 125, jan./mar. 1995, p. 244.

interditar a expedição de regulações estatais que inviabilizem o exercício de atividades econômicas". Todavia, pode (e deve) sempre haver controle estatal "para conferir se as regulações existentes são efetivas, eficientes, consistentes e coerentes"[359]. E já se sabe que, no Brasil, estes não são predicados comuns quando se descreve o cenário normativo destinado aos empresários em geral.

Outra pesquisa realizada sobre a situação de uma agência reguladora brasileira indica a possibilidade de que, antes de qualquer modificação, seja feita uma revisão do estoque regulatório (RER) vigente. Trata-se da "avaliação retrospectiva (*ex post*) do conjunto da regulação", para que o administrador tente compreender se aquelas regras estão produzindo os efeitos desejados. Como resultado, "poderá *mantê-las, revisá-las* ou *revogá--las*, no intuito de promover a melhoria da ordenação e fornecer dados empíricos para a futura elaboração de novas estratégias regulatórias"[360]. É um instrumento distinto da análise de impacto regulatório (AIR), "voltado para a avaliação prospectiva (*ex ante*) do conteúdo de cada uma das alternativas de *implementação* de medidas regulatórias identificadas ainda no âmbito do processo normativo para disciplinar a conduta dos agentes econômicos em dado mercado"[361]. Ambos (RER e AIR) representam a possibilidade de que inovações nesse cenário sejam feitas com alguma margem de segurança[362].

Falta, atualmente, uma regulação que dispense os empresários atuais e futuros de fazerem o trabalho inglório de buscar, na desorganização normativa brasileira, as espécies de regulações, obrigações, licenças, prazos, detalhes e burocracias que deverão catalogar e realizar para delas jamais descuidar. E é um trabalho constante, pois normas infralegais costumam

---

[359] DAYCHOUM, Mariam; VÉRAS, Rafael. *Do processo...*, p. 27-28. Itálicos do original. Uma das soluções propostas na pesquisa é: "é nesse sentido que o anteprojeto de lei prevê na seção III do capítulo II que cada Agência manterá um programa sistemático e periódico de análise e revisão de seu estoque regulatório, com reflexão nos objetivos a serem atingidos por meio da regulação. E, complementarmente, destaca-se que tal revisão deverá considerar os procedimentos de AIR realizados pela agência reguladora" (idem, p. 29).
[360] GRACINDO, Gabriel Rosa. **Desenhos institucionais...**, p. 23-24. Itálicos do original.
[361] RACINDO, Gabriel Rosa. **Desenhos institucionais...**, p. 21-22.
[362] "A regulação deve levar em conta fundamentos técnicos e científicos que visem atender ao interesse público substantivo sem, contudo, deixar de sopesar os efeitos dessas decisões no subsistema regulado com os interesses de segmentos da sociedade e, até, com o interesse individual no caso concreto" (GUERRA, Sérgio. *Regulação estatal...*, p. 365).

ser atualizadas com maior frequência do que leis. Se a pretensão do Estado, ao criar normas de controle e obrigações sancionadas, é realmente prevenir, então é devida uma organização de tais normas para que a prevenção seja otimizada e, com isso, os riscos sejam realmente reduzidos[363].

Não se propõe, então, mais regulação; propõe-se, sim, melhor regulação[364]. A edição de uma normativa que unificasse – ainda que não desse conta de absolutamente todas as exigências aplicáveis, mas, tanto quanto o possível – as obrigações atualmente em vigor para cada um dos nichos econômicos (ou ao menos os mais relevantes), passíveis de exploração, certamente, reduziria o nível de insegurança e facilitaria a redução dos riscos inerentes a tais atividades. Essa novidade poderia ser disciplinada como uma lei específica sobre programas de prevenção corporativa[365] – sujeitando as corporações a inserir em seus programas de prevenção internos dispositivos voltados a preservar obediência perene a tais regulamentos e obrigando empresas e seus gestores a acionar o direito específico de solicitar a assistência do Estado quando cabível –, embora nada impeça seja feita por outros caminhos[366].

Se favorecer o atendimento de obrigações pelo público em geral, substituindo-se o atual modelo – que, na prática, obstaculiza tal atendimento – não for razão suficiente, por si só, para motivar tal inovação, há, também,

---

[363] Uma boa iniciativa do Governo Federal no sentido da organização das normas públicas em geral é o Decreto nº 10.139/19, que dispõe sobre a revisão e a consolidação dos atos normativos inferiores a decreto. Ele "pretende abranger toda a confusa sopa regulamentar federal: orientações normativas, diretrizes, circulares, portarias etc. O decreto busca, de início, simplificar as espécies de regulamento. (...) Se o decreto fomentar o acesso fácil, consistente e padronizado a todos os regulamentos federais já fará muito" (MENDONÇA, José Vicente Santos de. *É o revisaço regulatório – só que (ainda) não*. In **JOTA – Reg.**, em 29 de novembro de 2019. Disponível em https://www.jota.info/opiniao-e-analise/colunas/reg/e-o-revisaco-regulatorio-so-que-ainda-nao-29112019. Acesso em 29 de novembro de 2019).

[364] MOREIRA nota que "existem projetos em desenvolvimento, tanto no levantamento de dados (p. ex., o Regulação em Números, da FGV/RJ) como na consolidação de governança públicas e boas práticas (p. ex., o guia de Análise de Impacto Regulatório da Presidência da República)" (MOREIRA, Egon Bockmann. *Por uma lei a assegurar a liberdade: mais iniciativa, menos regulação*. In **Gazeta do Povo**, Vozes, Curitiba, 28 de março de 2019. Disponível em https://www.gazetadopovo.com.br/vozes/egon-bockmann-moreira/por-uma-lei-a-assegurar-a-liberdade-mais-iniciativa-menos-regulacao/. Acesso em 2 de agosto de 2019).

[365] Sobre o uso dessa proposta como ferramenta de *compliance* – inclusive desde antes do início da atividade empresarial – vide: Parte II, Capítulo 3, item 3.6; Parte III, Capítulo 3, item 3.

[366] Como, p.ex., pela Lei de Liberdade Econômica (nº 13.874/19), que é mencionada novamente nesta pesquisa, na Parte II, Capítulo 3, item 4.

a questão da coerência: faz muito mais sentido que o próprio Estado diga aos cidadãos quais são todas as exigências a cumprir do que esperar que eles adivinhem o que poderia vir a satisfazê-lo. E, ainda, correndo o risco de errar e ser sancionado gravemente por isso. Esse dever de buscar saber o que se deve obedecer que vem embutido dentro das exigências em si é contraditório com o interesse de quem alega querer ser obedecido[367]: é algo como um credor demandar ser pago imediatamente, sob pena de cobrar juros e multa, mas não revelar imediatamente ao devedor quanto ele deve e em qual conta bancária deve efetuar o pagamento.

3. Regulação, autorregulação e autorregulação regulada

Consoante se observaram nos itens 1 e 2, é necessária uma reorganização do aparato fiscalizatório hoje existente. Um novo modelo que congregue múltiplos esforços de todos os interessados. Ocorre que, se hoje a prevenção de ilícitos é um interesse comum do Estado e do empresário, a literatura explica que nem sempre foi possível vislumbrar um compartilhamento de tal obrigação entre ambos. Inicialmente, o Estado chamava-a para si, exclusivamente (o momento da chamada regulação); posteriormente, identificou-se o surgimento da autorregulação, com empresas passando a produzir, independentemente, normas autoaplicáveis; atualmente, utilizam-se, no geral, variações da chamada autorregulação regulada[368].

Antes de tratar da compreensão dessas expressões (regulação, autorregulação e autorregulação regulada[369]), convém frisar que a literatura especializada registra a grande profusão de diferentes conceitos, sentidos e usos

---

[367] Não se faz referência, neste livro, a deveres morais básicos da convivência coletiva, como: não agredir, não roubar, não fraudar etc., que coincidem com proibições do Direito penal comum. A preocupação é com os âmbitos especialmente regulamentados de atividades empresariais, nos quais é mais provável o desconhecimento de normas legais e infralegais. A respeito, vide a maior frequência de configuração do erro de proibição "na hipótese de *atuação em áreas regidas por normas especiais* (crimes contra o meio ambiente, o consumidor etc.)", quando "os próprios operadores jurídicos especializados não conhecem a totalidade das incriminações respectivas" (SANTOS, Juarez Cirino dos. **Direito penal...**, p. 310. Itálicos originais).

[368] A variação com que se trabalha diretamente na presente pesquisa é *enforced self-regulation*, espécie do gênero *responsive regulation* (regulação responsiva), com base na obra: AYRES, Ian; BRAITHWAITE, John. **Responsive regulation: transcending the deregulation debate.** New York: Oxford University Press, 1992.

[369] A autorregulação regulada, também, pode ser chamada "corregulação" (SIEBER, Ulrich. *Programas de* compliance..., p. 77).

que se faz delas, não apenas em Direito regulatório, econômico e administrativo, como também em sociologia, ciência política e filosofia[370]. Não se busca a delimitação conceitual exata ou absoluta delas, tampouco análise profunda sobre esses tais assuntos, mas, apenas, transmitir as linhas gerais de cada qual de modo a introduzir a teoria que permite um melhor entendimento da escolha da autorregulação regulada, na espécie (do gênero regulação responsiva) chamada *enforced self-regulation* de AYRES e BRAITHWAITE, como um dos instrumentos de *law enforcement* aptos a realizar o aperfeiçoamento da prevenção corporativa de ilícitos (vide, nesta Parte II, o Capítulo 3, item 2).

3.1. A regulação

O surgimento da atividade regulatória como forma específica de atuação do Estado é normalmente explicado como uma reação do poder público a um movimento de liberalização da economia que se intensificou a partir de meados do século XX[371]. SUNDFELD explica que "não há conceito jurídico exato de regulação pública, ideia de contornos relativamente incertos e flutuantes, inclusive na legislação". Mas é comum o uso da expressão como referência à totalidade das intervenções estatais sobre agentes econômicos, por variados mecanismos e condicionantes jurídicos[372]. A ideia, de modo geral, é que o Estado, afastando-se da atuação direta no mercado,

---

[370] DARNACULLETA I GARDELLA, Mª Mercè. **Autorregulación y derecho público: la autorregulación regulada.** Madrid: Marcial Pons, 2005, p. 277-341.

[371] "O aumento do número de empresas multinacionais ou a necessidade normas que tenham vigência em âmbitos suprarregionais requerem a adoção de novas formas de colaboração entre sujeitos de direito internacional e de âmbito nacional, assim como a otimização das redes de organização de controle e de supervisão" (AGUILERA GORDILLO, Rafael. **Compliance penal...**, p. 200); "os modelos de Estado vigentes entre os séculos XIX e XX – liberal e social – demandavam uma postura preponderantemente ativa do poder público, no primeiro caso garantindo a segurança e a ordem social e, no segundo, interferindo diretamente com ações prestacionais nos domínios social e econômico como forma de atenuar as desigualdades" (SÁNCHEZ RIOS, Rodrigo; ANTONIETTO, Caio. *Criminal Compliance – prevenção e minimização de riscos na gestão da atividade empresarial.* In **Revista Brasileira de Ciências Criminais**, v. 114, mai-jun/2015, São Paulo, p. 341-375, p. 4 do arquivo digital). Para explicação sobre a relação entre o processo de globalização e a alteração na forma de regulação do Estado sobre as empresas, vide: BRAITHWAITE, John. **Restorative justice and responsive regulation.** New York: Oxford University Press, 2002, p. 247-248.

[372] SUNDFELD, Carlos Ari. *Direito público e regulação no Brasil.* In GUERRA, Sérgio (Org.). **Regulação no Brasil: uma visão multidisciplinar.** Rio de Janeiro: Editora FGV, 2014, p. 99.

tente permitir, agora como mero regulador, o seu funcionamento de modo organizado e seguro[373], no que se inclui, claro, a prevenção de riscos de ilícitos gerados pela exploração econômica.

MOREIRA e MAÇÃS apontam que "uma das manifestações mais visíveis deste novo papel do Estado traduziu-se na criação de entidades de regulação, essencialmente independentes do Governo, com finalidades específicas de regulação para garantir a constituição e o funcionamento de um verdadeiro mercado concorrencial"[374]. Dessa forma, "o Estado passa a ser essencialmente regulador de uma economia crescentemente privatizada e submetida ao mercado"[375].

Uma noção contemporânea da atuação regulatória do Estado, de acordo com BLACK, corresponde à "tentativa organizada de administrar riscos ou comportamentos para atingir um objetivo ou um conjunto de objetivos públicos"[376]. Mas é essencial entender que a regulação por autoridades independentes está pautada no entendimento de que "deveria haver uma separação entre as funções de regulação e as funções de participação pública na própria atividade regulada (na parte em que esta permaneceu)". Ou seja, como resultado da abertura de setores da economia, tornou-se necessário separar a função de estabelecer regras ao mercado da função de intervir nele como agente econômico estatal. Isso pela razão de que, provavelmente, não haveria garantia de livre concorrência se houvesse um agente econômico que também ditasse as regras do jogo; era necessária uma atuação neutra do Estado[377].

Desde então, a regulação tem sido uma forma marcante de intervenção do Estado na esfera de direitos do particular. Serviços e atividades eco-

---

No mesmo sentido: BALDWIN, Robert; CAVE, Martin. **Understanding regulation: theory, strategy and practice.** New York: Oxford University Press, 1999, p. 2.

[373] SCHYMURA, Luiz Guilherme. *Regulação e aspectos institucionais brasileiros.* In GUERRA, Sérgio (Org.). **Regulação no Brasil: uma visão multidisciplinar.** Rio de Janeiro: Editora FGV, 2014, p. 248-249.

[374] MOREIRA, Vital; MAÇÃS, Fernanda. **Autoridades reguladoras...**, p. 9.

[375] Idem, p. 9-10.

[376] BLACK, Julia. *Learning from Regulatory Disasters.* In **LSE Law, Society and Economy Working Papers**, n. 24. London School of Economics and Political Science, 2014, p. 3. Disponível em: www.lse.ac.uk/collections/law/wps/wps.htm and the Social Sciences Research Network electronic library at: http://ssrn.com/abstract=2519634. Acesso em 13 de agosto de 2020.

[377] MOREIRA, Vital; MAÇÃS, Fernanda. **Autoridades reguladoras...**, p. 10-11.

nômicas como telecomunicações, aviação, distribuição de energia elétrica e transporte público passaram a ser realizados por particulares apenas com o aval (concessão, permissão, autorização etc.) e sob a fiscalização do poder público federal, a qual é feita por agências reguladoras, que, nesse atuar, exercem funções ou poderes chamados neutrais, por força de sua autonomia de gestão e independência funcional[378]. Aos governos estaduais é normalmente atribuída a regulação desses mesmos setores, mas dentro dos limites de cada estado e consoante a normativa federal, "estabelecendo, dessa forma, um sistema descentralizado e compartilhado de funções regulatórias"[379]. Como se vê, no que diz respeito à prevenção corporativa de ilícitos, a fase do surgimento e do incremento da atividade regulatória do Estado pela criação de agências reguladoras independentes é marcada pelo não compartilhamento, com as corporações, do dever estatal de prevenção de ilícitos.

3.2. A autorregulação

Desde ao menos 1980, no Brasil, o desenvolvimento da tecnicidade tem sido um grande desafio ao Estado, e esse progresso não foi, em absoluto, indiferente às estruturas tradicionais da administração pública[380]. Surgiu a "busca pela estruturação da governança e da governabilidade" estatal[381]. A expressão "governança" foi aplicada ao setor público, ao final do século XX, para se referir a esse movimento de regulação e às alterações substanciais que este provocou no setor privado e na sociedade em geral. Sua tônica é um reconhecimento dos limites da intervenção pública e, ao mesmo tempo, da necessidade de boa relação com o governo[382].

A crescente complexidade das técnicas em geral, no mercado global, aliada à especialização cada vez mais profunda de conhecimentos relacionados a setores econômicos variados, fizeram com que o Estado não conseguisse mais prevenir ou controlar – "ao menos, não sozinho"[383] – os ilícitos de modo minimamente seguro em ambiente corporativo. Em

---

[378] GUERRA, Sérgio. **Agências reguladoras...**, p. 94-96 e 108.
[379] PECI, Alekta. *Regulação e administração pública*. In GUERRA, Sérgio (Org.). **Regulação no Brasil: uma visão multidisciplinar.** Rio de Janeiro: Editora FGV, 2014, p. 46.
[380] GUERRA, Sérgio. **Agências reguladoras...**, p. 98-99.
[381] Idem, p. 98-99.
[382] PECI, Alekta. *Regulação...*, p. 58-59.
[383] COCA VILA, Ivó. *¿Programas de cumplimiento...*, p. 45.

suma, "o Estado não teria recursos suficientes, nem saberia como fazê--lo"[384]. Contemporaneamente, com o aparecimento de novos setores que utilizam métodos de certificação de informações públicas, contratação de bens e serviços, e até mesmo de circulação de ativos[385] em ambiente virtual[386], evidenciou-se o fato de que uma regulação estatal hermética é totalmente inviável no ambiente corporativo. Por mais que o dever de regular do Estado continue indeclinável, se não houver alguma contribuição, por menor que seja, das corporações na tarefa de adimplir com todos as regras oficiais, as autoridades jamais conseguirão exercer um mínimo controle real da exploração econômica de nichos especialmente disciplinados.

Como consequência, deu-se um processo de descentralização da produção normativa destinada a regulamentar a atividade dos diversos setores privados. Isso, primordialmente, em nível internacional, em que determinadas entidades e instituições comunitárias não dependem dos estados--nação para conduzir seus afazeres[387]. De acordo com COSTA GONÇALVES, "a elaboração de códigos de conduta por privados representa uma das consequências da contenção reguladora do Estado, que cria um espaço para a emergência de formas de auto-regulação social"[388]. E complementa: "os códigos de conduta (...) constituem assim uma forma de *auto-regulação privada independente* e uma manifestação daquilo que se convencionou designar de *soft law*, conceito que representa a 'fraca juridicidade' das regras que esses códigos contêm"[389]. Nesse contexto de ausência de proibição (e,

---

[384] Idem, p. 46.

[385] Para uma análise de conceitos e riscos do uso das criptomoedas, vide: SILVEIRA, Renato de Mello Jorge. **Bitcoin e suas fronteiras penais: em busca do marco penal das criptomoedas.** Belo Horizonte: D'Plácido, 2018.

[386] Para uma abordagem esclarecedora acerca dessa complexidade de técnicas disruptivas na sociedade de hoje, vide: SILIPRANDI, Adriana; LOPES, Fernando. **Blockchain, bitcoin e smart contracts: a revolução dos ativos digitais.** São Paulo: Tirant lo Blanch, 2019; GOMES, Rodrigo Dias de Pinho. **Big data: desafios à tutela da pessoa humana na sociedade da informação.** 2. ed. Rio de Janeiro: Lumen Juris, 2019.

[387] Tais como o FMI (Fundo Monetário Internacional), a OCDE (Organização para a Cooperação e Desenvolvimento Econômico), o Grupo Banco Mundial (vide AGUILERA GORDILLO, Rafael. **Compliance penal...**, p. 199).

[388] COSTA GONÇALVES, Pedro António Pimenta da. **Entidades privadas com poderes públicos: o exercício de poderes públicos de autoridade por entidades privadas com funções administrativas.** Coimbra: Almedina, 2008, p. 700.

[389] COSTA GONÇALVES, Pedro António Pimenta da. **Entidades privadas com poderes públicos...**, p. 700. Itálicos originais.

consequentemente, de maior liberdade de organização e de gestão às corporações), bem como da necessidade de se melhorar a fiscalização pública com o apoio do privado, surge, naturalmente, a autorregulação como uma atuação espontânea da pessoa jurídica[390] que pretende melhor se organizar para otimizar sua administração, atendendo, assim, aos deveres que o Estado lhe impõe. De acordo com BALDWIN e CAVE, "pode-se dizer que há autorregulação quando um grupo de empresas ou de indivíduos exercem controle sobre o comportamento de seus próprios colaboradores"[391].

Esse modelo não corresponde a um aceno de abandono de suas funções de controle por parte do Estado[392]; antes, é motivado pela constatação das autoridades de que uma regulação de melhor qualidade em ambiente empresarial depende muito das próprias empresas[393] e, por isso, é marcado pela delegação (formal ou não), a elas, de parte de suas funções regulatórias, mas sem ceder a titularidade de tais funções[394]. Além disso, frequentemente, se encontram exemplos de autorregulação em setores privados que correm o risco de sofrer sanções caso determinadas obrigações não sejam cumpridas[395].

Assim, a autorregulação representa, primeiramente, um método que permite o desenvolvimento de técnicas novas e mais adequadas de gover-

---

[390] "A transformação singular do Estado estaria retratada na formação de poderes fora do seu domínio, tais como econômico, financeiro, comunicações, infraestrutura etc. Consequentemente, a sociedade, de um papel passivo, passa a ser responsável por sua autogestão e, com isso, a autorregular-se em definitivo. Essa realidade adquire especial configuração quando se trata dos controles de risco na sociedade moderna. Como resposta a esse cenário, abre-se a possibilidade de cooperação com as organizações privadas e neste ponto as formas de *autorregulação* possibilitam ao Estado o acesso aos problemas específicos dos setores de produção ou de prestação de serviços a serem regulados" (SÁNCHEZ RIOS, Rodrigo; ANTONIETTO, Caio. *Criminal Compliance – prevenção e minimização de riscos na gestão da atividade empresarial*. In **Revista Brasileira de Ciências Criminais**, v. 114, mai-jun/2015, São Paulo, p. 341-375, p. 4 do arquivo digital).

[391] BALDWIN, Robert; CAVE, Martin. **Understanding regulation: theory, strategy and practice.** New York: Oxford University Press, 1999, p. 125.

[392] OMAROVA, Saule T. *Rethinking the Future of Self-Regulation in the Financial Industry.* In **Brooklyn Journal of International Law,** SYMPOSIUM: New Paradigms for Financial Regulation in the United States and the European Union, v. 35, iss. 3, art. 2, New York, Brooklyn Law School, 2006, pp. 685; 698. Disponível em https://brooklynworks.brooklaw.edu/bjil/vol35/iss3/2. Acesso em 27 de setembro de 2019.

[393] BALDWIN, Robert; CAVE, Martin. **Understanding regulation...**, p. 125-126.

[394] COCA VILA, Ivó. *¿Programas de cumplimiento...*, p. 47.

[395] BALDWIN, Robert; CAVE, Martin. **Understanding regulation...**, p. 125.

nança corporativa[396], o que é algo mais amplo e está ligado à gestão de empresas de modo geral, à transparência contábil, à adimplência contratual e à prática de valores bem acolhidos socialmente. Tudo isso se relaciona com a prevenção corporativa de ilícitos, conforme indica a sigla GRC (*governance, risk management* e *compliance*)[397]. Definida de modo simples, a autorregulação é o exercício voluntário de parte da autoridade regulatória estatal por empresas[398]. Uma característica comum dessa disciplina espontânea é o desenvolvimento de programas de prevenção de ilícitos contendo as regras, os valores e os procedimentos formulados pela própria empresa e sem determinação prévia das autoridades de controle, mas sempre convalidado por elas, ainda que implicitamente[399].

Em tese, a autorregulação não sofre de falta de legitimidade, porque o estabelecimento de códigos ou de normas meramente declaratórias[400] por parte das empresas corresponde ao exercício normal de sua autonomia privada. Princípios e valores corporativos não costumam produzir, por si sós, consequências jurídicas práticas[401]. O objetivo dessas declarações, em verdade, é "concretizar mecanismos para canalizar em um processo de regulação as sinergias públicas e privadas"[402], ainda que de forma meramente sugestiva.

A consecução de tal objetivo torna possível divisar espécies de autorregulação em que as participações do Estado e da empresa variam em inten-

---

[396] Exemplificativamente: uma das possibilidades em matéria de governança e de administração da empresa é a chamada "governança múltipla", que consiste na descentralização da tomada de decisão. Trata-se de submeter a checagem, crítica e possível revisão as determinações da cúpula para reduzir os riscos e as consequências a elas relacionados (PARO, João Pedro. *Compliance de governança múltipla*. In **JOTA – Compliance pelo mundo/integridade**, em 8 de janeiro de 2020. Disponível em https://www.jota.info/opiniao-e-analise/artigos/pro-etica-compliance-efetivo-28082018. Acesso em 9 de janeiro de 2020).

[397] MIRANDA RODRIGUES, Anabela. **Direito penal económico: uma política criminal na era compliance.** Coimbra: Almedina, 2019, p. 54-55.

[398] OMAROVA, Saule T. *Rethinking the Future...*, p. 674.

[399] AGUILERA GORDILLO, Rafael. **Compliance penal**..., p. 199-200.

[400] Ou seja, esses códigos "(...) estão desprovidos de força autoritária própria", seu descumprimento somente terá relevo prático caso os destinatários das normas tenham aceitado sujeitar-se a elas e a eventuais sanções que os códigos veiculem. Ou caso de sua adoção seja decorrente de lei (COSTA GONÇALVES, Pedro António Pimenta da. **Entidades privadas com poderes públicos**..., p. 700-701).

[401] COCA VILA, Ivó. *¿Programas de cumplimiento...*, p. 52-53.

[402] Idem, p. 48.

sidade, tais como as identificadas por COCA VILA[403]: a autorregulação pura ou voluntária é aquela que decorre unicamente da capacidade do sujeito e/ou da empresa de se submeter a suas próprias regras, "sem que haja intervenção pública alguma dirigida a fomentar, impor ou completar – direta ou indiretamente – a autorregulação interna"[404]; a metarregulação é o "fenômeno normativo consistente na determinação ou condicionamento, *ex ante* ou *ex post*, da atividade de autorregulação"[405]. Nesse contexto, o propósito do Estado não seria intervir regulando diretamente, mas, apenas, "despertar o interesse das próprias empresas em autorregular-se, outorgando-lhes incentivos para tanto", sendo normal, nesse cenário, que as leis indiquem parâmetros mínimos ou princípios dos programas internos de prevenção; restando às empresas, ainda, larga discricionariedade[406].

3.3. A autorregulação regulada

Por fim, a autorregulação regulada. Esclareça-se, de antemão, que há continuidade da pesquisa sobre essa forma de relacionamento entre o público e o privado nesta Parte II, no Capítulo 3, item 2, especificamente sobre a *enforced self-regulation* como um dos instrumentos de *law enforcement* aptos a aperfeiçoar a prevenção corporativa de ilícitos no Brasil.

A autorregulação regulada é um modelo de atuação colaborativa que depende da atuação concertada entre o Estado e o particular para defender e perseguir interesses comuns[407]. Trata-se da "regulação estatal do mundo empresarial, caracterizada pela incorporação do ente privado no processo de regulação, mas de forma subordinada aos fins concretos ou interesses públicos pré-determinados pelo Estado"[408]. Para BALDWIN e CAVE, a autorregulação pode ser classificada como regulada quando está sujeita a alguma forma de estruturação ou fiscalização do Estado, representando um importante campo de combinação de estratégias férteis de regulação[409]. COSTA GONÇALVES explica que:

---

[403] Idem, p. 48-54.
[404] Idem, p. 49.
[405] Idem, p. 50.
[406] Idem, p. 50-51.
[407] DARNACULLETA I GARDELLA, Mª Mercè. **Autorregulación y derecho público: la autorregulación regulada**. Madrid: Marcial Pons, 2005, p. 341.
[408] COCA VILA, Ivó. *¿Programas de cumplimiento...*, p. 51.
[409] BALDWIN, Robert; CAVE, Martin. **Understanding regulation...**, p. 39-41.

(...) o processo de redução da intervenção pública não significa exactamente um abandono ou uma indiferença do Estado pelos resultados obtidos no âmbito da auto-regulação privada. Para controlar tais resultados, o Estado desenvolve uma tarefa de supervisão e de regulação de actuações privadas. (...) É o próprio Estado a incentivar ou a activar as novas formas de actuação privada com fins de interesse público (...). (...) O que resulta do processo – e, acrescente-se, o que se deseja que dele resulte – é uma 'autorregulação privada publicamente regulada[410].

Para o autor, "a autorregulação privada publicamente regulada pretende representar uma zona do espaço social caracterizada pela *complementaridade* e pela *cooperação* entre o público e o privado", mas cada qual atuando em sua esfera e com suas funções próprias: o público regulando, e o privado se autorregulando conforme seus direitos e deveres, de modo que não haveria uma "terceira esfera" ou "zona cinzenta" em que tal colaboração ocorre[411]. As normas estatais "criam preceitos mais ou menos detalhados ou criam estruturas que estimulam a autorregulação e/ou tornam vinculantes medidas de autorregulação"[412]. Ela constitui uma "fórmula mista ou intermediária entre a autorregulação e a regulação estatal, que se caracteriza por conceder uma margem de discricionariedade a aqueles que devem concretizar o programa (...)"[413].

Trata-se de "uma nova maneira de entender o mundo como um sistema complexo, dinâmico e intrincado em que múltiplas forças governamentais e não governamentais em uma constante interconexão pactuam e renegociam os limites entre as tarefas pública e privada da vida econômica e social"[414]. É errado, logo, entendê-la como uma forma de "administração por particulares", porque ela presume a conjugação entre uma autorregulação que é privada com uma regulação que é pública, sem fundir

---

[410] COSTA GONÇALVES, Pedro António Pimenta da. **Entidades privadas com poderes públicos...**, p. 171.
[411] Idem, p. 173. Itálicos originais.
[412] SIEBER, Ulrich. *Programas de compliance...*, p. 77.
[413] Idem, *ibidem*.
[414] GONZÁLEZ DE LEÓN BERINI, Arturo. *Autorregulación empresarial, ordenamiento jurídico y derecho penal. Pasado, presente y futuro de los límites jurídico-penales al libre mercado y a la libertad de empresa*. In SILVA SÁNCHEZ, Jesús-María (Dir.); MONTANER FERNÁNDEZ, Raquel (Coord.). **Criminalidad de empresa y Compliance – Prevención y reacciones corporativas.** Barcelona: Atelier, 2013, p. 79.

os dois planos[415]. Assim, as estruturas autorregulatórias não podem contrariar as pautas normativas estabelecidas previamente pelos poderes públicos, que intermediará as relações entre a autonomia do particular e a intervenção estatal "dirigida a possibilitar, fomentar e condicionar seu desenvolvimento"[416].

A literatura, ainda, aponta que, no sistema de autorregulação regulada, podem coexistir funções público-privadas relativas a medidas preventivas e/ou punitivas, desde o controle informal interno até a articulação e aplicação de normas de direito público[417]. Na medida em que o Estado e a empresa assumam funções distintas nessa inter-relação, podem surgir 3 subespécies[418]: a autorregulação delegada (em que a regulação fica a cargo do Estado e a supervisão e sanção sob responsabilidade da empresa, ou vice-versa); a autorregulação transferida ou devolvida (em que o Estado transfere a regulação, a supervisão e a sanção à empresa, porém, reserva-

---

[415] COSTA GONÇALVES, Pedro António Pimenta da. **Entidades privadas com poderes públicos...**, p. 175.

[416] ARROYO JIMÉNEZ, Luis. *Introducción a la autorregulación*. In ARROYO JIMÉNEZ, Luis; NIETO MARTÍN, Adán (Dir.). **Autorregulación y sanciones.** 2. ed. Navarra: Aranzadi, 2015, p. 31.

[417] AGUILERA GORDILLO, Rafael. **Compliance penal...**, p. 208.

[418] COCA VILA, Ivó. *¿Programas de cumplimiento...*, p. 51-52. A mesma subclassificação também é vista em: MIRANDA RODRIGUES, Anabela. **Direito penal económico: uma política criminal na era compliance.** Coimbra: Almedina, 2019, p. 48. Ambos os autores utilizam as seguintes expressões em inglês para referir as espécies: *delegated self-regulation, devolved self regulation* e *cooperative self-regulation*, respectivamente. Elas são decorrentes da pesquisa pioneira de: AYRES, Ian; BRAITHWAITE, John. **Responsive regulation: transcending the deregulation debate.** New York: Oxford University Press, 1992, que utilizam a noção de *enforced self-regulation*. Diante da grande relevância desta obra para o desenvolvimento do tema da atuação colaborativa entre os setores público e privado, aqui proposta, ela é comentada em um momento mais apropriado desta pesquisa, na Parte II, Capítulo 3, item 2. Vale citar, ainda, que ARROYO JIMÉNEZ adota classificação oriunda da obra de BLACK, J. *Constitutionalising self-regulation*. In. **Modern Law Review**, 1996, que menciona os modelos *mandated self-regulation, sanctioned self-regulation, coerced self-regulation* e *voluntary self-regulation*, os quais correspondem, essencialmente, às mesmas ideias veiculadas originalmente por AYRES e BRAITHWAITE (ARROYO JIMÉNEZ, Luis. *Introducción a la autorregulación*. In ARROYO JIMÉNEZ, Luis; NIETO MARTÍN, Adán (Dir.). **Autorregulación y sanciones.** 2. ed. Navarra: Aranzadi, 2015, p. 34). Há, ainda, o modelo *embedded self-regulation*, desenvolvido por OMAROVA especificamente para o setor financeiro e que prioriza a relação dos investidores com o mercado e com as instituições nele operantes, visando otimizar ferramentas de controle dos próprios particulares sobre as corporações que administram e gerenciam seus recursos (OMAROVA, Saule T. *Rethinking the Future...*, p. 701-706).

-se no direito de revisar o programa e sua aplicação periodicamente); a autorregulação cooperativa (em que o Estado trabalha, "lado a lado", com as empresas, que colocam à sua disposição todas as informações que solicita para desenvolverem, juntos, os melhores e mais individualizados sistema de prevenção; sem que a empresa deixe de sujeitar-se à fiscalização da autoridade competente)[419]. Essa última subespécie parece mais próxima da noção de autorregulação regulada que se desenvolverá nesta Parte II, Capítulo 3, item 2.

Aderir à autorregulação regulada equivale a se afastar da regulação estatal, e, ao mesmo tempo, chamar por ela em âmbitos e momentos pré-definidos da atuação empresarial privada. É uma espécie de intervenção à distância, baseada na "cooperação entre poderes públicos, sujeitos regulados e outros agentes sociais". Não se trata, então, de ausência do Estado, mas de sua presença, de forma mais adequada, considerando-se a cooperação regulatória[420]. Ela não é, contudo, isenta de críticas.

Para SOUSA MENDES, p.ex., "o conceito de autorregulação regulada que tem sido propalado por alguns setores da literatura jurídica da especialidade é uma *contradictio in adjecto*, pois pretende vincular o Estado à iniciativa das empresas na adoção de programas de *compliance*."[421] Todavia, como se nota das passagens acima, há múltiplas possibilidades no tema da autorregulação regulada: a instituição dos programas de prevenção pode ser totalmente espontânea ou pode ser motivada por dispositivos legais de simples incentivo, o que não retira a iniciativa da empresa. A não ser que tenha sido imposta por condenação, por acordo com autoridades ou que seja decorrência de obrigação legal sancionada – hipóteses em que realmente não existe a espontaneidade da empresa e, consequentemente, autorregulação – a noção corrente de autorregulação regulada não parece guardar a contradição apontada.

---

[419] COCA VILA afirma que um bom exemplo de autorregulação cooperativa é o *Deutscher Corporate Governance Kodex* (DCGK), que, primeiramente, foi impulsionado como ato normativo infralegal pelo Ministério da Justiça alemão; depois, foi admitido e aplicado por representantes do setor econômico privado; finalmente, foi reconhecido como cogente em lei (idem, p. 51).
[420] MIRANDA RODRIGUES, Anabela. **Direito penal económico...**, p. 46.
[421] SOUSA MENDES, Paulo de. Law enforcement & compliance. In PALMA, Maria Fernanda; DIAS, Augusto Silva; SOUSA MENDES, Paulo de (Coord. Cient.). **Estudos sobre *law enforcement*...**, p. 13.

Já Coca Vila se preocupa com possível problema de legitimidade em relação ao funcionamento da autorregulação regulada quando "a determinação da responsabilidade penal das pessoas jurídicas possa ver-se influenciada ou determinada pela normativa interna empresarial"[422]. Entende que esse obstáculo pode ser superado porque a atuação conjunta do Estado e do particular é "mais respeitosa com o princípio democrático do que o procedimento clássico de heterorregulação", sendo uma expressão de uma "democracia organizativa ou deliberativa"[423]. Não é este o escopo do presente trabalho, mas se trata de um conflito aparente. As normas não estatais sempre podem influenciar a determinação judicial de responsabilidade empresarial, a partir do momento em que se admite o princípio do livre convencimento do magistrado[424], que pode considerar relevantes (e, portanto, ser influenciado na formação de sua convicção) as normas eventualmente produzidas pela empresa, seja para absolver, seja para condenar[425].

É certo que "a autorregulação não é uma solução uniforme e maravilhosa que resolva todos os problemas", mas, se for corretamente aplicada, "pode desempenhar papel muito relevante na promoção do acatamento dos padrões legais, especialmente se o entorno jurídico incentiva confiança nas empresas para que implementem, de maneira voluntária, medidas autorregulatórias"[426]. Hoje, para as empresas do setor privado brasileiro (com exceção das instituições financeiras, que estão sujeitas a sanção caso não adotem programas de prevenção), o *compliance* parece corresponder à

---

[422] Coca Vila, Ivó. *¿Programas de cumplimiento...*, p. 53.
[423] Idem, p. 54.
[424] Como exemplo de norma nesse sentido, o CPP, art. 155: "o juiz formará sua convicção pela livre apreciação da prova produzida em contraditório judicial, não podendo fundamentar sua decisão exclusivamente nos elementos informativos colhidos na investigação, ressalvadas as provas cautelares, não repetíveis e antecipadas".
[425] Dito de modo mais simples: "de um ponto de vista penal, as 'políticas' de *good governance* e de *compliance* devem ser levadas em conta para a delimitação da responsabilidade empresarial" (Miranda Rodrigues, Anabela. **Direito penal económico...**, p. 63); o *compliance* corresponde a uma "normativa elaborada por grupos de especialistas, desenvolvidas em entes alheios aos órgãos de representação da soberania popular, mas com relevância ante instituições de direito público" (Aguilera Gordillo, Rafael. **Compliance penal...**, p. 201).
[426] González De León Berini, Arturo. *Autorregulación empresarial, ordenamento jurídico y derecho penal. Pasado, presente y futuro de los límites jurídico-penales al libre mercado y a la libertad de empresa*. In Silva Sánchez, Jesús-María (Dir.); Montaner Fernández, Raquel (Coord.). **Criminalidad de empresa y Compliance – Prevención y reacciones corporativas.** Barcelona: Atelier, 2013, p. 104-105.

autorregulação, mas, na espécie da metarregulação (quando o Estado visa apenas recomendar, em alguns casos, a adoção de programas preventivos). O aprimoramento da prevenção corporativa de ilícitos, tal qual se propõe neste estudo, requer um modelo mais dinâmico e assertivo de autorregulação regulada[427], além de outros instrumentos de *law enforcement* que são vistos a seguir.

---

[427] Sobre tal modelo colaborativo, vide Parte II, Capítulo 3, item 2.

CAPÍTULO 3
LAW ENFORCEMENT

No Capítulo 1 desta Parte II, expõe-se o funcionamento da ideia de um programa idôneo de prevenção como instrumento de prevenção real de ilícitos em ambiente corporativo. No Capítulo 2, indicou-se o modelo da autorregulação regulada como base teórica de desenvolvimento de um novo paradigma de prevenção corporativa de ilícitos no Brasil. Agora, na expectativa de que a presente proposta seja minimamente viável, detrata-se de técnicas de *law enforcement* que, uma vez dispostas em lei, têm potencial para aperfeiçoar a prevenção corporativa.

O emprego dos programas de prevenção corporativa de ilícitos como tentativa de fixação de padrões de valores e de condutas para a prevenção de ilícitos não existe, apenas, em corporações particulares, tampouco para evitar, exclusivamente, os crimes de lavagem de dinheiro, corrupção ou financiamento ao terrorismo. Esses são somente os âmbitos mais comuns de sua utilização quando se trata de prevenir ilícitos específicos. Programas de prevenção têm sido estudados e implementados em diversos setores nos quais pessoas jurídicas atuam e também para variadas classes de entes coletivos, como instituições financeiras[428]; cassinos[429]; empresas e órgãos

---

[428] MARTINEZ, André Almeida Rodrigues; LIMA, Carlos Fernando dos Santos. **Compliance bancário**. 2. ed. Salvador: JusPodivm, 2020.

[429] American Gaming Association (AGA). **Best Practices for Anti-Money Laundering Compliance (2019-2020).** Publicado em 9 de dezembro de 2019. Disponível em https://www.americangaming.org/wp-content/uploads/2019/12/AGA-AML-Best-Practices_12-9.pdf. Acesso em 10 de dezembro de 2019.

públicos[430]; partidos políticos[431]; ética negocial[432]; direito tributário[433]; direito trabalhista[434]; direito concorrencial[435]; direito médico[436]; política

---

[430] CAMPOS ACUÑA, Mª Concepción. **Aplicación práctica del compliance en la contratación pública.** Navarra: Aranzadi, 2019; NIETO MARTÍN, Adán; MAROTO CATALYUD, Manuel (Dir.). *Public compliance.* **Prevención de la corrupción en administraciones públicas y partidos políticos.** Cuenca: Universidad de Castilla-La Mancha, 2014; GUIMARÃES, Bernardo Strobel; RIBEIRO, Leonardo Coelho; RIBEIRO, Carlos Vinícius Alves; GIUBLIN, Isabella Bittencourt Mäder Gonçalves; PALMA, Juliana Bonacorsi de. **Comentários à lei das estatais (Lei nº 13.303/2016).** Belo Horizonte: Fórum, 2019; CASTRO, Rodrigo Pironti Aguirre de; GONÇALVES, Francine Silva Pacheco. **Compliance e gestão de riscos nas empresas estatais.** Belo Horizonte: Fórum, 2018; JUNQUEIRA, Gabriel Marson. **A prevenção da corrupção na administração pública: contributos criminológicos, do** *corporate compliance* **e** *public compliance.* Belo Horizonte: Editora D'Plácido, 20109.

[431] LEÓN ALAPONT, José. **La responsabilidade penal de los partidos políticos.** Valencia: Tirant lo Blanch, 2019, especificamente nas p. 493-545; NIETO MARTÍN, Adán; MAROTO CATALYUD, Manuel (Dir.). *Public compliance.* **Prevención de la corrupción en administraciones públicas y partidos políticos.** Cuenca: Universidad de Castilla-La Mancha, 2014. No Brasil, tramita o Projeto de Lei do Senado 429/17, que pretende aplicar normas de programas de integridade aos partidos políticos (Senado Federal. Atividade Legislativa. Disponível em https://www25.senado.leg.br/web/atividade/materias/-/materia/131429. Acesso em 7 de fevereiro de 2020).

[432] SAAD-DINIZ, Eduardo. **Ética negocial e** *compliance*: **entre a educação executiva e a interpretação judicial.** São Paulo: Thomson Reuters Brasil, 2019; ANTONIK, Luis Roberto. **Compliance, ética, responsabilidade social e empresarial: uma visão prática.** Rio de Janeiro: Alta Books, 2016.

[433] CARDOSO, Alessandro Mendes; MELO, Anthéia Aquino. *Compliance tributário e a responsabilização pessoal dos gestores.* In OLIVEIRA, Luis Gustavo Miranda de. **Compliance e integridade: aspectos práticos e teóricos, v. 2.** Belo Horizonte: Editora D'Plácido, 2019, p. 123-144; CARVALHO, Paulo de Barros (coord.); DIAS, Karem Jureini; BRITTO, Lucas Galvão de. **Compliance no Direito Tributário.** São Paulo: Thomson Reuters Brasil, 2018.

[434] MONTEIRO DE ANDRADE, Flávio Carvalho; FERREIRA, Isadora Costa. *Alguns contornos especiais do compliance em suas relações com a área trabalhista corporativa.* In OLIVEIRA, Luis Gustavo Miranda de. **Compliance e integridade: aspectos práticos e teóricos, v. 2.** Belo Horizonte: Editora D'Plácido, 2019, p. 193-225; JOBIM, Rosana Kim. **Compliance e trabalho: entre o poder diretivo do empregador e os direitos inespecíficos do empregado.** Florianópolis: Tirant lo Blanch, 2018.

[435] SCHAPIRO, Mario G.; MARINHO, Sarah M. Matos. **Compliance concorrencial: cooperação regulatória na defesa da concorrência.** São Paulo: Almedina, 2019; PERES, Marisa; SOUSA, Ricardo Inglez de. Compliance *concorrencial*. In LANA E SOUZA, Fernanda Nunes Coelho; TOMAGNINI, Flávia Neves; UCHOA, Maria Raquel de Sousa Lima; ANDRADE, Renato campos (Orgs.). **Compliance em perspectiva: abrangência, especificidades, mecanismos de atuação e a salvaguarda das organizações.** Belo Horizonte: Editora D'Plácido, 2019, p. 345-359.

legislativa[437]; gestão de pequenas e médias empresas[438]. Propõe-se[439] que, em qualquer dessas formas e níveis de existência de pessoas jurídicas, a sociedade possa se beneficiar com a aplicação de tais programas em conjunto com o que se conhece por *law enforcement*.

Neste Capítulo, pretende-se esclarecer a noção de *law enforcement*, sua natureza jurídica e como pode se relacionar com o aperfeiçoamento da prevenção corporativa de ilícitos (item 1). Posteriormente, explica-se a natureza da necessária atuação colaborativa entre o poder público e o setor privado, agora baseada no modelo da *enforced self-regulation* de AYRES e BRAITHWAITE (item 2). Em seguida, indicam-se possibilidades de técnicas resultantes da utilização conjunta de *compliance* e *law enforcement* que podem aprimorar procedimentos preventivos (item 3 e subitens). Fechando o núcleo da obra tal como exposto nesta Parte II, descreve-se o funcionamento de uma dessas ferramentas, em especial com o mesmo propósito de se melhorar a prevenção de ilícitos: o *one-stop-shop enforcement* (item 3, subitem 3.6). A proposta de lei no Apêndice repercute essa ferramenta com base no art. 23.

1. *Law enforcement*: noção e natureza jurídica

Não há, ainda, uma noção corrente de *law enforcement* no Brasil. Trata-se de expressão inglesa que, tal qual ocorre com a palavra *compliance*, não possui tradução literal ideal para o português. Seu sentido pode ser com-

---

[436] GORGA, Maria Luiza. **Direito médico preventivo: *compliance* penal na área da saúde.** Belo Horizonte: Editora D'Plácido, 2019; CARLINI, Angélica; SAAVEDRA, Giovani Agostini (Coord.). ***Compliance* na área da saúde.** São Paulo: Foco, 2020.

[437] GÓMEZ TOMILLO, Manuel. **Compliance penal y política legislativa.** Valencia: Tirant to Blanch, 2016.

[438] CARRAU CRIADO, Rafael. **Buen gobierno corporativo para PYMES. Sociedades de capital y cooperativas.** Valencia: Tirant lo Blanch, 2019; SOUSA PEREIRA, Marília Viana. Compliance *para pequenas empresas: como implantar.* In LANA E SOUZA, Fernanda Nunes Coelho; SERRANO DE NICOLÁS, Yolanda; CONESA ALAGARDA, Mayrata; ALBALÁ GONZÁLEZ, Augustín. **Compliance penal para pymes según la Norma UNE 19601.** Madrid: Aenor, 2019; TOMAGNINI, Flávia Neves; UCHOA, Maria Raquel de Sousa Lima; ANDRADE, Renato campos (Orgs.). **Compliance em perspectisimva: abrangência, especificidades, mecanismos de atuação e a salvaguarda das organizações.** Belo Horizonte: Editora D'Plácido, 2019, p. 103-123.

[439] Como já notou a literatura, com o paradigma da prevenção de ilícitos instaurado no Brasil pelos programas corporativos podem surgir novas ideias sobre formas mais atuais de controle social (SILVEIRA, Renato de Mello Jorge; SAAD-DINIZ, Eduardo. **Compliance...**, p. 250).

preendido como *"the detection and punishment of violations of the law"*[440], isto é, "a detecção e a punição de violações da lei". Nesse contexto, frequentemente pode designar "agentes policiais e outros membros do poder executivo encarregados de cumprir e fazer cumprir a lei criminal" (*"police officers and other members of the executive branch of government charged with carrying out and enforcing the criminal law"*)[441]. O emprego mais ordinário do termo, em Língua Inglesa, faz referência à polícia como instituição e/ou aos agentes policiais.

Mas é interessante notar que "a expressão não está limitada à aplicação concreta das leis criminais" (*"this term is not limited to the enforcement of criminal laws"*)[442]. Para promover a "aplicação concreta da lei" – esta talvez seja uma tradução adequada de *law enforcement* –, o Estado conta com os *law-enforcement officers*, que são agentes públicos, as pessoas "cujo dever é promover a aplicação das leis e preservar a paz" (*"a person whose duty is to enforce the laws and preserve the peace"*)[443]. Há, inclusive, nos EUA, uma Rede

---

[440] GARNER, Brian A (Editor in Chief). **Black's law dictionary.** 8. ed. St. Paul/MN: West;Thomson, 2004, p. 901.

[441] GARNER, Brian A (Editor in Chief). **Black's...**, p. 901.

[442] Idem, p. 901. Outra fonte que suporta essa afirmação é o *Department of Justice* (DOJ) dos EUA. Em seu *Antitrust Division Manual (Fifth Edition*, última atualização de julho de 2019), a expressão *law enforcement* é utilizada para se referir a órgãos públicos que respondem por variadas matérias jurídicas e diversos tipos de atuação: "três escritórios da Divisão Antitruste – localizada em Chicago, Nova Iorque e São Francisco – e duas seções em Washington, D.C. são responsáveis pela condução de investigações e litigância criminais. Alguns desses escritórios também atuam em fusões civis e questões distintas, dependendo da disponibilidade de recursos e expertises pessoais. Esses escritórios e as duas seções criminais de Washington, D.C. atuam em todas as fases do processo *enforcement* – investigação, litigância, acordos e sentenciamento e ainda atuam como os contatos de campo da Divisão para os Procuradores da União, dos Estados e outras agências de *law enforcement* dentro de suas respectivas áreas. Esses escritórios e seções investigam e processam conspirações antitruste regionais, nacionais e internacionais, bem como ilícitos a elas relacionados" (*"three offices of the Antitrust Division – located in Chicago, New York, and San Francisco – and two sections in Washington, D.C. are responsible for conducting criminal investigations and litigation. Some of these offices also handle civil merger and nonmerger matters, depending on resource availability and particular expertise. These offices and the two Washington, D.C. criminal sections handle all phases of the enforcement process–investigation, litigation, settlement, and sentencing and also act as the Division's field liaison with U.S. Attorneys, state attorneys general, and other law enforcement agencies within their areas. These offices and sections investigate and prosecute regional, national, and international antitrust conspiracies and related offenses"*). In https://www.justice.gov/atr/file/761166/download. Acesso em 17 de setembro de 2019. Item 5, p. I-8.

[443] GARNER, Brian A (Editor in Chief). **Black's...**, p. 901.

de Informações para a Aplicação Concreta da Lei ("*Law Enforcement Information Network – LEIN*"), "um sistema computadorizado de comunicação usado em alguns estados para documentar a habilitação de condutores de veículos, registros de propriedade de automóveis, arquivos de pessoas procuradas etc." ("*a computerized communications system used in some states to document driver's license records, automobile registrations, wanted persons' files, etc.*")[444].

Dado o emprego mais comum da expressão *law enforcement* como referência à atividade puramente repressora do Estado, é relevante conhecer pesquisa que aponta sua compatibilidade também com a prevenção de ilícitos. Huang e Howson[445] identificam várias espécies de *enforcement* no mercado aberto de investimentos. Uma delas é a chamada *informal public enforcement* (algo como aplicação informal da lei), em que a autoridade reguladora pode manter conversas e trocas de informações com as empresas visando assegurar o cumprimento da lei antes mesmo da ocorrência de qualquer fato suspeito. Afirmam que, quando a autoridade prover orientações ou aprovações aos investidores ou empresários, essa atividade "seria mais adequadamente tratada como uma espécie de '*ex ante enforcement*'", que seria uma técnica regulatória válida[446]. É essa a espécie de *law enforcement* que mais interessa ao presente texto. Como se vê, tal qual *compliance*, *law enforcement* não está atrelada à natureza jurídica do comando normativo em si (criminal, cível, administrativo etc.), mas ao seu devido cumprimento[447] – ainda que em caráter preventivo – sendo esta uma noção que bem lhe define em seus contornos gerais.

---

[444] Idem, p. 901.
[445] Huang, Robin Hui; Howson, Nicholas Calcina. **Enforcement of corporate and securities law: China and the world.** Cambridge: Cambridge University Press: 2018.
[446] Huang, Robin Hui; Howson, Nicholas Calcina. **Enforcement...**, p. 508. Os autores se referem ao cumprimento espontâneo das normas aplicáveis como *self-enforcement* (algo como autoaplicação da lei) ou *alternative private enforcement* (Idem, p. 508-509). Isso reforça a possibilidade de atuação do particular em tarefas de *law enforcement*, tal como aqui se propõe; o que varia é o nome que se dá a essa atuação (informal, autoaplicação, alternativa etc.). Parece que, uma vez esclarecido seu significado, a utilização da expressão *law enforcement* tanto para o setor público quanto para o setor privado não gera confusão e torna a compreensão da matéria mais simples, o que, por si só, é uma vantagem ao debate.
[447] Há, ainda, registros da expressão *private enforcement*, referindo-se ao uso de acordos particulares que sejam reconhecidos na justiça civil, ações judiciais de indenização e reparação em geral e da arbitragem como uma alternativa recomendável ao *public enforcement* (ação policial e sanções estatais) para o reforço de obrigações legais por parte de corporações

O fato é que, ainda, é escassa a literatura jurídica que relacione, expressamente, *law enforcement* com *compliance* no contexto da prevenção corporativa de ilícitos[448]. AYRES e BRAITHWAITE explicam que um maior nível de interação entre autoridades reguladoras e empresas é essencial para tornar a regulação mais responsiva (*"responsive regulation"*)[449] e, consequentemente, apresentar melhores resultados[450]. Ao desenvolver o conceito de regulação responsiva, BRAITHWAITE afirma que os encarregados da aplicação concreta da lei (*"law enforcers"*) devem considerar os mecanismos internos que as empresas tenham implementado com o intuito de cumpri-la antes de intervir de modo mais grave. Ilustrando tal conceito, o autor indica que, em oposição à "regulação responsiva", há o "formalismo regulatório". Para o "regulador formalista", como o crime de roubo é grave, é válido presumir que ele deverá sempre ser tratado com resposta penal igualmente grave, que a é a privação da liberdade por longo período. Já para o "regulador responsivo", essa presunção nem sempre está correta: se, por exemplo, o autor do roubo estiver desempenhando serviços comunitários voluntariamente, realizando relevantes trabalhos contra o vício em drogas, auxiliando vítimas de crimes ou se ele já reparou o dano que causou de forma satisfatória, talvez a consequência penal padrão não seja uma boa resposta[451]. BALDWIN e CAVE resumiram, assim, essa noção de regulação responsiva: "os regulados que continuem a infringir serão sujeitos a respostas cada vez mais intervencionistas e a respostas menos intervencionistas na medida em que passem a cumprir as normas"[452]. Saber divisar essas situações seria uma das atribuições dos *law enforcers*; esse pensamento revela um sentido mais flexível de *law enforcement*.

O autor prossegue, pontuando que *law enforcement* pode ser visto como um estímulo externo (representado pelo poder sancionador estatal) para que empresas atuem, de forma colaborativa, com o poder público. Organi-

(HUANG, Robin Hui; HOWSON, Nicholas Calcina. **Enforcement**..., p. 14-42; 138-161; 241-287; 397-399; 506-509).

[448] Ao que se apurou, de todas as obras citadas no presente item, as de BRAITHWAITE e SOUSA MENDES constituem as mais relevantes contribuições acadêmicas a esse tema.

[449] Regulação responsiva é o gênero do qual *enforced self-regulation* (vista no item 2, a seguir) é espécie (AYRES, Ian; BRAITHWAITE, John. **Responsive regulation**..., p. 5).

[450] Idem, p. 4-7.

[451] BRAITHWAITE, John. **Restorative justice**..., p. 29.

[452] BALDWIN, Robert; CAVE, Martin. **Understanding regulation: theory, strategy and practice.** New York: Oxford University Press, 1999, p. 99.

zações que estiverem cientes das consequências dos seus atos (e dos atos de seus representantes), bem como dispostas a cooperar para, eventualmente, receberem benefícios como a redução de pena, poderão conduzir investigações internas (hipótese em que as normas de eventual programa de *compliance* seriam bastante relevantes) que venham a entregar às autoridades não somente provas de materialidade e de autoria dos fatos em questão, como também propostas de correções de procedimentos e de reparação de danos[453]. Essas contribuições de BRAITHWAITE permitem entender que *law enforcement*, isto é, a aplicação concreta da lei, mesmo quando criminal, nem sempre precisa se limitar ao emprego de força pelo Estado, o que contraria a comum impressão de que *law enforcement* se resumiria à ação policial repressora ou à aplicação de sanções. Aqui, pretende-se explorar outras possíveis formas de *enforcement*.

SOUSA MENDES é um dos coordenadores de obra que "constitui uma (...) reflexão sistematizada" sobre a "tensão existente entre a aplicação efetiva do Direito (*law enforcement*) por parte das autoridades competentes e o cumprimento normativo voluntário (*compliance*) por parte das empresas".[454] Em sua pesquisa a respeito, o autor reconhece que a expressão *law enforcement* é pouco conhecida quando se trata de programas corporativos de prevenção de ilícitos. Ainda assim, como "nenhuma lei perfeita garante uma boa aplicação", entende não ser redundante pesquisar essa noção de aplicação concreta da lei[455]. Analisando a relação entre *law enforcement* e *compliance*, explica:

> os conceitos de *law enforcement* e *compliance* são inseparáveis porque o cumprimento normativo voluntário por parte das empresas só pode melhorar

---

[453] BRAITHWAITE, John. **Restorative justice**..., p. 110.
[454] PALMA, Maria Fernanda; DIAS, Augusto Silva; SOUSA MENDES, Paulo de. *Apresentação*. In PALMA, Maria Fernanda; DIAS, Augusto Silva; SOUSA MENDES, Paulo de (Coord. Cient.). **Estudos sobre *law enforcement*...**, p. 5-6. Essa pesquisa teve continuidade em: PALMA, Maria Fernanda; DIAS, Augusto Silva; SOUSA MENDES, Paulo de (Coord. Cient.). **Novos estudos sobre *law enforcement*, compliance e Direito Penal**. Coimbra: Almedina, 2020.
[455] SOUSA MENDES, Paulo de. Law enforcement & compliance. In PALMA, Maria Fernanda; DIAS, Augusto Silva; SOUSA MENDES, Paulo de (Coord. Cient.). **Estudos sobre *law enforcement*...**, p. 12. O autor traduziu a expressão como "aplicação efetiva" da lei, o que não difere, em essência, da expressão aqui adotada (aplicação concreta da lei). Todavia, opta-se, aqui, pela tradução "aplicação concreta" da lei por duas razões: pela referência expressa ao caso concreto em que a lei deverá incidir; ainda quando aplicada de fato, a lei poderá não vir a produzir os efeitos desejados, isto é, pode ser inefetiva.

se tiver devidamente em conta os poderes de regulamentação, supervisão e aplicação de sanções administrativas por parte das autoridades independentes, assim como as competências de investigação e acusação do Ministério Público em matéria penal[456].

Nessa dinâmica, a aplicação concreta da lei (*law enforcement*) caberia, somente, às autoridades públicas e o cumprimento normativo voluntário (*compliance with the law*) caberia, somente, às empresas. À primeira vista, pode parecer que essa divisão de tarefas seria rígida, mas não é esse o caso. SOUSA MENDES infere que ela, necessariamente, "implica uma atitude proativa das autoridades administrativas e o concurso" dos entes regulados. Ou seja, "a aplicação efetiva do Direito não se pode basear apenas no exercício dos poderes das autoridades administrativas, carecendo ainda de uma atitude colaborativa por parte das pessoas obrigadas."[457] Citando, expressamente, o modelo de autorregulação regulada proposto por AYRES e BRAITHWAITE, acima visto, SOUSA MENDES entende que:

> (...) a aplicação efetiva do Direito melhorará também se as autoridades administrativas e judiciárias adotarem modelos de regulação responsiva (*responsive regulation*), adequando-se empaticamente às melhorias na cultura corporativa da indústria e escolhendo, dessa forma, a oportunidade e a intensidade da respetiva atuação supervisora e sancionadora[458].

Um exemplo que cita como medida apta a viabilizar a aplicação concreta da lei por parte dos bancos é o congelamento espontâneo de ativos suspeitos – permitido na legislação suíça – e que "é, seguramente, muito mais eficaz do que os instrumentos contemplados na legislação de outros países, tais como Portugal, onde se prevê apenas um dever de abstenção de execução de operações suspeitas por parte dos bancos."[459] A premissa

---

[456] Idem, p. 19.
[457] SOUSA MENDES, Paulo de. *A problemática da punição do autobranqueamento e as finalidades de prevenção e repressão do branqueamento de capitais no contexto da harmonização europeia*. In **Católica Law Review**, Católica Research Centre for the Future of Law, v. I, n. 3, nov./17, Lisboa: Universidade Católica Editora, p. 140.
[458] SOUSA MENDES, Paulo de. Law enforcement & compliance. In PALMA, Maria Fernanda; DIAS, Augusto Silva; SOUSA MENDES, Paulo de (Coord. Cient.). **Novos estudos sobre *law enforcement, compliance* e Direito Penal**. Coimbra: Almedina, 2020, p. 14.
[459] SOUSA MENDES, Paulo de. *A problemática da punição...*, p. 142-143. O autor cita alguns outros exemplos de atividades de agentes públicos que se beneficiam de uma atitude

é a de que as medidas de prevenção adotadas contra a vontade e o interesse das pessoas tendem a não produzir o efeito desejado, tal como ocorre a com prevenção que conte apenas com a boa vontade dos interessados (autorregulação isolada, que se traduz "na retirada do Estado do cenário regulatório"[460]). A orientação de SOUSA MENDES converge, então, com as ideias de AYRES e BRAITHWAITE.

O resultado das pesquisas desses autores permite a seguinte constatação: *law enforcement* é uma atividade privativa do Estado. Mas se afirma, aqui, que isso é assim apenas formalmente, porque, na prática, sua correta consecução depende, também, do particular. Materialmente, então, os agentes públicos e as empresas devem poder atuar de forma coordenada, compartilhando o objetivo de assegurar *law enforcement*, ou seja, a aplicação concreta da lei. Propõe-se, logo, que, no ambiente corporativo, isso seja organizado com o auxílio de normas internas dos programas de prevenção corporativa.

A possibilidade de aplicar técnicas de *enforcement* também em textos que não são, necessariamente, leis, mas sim, *soft laws* – como, p.ex., manuais e códigos internos de conduta – tem inspiração em precedentes do governo dos EUA. Pelo menos, desde o início dos anos 2000, especialistas identificaram uma alteração específica na prática das autoridades de *law enforcement* nos EUA no que diz respeito à persecução de empresas: de uma abordagem mais adversarial e repressora – em que não se admitia que o particular pudesse contribuir de forma alguma com a aplicação concreta da lei –, cambiou-se para uma perspectiva de cooperação com as corporações, as quais passaram a assumir funções de produção probatória

---

proativa do fiscalizado: "a necessidade de verificação dos resultados atingidos pelas pessoas obrigadas impõe que a matéria não seja apenas alvo das rotinas de supervisão, tais como questionários à distância, mas seja também tratada ao nível inspetivo, implicando assim o exame on-site dos sistemas de controlo interno utilizados por cada pessoa obrigada, a análise dos resultados obtidos com esses sistemas e o incentivo à melhoria dos recursos instalados ou à implementação de novos recursos. Os progressos registados têm de ser regularmente avaliados. Em especial, a inspeção dos sistemas de controlo interno deve passar pela realização de reuniões entre os representantes das autoridades de supervisão e os responsáveis dos departamentos de compliance ou estruturas similares nas pessoas obrigadas. Desta forma se promoverá o aperfeiçoamento, numa base voluntária, dos sistemas de controlo interno e dos mecanismos de reporte de operações suspeitas às autoridades de supervisão (e.g., comunicações automáticas, triagem de falsos positivos)" (Idem, p. 141).

[460] SOUSA MENDES, Paulo de. *A problemática da punição...*, p. 140-141.

em prol da acusação, pautada no interesse público e na obtenção de eventuais benefícios previstos em lei. Nesse sentido,

> a corporação agora é vista, normalmente, pelo governo federal, não como a culpada que deve ser punida, mas como a facilitadora/cooperadora na tarefa de apontar e condenar os seus executivos responsáveis. Para realizar sua nova tarefa de colaboração com o governo federal para a *law enforcement*, a corporação passa a abandonar corriqueiramente a garantia de sigilo entre cliente e seu advogado e concorda em não contradizer uma declaração detalhada de culpa que frequentemente se torna o plano de acusação dos executivos investigados[461].

Essa ideia de colaboração para a *law enforcement* entre o poder público e as empresas é especialmente significativa para o presente estudo. Houve, ainda, experiências mais recentes.

A *Securities and Exchange Comission* (SEC) é o órgão que regula e disciplina o mercado de investimentos norte-americano em geral. Em novembro de 2017, divulgou seu *Enforcement Manual*, que "não tem o objetivo de criar nenhum direito, substantivo ou procedimental, assim como não cria nenhum direito e não se deve depender dele para exigir nenhum direito reconhecido em lei em nenhuma questão, seja civil ou criminal"[462]. Seu propósito é servir como referência ao pessoal da SEC na "investigação de potenciais violações à legislação federal"[463] pertinente, bem como para "proteger investidores e mercados"[464]. Um dos valores que difunde para

---

[461] *"The corporation is now typically seen by the federal government not as the culprit in need of punishment, but as the facilitator/cooperator in the task of indicting and convicting culpable executives. To discharge its newly created law enforcement partnership with the federal government, the corporation routinely abandons attorney-client privilege and agrees not to contradict a detailed statement of culpability that often becomes the blueprint for prosecution of indicted executives"* (ORLAND, Leonard. *The transformation of corporate criminal law*. In **Brooklyn Journal of Corporate, Financial & Commercial Law**, SYMPOSIUM: New Models for Securities Law Enforcement: Outsourcing, Compelled Cooperation, and Gatekeepers, v. 1., iss. 1, art. 4, New York, Brooklyn Law School, 2006, p. 84. Disponível em https://brooklynworks.brooklaw.edu/bjcfcl. Acesso em 23 de setembro de 2019).

[462] *"It is not intended to, does not, and may not be relied upon to create any rights, substantive or procedural, enforceable at law by any party in any matter, civil or criminal"*. U.S. Securities and Exchange Comission. In https://www.sec.gov/divisions/enforce/enforcementmanual.pdf. Acesso em 16 de setembro de 2019. Item 1.1, p. 1.

[463] Idem.

[464] Idem, item 1.4.1, p. 1.

tanto é o *"teamwork"* ("trabalho em equipe"), explicado como: "dar apoio e cooperar com colegas e outras Divisões e Escritórios na SEC e com outros profissionais de *law enforcement*"[465]. Tal valor repercute, inclusive, na sua política de alocação de servidores, já que, quando há investigações em curso sobre casos relevantes, a SEC afirma que "designar no mínimo dois procuradores pode contribuir com a abordagem colaborativa que aumenta a qualidade da apuração e promove responsividade"[466].

Em maio de 2019, a *Commodity Futures Trading Comission* (CFTC), por sua Divisão de *Enforcement*, também criou e publicou um *Enforcement Manual*. Seu objetivo é fomentar "mercados abertos, transparentes, competitivos e financeiramente seguros"[467]. Procura fazê-lo "trabalhando de forma cooperativa e em paralelo com as autoridades criminais e outros reguladores federais, estaduais ou internacionais", pois esse modelo de atuação é visto como "uma pedra fundamental ao Programa de *Enforcement*"[468].

É certo que os dois manuais acima citados refletem políticas de estímulo à cooperação apenas entre agentes públicos. Porém, nada impede que esse mesmo modelo seja estendido para admitir, também, a cooperação desses agentes com as corporações que atuam nos setores que se deseja melhor controlar. Isso porque a otimização da aplicação concreta da lei em ambiente empresarial depende de maior liberalidade por parte do poder público e de maior proatividade do setor privado. Deve haver uma combinação das atividades de controle estatais com as capacidades próprias de cada setor em que pessoas jurídicas exerçam suas atividades, de modo a "evidenciar uma articulação inteligente entre a capacidade reativa do Estado e uma correspondente autenticidade das iniciativas corporativas". Trata-se de uma "combinação necessária entre persuasão e

---

[465] *"Supporting and cooperating with colleagues and other Divisions and Offices at the SEC and fellow law enforcement professionals"*. Idem.
[466] "(...) *the assignment of at least two attorneys may contribute to a collaborative approach that improves the quality of the investigation and promotes accountability"*. Idem, 2.1.1, p. 6.
[467] U.S. Commodity Futures Trading Comission. In https://www.cftc.gov/LawRegulation/Enforcement/EnforcementActions/index.htm. Acesso em 16 de setembro de 2019. Item 2.1, p. 2.
[468] *"Working cooperatively and in parallel with criminal authorities and other federal, state, or international regulators is a cornerstone to the Enforcement Program."* U.S. Commodity Futures Trading Commision. In https://www.cftc.gov/LawRegulation/Enforcement/EnforcementActions/index.htm. Acesso em 16 de setembro de 2019. Item 8, p. 33.

intimidação"[469], e as normas internas de prevenção devem absorver essa soma de fatores e passar a tratar desse compartilhamento de obrigações sem rodeios, expressamente e em detalhes. É um novo capítulo ou tópico nos manuais de integridade, uma nova estrutura ou setor nas áreas de *compliance* dentro das organizações e, o que mais importa, um novo hábito a se cultivar nos ambientes corporativo e estatal. E não se trata de algo que seja possível unicamente no EUA.

No Brasil, a chamada Lei das Estatais (13.303/16) – voltada a regular o setor público – estabelece, em seu art. 9º, que "a empresa pública e a sociedade de economia mista adotarão regras de estruturas e práticas de gestão de riscos e controle interno (...)". Por conta da maneira inovadora com que busca fazê-lo, especialistas identificaram nela nuances de uma preocupação do Estado com a aplicação concreta da lei quando se trata de programas de prevenção. Hoje, afirmam, "não basta apenas prever a existência do Código, mas também quem será responsável pelo seu *enforcement*. Isso denota uma das tendências da lei, que é a de não apenas prever em abstrato condutas, mas dotar a estatal de meios efetivos para dar concretude ao que tiver sido previsto no plano abstrato"[470]. Esse modelo mais dinâmico aqui examinado, em que público e privado empregam esforços conjuntos para que determinado comando normativo seja respeitado tende a repercutir mais em termos de mudança de cultura corporativa – isto é, interfere mais nos valores em jogo – do que uma abordagem focada na prevenção e repressão isolada por atuação de agentes da lei[471].

Por falar em valores, pesquisa segundo a qual as políticas de *law enforcement* que ignoram os valores (*values*) respeitados pelas comunidades afetadas e representados pelas leis que se desejam ver aplicadas raramente são

---

[469] SAAD-DINIZ, Eduardo. *Política Regulatória, Enforcement e Compliance: Análise dos Lineamientos da Oficina Anticorrupção da Procuradoria Argentina*. In **Revista Magister de Direito Penal e Processual Penal**, n. 90, jun.jul/2019. Porto Alegre: Lex Magister, p. 73.

[470] GUIMARÃES, Bernardo Strobel; RIBEIRO, Leonardo Coelho; RIBEIRO, Carlos Vinícius Alves; GIUBLIN, Isabella Bittencourt Mäder Gonçalves; PALMA, Juliana Bonacorsi de. **Comentários à lei das estatais (Lei nº 13.303/2016)**. Belo Horizonte: Fórum, 2019, p. 98. Itálicos originais.

[471] DICKENS, Linda. *Fairer workplaces: making employment rights effective*. In DICKENS, Linda. **Making employment rights effective: issues of enforcement and compliance**. Oxford: Hart, 2012, p. 215-218.

bem sucedidas.[472] Apesar disso, tem sido comum, na literatura especializada, ignorar a importância dos valores intrínsecos aos comandos normativos que se quer aplicar e como eles se compatibilizam (ou não) com aqueles preconizados por seus destinatários, o que pode fazer ruir, no limite, a própria legitimidade da lei naquele âmbito[473]. Por outro lado – e como já se viu na Parte I, Capítulo 3, item 2 – programas corporativos idôneos de prevenção trazem, como uma de suas bases, precisamente, os valores que devem ser respeitados pela empresa e seus integrantes como forma de se criar uma cultura de cumprimento apta a contribuir com a prevenção de ilícitos. Sob esse enfoque, não haverá, ao menos em tese, a problemática dissonância valorativa entre *law enforcement* e *compliance*. Ao revés: ela tende a ser afastada se ambos forem geridos no mesmo âmbito das normas internas da empresa, unificados precisamente pelos mesmos princípios. Como se vê, tratar do funcionamento e de instrumentos de *law enforcement* em programas de prevenção não é, apenas, possível, como também conveniente.

Mais alguns comentários parecem necessários. Importa enfrentar as seguintes indagações: *law enforcement* é uma teoria? Qual a sua natureza jurídica? *Compliance* é uma forma de *law enforcement* ou vice-versa? Naturalmente que sem a pretensão de se encerrar os debates provocados pelas questões, sugerem-se as seguintes respostas, em ordem respectiva.

Primeiramente, não se trata de uma teoria, pois *law enforcement* é, antes de mais nada, uma designação vocabular comum na Língua Inglesa, tanto quanto o são *compliance* (cumprimento, conformidade), *governance* (governança), *criminal law* (lei criminal), *government agencies* (agências governa-

---

[472] KOCHENOV, Dimitry. *The Acquis and its principles: the enforcement of the 'law' versus the enforcement of 'values' in the EU*. In JAKAB, András; KOCHENOV, Dimitry. **The enforcement of EU law and values. Ensuring member states' compliance.** Oxford: Oxford University Press, 2017, p. 11. Nesse sentido: "o debate sobre a aplicação concreta de valores por meio de interpretação da lei apenas faz sentido se for levado em conta o pano de fundo do contexto legal, político e social em que ele ocorre" (*"the debate on the enforcement of values through legal interpretation makes sense only against the background of the legal, political and social context where it takes place"*) (ITZCOVICH, Giulio. *On the legal enforcement of values. The importance of the institutional context*. In JAKAB, András; KOCHENOV, Dimitry. **The enforcement of EU law and values. Ensuring member states' compliance.** Oxford: Oxford University Press, 2017, p. 41).
[473] KOCHENOV, Dimitry. *The Acquis and its principles: the enforcement of the 'law' versus the enforcement of 'values' in the EU*. In JAKAB, András; KOCHENOV, Dimitry. **The enforcement of EU law and values. Ensuring member states' compliance.** Oxford: Oxford University Press, 2017, p. 12.

mentais) etc. Pretende-se, neste livro, com o seu estudo, explorar o uso de seus sentidos com a finalidade de se ativar uma dinâmica entre Estado e empresas para otimizar a prevenção de ilícitos em ambiente corporativo. Os programas de prevenção podem absorver e regular internamente (nas empresas) tal dinâmica, juntamente às demais rotinas de controle e de prevenção. É preferível, logo, considerar *law enforcement* como uma técnica, um mecanismo ou um critério e não uma teoria.

Segundo, não se pesquisou, neste livro, toda a potência de sua natureza jurídica. Viu-se que *law enforcement* é uma expressão que, em Língua Inglesa, pode significar múltiplos órgãos públicos (Judiciário, Executivo, agências, agentes policiais etc.), setores (fiscalização, investigação, sancionamento), áreas jurídicas (cível, criminal, administrativa etc.) e momentos de intervenção (prevenção, monitoramento, repressão, reparação etc.). Mas, nos limites em que se desenvolve este estudo, nota-se que sua natureza jurídica parece ser a mesma do *compliance*: instrumento de prevenção *ex ante facto*. Os dois podem ser aplicados em conjunto, logo, na busca da prevenção corporativa de ilícitos[474].

Finalmente: parece que *compliance* é uma noção mais abrangente e que inclui, como regra, *law enforcement*. "Ao invés de serem conceitos opostos, *enforcement* constitui um de vários elementos que podem potencialmente contribuir para se conquistar *compliance*" (*"enforcement constitutes one of several elements potentially contributing to the achievement of compliance, rather than a competing concept"*). Na relação entre ambos, *compliance* seria o "conceito líder" (*"leading concept"*), mais amplo e que pode produzir efeitos mais profundos (*"overreaching"*)[475]. Segundo BALDWIN e CAVE, ao debater as diferentes abordagens regulatórias do Estado, citam as diferenças entre *compliance* e *enforcement*, mas concluem que ambas visam, ao fim, obter *compliance*[476].

Ambos podem ser considerados elementos de regulação e de governança[477], mas, no contexto dos programas corporativos, o *enforcement* parece

---

[474] Sobre a ideia de prevenção real, vide os 3 itens do Capítulo 1 desta Parte II.
[475] AMTENBRINK, Fabian; REPASI, René. *Compliance and enforcement in economic policy coordination in EMU*. In JAKAB, András; KOCHENOV, Dimitry. **The enforcement of EU law and values. Ensuring member states' compliance.** Oxford: Oxford University Press, 2017, p. 147.
[476] BALDWIN, Robert; CAVE, Martin. **Understanding regulation: theory, strategy and practice.** New York: Oxford University Press, 1999, p. 97
[477] "Em sentido mais amplo, 'governança' é um conceito que se aplica geralmente quando se trata do propósito, da administração e das funções de nações, governos, comunidades,

ser somente um dos possíveis mecanismos utilizados[478]. Porém, essa compreensão de que *compliance* seria algo mais amplo do que *law enforcement*, no contexto da prevenção corporativa de ilícitos, não é pacífica, tampouco deve ser vista de forma absoluta[479]. Trata-se mais de uma forma de se tentar visualizar uma possível dinâmica entre os dois conceitos.

Independentemente disso, parece razoável deduzir que a noção de *law enforcement*, isoladamente considerada, representa, comumente, algo mais estreito, que é a atuação puramente estatal por agentes públicos, enquanto que *compliance* – ainda quando isoladamente considerado – designa algo mais amplo, como uma atitude, uma conduta padrão, o compromisso de cumprir a norma ou até mesmo o próprio cumprimento dela em si. Considerado o foco de prevenção corporativa de ilícitos, adotado na análise do *compliance* e da *law enforcement*, é possível entender que o primeiro termo realmente abrange o segundo, o qual figura, neste livro, como uma nova técnica (dentre outras) pela qual se procura obter *compliance* e, consequentemente, a prevenção.

Em síntese: a atividade de *law enforcement* (dever estatal de fazer cumprir a lei) pode ser compartilhada, porque não convém que seja responsabilidade exclusiva do Estado, proibindo-se a contribuição do particular quando se trata de prevenir ilícitos relacionados a corporações. Para viabilizar tal compartilhamento, as corporações deverão dedicar parte de seus programas de prevenção de ilícitos para descrever os modos pelos quais implementarão as suas responsabilidades para auxiliar na aplicação con-

---

organizações e possivelmente até mesmo de indivíduos. (...) 'Governança corporativa' foca mais discretamente em organizações tanto do setor público quanto do setor privado e suas gestões tanto internamente quanto externamente. Enquanto conceito, 'governança corporativa' é mais associada com o setor privado e a gestão de companhias que negociam valores em bolsa (...)" (HORRIGAN, Bryan. *Comparative corporate governance developments and key ongoing challenges from Anglo-American perspectives.* In TULLY, Stephen. **Research handbook on corporate legal responsibility.** Gloucestershire: Edward Elgar, 2005, p. 21).

[478] CRAWFORD, Adam. *'Sticks and carrots... and sermons': some thoughts on compliance and legitimacy in the regulation of youth anti-social behaviour.* In CRAWFORD, Adam; HUCKLESBY, Anthea. **Legitimacy and compliance in criminal justice.** Oxfordshire: Routledge, 2013, p. 188.

[479] Segundo NIETO MARTÍN, na literatura anglo-saxônica o entendimento majoritário é o de que a utilização de programas corporativos de *compliance* é que seria uma nova forma de *law enforcement*, "baseada em uma nova estratégia da atividade fiscalizatória da administração pública", que buscaria mais cooperação do particular do que sancioná-lo (NIETO MARTÍN, Adán. *Autorregulación, 'compliance' y justicia restaurativa.* In ARROYO JIMÉNEZ, Luis; NIETO MARTÍN, Adán [Dir.]. **Autorregulación y sanciones.** 2. ed. Navarra: Aranzadi, 2015, p. 102).

creta da lei[480]. Essa atuação colaborativa entre o poder público e o setor privado é um modelo de *law enforcement* que não parece encontrar impeditivo em nenhum âmbito específico de atuação de empresas e de funcionamento dos programas de *compliance*.

2. Autorregulação regulada como colaboração entre o Estado e as corporações: a *enforced self-regulation*

Há um espaço entre a obrigatoriedade da lei em si e o cumprimento dela por parte do destinatário da norma. O mero estabelecimento do comando na lei por si somente não explica, tampouco garante a conduta conforme a lei[481]. E, mesmo que houvesse uma autoridade reguladora que concentrasse altíssimo nível de poder para fiscalizar e sancionar em todas as áreas jurídicas e setores econômicos, isso, ainda, não garantiria a prevenção desejada[482].

No que diz respeito ao programa de prevenção de ilícitos em ambiente corporativo, as dificuldades da obtenção de conformidade quase sempre articulam-se à complexa relação existente entre os fiscais e os fiscalizados, que normalmente é adversarial e permeada de desconfianças[483]. E é previsível que, assim, o seja, afinal, frequentemente há preconceitos de ambos os lados. Sugere-se, nesse item, um instrumento de *law enforcement* que se baseia na união de esforços público-privados que pode contribuir para contornar tais dificuldades[484]: a autorregulação regulada, inspirada

---

[480] Parte-se da premissa de que o programa será idôneo e não apenas algo formal.

[481] A expressão original é: "(...) *gap between obligation and compliance*" (LAMONT, Christopher K. **International criminal justice and the politics of compliance.** Farnham: Ashgate, 2010, p. 165).

[482] LAM, Alexa. *Enforcement of Hong Kong's securities law: the underpinning philosophy*. In HUANG, Robin Hui; HOWSON, Nicholas Calcina. **Enforcement of corporate and securities law: China and the world.** Cambridge: Cambridge University Press: 2018, p. 359.

[483] Quando não decorre de evidente compromisso com a ilicitude por parte do fiscalizado, hipótese não trabalhada neste livro em virtude de estar fora da premissa de compartilhamento de objetivos comuns de prevenção.

[484] Embora não se enfrentem, aqui, questões ligadas à rigidez que o Princípio da Legalidade impõe ao poder público, partilha-se da ideia de que "a concepção da legalidade necessita ser, portanto, expandida. Sob o manto da lei, mas não sem criatividade. Afinal, a concepção clássica da legalidade – construída ao final do século XIX, início do XX – pretende significar que aos Poderes Públicos só compete a aplicação do texto legal. (...) As autoridades públicas podem – senão devem – ser criativas. (...) Está na hora, portanto, de encontrar formas de aplicar a legalidade com maior efetividade e eficiência" (MOREIRA, Egon Bockmann. *Negociações*

na Teoria da Regulação Responsiva, em sua espécie *enforced self-regulation* de AYRES e BRAITHWAITE[485].

2.1. A colaboração público-privada e a sociedade

Antes, três esclarecimentos: primeiramente, não se ignora que, em alguma medida, é sempre necessária alguma colaboração[486] prática entre as autoridades e os cidadãos, de modo que ela nunca é totalmente dispensável. A vida em sociedade em si seria inviável se não houvesse esse mínimo necessário de atuação conjunta público-privada. Aliás, ela é reconhecida pela literatura especializada como plenamente possível sob o enfoque jurídico[487]. Mas também é verdade que determinados deveres do Estado não são apenas dele e que diversos aspectos da vida seriam melhorados se todos fizessem algo mais pelo que é público. Que a segurança pública é "dever do Estado", por exemplo, todos sabem. Mas parece esquecido o fato de que ela, também, é "responsabilidade de todos" (CF, art. 144)[488]. Outro exemplo é o da Lei 11.530/07, que preconiza, dentro do Programa Nacional de Segurança Pública com Cidadania (PRONASCI), a diretriz do "fortalecimento de redes sociais e comunitárias" (art. 3º, II).

COSTA GONÇALVES lembra que "o *interesse público* não constitui um monopólio do Estado ou da Administração Pública", razão pela qual as

---

público-privadas: sob a lei, mas para além do texto da lei. In **Gazeta do Povo**, Vozes, Curitiba, 30 de abril de 2019. Disponível em https://www.gazetadopovo.com.br/vozes/egon-bockmann-moreira/negociacoes-publico-privadas-sob-a-lei-mas-para-alem-do-texto-da-lei/. Acesso em 9 de agosto de 2019).

[485] AYRES, Ian; BRAITHWAITE, John. **Responsive regulation: transcending the deregulation debate.** New York: Oxford University Press, 1992.

[486] A palavra "colaboração" é utilizada, na presente pesquisa, por força de seu significado leigo e não revela predileção pelo instrumento formal da colaboração em detrimento da cooperação ou de outras formas jurídicas que podem permitir a atuação conjunta entre o público e o privado.

[487] Para MOREIRA, "hoje a literatura reconhece sem rebuços que 'não existe nenhuma antinomia entre o exercício de funções públicas (...) por um lado e a natureza da associação privada por outro' (...)". O que varia é a natureza jurídica do instrumento pelo qual isso é feito (delegação, concessão etc.) (MOREIRA, Vital. **Administração autónoma e associações públicas.** Coimbra: Coimbra Editora, 2003, p. 543 e 544-545).

[488] E, conforme a noção de autorregulação regulada de DARNACULLETA I GARDELLA, ela "deve corresponder à consecução de um fim cuja responsabilidade se atribui, em primeira instância, à própria sociedade (...)" (DARNACULLETA I GARDELLA, Mª Mercè. **Autorregulación y derecho público: la autorregulación regulada.** Madrid: Marcial Pons, 2005, p. 342).

atividades privadas podem e, por isso, devem ter o seu papel de destaque na consecução desse interesse[489]. Em uma declaração pioneira nesse ramo de pesquisa, LUMBARD identificou, em 1965, o potencial da cooperação de todos: "vamos agora avançar juntos, cidadãos, advogados e juízes em um esforço conjunto calculado para rejuvenescer todo o maquinário e as operações da *law enforcement* (...)"[490]. Nesse contexto, atualmente:

> (...) o particular não é o mero *súbdito* do Estado-polícia, não é o *cidadão socialmente descomprometido* do Estado liberal e também já não é o simples *utente* dos serviços do Estado social; pelo contrário, ele assume ou é convocado a assumir um novo papel de *actor* que partilha com o Estado a missão de realizar o interesse público. Está aqui suposto, sim, o particular no seu estatuto de cidadão comprometido, empenhado e socialmente responsável (...), que procura e aceita contribuir para a realização do bem comum[491].

Basta, como diz COSTA GONÇALVES, ativar as responsabilidades sociais já existentes dos particulares, ainda que isso seja feito por meio de novos mecanismos legais[492]. Nada impede que essa ideia seja desenvolvida, especialmente para o aperfeiçoamento da prevenção corporativa de ilícitos[493].

---

[489] COSTA GONÇALVES, Pedro António Pimenta da. **Entidades privadas com poderes públicos...**, p. 144-145. O autor esclarece, ainda, que: "(...) o sector das tarefas de interesse público empreendidas por actores privados no espaço da Sociedade – e não do Estado ou da Administração Pública – recolhe tarefas e actividades muito diversas, que implicam níveis muito diferenciados de responsabilidade, de compromisso e de envolvimento público: ao lado de actividades que pertencem, claramente, à Sociedade e que, no plano jurídico-constitucional, devem exercer-se sem a interferência e sem regulação administrativa pública, outras há que, sendo igualmente privadas, reclamam, ainda naquele foro, uma específica interferência e uma reforçada regulação do Estado e da Administração Pública" (idem, p. 145).
[490] *"Let us now move forward together, citizens, lawyers, and judges in a united effort calculated to rejuvenate the entire machinery and operation of law enforcement (...)"* (LUMBARD, J. Edward. The Citizen's Role in Law Enforcement. In **Journal of Criminal Law and Criminology**, Northwestern University School of Law, Chicago, vol. 56, article 9, iss. 1, Mar./1965, p. 72. Disponível em https://scholarlycommons.law.northwestern.edu/cgi/viewcontent.cgi?article=5281&context=jclc. Acesso em 11 de setembro de 2019).
[491] COSTA GONÇALVES, Pedro António Pimenta da. **Entidades privadas com poderes públicos...**, p. 150-151. Itálicos originais.
[492] Idem, p. 162.
[493] Até porque, "esforços no sentido de uma 'autorregulação regulada', de 'estruturas de incentivo' (...) ou de 'efetividade', apesar de sua recorrente citação na literatura, ainda merecem muito mais atenção da pesquisa científica" (SAAD-DINIZ, Eduardo. *O papel transformativo das*

2.2. A possibilidade de se evitar a captura regulatória

Em segundo lugar, não se ignora que o aumento do risco de captura dos interesses públicos pelos privados é uma possível consequência da maior proximidade que agentes públicos deverão ter com seus fiscalizados. POSNER adota uma concepção bastante restrita; para ele, "a expressão captura regulatória é a subversão de agências reguladoras por empresas que elas regulam"[494]. Já CARPENTER e MOSS partem da premissa de que captura regulatória é como se chama um fenômeno que pode designar diversos fatos com distintos significados e com intensidades variadas. Eles citam a captura cultural (reguladores são influenciados, às vezes sem se dar conta, por uma combinação de correntes sociais e intelectuais, com ou sem a contribuição direta dos regulados), a captura de *expertise* (reguladores dependem demasiado de informações técnicas cuja única fonte é o regulado) e, "talvez, a mais sutil de todas", a captura dos economistas (os regulados incentivam acadêmicos a embasar cientificamente perspectivas regulatórias que os favoreçam), como uma espécie de *lobby*[495]. Uma definição possível é oferecida por eles: "captura regulatória é o resultado ou o processo pelo qual a norma, em sua formulação ou aplicação, é consistentemente ou repetidamente dirigida para longe do interesse público e aproximada dos interesses do regulado, por intenção e ação do próprio regulado"[496]. Os autores explicam que corporações que desejam alterar a regulação a favor de seus interesses, geralmente, se valem de contribuições a campanhas políticas, de pressões a autoridades e das chamadas *revolving doors* (portas giratórias)[497].

Revolving doors, referindo-se à fluidez de pessoas e, especialmente, de interesses entre os setores público e privado são os pontos de contato, no espaço e no tempo, entre reguladores e regulados (em uma acepção ampla) e que, normalmente, podem permitir a conversão de algo que era estatal

---

corporações no processo penal: ideias sobre compliance *e vitimização corporativa*. In **Revista Magister de Direito Penal e Processual Penal**, n. 91, ago.set/2019. Porto Alegre: Lex Magister, p. 70).

[494] POSNER, Richard A. *The concept of regulatory capture: a short, inglorius history*. In CARPENTER, Daniel; MOSS, David A. **Preventing regulatory capture: special interest influence and how to limit it.** New York: Cambridge University Press, 2014, p. 49.

[495] CARPENTER, Daniel; MOSS, David A. *New conceptions of capture – mechanisms and outcomes*. **Preventing regulatory capture...**, p. 69.

[496] CARPENTER, Daniel; MOSS, David A. **Preventing regulatory capture: special interest influence and how to limit it.** New York: Cambridge University Press, 2014, p. 13.

[497] CARPENTER, Daniel; MOSS, David A. **Preventing regulatory capture...**, p. 19-20.

em particular, legal ou ilegalmente. Frequentemente esse tema está ligado à captura regulatória, corrupção e ilícitos afins. Essa metáfora "aplica-se a muitas profissões e indústrias, incluindo auditores contábeis externos que se tornam agentes financeiros internos, promotores que se tornam advogados, jornalistas críticos que se tornam relações públicas do governo e vice-versa"[498]. Historicamente, esse tipo de evento social não tem, por si só, a marca da ilegalidade[499]: a troca de experiências e o relacionamento público-privado são situações corriqueiras, antigas e, em certos casos, até fomentadas pelo governo à busca de melhor compreensão de certos mercados para melhor regulá-los[500]. O risco maior desse tipo de contato, na realidade, tende a ser a supervalorização de relacionamentos pessoais e a simultânea subvalorização das informações[501], que normalmente conduz a uma captura.

Afora as condutas ilícitas intencionais, a captura pode significar a falha de regulação por assimetria de informações entre o regulador e o regulado. Basicamente, a autoridade, para desempenhar seu papel, depende do recebimento de dados do regulado, que pode, imprudentemente, transmiti-los de modo incompleto, dúbio ou até mesmo equivocado. Esses dados, provavelmente, embasarão uma atuação inadequada da autoridade, a qual poderá favorecer indevidamente o regulado ou, até mesmo, prejudicá-lo[502]. Hoje, entende-se que "(...) a captura pode ser feita pelo Governo, pelos usuários/consumidores e pela própria corporação (quadro de servidores permanentes das entidades regulatórias)"[503]. Ou seja, a captura como vista há algumas décadas, em que o regulador se tornava praticamente uma filial do regulado no Estado, é algo raro, sendo que muitas queixas de captura

---

[498] LAPIRA, Timothy M.; THOMAS, Herschel F. **Revolving door lobbying: public service, private influence, and the unequal representation of interests.** Kansas: University Press of Kansas, 2017, p. 215.

[499] CARPENTER, Daniel. *Detecting and measuring capture.* In **Preventing regulatory capture: special interest influence and how to limit it.** New York: Cambridge University Press, 2014, p. 66.

[500] LAPIRA, Timothy M.; THOMAS, Herschel F. **Revolving door lobbying...**, p. 202-206.

[501] Idem, p. 211.

[502] Como ocorre, p.ex., na chamada "captura de influência", detalhadamente explicada por MCCARTY (MCCARTY, Nolan. *Complexity, capacity and capture.* In CARPENTER, Daniel; MOSS, David A. **Preventing regulatory capture: special interest influence and how to limit it.** New York: Cambridge University Press, 2014, p. 99-123).

[503] GUERRA, Sérgio. **Agências reguladoras: da organização administrativa piramidal à governança em rede.** Belo Horizonte: Fórum, 2012, p. 114.

são infundadas, como se, simplesmente, não existissem mecanismos de defesa previstos em lei[504].

Isso visto, e em que pese o risco real de captura, deve-se considerar que um eventual pessimismo demasiado em relação a uma atuação mais próxima, na base da autorregulação regulada, entre autoridades e empresas pode, conduzir a um conformismo que é uma barreira para muitas inovações potencialmente positivas. Dito de outra forma, "o risco desse enfoque é, mercê do excessivo temor de captura, deixar de regular a contento"[505]. O que não significa, naturalmente, que tal possibilidade não deva inspirar preocupações sobre como evitá-la. Afinal, ainda em intensidades menores, a captura pode ser nociva à sociedade. Assim, cumpre verificar algumas recomendações para o aumento de controle dos espaços de colaboração público-privada, como *checks and balances* que podem tornar tal aproximação menos convidativa a estratégias ilícitas de captura.

MOREIRA e MAÇÃS sugerem, como possíveis critérios a evitar o risco de "captura pelos interesses regulados", que os órgãos reguladores funcionem conforme critérios de independência orgânica (requisitos claros para a escolha de seus integrantes; regime de incompatibilidades; mandato fixo), independência funcional (em relação a outros órgãos reguladores) e independência em relação aos interesses regulados, o que seria garantido por critérios rígidos ligados à independência orgânica. Ademais, os dirigentes desses órgãos devem imprimir neutralidade e imparcialidade em suas gestões[506].

Como o resultado de uma pesquisa voltada especialmente a esse objetivo, CARPENTER e MOSS apresentam uma série de medidas preventivas da captura regulatória – variando conforme o órgão regulador e o nicho regulado – que já produziram resultados práticos: envolvimento de fiscais estatais especializados em identificar riscos de captura; criação de programas de empoderamento do consumidor; cultivação de cultura de independência dentro dos órgãos reguladores; institucionalização de departamentos, dentro dos órgãos reguladores, que possam apontar as des-

---

[504] CARPENTER, Daniel; MOSS, David A. **Preventing regulatory capture...**, p. 452-453.
[505] FREITAS, Juarez. *Regulação de Estado, avaliação de impactos e o direito fundamental à boa Administração Pública*. In GUERRA, Sérgio; FERREIRA JUNIOR, Celso Rodrigues (Coord.). **Direito Administrativo – estudos em homenagem ao Professor Marcos Juruena Villela Souto.** Belo Horizonte: Fórum, 2015, p. 172.
[506] MOREIRA, Vital; MAÇÃS, Fernanda. **Autoridades reguladoras independentes...**, p. 27-30.

vantagens de qualquer política ou medida que favoreça economicamente determinado regulado ou grupo de regulados, dentre outras[507].

Sem prejuízo do incremento do controle, as condutas nocivas ao Estado e à sociedade já são descritas e reprimidas em lei. O mesmo se pode dizer em relação a eventuais agentes públicos mal intencionados ou que abusem de seu poder de regular e sancionar. Mesmo assim, assegurar a vigência de critérios como os acima vistos pode impedir a supervalorização de relações pessoais em detrimento do apreço pela integridade no trato da atividade fiscalizatória e, consequentemente, a captura, seja sua intensidade ou modalidade qual for[508].

2.3. A colaboração público-privada como instrumento de *law enforcement*

Em terceiro lugar, é importante afirmar que o método de aproximar o poder público do setor privado é efetivamente uma técnica de *law enforcement* que pode favorecer a prevenção corporativa de ilícitos. Tratando do desenvolvimento da prevenção da criminalidade a partir da década de 1960 no Reino Unido, Darke constatou que:

> o principal avanço na prevenção da criminalidade veio quando a polícia começou a formar parcerias com o setor privado e com as autoridades públicas locais. O setor comercial, por exemplo, tinha potencial para desempenhar um papel importante no desenvolvimento da prevenção situacional, por meio da gestão das ruas principais e shoppings (Phillips e Cochrane, 1988). Os governos locais poderiam também contribuir muito, por meio, por exemplo, da gestão de habitação e iluminação públicas (Smith e Laycock, 1985). Mais ainda, a inclusão das autoridades locais na prevenção tinha o potencial de levar o paradigma da prevenção para além do seu limitado enfoque na segurança, para o desenvolvimento de uma abordagem social para o controle criminal, devido ao seu papel como prestadores de serviços sociais, como moradia, educação, juventude e apoio familiar[509].

---

[507] Carpenter, Daniel; Moss, David A. **Preventing regulatory capture...**, p. 453.
[508] Razão pela qual se redigiu art. 25 da proposta de lei do Apêndice.
[509] Darke, Sacha. *A prevenção da criminalidade na Inglaterra e no País de Gales* (Trad. Cristina Emy Yokaichiya). In **Revista Ultima Ratio**, a. 3, n. 3, Rio de Janeiro: Lumen Juris, 2009, p. 210.

Como se vê, especificamente quanto ao policiamento para a prevenção de crimes, a ideia de associação entre a força pública e a privada não é nova. E permanece válida: pesquisa atual sobre alternativas para a otimização de relacionamento do povo com as autoridades policiais, bem como sobre a melhoria da atuação policial no controle do crime concluiu que uma boa solução é "(...) a adoção de estilos de policiamentos que motivem a aceitação voluntária e a cooperação espontânea por parte do público"[510]. Trata-se de construir "(...) respeito voluntário e cooperação entre os membros do público"[511]. Nada obsta que esse paradigma aproveite, também, ao relacionamento entre autoridades de controle da atividade empresarial e os empresários.

Pode-se questionar a legitimidade da iniciativa ou da atuação do particular quando ele se propõe a realizar a *law enforcement*. Mas esse é um problema aparente[512]: nenhum cidadão ou empresa detém, por conta própria, autoridade para atuar como se fosse agente policial, magistrado, enfim, servidor público. Ao Estado, logicamente, estarão preservadas as suas funções inerentes ao exercício da autoridade que possui, mediante a qual edita normas básicas de orientação, de supervisão, de sanção e de tutela desse processo de autorregulação das empresas. Nessa relação, ele figura como

---

[510] "(...) *adopting policing styles that motivate voluntary acceptance and willing cooperation on the part of the public*" (TYLER, Tom. *Legitimacy and compliance: the virtues of self-regulation*. In CRAWFORD, Adam; HUCKLESBY, Anthea. **Legitimacy and compliance in criminal justice.** Oxfordshire: Routledge, 2013, p. 23-24).

[511] "(...) *voluntary deference and cooperation among members of the public*" (TYLER, Tom. *Legitimacy and compliance: the virtues of self-regulation*. In CRAWFORD, Adam; HUCKLESBY, Anthea. **Legitimacy and compliance in criminal justice.** Oxfordshire: Routledge, 2013, p. 23-24).

[512] Pelo menos desde a década de 1980 se questiona a visão da esfera pública como algo claramente divisável em contraste com a esfera privada (STONE, Christopher D. *Corporate vices and corporate virtues: do public/private distinctions matter?* In **University of Pennsylvania Law Review**, v. 130, n. 6, Philadelphia, 1982, p. 1441-1509). Nesse sentido e dentro da presente temática: "atualmente, reconhecemos que não apenas instituições privadas exercem funções públicas e instituições públicas exercem funções privadas, mas também que ambas exercem funções que não sabemos catalogar em uma ou em outra categoria. (...) O direito vem se adaptando a essas mudanças. (...) Um exemplo claro vemos no papel das corporações autorreguladas, que desenvolvem atividades de relevância pública, frequentemente sob o status de organização privada, e, portanto, sem estarem submetidas aos processos de controle e legitimação política típicos do setor público" (MAROTO CALATAYUD, Manuel. *Autorregulación y legitimidad corporativa: democracia interna y control social en partidos políticos y empresas*. In ARROYO JIMÉNEZ, Luis; NIETO MARTÍN, Adán (Dir.). **Autorregulación y sanciones.** 2. ed. Navarra: Aranzadi, 2015, p. 370).

a única "*law enforcement authority*"[513]. A atuação particular somente ocorre ao lado da atuação estatal e está a ela vinculada[514], a exemplo dos deveres de controle e de vigilância do empregador em relação aos empregados e às fontes de riscos da atividade econômica que explora. A possível crítica em questão seria, muito provavelmente, desfeita com a promulgação de lei que disciplinasse tal relação[515]. Mas, até lá, a recomendação para evitar a aparência de perda ou de ausência de legitimidade das atuações não estatais é que elas sejam sempre acompanhadas de controle estatal e de alguma supervisão do Estado; uma espécie de "controle de qualidade"[516].

Isso remete a presente pesquisa novamente ao modelo da autorregulação regulada[517], já que "as organizações que obtêm melhores resultados de cumprimento na adoção voluntária e na implementação prática das estruturas de autorregulação são as que se comprometeram com ele"[518]. É dentro desse modelo, portanto, que se pode desenvolver a atuação cooperativa aqui vislumbrada.

Discorrendo sobre as bases de uma função de apoio do Estado ao particular e vice-versa, HESPANHA defendeu que, "para encontrar soluções normativas adequadas e estabilizadoras é necessário, antes de mais, um conhecimento suficiente das situações a regular e das consequências de certa regulação." Mas o Estado tem "grande dificuldade em reunir um

---

[513] "Autoridade aplicadora da lei" (AGUILERA GORDILLO, Rafael. **Compliance penal...**, p. 202).

[514] Há "convergência no objetivo de as empresas procederem à regulação da sua atividade, que o Estado incentiva sem abrir totalmente mão dessa mesma regulação". Mas continua sendo "o Estado que define as regras da nova forma de regulação, que incluem diversas possibilidades normativas de pressão" (MIRANDA RODRIGUES, Anabela. **Direito penal econômico...**, p. 49).

[515] Para maiores detalhes sobre a previsão em lei, vide: Parte III, Capítulo 3, item 2.

[516] SCHMIDT-ASSMANN, Eberhard. *Enforcing international environmental law: a German and European perspective on national implementation*. In ZHENGHUA, Tao; WOLFRUM, Rüdiger. **Implementing international environmental law in Germany and in China.** London: Kluwer Law International Ltd., 2001, p. 25. No mesmo sentido, propondo que haja um "filtro" das normas privadas pelo direito por razões de legitimidade: NIETO MARTÍN, Adán. *Autorregulación...*, p. 101.

[517] Já visto na Parte II, Capítulo 2, item 3.

[518] GONZÁLEZ DE LEÓN BERINI, Arturo. *Autorregulación empresarial, ordenamento jurídico y derecho penal. Pasado, presente y futuro de los límites jurídico-penales al libre mercado y a la libertad de empresa*. In SILVA SÁNCHEZ, Jesús-María (Dir.); MONTANER FERNÁNDEZ, Raquel (Coord.). **Criminalidad de empresa y Compliance – Prevención y reacciones corporativas.** Barcelona: Atelier, 2013, p. 103.

conhecimento de tal maneira complexo e de o utilizar para criar normas em tempo útil e para observar os resultados de sua aplicação."[519] Por isso, imaginou que deveria haver um "trânsito do modelo estadualista para o de um pluralismo auto reflexivo" que pudesse "induzir mecanismos de autorregulação", "esse pode ser o novo papel do Estado na regulação".[520] Concluiu: "isto equivale a dizer que a função normativa do Estado se poderia deslocar da regulação direta para uma função de apoio aos sistemas de auto regulação, apoio que incluiria modalidades diversas."[521] Como em qualquer empreitada colaborativa, todas as partes devem contribuir[522].

Tratando da prevenção de danos ao ambiente especificamente causados por corporações em cenários nacional e internacional, pesquisa de SCHMIDT-ASSMANN[523] feita em 2001 já recomendava a adoção de "mecanismos inteligentes de aplicação da lei" (*"smart enforcement mechanisms"*) com vistas a otimizar o controle. Sugere, para tanto, ferramentas alternativas de complemento do controle regulatório tradicional que apresentam melhores resultados em geral. Todos os exemplos fornecidos pelo jurista envolvem a contribuição ativa de particulares: chamamento de comunidades locais para avaliar impactos ambientais de construções e obras; promulgação de leis que garantam aos interessados acesso irrestrito a arquivos e informações relacionadas ao controle e à fiscalização das atividades que produzem risco ao ambiente; promulgação de leis que permitam a realização de auditoria em empresas por quaisquer interessados munidos de informações oficiais pertinentes sobre possível risco ambiental; publicação de normas especiais permitindo e regulando a autoavaliação por empre-

---

[519] HESPANHA, António Manuel. **Pluralismo jurídico e Direito Democrático.** São Paulo: Annablume, 2013, p. 238.

[520] HESPANHA, António Manuel. **Pluralismo jurídico...**, p. 242.

[521] Idem, p. 242-243.

[522] O programa de prevenção de ilícitos em empresas pode ser um "estimulador do desenvolvimento sustentável, uma vez que possui como metas a transparência, a confiança e a ética, essenciais para a fruição natural da cooperação mútua, única forma capaz de alterar a mentalidade dos atores e transformar de forma efetiva o ambiente empresarial" (RIBEIRO, Marcia Carla Pereira; DINIZ, Patrícia Dittrich Ferreira. Compliance *e lei anticorrupção nas empresas.* In **Revista de Informação Legislativa**, a. 52, n. 205, jan.-mar. 2015, p. 88).

[523] SCHMIDT-ASSMANN, Eberhard. *Enforcing international environmental law: a German and European perspective on national implementation.* In ZHENGHUA, Tao; WOLFRUM, Rüdiger. **Implementing international environmental law in Germany and in China.** London: Kluwer Law International Ltd., 2001.

sas que explorem o ambiente[524]. Essa prática de se permitir, oficialmente, a participação da sociedade civil no processo de tomada de decisões e de fiscalização específica do trato de recursos naturais e sua exploração iniciou-se no começo dos anos 1990 e foi, desde então, vista como uma evolução como método de defesa dos interesses públicos correspondentes[525].

O envolvimento dos setores privados interessados também pode produzir benefícios na prevenção de ilícitos contra direitos subjetivos de grupos de indivíduos. Conforme DICKENS:

> quando se trata de questões envolvendo aplicação e cumprimento com a atenção voltada à efetividade de direitos em termos de criar e manter ambientes de trabalho mais justos, deve ser reconhecido que a lei (os direitos trabalhistas) é apenas um incompleto mecanismo de promoção desses ambientes. De fato, o papel desempenhado pela lei parece de menor importância quando comparado a outros fatores macro. Claramente não é possível simplesmente legislar justiça, mas a lei pode ter eficácia se envolver medidas e atores regulatórios e não regulatórios[526].

Esse envolvimento de atores regulatórios e não regulatórios tem razão de ser. É fato que "o regulador precisa de informações do regulado para poder desenvolver regras razoáveis e coerentes. (...) Quando as metas são alteradas com muita frequência em resposta ao descumprimento, *compliance* pode se tornar um conceito vazio. As condições necessárias para reformar as regras para alcançar *compliance* (...) incluem monitoramento e vigilância (...)"[527]. Desde a fase preliminar de formulação das normas

---

[524] SCHMIDT-ASSMANN, Eberhard. *Enforcing...*, p. 24-25.
[525] CHAZOURNES, Laurence Boisson de. *Policy guidance and compliance: the world bank operational standards.* In SHELTON, Dinah. **Commitment and compliance: the role of non-binding norms in the international legal system.** New York: Oxford University Press, 2003, p. 301-302.
[526] *"In focusing on issues around rights enforcement and compliance with a view to the effectiveness of rights in terms of delivering fairer workplaces, it has to be acknowledged that the law (employment rights) is only one, incomplete, mechanism for promoting fairer workplaces. Indeed the part played by the law may appear minor when compared to other macro factors (...). Clearly it is not possible simply to legislate for fairness, but the law can have efficacy (...) involving regulatory and non-regulatory measures and actors"* (DICKENS, Linda. *Fairer workplaces: making employment rights effective.* In DICKENS, Linda. **Making employment rights effective: issues of enforcement and compliance.** Oxford: Hart, 2012, p. 205).
[527] *"The regulator needs information from the regulated to develop reasonable and meaningful rules. However, when goals are continuously altered in response to performance, compliance can become*

aplicáveis, então, pode haver a colaboração. Entretanto, é fundamental que haja um relacionamento pacífico e de confiança entre os atores envolvidos.

Pesquisa sobre a dificuldade de se obter *compliance* com normas de comportamento vistas como *soft law* (de cujo descumprimento não segue uma sanção) aponta que, "quanto mais intrusiva a regra, mais difícil será cumpri-la"[528]. Se a ideia é explorar formas de atuação conjunta entre regulador e regulado, entre o público e o privado, ambos com o mesmo objetivo (prevenir ilícitos em corporações), parece que o ambiente mais propício para que isso ocorra é um de confiança mútua, a qual dispensa burocracia em excesso e normas punitivas drásticas.

Portanto, esse contexto de colaboração é realmente o ideal para que se desenvolva a prevenção corporativa. O mesmo ocorre com normas de costumes sociais e hábitos comunitários: as contribuições de cada ator ao propósito comum podem ocorrer não tanto por conta de uma ostensiva ameaça de sanção, mas, primordialmente, pelo compartilhamento das mesmas convicções, o qual é uma opção socialmente mais saudável e produtiva. De acordo com WEISS, "o argumento de que normas sociais informais são confiáveis porque são mais eficazes do que instrumentos legais formais está implicitamente baseada na premissa de que tais normas são justas. Do contrário, as pessoas não estariam dispostas a cumpri-las, a menos que obrigadas a tanto"[529]. Um exemplo dado pela autora é o da disputa entre fazendeiros na Califórnia pela divisão de terras causada pelas constantes fugas de gado. Eles adotaram um sistema informal de ajustes, premiações e eventuais sanções que é mais confiável do que a pura e simples aplicação

---

an empty concept. Conditions necessary to reform rules to achieve meaningful compliance are not common; they include vigilant monitoring by those opposed to this comfortable business-government relashionship" (DIMENTO, John F. **Environmental law and American business: dilemmas of compliance.** New York: Plenum Press, 1986, p. 28).

[528] *"The more intrusive the rule, the harder it may be to comply"* (SHELTON, Dinah. *Law, non-law, and the problem of 'soft law'*. In SHELTON, Dinah. **Commitment and compliance: the role of non-binding norms in the international legal system.** New York: Oxford University Press, 2003, p. 14).

[529] *"The argument that informal social norms are relied upon because it is more efficient than relying on formal legal instruments must implicitly rest upon the assumption that the norms are equitable. Otherwise, participants would not be willing to comply with them, unless coerced"* (WEISS, Edith Brown. *Understanding compliance with soft law*. In SHELTON, Dinah. **Commitment and compliance...**, p. 543).

da lei *(law enforcement)*[530]. Ou seja, "a sociedade civil tem um papel especialmente importante no aprimoramento do *compliance* com a *soft law*"[531]. Sucede que faltam esforços para aliar não apenas setores públicos entre si, ou os particulares entre eles, mas, principalmente, o público e o privado em torno do objetivo da prevenção de ilícitos em corporações[532].

2.4. A *enforced self-regulation*

Superado o terceiro esclarecimento inicial, pode-se finalmente passar ao objeto principal deste item: o modelo de atuação colaborativa da *enforced self-regulation* em si. Na literatura especializada, a base desse mecanismo é a pesquisa de AYRES e BRAITHWAITE[533] sobre regulação responsiva[534]. Importante recordar que, para os autores, regulação responsiva é um gênero, um tipo de autorregulação regulada que se caracteriza por permitir maior interação entre regulador e regulado, em que a autoridade intervém, mais ou menos, na esfera de direitos do particular conforme ele cumpra menos ou mais as normas aplicáveis, respectivamente. *Enforced self-regulation* é uma espécie desse gênero[535]. Dessa forma, trata-se, aqui, de um modelo de autorregulação regulada, formatado como regulação responsiva pelos citados autores, na espécie *enforced self-regulation*. Em uma explicação sucinta, *enforced self-regulation* é:

---

[530] WEISS, Edith Brown. *Understanding compliance with soft law*. In SHELTON, Dinah. **Commitment and compliance: the role of non-binding norms in the international legal system.** New York: Oxford University Press, 2003, p. 543.

[531] *"Civil Society has an especially important role in furthering compliance with soft law"* (WEISS, Edith Brown. *Understanding compliance...*, p. 553).

[532] WEISS, Edith Brown. *Understanding compliance with soft law*. In SHELTON, Dinah. **Commitment and compliance: the role of non-binding norms in the international legal system.** New York: Oxford University Press, 2003, p. 544.

[533] AYRES, Ian; BRAITHWAITE, John. **Responsive regulation: transcending the deregulation debate.** New York: Oxford University Press, 1992.

[534] Obra mais voltada ao Direito administrativo identifica um modelo que parece muito próximo da *enforced self-regulation*, chamado de "convênio de autorregulação". Ele seria voltado à articulação de todos os atores envolvidos (públicos e privados) para a consecução cooperativa de fins públicos (DARNACULLETA I GARDELLA, Mª Mercè. **Autorregulación...**, p. 377). Opta-se, todavia, pela *enforced self-regulation* por estar mais próximo do tema aqui exposto *(law enforcement)* e por representar um modelo teoricamente mais aprofundado por AYRES e BRAITHWAITE.

[535] AYRES, Ian; BRAITHWAITE, John. **Responsive regulation...**, p. 5-6.

(...) uma opção criativa para modular o intervencionismo da estratégia regulatória para um meio termo entre a autorregulação pura e a regulação estatal direta. (...) Isso significa que as corporações deverão redigir seu próprio conjunto de regras, as quais serão, depois, publicamente ratificadas. Quando houver uma falha na aplicação dessas regras privadas (e publicamente ratificadas), elas serão, então, aplicadas pelo Estado[536].

Essa explicação é plenamente compatível com a supervisão que o Estado deverá exercer sobre o particular – o "controle de qualidade" acima citado – para evitar a aparência de ausência de legitimidade da atuação privada[537]. Mas essa relação público-privada não precisa ser tão rígida quanto parece[538]. Os autores explicam que toda a sua pesquisa tenta demonstrar que a única saída para o confronto teórico estéril entre desregulação, de um lado, e mais regulação, de outro lado, é uma inovação na ideia de regulação, a qual pode ser representada pelo modelo de *enforced self-regulation* que apresentam[539].

Considerando-se o objetivo da presente pesquisa, essa noção de *enforced self-regulation* é plenamente compatível com o gênero da autorregulação regulada visto na Parte II, Capítulo 2, item 3 (subitem 3.3). Ou seja, pode-se dizer que *enforced self-regulation* é uma forma de autorregulação regulada. Optou-se pela utilização específica dessa teoria estrangeira principalmente porque foi criada especialmente para auxiliar autoridades públicas e corporações a prevenir ilícitos, o que lhe torna muito útil para realizar o propósito de aperfeiçoamento delineado neste trabalho. E, também, porque,

---

[536] "(...) one of the creative options available to escalate the interventionism of regulatory strategy to a middle path between self-regulation and command and control government regulation. (...) It means that firms are required to write their own set of corporate rules, which are then publicly ratified. And when there is a failure of private enforcement of these privately written (and publicly ratified) rules, the rules are then publicly enforced" (AYRES, Ian; BRAITHWAITE, John. **Responsive regulation...**, p. 6).

[537] E também para evitar o problema de indisposição para cooperar, próprio de modelos de autorregulação pura ou não sujeita a controle: "(...) a autorregulação regulada combina a versatilidade e a flexibilidade da autorregulação pura, evitando muitos dos defeitos inerentes ao voluntarismo" ("(...) *enforced self-regulation combines the versatility and flexibility of voluntary self-regulation, but avoids many of the inherent weaknesses of voluntarism*", AYRES, Ian; BRAITHWAITE, John. **Responsive regulation...**, p. 106).

[538] Vale lembrar que, nesse modelo, as autoridades reguladoras sequer ratificariam ou aceitariam as normas produzidas pelo regulado caso não atendessem aos requisitos mínimos constantes das leis aplicáveis (Idem, p. 106-107).

[539] Idem, p. 101.

segundo BALDWIN e BLACK (que sugerem avanços no modelo de AYRES e BRAITHWAITE), trata-se, ainda, de uma base teórica amplamente acolhida como idônea e com resultados práticos por acadêmicos e reguladores ao redor do mundo[540].

Prosseguindo: consoante AYRES e BRAITHWAITE, a relação entre regulador e regulado deverá se desenvolver em um contexto no qual ambos os lados sejam responsivos ao objetivo comum de obtenção de *compliance* com as normas aplicáveis, acarretando prevenção de ilícitos. Assim, essa forma de autorregulação regulada pode permitir, inclusive, "(...) a negociação que ocorre entre o Estado e empresas individuais para estabelecer normas que sejam particularizadas para cada empresa"[541]. Defendem que somente essa regulação cooperativa poderá produzir um sistema racional de prevenção e, simultaneamente, sedimentar uma cultura corporativa de responsabilidade social[542].

A base da proposição dos autores é simples: os particulares, quando são corporações, estão em situação de grande vantagem em comparação com o Estado na tarefa de promover controle[543]. Somente eles detêm o conhe-

---

[540] BALDWIN, Robert; BLACK, Julia. *Really responsive regulation*. In **LSE Law, Society and Economy Working Papers**, n. 14. London School of Economics and Political Science, 2007, p. 5. Disponível em: www.lse.ac.uk/collections/law/wps/wps.htm and the Social Sciences Research Network electronic library at: https://papers.ssrn.com/sol3/papers.cfm?abstract_id=1033322. Acesso em 13 de agosto de 2020. Ademais, os próprios autores reconhecem que muitas das melhorias que sugerem já vêm sendo realizadas por autoridades em geral dentro de um modelo responsivo e afirmam que falta uma melhor organização esquemática das atividades regulatórias em relação aos regulados (idem, p. 46-47). Ideias semelhantes constam em: BALDWIN, Robert; CAVE, Martin. **Understanding regulation...**, p. 133-137.

[541] "(...) *negotiation occurring between the state and individual firms to establish regulations that are particularized to each firm*" (AYRES, Ian; BRAITHWAITE, John. **Responsive regulation...**, p. 101).

[542] Idem, p. 51.

[543] Essa premissa teórica é, também, reconhecida como válida por outros autores: OMAROVA destaca a "vantagem informacional" do setor empresarial para detectar alterações do mercado e para lidar com crises em seus nichos específicos, bem como para ajustar seus mecanismos internos de controle em nível global de maneira muito mais ágil do que se houver algum procedimento oficial prévio (OMAROVA, Saule T. *Rethinking the Future...*, p. 669-670. Disponível em https://brooklynworks.brooklaw.edu/bjil/vol35/iss3/2. Acesso em 27 de setembro de 2019); SIEBER enfatiza o "potencial regulador autônomo e a vigência jurídica autônoma (...) das constituições empresariais", que podem ser designadas "Direito sem Estado" (SIEBER, Ulrich. *Programas de* compliance..., p. 78). Ora, parece óbvio que, se "a *própria empresa mudou seu modelo organizacional* para adaptar-se às condições de imprevisibilidade introduzidas pela rápida transformação econômica e tecnológica" que surgiu principalmente por conta

cimento completo sobre seu nicho econômico e sobre seu funcionamento interno, enquanto que agentes públicos teriam de ir atrás de tais informações, as quais, muitas vezes, não são obtidas ou, quando o são por força, podem estar incompletas ou inadequadas (deliberadamente ou não)[544]. Confira-se a explicação:

> em particular, a autorregulação regulada leva em conta que, em contextos particulares, será mais eficiente que as empresas reguladas executem parte ou todas as funções regulatórias do legislativo, do executivo e do judiciário. Como legisladoras autorreguladoras, as empresas formulariam suas próprias normas reguladoras; como autorreguladoras executivas, as empresas monitorariam a si próprias em busca de condutas de *noncompliance* [contrárias às normas]; como autorreguladoras juízas, as empresas puniriam e corrigiriam os responsáveis pelo *noncompliance*[545].

Por isso, em uma relação de autorregulação regulada, "o Estado, titular da potestade regulatória, recorre às empresas para que colaborem com ele na elaboração de corpos normativos"[546]. Dentre as outras vantagens desse modelo, os autores citam as seguintes: as regras seriam feitas sob medida para cada setor empresarial ou grupo econômico; as regras se alterariam mais facilmente para acompanhar mudanças de costumes ou inovações em cada setor econômico; a criatividade regulatória seria estimulada[547]; as corporações seriam mais comprometidas com as regras que elas mesmas

---

das inovações informáticas da *internet* e da globalização, o Estado não teria (como não tem) condições de, sem a cooperação dela, regulá-la de modo minimamente seguro (CASTELLS, Manuel. **A sociedade em rede.** 11. ed. São Paulo: Paz e Terra, 2008, p. 221. Itálicos originais).

[544] Sobre a possibilidade de evitar a captura regulatória, vide Parte II, Capítulo 3, subitem 2.2. Explorando a possibilidade de a empresa cooperar com as autoridades mesmo quando não está diante de indício da prática de ilícitos: ROXIN, Imme; ASSIS, Augusto. *Problemas e estratégias da consultoria de compliance em empresas.* In **Revista Brasileira de Ciências Criminais**, a. 23, v. 114, mai./jun. 2015. São Paulo: Revista dos Tribunais, p. 3-4.

[545] *"In particular, enforced self-regulation envisions that in particular contexts it will be more efficacious for the regulated firms to take on some or all of the legislative, executive, and judicial regulatory functions. As self-regulating legislators, firms would devise their own regulatory rules; as selfregulating executives, firms would monitor themselves for noncompliance; and as self-regulating judges, firms would punish and correct episodes of noncompliance"* (AYRES, Ian; BRAITHWAITE, John. **Responsive regulation**..., p. 103).

[546] COCA VILA, Ivó. *¿Programas de cumplimiento...*, p. 51.

[547] Afinal, nesse formato de regulação o Estado delega ao particular a importante obrigação de monitorar e tratar os riscos inerentes à sua atividade (*"the government places the key responsibility*

desenvolveram; a confusão os custos de ter que obedecer a dois códigos de regras distintos (o do Estado e o da empresa) seriam reduzidos; os custos da atividade estatal de formulação de regras, adaptação de regras já existentes e monitoramento não precisariam ser aumentados e poderiam até reduzir; mais ilícitos seriam prevenidos; o material probatório produzido pelas empresas tornaria decisões judiciais mais seguras; os setores de prevenção de ilícitos das empresas seriam, no geral, mais valorizados socialmente[548].

E também apontam possíveis críticas[549]: o Estado assumiria custos com análise de diversos pedidos para ratificação de programas de prevenção[550]; o sistema legal de alguns países pode não acomodar a noção de que particulares possam produzir sua própria lei e auxiliar o Estado com seu *enforcement*; normas particulares muito distintas e em profusão podem enfraquecer a ideia de que a lei é universal e, com isso, minar sua força moral[551]; o setor empresarial, como um todo, poderia ganhar um poder político indesejável; corporações redigiriam suas normas tentando facilitar sua atividade e reduzir o risco de punição[552]; a imparcialidade dos

---

for risk management directly on individual private entities") (OMAROVA, Saule T. *Rethinking the Future*..., p. 676).

[548] AYRES, Ian; BRAITHWAITE, John. **Responsive regulation**..., p. 110-116.

[549] A proposta veiculada não presume que o modelo da *enforced self-regulation* é o único viável, tampouco que ele não careça de nenhuma melhoria. Trata-se, apenas, de uma proposta aparentemente viável. Como notam BALDWIN e CAVE, nenhuma estratégia regulatória é perfeita e, por isso, precisam ser exploradas pelas suas características para cada situação social. Ademais, diferentes setores industriais e comerciais podem demandar uma combinação própria de técnicas de regulação estatal para serem melhor atendidos (BALDWIN, Robert; CAVE, Martin. **Understanding regulation**..., p. 16 e 136).

[550] Os próprios autores rebatem essa possível crítica, argumentando que o processo de elaboração e de fiscalização de regras é custoso no paradigma da regulação direta pelo Estado. A colaboração das empresas, na prática, deverá contribuir inclusive para a redução de custos. Ademais, a fiscalização passará a ser facilitada e deverá haver, a longo prazo, menos sanções, pois a autorregulação regulada otimiza o monitoramento (AYRES, Ian; BRAITHWAITE, John. **Responsive regulation**..., p. 120-121).

[551] Por outro lado, a empresa não se autorregulará, apenas, conforme suas particularidades e interesses, mas, também, em benefício da sociedade, haja vista que deverá desenvolver seus próprios métodos especificamente para o atendimento das exigências legais que valem para todos. Nesse sentido: "a regulação pública da autorregulação social tem como função última lograr que o funcionamento da estrutura de autorregulação dê conta de determinados padrões que em princípio lhe são alheios, já que procedem do sistema de Direito do Estado" (ARROYO JIMÉNEZ, Luis. *Introducción a la autorregulación*..., p. 38).

[552] Mas não se trata de substituir ou de contornar o ordenamento legal, e sim, de complementá-lo com apoio em um "princípio de responsabilidade social da empresa" que a obriga a

setores de prevenção das corporações nunca seria plenamente garantido. Os próprios autores afastam, entretanto, todas essas potenciais falhas, afirmando, basicamente, que, embora os riscos existam, são baixos e podem ser plenamente contornados com leis bem formuladas e políticas públicas adequadas[553]. Os prováveis benefícios são maiores do que as possíveis desvantagens.

A literatura admite que "os programas de *compliance* para a prevenção (...) consistem em um sistema de medidas extrajurídicas (...) desenvolvidas pelas empresas afetadas, como atores decisivos no campo econômico, em todos os níveis de prevenção. (...) Se for observada a autorregulação regulada (...) como uma interação entre os sistemas reguladores privados e estatais", é possível criar estratégias de prevenção idôneas[554]. Em suma, consoante nota RODRIGUES, ao analisar as ideias de AYRES e BRAITHWAITE, "neste modelo, a tarefa de *enforcement* caberia à empresa, assegurada mediante um órgão interno, que assumiria a responsabilidade de garantir o respeito pelos códigos ético e de conduta aprovados; ao Estado competiria responsabilizar a empresa ou os seus órgãos pelas condutas ilícitas, eventualmente penais, praticadas"[555].

O modelo é, então, factível como um dos instrumentos de *law enforcement* que poderão aperfeiçoar a prevenção corporativa de ilícitos[556]. E uma estratégia válida para produzir resultados positivos é aquela em que essa regulação compartilhada demande a inclusão de todos os represen-

---

não se valer da "opacidade informativa" das estruturas corporativas para furtar-se a suas responsabilidades (AGUILERA GORDILLO, Rafael. **Compliance penal...**, p. 202).

[553] AYRES, Ian; BRAITHWAITE, John. **Responsive regulation...**, p. 120-128.

[554] SIEBER, Ulrich. *Programas de* compliance ..., p. 103.

[555] MIRANDA RODRIGUES, Anabela. **Direito penal econômico...**, p. 48, nota de rodapé 96.

[556] O *Department of Justice* (DOJ) dos EUA tem incentivado que corporações desempenhem papel mais atuante na atividade de *enforcement* ao, p.ex., conceder benefícios àquelas que apresentarem, o mais cedo possível, documentos, informações e ações que possam contribuir com apurações em andamento (Compliance & Enforcement – Progam on Corporate Compliance and Enforcement at New York University School of Law. **DOJ Clarifies Corporate Enforcement Policy**, por Greg D. Andres, Martine M. Beamon, Angela T. Burgess, Tatiana R. Martins, Robert A. Cohen, Neil H. MacBride, Paul J. Nathanson, Linda Chatman Thomsen, Kenneth L. Wainstein e Patrick S. Sinclair, em 3 de dezembro de 2019. Disponível em https://wp.nyu.edu/compliance_enforcement/2019/12/03/doj-clarifies-corporate-enforcement-policy/. Acesso em 4 de dezembro de 2019). Nada impede que corporações insiram, em seus programas de prevenção de ilícitos, normas com o mesmo objetivo, reforçando a ideia de atuação colaborativa com o Estado.

tantes do Estado com autoridade para exercer controle sobre aquela atividade econômica em especial, garantindo, com isso, soluções mais estáveis e duradouras.

3. Outras possíveis ferramentas de *law enforcement* para a prevenção de ilícitos

Sem prejuízo dos 5 itens mais comuns de programas de *compliance* vistos na Parte I, Capítulo 3, há outras 5 possibilidades de ferramentas para que se tente garantir a idoneidade dos programas. Todas as sugestões que se fazem a seguir sobre essas ferramentas resultam da combinação de forças entre o poder público e o setor privado acima examinada, que se dá de modo mais dinâmico do que o comum e com viés eminentemente preventivo. Na prática, as ferramentas que dessa fusão poderão surgir serão definidas, essencialmente, pelos ramos de exploração econômica das corporações e pelo ajuste da dinâmica Estado-empresa. Com o auxílio dos especialistas em cada área, esses fatores conformarão, caso a caso, ideias inovadoras dentro dos limites de factibilidade socioeconômica correspondentes.

Por essa razão, apresentam-se – em relação a esse item, subitens 3.2 a 3.6 – apenas alguns exemplos que permitem a formulação de propostas – sem a pretensão de aprofundamento teórico de cada um deles ou de exaurimento das possibilidades – derivadas da tentativa de se demonstrar o funcionamento concreto da soma de *compliance* corporativo e *law enforcement*. Antes de examiná-los convém, porém, considerar informações sobre a aptidão prática das normas corporativas internas como instrumentos de *law enforcement*, no subitem 3.1. Isso parece fundamental para conferir segurança à análise sobre a viabilidade das propostas da Parte III para o aperfeiçoamento da prevenção corporativa de ilícitos.

3.1. A viabilidade prática do uso de programas de prevenção corporativa como *law enforcement*: necessidade de ambiente normativo favorável

SHORT e TOFFEL[557] empreenderam relevante pesquisa empírica na área da autorregulação de empresas, examinando documentação relativa a um

---

[557] SHORT, Jodi; TOFFEL, Michael W. *Making self-regulation more than merely symbolic: the critical role of the legal environment*. In **Administrative Science Quarterly**, Georgetown Public Law and Legal Theory Research Paper n. 11-14, Scholarship@Georgetown Law, Georgetown University Law Center, Washington/DC, v. 55, 2010, p. 362 e 364. Disponível em http://scholarship.law.georgetown.edu/facpub/461. Acesso em 27 de setembro de 2019.

período de 10 anos de fiscalização pelo governo dos EUA com o objetivo de melhor entender como as normas internas por elas formuladas podem alcançar os objetivos definidos pela legislação aplicável e pelos padrões éticos almejados. "Em especial", informam os autores, "nós investigamos como é que as atividades de *enforcement* das autoridades reguladoras podem criar um ambiente normativo que seja mais ou menos favorável à autorregulação"[558].

Os resultados revelam que os principais fatores que a legislação deve ter em conta para motivar uma autorregulação que possa conduzir a condutas *compliant* são: as corporações podem vir a cumprir a lei para cultivarem uma imagem favorável; porque se identificam com os valores veiculados pela legislação; porque lhes parece a coisa certa a fazer; porque, se não cumprirem a lei, poderão receber graves sanções. A pesquisa evidencia, também, que, embora o monitoramento e as sanções sejam ferramentas evidentemente úteis, se não forem bem dosadas elas poderão minar o fator motivacional das organizações, desestimulando-as a agirem conforme a lei, o que provocaria um efeito contrário ao desejado[559].

Autoridades ou fiscais que fazem ameaças de punição diretas, constantes ou explícitas tendem a, com isso, comprometer o fomento de condutas *compliant*. A coação e a expectativa de sanção podem e devem existir, porém, de modo sutil, no *background* de todo o relacionamento da autoridade com o particular[560].

Os autores afirmam que a lei – sua assertividade e seu conteúdo – é sempre um fator que contribui, fortemente, para a criação de estruturas simbólicas voltadas ao cumprimento da lei (*compliance*) nas corporações[561], mas desde que os sentidos das normas sejam coerentes entre si e avaliados como minimamente democráticos pelos regulados. A lei e também a maneira como ela é interpretada e aplicada pelas autoridades são mediadores centrais na relação público-privado e influenciam, decisivamente,

---

[558] SHORT, Jodi; TOFFEL, Michael W. *Making self-regulation...*, p. 365.
[559] Idem, p. 365-366.
[560] Idem, p. 387.
[561] Interessante ponto da pesquisa indica que a limitação mais significativa para que o programa corporativo de *compliance* consiga ser idôneo está ligada ao histórico de frequente descumpridora da lei da empresa (SHORT, Jodi; TOFFEL, Michael W. *Making self-regulation...*, p. 391). Daí ser relevante propor não apenas a criação de lei, mas a criação de lei com determinada qualidade e, em especial, que prescreva sanções proporcionais quando cabíveis.

a disposição do particular de formular normas internas assertivas e de se comportar de acordo com elas[562].

A discrição que se deve observar na ameaça de sanção não vale para o monitoramento: a pesquisa releva que, mesmo as técnicas mais diretas e pessoalizadas de monitoramento, aumentaram o compromisso das organizações com a autorregulação e a qualidade dos controles internos visando à obtenção de *compliance*. SHORT e TOFFEL explicam que, embora os gestores da empresa possam se sentir desagradados, todo o restante dos integrantes dela (intermediários e trabalhadores da ponta) se sentem mais seguros por estarem sob a proteção das autoridades e também veem nisso uma autoconfiança da cúpula, o que aumenta o sentimento geral de moralidade[563].

Isso significa que há um extenso campo rico em possibilidades em matéria de aperfeiçoamento de programas de prevenção, ligadas a diferentes formas de sancionamento e de monitoramento, na medida em que possam impactar, positivamente, a motivação dos gestores das corporações para adaptarem-se às particularidades regulatórias de cada nicho econômico[564]. Nas palavras dos autores:

> autorregulação não é uma solução padronizada que sirva para todos, mas pode ter um papel importante na promoção do *compliance*, especialmente se as autoridades reguladoras moldarem o ambiente legal de modo a encorajar corporações a se autorregularem da melhor forma possível[565].

Esse levantamento de dados concretos não parece encontrar contradição na literatura que lhe é posterior. Afinal, por um lado, "(...) as organizações não se autorregulam de maneira fiável sem uma pressão dissuasória subsidiária – ou seja, sem um marco jurídico que, em um segundo plano, preveja sanções para o caso de descumprimento dos padrões normativos do setor". Por outro lado, a autorregulação exige "um certo grau de motivação interna na empresa", para que seja real e "não meramente simbólica". O ideal, portanto, é que haja um equilíbrio entre "os fatores intrínsecos e

---

[562] Idem, p. 388.
[563] Idem, p. 388-389.
[564] Idem, p. 391.
[565] "*Self-regulation is not a one-size-fits-all solution, but it can play an important role in promoting compliance, especially when regulatory agents shape the legal environment in ways that encourage organizations to make good on their pledges to self-regulate*" (Idem, p. 391).

extrínsecos da motivação que contribuem para o estabelecimento de um regime geral de autorregulação empresarial"[566].

A autorregulação regulada e suas variações são bem vistas pela literatura como a possível base de um relacionamento profícuo público-privado porque permite um "bom começo" ao Estado, à empresa e aos terceiros interessados, já que todos podem se envolver no processo de criação e de manutenção do sistema preventivo corporativo[567]. Uma maneira de executar tal formato de atuação cooperativa[568], por exemplo, é recorrer "a grupos de trabalho bilaterais ou à conformação de órgãos administrativos integrados parcialmente por integrantes dos sujeitos regulados"[569]. Trata-se de uma abordagem mais inclusiva, diferentemente do modelo segregacionista que os costumes adversariais – hoje ainda comuns no dia a dia dos fiscais e dos fiscalizados – produzem.

Com a atenção voltada a tais achados, é possível, agora, tentar divisar algumas das ferramentas de *law enforcement* que programas internos podem disciplinar com a finalidade de se aperfeiçoar a prevenção corporativa de ilícitos. A seguir, serão indicadas, então, 5 possibilidades.

---

[566] González De León Berini, Arturo. *Autorregulación empresarial, ordenamento jurídico y derecho penal. Pasado, presente y futuro de los límites jurídico-penales al libre mercado y a la libertad de empresa*. Silva Sánchez, Jesús-María (Dir.); Montaner Fernández, Raquel (Coord.). **Criminalidad de empresa y Compliance – Prevención y reacciones corporativas**. Barcelona: Atelier, 2013, p. 98.

[567] Coca Vila, Ivó. *¿Programas de cumplimiento...*, p. 50-51. Diz, ainda: "os modelos de autorregulação regulada seriam, afinal, os que melhor respondem ao interesse geral do Estado de reorientar sua atuação para um 'intervencionismo à distância', que lhe permita valer-se de empresas para cumprir seus objetivos. Ou envolve o particular no processo para pode conhecer aquilo que necessita saber para regular de forma ótima, ou lhe outorga maior liberdade, reservando-se potestades de vigilância" (idem, p. 51).

[568] O reforço da cooperação entre órgãos do governo também é citado como uma recomendação de *law enforcement* na prevenção de crimes financeiros (Compliance & Enforcement – Progam on Corporate Compliance and Enforcement at New York University School of Law. **The Enforcement of Financial Market Crimes: A Comparative Case Study of Canada and the United Kingdom**, por Anita Indira Anand, em 22 de março de 2019. Disponível em https://wp.nyu.edu/compliance_enforcement/2019/03/22/the-enforcement-of-financial-market-crimes-a-comparative-case-study-of-canada-and-the-united-kingdom/. Acesso em 28 de outubro de 2019).

[569] Coca Vila, Ivó. *¿Programas de cumplimiento...*, p. 51.

3.2. Instrumento formal de início da colaboração: facilitação do monitoramento

Uma primeira possibilidade, logo, é o desenvolvimento de uma ferramenta normativa que estimule e que fomente essa atuação conjunta público-privada de modo espontâneo e não somente por força de sanção ou por acordo formal. Possivelmente, mediante convite prévio do particular interessado, de modo que não seja uma obrigação a nenhum dos atores, mas, sim, um primeiro passo no sentido da realização de um plano comum. Essa manifestação de intenção de atuação colaborativa representa uma porta aberta para a troca de informações, o que tende a facilitar a fiscalização e o controle pelos órgãos competentes.

Se o monitoramento pela autoridade é um aspecto essencial de programas de prevenção idôneos, então é imprescindível que ela esteja o mais próximo possível do monitorado, inclusive para evitar a captura de interesses[570]. Convém que essa proximidade se inicie, inclusive, desde antes do início da atividade empresarial e da formulação do programa de prevenção de ilícitos[571]. O acompanhamento, ainda que passivo, pela autoridade responsável transmite a ameaça de sanção de modo bastante discreto, o que não compromete a motivação do particular de agir conforme a norma (respeitando-se a recomendação da pesquisa apresentada no item imediatamente acima). Afinal, a presença do poder público, por si só, significa a possibilidade de repreensão caso haja transgressões. GIMENO BEVIÁ reconhece o monitoramento como uma forma de *enforcement*, plenamente passível de comportar uma atitude colaborativa por parte das corporações[572].

---

[570] Sobre isso, vide Parte II, Capítulo 3, item 2.2.
[571] O monitoramento, em programas de prevenção de ilícitos, é visto como um expediente próprio de "estruturas democráticas, cujos contornos são de assaz relevância para a criação de um sistema de contrapesos hábil a refrear ilícitos das mais variadas naturezas, seja no âmbito privado, seja no cerne da atividade pública" (SÁNCHEZ RIOS, Rodrigo; MACHADO, Allian Djeyce Rodrigues. *Criminalidade intraempresarial, sistemas de denunciação interna...*, p. 3).
[572] "(...) *enforcement monitorship*: consiste en una monitorización que surge tras el acuerdo de la persona jurídica bien con una Agencia o Comisión en el plano administrativo – p. ej. la Security Exchange Comission – bien con la Fiscalía. El objetivo principal es asegurar el cumplimiento de las condiciones establecidas en el mismo. (...) estos *enforcement agreements* son muy comunes en la práctica forense norteamericana en tanto suelen formar parte de los DPA o NPA (acuerdos de enjuiciamiento aplazado o no enjuiciamiento) en los que la persona jurídica paga una multa, repara a la víctima y, hete aquí la monitorización, se 'rehabilita' reforzando sus

LAW ENFORCEMENT

É lógico que, para conferir legitimidade e segurança jurídica a esse formato de atuação colaborativa, conviria que houvesse legislação ou normas infralegais disciplinando a matéria. Possivelmente, criando setores, órgãos e/ou cargos públicos específicos para cada necessidade[573].

Mas nada impede que o setor corporativo, por meio de autorregulação regulada, crie, espontaneamente, soluções especiais com o mesmo escopo. Um exemplo é Acordo de Cooperação Técnica nº 13, de abril de 2019, celebrado entre a União, por intermédio da Controladoria-Geral (CGU), e a Petróleo Brasileiro S.A. (Petrobras). Segundo notícia, o documento permite "alinhar as avaliações específicas realizadas por ambas as instituições quanto aos programas de integridade de empresas", o que "fortalece uma relação de cooperação que já vinha sendo adotada entre a CGU e a Petrobras para compartilhamento de boas práticas". O objetivo é "tornar mais efetivas as avaliações específicas realizadas por ambas as instituições quanto aos programas de integridade das empresas"[574]. O texto do acordo formaliza o "interesse mútuo" das partes de otimizar seus controles internos, a "cooperação de esforços para a avaliação de programas de integridade" e a "promoção da transparência". Prevê obrigações mútuas, direitos e há um plano de trabalho anexo[575]. É uma iniciativa inovadora que demonstra o potencial desse tipo de atuação em grande escala, envolvendo o poder público e empresas em geral. Ela pode ser disciplinada em normas de programas de prevenção corporativa como fator de reforço de *law enforcement*.

3.3. Transparência de verdade: inclusão da sociedade civil e fiscalização

Uma segunda ferramenta para programas de prevenção corporativa é um maior investimento em transparência. Em uma nova forma de transparência, a rigor. Empresas mais transparentes, evidentemente, aceitam melhor

---

medidas de autorregulación" (GIMENO BEVIÁ, Jordi. *La monitorización*. In FRAGO AMADA, Juan Antonio (Dir.). **Actualidad compliance 2019**. Cizur Menor: Aranzadi, 2019, p. RB-15.2).

[573] Essa é a proposta da Parte III, Capítulo 3, itens 1 e 2.

[574] Governo Federal. Controladoria-Geral da União. "Parceria: CGU e Petrobras assinam acordo de cooperação técnica", em 3 de maio de 2019. Disponível em: https://www.cgu.gov.br/noticias/2019/05/cgu-e-petrobras-assinam-acordo-de-cooperacao-tecnica. Acesso em 3 de outubro de 2019.

[575] Brasil. Base de conhecimento da CGU. Repositório. Disponível em: https://repositorio.cgu.gov.br/bitstream/1/32802/1/Acordo_de_Cooperacao_Tecnica_Petrobras.pdf. Acesso em 3 de outubro de 2019.

a necessidade de monitoramento pelas autoridades responsáveis e isso, como se viu, aperfeiçoa a prevenção. Ocorre que a transparência deve ser amplificada, isto é, representar transparência de verdade e não meramente até o limite do que a lei exige. O que acontece é que as empresas em geral "ainda tendem a restringir a divulgação de informações corporativas para públicos especializados", tais como investidores ou clientes, enquanto que "a sociedade civil na maioria das vezes fica de fora do radar empresarial"[576]. Mais transparência evidentemente favorece a aplicação concreta da lei.

Os gestores das corporações em geral precisam compreender que a exigência de transparência não é somente uma obrigação normativa que deve ser atendida, é uma demonstração de responsabilidade social e de cidadania[577], uma declaração pública de que seus negócios são lícitos e, por isso, não precisam ocultar nenhuma informação que não esteja protegida por sigilo. Afinal, "não se trata de ser ou não ser obrigado. Trata-se de ser de fato transparente, expor-se ao crivo do consumidor – que, de acordo com várias pesquisas, valoriza tal comportamento"[578]. Ser transparente, constantemente, é ser acessível não somente às autoridades, mas ao público interessado e à sociedade[579]. Os programas corporativos de prevenção de ilícitos podem desenvolver normas que pautem condutas verdadeiramente transparentes por parte das corporações, o que facilitaria sobremaneira o monitoramento e o controle estatais.

---

[576] Transparência Internacional Brasil. Transparência em relatórios corporativos (TRAC): um estudo sobre as 100 maiores empresas e os 10 maiores bancos brasileiros, em 2018. Disponível em https://transparenciacorporativa.org.br/trac2018/. Acesso em 2 de outubro de 2019.

[577] "Por muito tempo, grandes empresas levaram em conta somente seu desempenho financeiro e monopolizaram o discurso sobre si próprias. Mas o avanço das tecnologias pôs em jogo outras narrativas. Qualquer um que se comunique em uma rede social, por exemplo, é uma fonte de opinião. O que ele compartilha pode atingir milhares ou até milhões de pessoas. No contexto histórico em que estamos inseridos, ser transparente não é só cumprir determinações legais e divulgar dados para investidores. Os milhares ou milhões de interlocutores das redes sociais, virtuais ou reais, também precisam ser atendidos" (Transparência Internacional Brasil. Transparência em relatórios corporativos (TRAC): um estudo sobre as 100 maiores empresas e os 10 maiores bancos brasileiros, em 2018. Disponível em https://transparenciacorporativa.org.br/trac2018/. Acesso em 2 de outubro de 2019).

[578] Transparência Internacional Brasil. Transparência em relatórios corporativos (TRAC): um estudo sobre as 100 maiores empresas e os 10 maiores bancos brasileiros, em 2018. Disponível em https://transparenciacorporativa.org.br/trac2018/. Acesso em 2 de outubro de 2019.

[579] MESSA, Ana Flávia. **Transparência, compliance e práticas anticorrupção na administração pública.** São Paulo: Almedina, 2019, p. 390-452.

3.4. Sanções adaptadas a corporações: repressão assertiva

Uma terceira possibilidade é incrementar a disposição das corporações para aplicar sanções diferentes das tradicionais, que dialoguem com o público de modo mais dinâmico e assertivo. Sabe-se que "(...) mecanismos de supervisão são cruciais, especialmente em áreas nas quais a norma é acompanhada por fortes incentivos para não a cumprir. O monitoramento e a revelação pública de seu descumprimento podem ser o método mais eficaz, quando não o único, de induzir *compliance* diante de desincentivos"[580]. A cultura de língua inglesa está já habituada com sanções ligadas à imagem que a sociedade nutre a respeito da corporação: trata-se do gênero das penas de *shame* (ou *shaming*). Ele corresponde a diversas formas de punição que impactam o conceito que o público tem de determinada corporação (a infratora).

Não é o caso de se explorarem em detalhes, aqui, os fundamentos históricos e teóricos próprios dessa ferramenta específica de controle[581] – porque o que se faz, neste ponto, é apenas apresentá-la como uma possibilidade de *law enforcement* –, mas cabe esclarecer que "*shaming* é uma forma de controle social. Ela ocorre quando uma pessoa viola as normas da comunidade e outras pessoas respondem a isso criticando-a publicamente, evitando-a ou relegando-a ao ostracismo"[582], plenamente compatível com o sancionamento de empresas também. Ademais, "*shaming* é uma expressão de reprovação que pode ser transmitida por uma infinidade de formas culturais verbais e não verbais"[583]. Não é o sentido puro e simples de "vergo-

---

[580] "(...) *supervisory mechanisms are crucial, specially in subject areas where the norm is accompanied by strong incentives not to comply. Monitoring and publicly revealing non-compliance may be the most effective, if not the only, method of inducing compliance in the face of disincentives*" (SHELTON, Dinah. *Law, non-law, and the problem of 'soft law'*. In SHELTON, Dinah. **Commitment and compliance: the role of non-binding norms in the international legal system.** New York: Oxford University Press, 2003, p. 15).

[581] Para maiores informações a respeito, vide: SCANDELARI, Gustavo Britta; POZZOBON, Roberson Henrique. *Shaming como uma via para a sanção criminal de pessoas jurídicas no Brasil*. In **Revista Brasileira de Ciências Criminais**, a. 27, v. 151, jan./2019. São Paulo: Revista dos Tribunais, p. 75-114.

[582] POSNER, Eric. *A terrible shame – enforcing moral norms without the law is no way to create a virtuous society*. In **Slate.com**, em 9 de abril de 2015. Disponível em https://slate.com/news-and-politics/2015/04/internet-shaming-the-legal-history-of-shame-and-its-costs-and-benefits.html. Acesso em: 2 de outubro de 2019.

[583] SCHNEIDER, Carl D. **Shame, exposure and privacy.** Boston: Beacon Press, 1977 (reimpresso em 1992), p. xviii-xix.

nha" (que seria uma forma de traduzir a palavra *shame*) que interessa aqui, mas, sim, o dos juízos negativos que decorrem – ou, pelo menos, deveriam decorrer – do reconhecimento pelo Estado e pela sociedade da prática de ilícitos em ambiente corporativo.

Uma de suas espécies mais comuns é a chamada publicidade adversa[584]. As *Sentencing Guidelines* dos EUA, em seu § 8D1.4., permitem que o Judiciário determine que a empresa pague uma publicação na mídia, seguindo as exigências da decisão, para divulgar a natureza do fato praticado, as demais sanções recebidas e as medidas que serão adotadas para evitar que tal ilícito se repita no futuro. Normalmente, os reparos a fazer estão relacionados a melhorias do programa de *compliance*. A publicidade adversa, que, como regra, é custeada pelo próprio condenado, pode produzir grande censura sobre a empresa, aumentando a fiscalização do sancionado pelo público, pelo mercado e, naturalmente, pelas próprias autoridades[585]. Sugere-se que a corporação inclua, em suas normas internas de prevenção, disciplina ligada à divulgação de seus próprios atos censuráveis – uma vez descobertos, logicamente – como forma de informação ao público e de autopunição. O benefício – além de colaborar com a atividade de *law enforcement*, claro – pode residir no fato de que, agindo rapidamente, o texto, o formato, o sentido e a extensão da divulgação podem ser decididos pela própria empresa, sem a interferência de autoridades públicas (ao menos, claro, em um primeiro momento). Tal iniciativa poderá, inclusive, repercutir a favor da corporação, seja por um viés econômico[586] (pela valorização de sua imagem), seja em caso de futura condenação[587]. De qualquer modo, a predisposição de fazê-lo, devidamente registrada no programa de *compliance*, já desponta como um grande diferencial positivo em matéria de programas de prevenção e de compromisso com a lei.

---

[584] Para outros exemplos, vide: SCANDELARI, Gustavo Britta; POZZOBON, Roberson Henrique. *Shaming como uma via para a sanção criminal de pessoas jurídicas no Brasil*. In **Revista Brasileira de Ciências Criminais**, a. 27, v. 151, jan./2019. São Paulo: Revista dos Tribunais, p. 90-100.

[585] GRUNER, Richard S. **Beyond fines: innovative corporate sentences under federal sentencing guidelines**. In: *Washington University Law Review*, v. 71, issue 2 (*corporate sentencing*), jan. 1993, p. 297. Disponível em: https://openscholarship.wustl.edu/law_lawreview/vol71/iss2/3/. Acesso em 2 de outubro de 2019.

[586] Embora, tal como se explica na Parte III, Capítulo 1, o objetivo das medidas de *compliance* deva ser sempre a prevenção e não o resultado econômico.

[587] Sobre possíveis repercussões do programa de *compliance* em sanções aplicáveis, vide: Parte I, Capítulo 2, item 5; Parte III, Capítulo 3, item 5.

3.5. Legislação e proatividade: ênfase do dever de se informar

Uma quarta ferramenta possível é a atitude de buscar se informar, regularmente, sobre as normas públicas que regem a matéria dos programas de prevenção corporativa, sejam em âmbito geral, sejam no nicho econômico específico que se explora[588]. Essa obrigatoriedade também pode constar em programas de prevenção, mas de forma bastante detalhada, indicando-se as pessoas responsáveis pela tarefa, os prazos de verificação, as melhores maneiras de se fazê-lo e, consequentemente, de como implementar as eventuais modificações decorrentes de novas normas oficiais que tenham sido verificadas. Trata-se de formalizar essa proatividade e suas implicações em detalhes para contribuir com a aplicação concreta da lei.

3.6. A regulação a serviço da prevenção: o *one-stop-shop enforcement*

Este subitem explora, ainda, outra ferramenta de *law enforcement* que também pode ser disciplinada em programas corporativos de prevenção de ilícitos. Ela não se distingue com grande nitidez das que se viram no item logo acima; em princípio, pode ser uma espécie de combinação delas. Mas a peculiaridade de que ela exigiria, como premissa, uma inovação exclusiva por parte do Estado – (no caso, o Brasil) que implicaria uma grande mudança político-institucional, possivelmente alterações na Constituição Federal e, certamente, inovação legal para que pudesse existir – faz com seja vista de forma independente[589]. Trata-se do *one-stop-shop enforcement*,

---

[588] "Para que a continuidade do *compliance* seja assegurada, as empresas devem possuir processos que informem oportunamente sobre mudanças nas leis, regulamentações, códigos e outras obrigações de conformidade. Geralmente, é necessário um contato frequente com os órgãos reguladores para que a organização de mantenha ciente das questões práticas e atuais de *compliance*" (DIAS, Paulo Roberto Vilela; CONSTANTINO, Marcelo Pessoa. *O compliance e a norma brasileira ABNT NBR ISSO/IEC 17024:2013 no IBEC certificador*. In RITTO, Antonio Carlos de Azevedo; CARVALHO, Marinilza Bruno de (Org.). **Compliance e ética – uma nova consciência em tempos de trabalho em redes.** Rio de Janeiro: Ciência Moderna Ltda., 2019, p. 182).

[589] "A necessidade de coordenação entre agências reguladoras e outros entes e órgãos da Administração Pública insere-se no contexto de reforma regulatória que visa ao aperfeiçoamento do Estado regulador brasileiro" (GONÇALVES, Leonardo Gomes Ribeiro. *Mecanismos de governança da interação entre as agências reguladoras e outros entes e órgãos da Administração Pública no processo administrativo regulatório*. In GUERRA, Sérgio; SAMPAIO, Patrícia (Org.). **Processo administrativo nas agências reguladoras: uma proposta de disciplina legislativa.** Rio de Janeiro: Escola de Direito do Rio de Janeiro da Fundação Getulio Vargas, 2016, p. 99).

expressão, também, de difícil tradução, mas que poderia ser compreendida como "aplicação da lei por uma única autoridade".

A ideia provém, originalmente, do *marketing* e designa "um estabelecimento onde muitos serviços ou produtos diferentes estão disponíveis"[590]. Diferentemente do que possa parecer, a origem do conceito, por si só – que está ligada a uma estratégia de maximização de lucro de empresas privadas –, não faz com que este seja incompatível com o interesse público inerente à atividade de *law enforcement*. Estatísticas apontam que esse modelo de negócios tem crescido bastante recentemente em diversos setores econômicos pelas seguintes razões: comodidade aos clientes, desburocratização nas operações das empresas e simplificação de rotinas e de logística a todos os envolvidos[591]. Esses mesmos benefícios parecem plenamente transferíveis ao relacionamento do Estado com seus "clientes", os administrados.

Nos EUA, o município de *New Orleans/LA* disponibiliza, em sítio na *Internet*, a *"One Stop Shop Home"*, em que explica que emprega a noção do *one-stop-shop* na área de *"Enforcement & Adjudication"*. Assim: "a aplicação da lei e o julgamento *one stop shop* visa obter *compliance* com as normas e as ordens das agências *one stop* por meio do processo administrativo municipal de tomada de decisões"[592]. A página eletrônica informa aos cidadãos de que as violações à legislação municipal serão todas debatidas e decididas em audiências unas que ocorrem em um único local. As audiências são realizadas regularmente e as multas que devem ser pagas são todas recolhidas na hora, perante o mesmo órgão público.

A prefeitura, ainda, disponibiliza o *One Stop App*, que é um aplicativo que permite aos munícipes fazer todo tipo de requerimento, desde obtenção de licenças, alvarás, até pagar taxas, fazer atualizações de documentos,

---

[590] *"An establishment where many different services or products are available"* (Collins Dictionary. Disponível em: https://www.collinsdictionary.com/pt/dictionary/english/one-stop-shop. Acesso em 3 de outubro de 2019).

[591] Panrotas Corporativo, "Conceito 'one stop shop' cresce entre eventos corporativos", por Marcel Buono, em 1º de junho de 2018. Disponível em https://www.panrotas.com.br/viagens-corporativas/gestao-de-viagens/2018/06/conceito-one-stop-shop-cresce-entre-eventos-corporativos_155984.html. Acesso em 3 de outubro de 2019.

[592] *"One Stop Shop Enforcement and Adjudication seeks to obtain compliance with the codes and ordinances of One Stop Agencies through the City's administrative adjudication process"* (City of New Orleans. Mayor LaToya Cantrell. One Stop Shop Home. Disponível em https://www.nola.gov/onestop/adjudication/. Acesso em 3 de outubro de 2019).

renovações e uma série de outros serviços[593] que, de outra forma, seriam realizados perante órgãos públicos distintos, cada qual com suas normas, procedimentos, fluxos e exigências autônomas. Tudo isso foi feito por qual razão? A administração municipal responde: "para simplificar procedimentos que já foram tão difíceis quanto complicados, nós quebramos as barreiras entre os departamentos. Aqui, você vai achar informações sobre todas as atividades reguladas pela Prefeitura em um formato focado no cidadão"[594]. Ou seja, é a regulação a serviço da sociedade, para facilitar as vidas das pessoas, e não as dificultar. Uma evidente consequência da aplicação desse formato de controle público na relação entre o Estado e as corporações é, além da facilitação dos negócios em si, uma maior segurança e organização que favoreçam a prevenção de ilícitos[595].

MOEREL informa que a União Europeia também já utiliza um mecanismo de *one-stop-shop enforcement* – que ele abrevia como "1SS" – para a finalidade específica de proteção de dados. A lei de regência, *General Data Protection Regulation* (GDPR) – marco regulatório similar ao representado, no Brasil, pela Lei Geral de Proteção de Dados (LGPD), de nº 13.709/18[596] –, estabelece, em seu art. 56, que a autoridade reguladora competente para fiscalizar e sancionar o principal estabelecimento da corporação em questão prevalecerá, soberanamente, sobre todos os demais órgãos públicos dos demais países da União Europeia que também teriam, eventualmente, a mesma competência em razão da matéria ou pelo fato de haver filiais do mesmo grupo em seus territórios[597]. A grande vantagem, explica o autor, é que "as corporações terão apenas que lidar com uma única autoridade fiscalizadora, e não com 28, tornando mais simples e barato fazer negócios na

---

[593] Idem.
[594] *"In order to simplify what have been as complicated and difficult processes, we have broken down the barriers between departments. Here you will find information on all activities regulated by the City in a citizen-focused format"* (Idem).
[595] Algo que minimizaria a desorganização regulatória analisada na Parte II, Capítulo 2, item 2.
[596] Sobre o sistema legal brasileiro e sistemas estrangeiros de proteção de dados pessoais, vide: GOMES, Rodrigo Dias de Pinho. **Big data: desafios à tutela da pessoa humana na sociedade da informação.** 2. ed. Rio de Janeiro: Lumen Juris, 2019, p. 72-121.
[597] MOEREL, Lokke. *CNIL's decision fining Google violates one-stop-shop.* In **SSRN**, Elsevier, 19 de fevereiro de 2019, p. 1. Disponível em https://papers.ssrn.com/sol3/papers.cfm?abstract_id=3337478. Acesso em 3 de outubro de 2019. O dispositivo é similar ao art. 55-K, da Lei Geral de Proteção de Dados (LGPD), de nº 13.709/18.

União Europeia"[598]. Considerando-se que, quando não há tal aglutinação de poderes fiscalizatórios e sancionatórios, as corporações "ficam expostas a uma potencial acumulação de multas (...), já que cada autoridade poderá aplicar sanções"[599], parece plenamente recomendável a adoção e ampliação, tanto quanto possível, do *one-stop-shop enforcement*.

Não é razoável supor que essa solução não funcionaria no Brasil. Isso não apenas porque já existe e funciona nos EUA e na União Europeia, mas também porque, no Brasil – em que "o volume de normas limitadoras das liberdades é tão grande e disperso que ainda não se tem uma fotografia clara em termos nacionais"[600] –, promulgou-se a Lei nº 13.874/19, chamada Lei da Liberdade Econômica, que "estabelece normas de proteção à livre iniciativa e ao livre exercício de atividade econômica e disposições sobre a atuação do Estado como agente normativo e regulador" (art. 1º). O diploma veicula os princípios da "liberdade como uma garantia no exercício de atividades econômicas", da "boa-fé do particular perante o poder público" e da "vulnerabilidade do particular perante o Estado" (art. 2º, I, II e IV). Promove a flexibilização e desburocratização das chamadas atividades de baixo risco, ao dispensá-las de "quaisquer atos públicos de liberação" para se iniciarem (art. 3º, I) e combate exigências excessivas ao proibir que o Estado imponha obrigação que não seja indispensável (art. 4º, III)[601]. Ainda, a Lei 14.129/21 (Lei do Governo Digital) estabelece como norte, logo em seu art. 1º, a desburocratização e a participação do cidadão.

---

[598] *"Companies will only have to deal with one single supervisory authority, not 28, making it simpler and cheaper for companies to do business in the EU"* (Compliance & Enforcement – Progam on Corporate Compliance and Enforcement at New York University School of Law. **GDPR: What Happened To One-Stop-Shop Enforcement?**, por Lokke Moerel, em 15 de abril de 2019. Disponível em https://wp.nyu.edu/compliance_enforcement/2019/04/15/gdpr-what-happened-to-one-stop-shop-enforcement/. Acesso em 3 de outubro de 2019).

[599] *"These companies will then be exposed to a potential accumulation of fines (...) as each and every SA [supervisory authority] would be able to fine the company (...)"* (Idem).

[600] MOREIRA, Egon Bockmann. *Por uma lei a assegurar a liberdade: mais iniciativa, menos regulação.* In **Gazeta do Povo**, Vozes, Curitiba, 28 de março de 2019. Disponível em https://www.gazetadopovo.com.br/vozes/egon-bockmann-moreira/por-uma-lei-a-assegurar-a-liberdade-mais-iniciativa-menos-regulacao/. Acesso em 2 de agosto de 2019.

[601] A respeito da lei, consulte-se: MARQUES NETO, Floriano Peixoto; RODRIGUES JR., Otavio Luiz; LEONARDO, Rodrigo Xavier (Orgs.). **Comentários à Lei da Liberdade Econômica (Lei 3.874/2019)**. São Paulo: Thomson Reuters Brasil, 2019.

A mídia repercutiu as ideias de que o "Brasil dá primeiro passo para se livrar da fama de 'país dos alvarás'"[602] e de que a lei visa "flexibilizar negócios no País e incentivar o crescimento"[603], além de lembrar que o seu objetivo é "reduzir a burocracia do estado sobre empresas e empreendedores e para garantir a livre iniciativa, o livre comércio e o amplo exercício da iniciativa privada"[604]. As leis da Liberdade Econômica e do Governo Digital são, assim, passos certos no mesmo sentido do que o seria a adoção do *one-stop-shop enforcement* no Brasil, ainda que seus enfoques não sejam expressamente de prevenção de ilícitos.

A verdade é que, quanto mais arriscadas as atividades econômicas, as empresas se sujeitam a uma burocracia e supervisão pública mais intensas[605]. Tudo isso gera um quadro de desorganização e de dificuldade de adimplemento dessas normas o que, contraditoriamente, produz um aumento do mesmo risco que se pretendeu reduzir[606]. Resta evidente a necessidade de implementação – ainda que em longo prazo – de um modelo *one-stop-shop enforcement* para a prevenção corporativa de ilícitos, o que permitiria às empresas o relacionamento não com uma única autoridade em cada continente ou país (o que provavelmente afrontaria normas de competência constitucional e legal), mas, ao menos, com um número bastante reduzido de autoridades reguladoras para o atendimento de menos exigências em um mesmo país. O resultado muito provavelmente seria um

---

[602] "Segundo analistas, a medida não é a 'bala de prata' que resolverá a burocracia numa só tacada, mas já representa um avanço significativo. 'A flexibilização na emissão de alvarás vai facilitar a abertura de lojas', diz Luiz Augusto Idelfonso, diretor institucional da Associação Brasileira de Lojistas de Shopping Centers (Alshop)" (**Gazeta do Povo**. *Brasil dá primeiro passo para se livrar da fama de 'país dos alvarás'*", por Vandré Kramer, em 19 de agosto de 2019. Disponível em https://www.gazetadopovo.com.br/economia/brasil-tempo-pais-alvaras/. Acesso em 20 de agosto de 2019).

[603] **Estadão**, Economia & Negócios. *Veja o que muda com a MP da Liberdade Econômica*, por Lorenna Rodrigues, em 13 de agosto de 2019. Disponível em https://economia.estadao.com.br/noticias/geral,veja-o-que-mudou-na-mp-da-liberdade-economica,70002966288. Acesso em 7 de outubro de 2019.

[604] **Gazeta do Povo**. *O que muda com a MP da Liberdade Econômica*, por Jéssica Sant'Ana, em 13 de agosto de 2019. Disponível em https://www.gazetadopovo.com.br/republica/mp-liberdade-economica-o-que-muda/. Acesso em 7 de outubro de 2019.

[605] Sousa Mendes, Paulo de. Law enforcement & compliance. In PALMA, Maria Fernanda; Dias, Augusto Silva; Sousa Mendes, Paulo de (Coord. Cient.). **Estudos sobre *law enforcemen*...**, p. 18.

[606] Como já se viu nesta Parte II, Capítulo 2, item 2.

aumento na motivação de condutas em conformidade com a lei, facilitação de procedimentos de integridade e, logicamente, o aperfeiçoamento da prevenção corporativa de ilícitos no Brasil.

PARTE III
AS PROPOSTAS PARA O APERFEIÇOAMENTO DA PREVENÇÃO CORPORATIVA DE ILÍCITOS NO BRASIL

O cumprimento de normas públicas e privadas, em ambiente corporativo, exige mais do que a criação de obrigações e a cominação de sanções em um plano formal, "o fortalecimento dos instrumentos legais necessários para garantir a efetiva aplicação dessas normas (...)"[607] (a aplicação dessas normas internas também pode ser chamada de *law enforcement*, como se viu no da Parte II, Capítulo 3, subitem 3.1). Essa parte final da pesquisa visa explorar o fortalecimento, por via legal, da atuação colaborativa público-privada na base modelo da autorregulação regulada de corporações[608] (o qual já se viu na Parte II, Capítulos 2 e 3) para o Brasil. A ideia principal desenvolvida nesta parte é que isso seja feito pela formalização de tal atuação em lei, o que, certamente, poderá produzir efeitos mais sensíveis do que se for vista como algo de livre criação e implementação pelas corporações (simples *soft law*). Essa atuação colaborativa é aqui vista como a base em que se desenvolvem as demais propostas de *law enforcement* para programas de prevenção corporativa vistas no Capítulo 3, adiante.

Dois esclarecimentos preliminares: esta proposição de uma nova lei não pretende, de forma alguma, diminuir a importância do aspecto material (hábitos e práticas) em favor do formal (normas escritas). O que se tenta é justamente promover um reforço das boas práticas pela via de um novo e aprimorado instrumento formal, a lei – que também tem, afinal, o seu valor

[607] HAYASHI, Felipe Eduardo Hideo. **Corrupção – combate transnacional, *compliance* e investigação criminal.** Rio de Janeiro: Lumen Juris, 2015, p. 183.
[608] Explorando a mesma atuação colaborativa, mas especialmente para a prevenção da lavagem de dinheiro: SOUSA MENDES, Paulo de. *A problemática da punição do autobranqueamento...*, p. 140.

quando se trata fomentar obrigações – pois estas concretizam a prevenção em si. Apenas carecem, como se viu da pesquisa até aqui, de uma disciplina legal melhorada. Em segundo lugar, considera-se que essa nova lei, caso promulgada, produzirá efeitos que hoje, a rigor, são desconhecidos. E isso é um risco, já que as consequências poderiam ser ruins[609]. Por isso, tenta-se mitigar ao máximo esse risco com o estudo, aqui feito, de bases teóricas dos mecanismos de *compliance* e de *law enforcement* que deverão vir manifestados em tal diploma. Como tentativa de se manter razoável a previsibilidade dos efeitos do uso de tais mecanismos, apresenta-se, como Apêndice deste trabalho, um modelo de lei. Tal esboço também serve, a propósito, como um indicativo a mais da viabilidade das propostas aqui veiculadas.

Essa iniciativa, inclusive em matéria de direito público, pode contribuir para a redução da aplicação de sanções pelo Estado, justamente porque incrementa, de modo legítimo, e mais assertivo as ferramentas decorrentes da *law enforcement* e, com isso, a prevenção corporativa de ilícitos[610]. Para discorrer sobre esses assuntos, esta Parte III disporá sobre: a premissa da prevenção como meta (Capítulo 1); a necessidade de previsão legal de mecanismos de *law enforcement* (Capítulo 2); as propostas *de lege ferenda* (Capítulo 3). Ao final, no Apêndice, consta o texto imaginado para a nova lei.

---

[609] "(...) na regulação, existem zonas de incerteza, deficiências e incognoscibilidade, todavia isso não significa inviabilidade de avaliação razoável dos impactos de longo prazo (...)" (FREITAS, Juarez. *Regulação de Estado, avaliação de impactos e o direito fundamental à boa Administração Pública*. In GUERRA, Sérgio; FERREIRA JUNIOR, Celso Rodrigues (Coord.). **Direito Administrativo – estudos em homenagem ao Professor Marcos Juruena Villela Souto.** Belo Horizonte: Fórum, 2015, p. 175). Há pesquisa capitaneada pela Fundação Getulio Vargas (RJ) que propõe a criação de lei que determine às agências de controle que realizem a devida Avaliação de Impacto Regulatório (AIR) das normas que produzem e aplicam: "(...) cada Agência manterá um programa sistemático e periódico de análise e revisão de seu estoque regulatório, com reflexão nos objetivos a serem atingidos por meio da regulação (...)." Isso porque "atualmente, no Brasil, não há um sistema de AIR integrado e formalmente estabelecido. Daí a necessidade da positivação de um sistema de gestão de riscos" (DAYCHOUM, Mariam; VÉRAS, Rafael. *Do processo normativo*. In GUERRA, Sérgio; SAMPAIO, Patrícia (Org.). **Processo administrativo...**, 2016, p. 29).

[610] NIETO MARTÍN, Adán. *Autorregulación...*, p. 100.

CAPÍTULO 1
A PREVENÇÃO COMO META

As corporações podem criar e implementar programas de prevenção corporativa que deem conta dos mais variados fluxos de controles internos, desde códigos de vestimenta até o relacionamento com autoridades públicas. Podem, também, conter regras decorrentes de preceitos éticos e de normas legais e infralegais. Até mesmo os comportamentos dos seus integrantes em eventos de confraternização e em redes sociais podem vir a ser endereçados. A extensão de sua abrangência, bem como a qualidade de sua redação e das técnicas que aplicam dependem também de quanto dinheiro elas estão dispostas a despender neles, especialmente no início, quando novas estruturas e rotinas devem ser criadas e novos profissionais devem ser contratados. Isso pode ser um problema, já que a mentalidade empresarial tende, como regra, a nutrir a expectativa de que seus investimentos sempre gerarão retorno financeiro, independentemente dos obstáculos.

Ocorre que programas de prevenção devem estar fora dessa lógica padrão: não podem ser tratados como um investimento patrimonial[611]. Seu melhor valor é representado pelo bem que se está fazendo à sociedade e não pelo retorno material que pode viabilizar. E ambos (o bem social e o lucro) devem poder conviver em uma mesma empresa. Isso é absolutamente independente da qualidade da legislação em vigor; até porque, sem a prevenção como meta primordial, qualquer lei sobre esse tema será irrelevante.

---

[611] É óbvio que se pode analisar os programas corporativos de prevenção de ilícitos por um enfoque eminentemente econômico. Afinal, sua adoção e manutenção podem representar, especialmente nas fases iniciais, custos altos. Da mesma forma, a sanção que a empresa poderá receber por não possuir os controles devidos ou por violá-los é mensurável economicamente. O mesmo se pode dizer de praticamente todas as rotinas das empresas e das pessoas; o que não significa que esse deva ser o único prisma de análise.

É claro que, como resultado de um programa de prevenção idôneo e bem preservado, o nome da empresa e/ou a marca do produto podem vir a ser valorizados pelo mercado e, como consequência natural, a empresa poderá auferir mais lucro. Esse tende a ser um dos benefícios – além dos sociais, claro[612] – que a boa reputação de cumpridora da lei (*law abiding company*) poderá produzir[613].

Todavia, se a criação e a manutenção do programa forem guiadas por esse possível lucro como meta, certamente fracassará, porque, frequentemente, a decisão pela ética e pela prevenção do ilícito é a decisão pelo negócio menos lucrativo. Quando o programa de prevenção é idôneo, os processos de decisões corporativas devem sempre considerar factível a opção que implica prejuízos econômicos em prol da conformidade normativa. A meta deve ser, sempre, a prevenção[614]; uma prevenção, de preferência, conservadora[615].

---

[612] "Como resultado, há um aumento na possibilidade de sucesso da empresa, o que beneficia a todos (diretores e colaboradores de maneira geral), bem como o consumidor, que representa, nesse contexto, a sociedade" (BENEDETTI, Carla Rahal. *Criminal compliance*..., p. 89). Ressaltando que a adoção do *compliance* pode atrair maiores investimentos, vide: "**Queda de ações da JBS mostra problema de compliance em empresas, diz SRB**", *Isto É Dinheiro*, em 28.1.16 (disponível em http://www.istoedinheiro.com.br/noticias/negocios/20160128/queda-acoes-jbs-mostra-problema-compliance-empresas-diz-srb/338235#.VqpwsqfgnwA.linkedin, acesso em 31.7.19).

[613] Conferir, nesse sentido: MCCONELL, Ray. *Plan now or pay later: the role of compliance in criminal cases*. In **Houston Journal of International Law**, v. 33, n. 3, summer/2011, p. 509-587. Disponível em http://www.questia.com/library/p4845/houston-journal-of-international-law/i2680279/vol-33-no-3-summer#/. Acesso em 31 de julho de 2019. O autor faz extensa pesquisa para demonstrar que houve, nos últimos anos, grande crescimento da adoção por empresas, nos EUA, de programas de *compliance* – os quais, quando formulados e aplicados corretamente, têm: aumentado o valor das ações da companhia na bolsa de valores; agilizado a obtenção de licenças governamentais; melhorado a qualidade da convivência dos funcionários na empresa; dentre outros (mais especificamente, p. 584-587).

[614] Nesse sentido: TEMPORÃO, José Otto Segui. Compliance *como estrutura mitigadora de riscos*. In LANA E SOUZA, Fernanda Nunes Coelho; TOMAGNINI, Flávia Neves; UCHOA, Maria Raquel de Sousa Lima; ANDRADE, Renato campos (Orgs.). **Compliance em perspectiva: abrangência, especificidades, mecanismos de atuação e a salvaguarda das organizações.** Belo Horizonte: Editora D'Plácido, 2019, p. 659-683; LEITE FILHO, José Raimundo. **Corrupção internacional,** *criminal compliance* **e investigações internas: limites à produção e valoração dos interrogatórios privados.** Lumen Juris: Rio de Janeiro, 2018, p. 115.

[615] "O objetivo do estabelecimento de medidas de organização interna de uma empresa não é o de criar um programa normativo que favoreça a sua atividade 'no fio da navalha' (...), mas sim

A literatura recomenda que a prevenção seja a prioridade dos programas independentemente de suas dimensões e áreas exploradas pelas empresas[616], e que funcionem de forma coordenada com outras corporações do mesmo grupo econômico que eventualmente atuem em países distintos, bem como com as autoridades reguladoras correspondentes[617]. A premissa, aqui aceita, é a de que programas de prevenção que não revelem a existência de um compromisso da empresa e de seus gestores com a prevenção tendem a ser meramente formais e, por isso, inidôneos, feitos para simplesmente transmitir a aparência de que existe, na empresa, a preocupação de se evitar ilícitos, quando, na realidade, não há.

Quando o programa for mera imagem, ele deverá ser totalmente desconsiderado como tal, porque é inexistente de fato. Além disso, poderá servir como um elemento de convicção da autoridade competente para avaliar a prova da autoria do fato, de sua materialidade ou o fundamento de um recrudescimento da sanção. Logo, caso seja demonstrado que a intenção era a de proteger a corporação e seus gestores por meio de um falso programa de *compliance* – para que pudessem continuar a praticar ilícitos de forma "blindada" – a acusação provavelmente será facilitada em face da evidência de que o compromisso da empresa era com o ilícito e não com a sua prevenção.

Expõem-se, a seguir, meios para que se tente incentivar a criação e a manutenção de programas de prevenção que tenham como meta a prevenção corporativa de ilícitos: o compromisso com a idoneidade do programa (item 1); os desvios cognitivos e os *compliance champions* (item 2).

1. O compromisso com a idoneidade do programa: um ideal a ser buscado

Este tópico é mais axiológico do que os anteriores. É, por assim dizer, talvez menos científico, porque lida com um fator de difícil verificação empírica:

---

delimitar o perímetro dos comportamentos proibidos, de forma que possam ser prevenidas (...) práticas contrárias às normas definidas" (MIRANDA RODRIGUES, Anabela. **Direito penal econômico...**, p. 47).

[616] NIETO MARTÍN, Adán. *La privatización de la lucha contra la corrupción*. In ZAPATERO, Luis Arroyo; NIETO MARTÍN, Adán (direct.). **El Derecho Penal Económico en la era Compliance.** Valencia: Tirant lo Blanch, 2013, p. 202.

[617] OMAROVA, Saule T. *Rethinking the Future...*, p. 701; NIETO MARTÍN, Adán. *La privatización...*, p. 193.

o nível de compromisso da empresa e dos empresários com a prevenção de ilícitos. Mas, nem por isso, é menos relevante. Na realidade, trata-se de um pressuposto para a possibilidade de se compreender que é mais importante assumir um compromisso com a prevenção de ilícitos como meta de um programa de *compliance* do que defender a simples existência de leis ou de códigos de conduta. Convém reproduzir um excerto bastante inspirador de LUMBARD, quando pesquisava a mesma temática:

> independentemente de quais sejam nossos padrões éticos e de quais as nossas expectativas em relação a eles, o fator mais importante para uma aplicação da lei efetiva sempre será o tipo de homens que estarão conduzindo o maquinário da justiça criminal. Se eles não tiverem integridade, se eles forem suscetíveis a pressões políticas, se eles utilizarem seus cargos públicos como instrumentos de engrandecimento pessoal, se eles foram simplesmente fracos e pouco atuantes, os melhores padrões, leis e regras nas suas mãos produzirão parcos resultados. Nós precisamos, para começar, da liderança de homens de integridade que sejam independentes de pressões políticas. Nós precisamos de homens que decidirão sabiamente como usar as amplas discrições que seus cargos lhes demandam exercer[618].

A condição dos estudos dogmáticos, das pretensões acadêmicas e práticas que se poderão desenvolver em matéria de programas de prevenção de ilícitos deve ser o compromisso prévio com a ideia de um *compliance* idôneo, isto é, cujo objetivo seja o de realmente prevenir ilícitos. A própria existência teórica, por exemplo, da "posição de garante do *compliance officer* tem como premissa básica a existência de programas que funcionem perfeitamente"[619]. Todos os outros mecanismos de integridade e de

---

[618] "But whatever standards we have, and however much they may promise, the most important factor for effective law enforcement will always be what kind of men are running the machinery of criminal justice. If they lack integrity, if they are susceptible to political pressures, if they look upon such public office as a means of personal aggrandizement, even if they are merely weak and ineffectual, the best standards, statutes, and rules in their hands will yield poor results. At the very least we need the leadership of men of integrity who are independent of political pressures. We need men who will wisely decide how to use the large discretion which their offices require them to exercise" (LUMBARD, J. Edward. *The Citizen's Role in Law Enforcement*. In **Journal of Criminal Law and Criminology**, Northwestern University School of Law, Chicago, vol. 56, article 9, iss. 1, Mar./1965, p. 71. Disponível em https://scholarlycommons.law.northwestern.edu/cgi/viewcontent.cgi?article=5281&context=jclc. Acesso em 11 de setembro de 2019).

[619] CARDOSO, Débora Motta. **Criminal *compliance*...**, p. 192.

transparência dependem disso, caso contrário, não se estará tratando de nada mais do que textos normativos que, embora com grande capacidade hipotética de prevenção, na prática poderão ser inócuos ou, até mesmo, maléficos, como no caso dos falsos programas montados apenas para iludir autoridades e investidores ou para maquiar estruturas ilícitas pré-existentes.

A prevenção corporativa de ilícitos tem sido representada, frequentemente, por mera retórica de grupos políticos com suas próprias agendas e por leis defasadas. Nesse contexto, é fundamental que os governos e as corporações interessadas ajam segundo valores claros de integridade[620].

O presente esforço quanto à necessidade de existência desse compromisso não é em vão. Pesquisa voltada a entender como as nações e os órgãos supranacionais podem aumentar o índice de *compliance* dos países e suas instituições domésticas com políticas e leis de proteção a direitos humanos identificou que um caminho é a "demonstração de compromisso"[621]. Isso porque,

> (...) no nível mais básico, governos enfrentam pressão internacional para serem bons cidadãos globais e manterem seus compromissos internacionais. Ao demonstrarem para a comunidade internacional que eles estão comprometidos com os direitos humanos, os estados também podem sinalizar que são aptos e desejosos de manter suas obrigações internacionais em outras áreas; bem como respeitar as leis em um ambiente internacional cada vez mais legalizado[622].

Para os "estados que são líderes globais e regionais, o desafio é ainda maior: eles são considerados definidores de precedentes e seus parceiros internacionais e regionais esperam deles que deem bons exemplos para

---

[620] BROOKS, Graham; WALSH, David; LEWIS, Chris; KIM, Hakkyong. **Preventing corruption: investigation, enforcement and governance.** New York: Palgrave Macmillan, 2013, p. 168-170.
[621] HILLEBRECHT, Courtney. **Domestic politics and international human rights. The problem of compliance.** New York: Cambridge, 2014, p. 25.
[622] *"At the most basic level, governments face international pressure to be good global citizens and uphold their international commitments. By showing the international community that they are commited to human rigths, states can also signal that they are able and willing to uphold their international obligations on other issue areas (...); and respect the rule of law in an increasingly legalized international environment"* (HILLEBRECHT, Courtney. **Domestic politics...**, p. 27).

os outros estados"[623]. O mesmo vale para as grandes corporações em um ambiente global.

O presente esforço, também, não é ingênuo. É óbvio que não se pode garantir que a população agirá conforme um padrão ético específico, tampouco fazer com que pessoas internalizem valores à força. Pode-se, apenas, tentar demonstrar as vantagens de determinada atitude em relação à lei e a normas sociais de conduta para que se convençam, por si sós, de que a assunção desse compromisso é algo bom para a coletividade e, portanto, devido. Como afirma FIGUEIREDO DIAS, "não se trata, pois tanto aqui de tomar qualquer posição na moderna controvérsia acerca da subsistência do Estado-providência ou do regresso a um Estado-liberal, quanto de caracterizar o Estado, fundamentalmente e na sua acepção social mais lata, como um *Estado de Justiça*"[624]. De fato, trata-se de estabelecer, ainda que abstratamente, um paradigma de convivência coletiva a ser alcançado; uma essência a ser respeitada e transmitida do público ao privado e vice-versa. Independentemente de teorizações mais complexas sobre filosofia, ética e ciência política, trata-se de algo mais singelo: procurar "a solução *mais justa*" para os problemas da sociedade[625]; em especial, aqui, quanto ao modo de se compreender e de se utilizar os programas de prevenção de ilícitos em corporações.

É certo que um estado de compromisso ideal com a lei nunca será alcançado. Mas é justamente um ideal o que se pode perseguir e isso demanda uma atitude positiva, otimista. À pergunta "por que deveríamos nos conformar com leis que, na melhor das hipóteses, somente nos proporcionarão uma aproximação de um ideal de justiça?", RAWLS respondeu que "a injustiça da lei não é, em geral, razão suficiente para não se aderir a ela, tal como a validade formal da legislação (definida pela constituição vigente) não é uma razão suficiente para a aceitar."[626]

Isto é, o ideal de uma sociedade alinhada com um preceito público e consensual de justiça, precisamente por não ser, ainda, uma realidade, é

---

[623] "*For those states that are regional and global leaders, the stakes are even higher: they are considered precedent setters and are expected by their regional and international partners to set a good example for other member states*" (Idem, p. 27).

[624] FIGUEIREDO DIAS, Jorge de. **Direito Penal – Parte Geral...**, p. 27. Itálicos originais.

[625] Idem.

[626] KUKATHAS, Chandran; PETTIT, Philip. **Rawls, "Uma Teoria da Justiça" e os seus críticos** (Trad. Maria Carvalho). Lisboa: Gradiva, 1995, 69.

o que deve ser buscado diariamente, como um pacto entre o Estado e o cidadão e entre todos os cidadãos também.

Essa proposição de busca por um ideal tampouco pode ser tachada de inatingível em um país como o Brasil. Produziram-se, no país, recentes e importantes modificações legislativas que indicam a valorização de uma maior interação entre o público e o privado em matéria de prevenção de ilícitos. São indícios seguros de que o país segue esse rumo e é certo que lhe trará maior foco e estabilidade se os demais operadores e participantes dessa caminhada convergirem com seus contributos de atitudes pessoais[627]. É como sustenta a teoria crítica de SANTOS: "não se trata de um futuro abstrato, é um futuro do qual temos pistas e sinais; temos gente envolvida, dedicando sua vida (...) a essas iniciativas."[628] É por isso que, cada vez mais, devem-se estudar possíveis alternativas, as quais, aqui, estão nos diferentes âmbitos de combinações de atividades públicas e particulares para que se incremente a prevenção que programas de *compliance* idôneos têm o potencial de entregar.

É de se assumir essa busca permanente por uma relação público-privada que esteja comprometida com o cumprimento de suas próprias leis e normas. Afinal, como disse RAWLS:

> a perspectiva da eternidade não é a perspectiva de um determinado lugar além do mundo, nem é o ponto de vista de um ser transcendente; *melhorar é um certo tipo de pensamento e sentimento, que pessoas racionais podem adotar dentro do mundo*. E, tendo assim feito cada um, seja qual for sua geração, poderá reunir, num esquema, todas as perspectivas individuais para chegarem juntos aos princípios reguladores, que podem ser afirmados por todos; à medida que os pratiquem em sua vida, seja qual for seu ponto de vista[629].

---

[627] Como o já visto na Parte I, Capítulo 1, item 6. Nesse sentido, ainda: ZANON, Patricie Barricelli; FANTIN, Lucas Alfredo de Brito. *20 anos de compliance e políticas públicas de combate e prevenção à corrupção e lavagem de dinheiro*. In BECHARA, Fábio Ramazzini; FLORÊNCIO FILHO, Marco Aurélio Pinto (Coord.). **Compliance e direito penal econômico**. São Paulo: Almedina, 2019, p. 83-92.

[628] O autor discorria sobre a necessidade de renovação de uma epistemologia tradicional (SOUSA SANTOS, Boaventura de. **Renovar a teoria crítica e reinventar a emancipação social**. São Paulo: Boitempo, 2007, p. 38).

[629] RAWLS, John. **Uma teoria da Justiça**. (Trad. Vamireh Chacon). Brasília: Universidade de Brasília, 1981, p. . Itálicos nossos.

Se a justiça pode ser esse "esforço" contínuo e diário, uma "linha diretora"[630], o mesmo pode ser dito do compromisso com a idoneidade dos programas de prevenção em empresas[631]. Os programas idôneos de *compliance*, somados à *law enforcement* nesse viés colaborativo, têm a capacidade de realmente prevenir ilícitos em geral. Esse compromisso não pode ser visto como algo exclusivo do Estado ou dos empresários, mas como uma empreitada coletiva.

O *"compliance* tem tudo a ver com um Estado social, e ético, de Direito"[632]. A função da "iniciativa privada na prevenção da corrupção e na preservação dos princípios éticos e de integridade no meio corporativo é imprescindível"[633] pela simples razão de que o esforço de prevenir ilícitos, quando se trata de *compliance*, deve, necessariamente, ser um esforço conjunto. Deve partir da própria sociedade a crença de que o *compliance* serve para prevenir ilícitos e não para melhor escondê-los, sob pena de sequer poder ser identificado por esse nome.

2. Os desvios cognitivos e os *compliance champions*

Provavelmente, um grande obstáculo para a consolidação de atitudes comprometidas com valores de integridade, transparência e ética são os chamados desvios cognitivos[634]. O sujeito afetado por um desvio cognitivo sofre de um "defeito de juízo", normalmente relacionado a "problemas de memória, de atribuição social ou a erros estatísticos"[635]. Assim, pode compreender mal ou de modo impreciso quais são os valores a que deve aderir e quais os significados das disposições legais e/ou das normas de *compliance* que devem pautar sua conduta. Os seus limites subjetivos do que é certo e errado podem estar em descompasso com os realmente preconizados pela corporação e isso poderia prejudicar o objetivo preventivo do programa.

---

[630] RAWLS, John. **Uma teoria...**, p. 62.
[631] Sobre o compromisso com a idoneidade do programa, vide Parte III, Capítulo 1, item 1.
[632] GABARDO, Emerson; CASTELLA, Gabriel Morettini e. *A nova lei anticorrupção...*, p. 143.
[633] HAYASHI, Felipe Eduardo Hideo. **Corrupção...**, p. 179.
[634] Excluídas, naturalmente, condutas comprometidas com a prática de ilícitos, das quais o presente trabalho não se ocupa.
[635] GONZÁLEZ DE LEÓN BERINI, Arturo. *Autorregulación empresarial, ordenamiento jurídico y derecho penal. Pasado, presente y futuro de los límites jurídico-penales al libre mercado y a la libertad de empresa.* In SILVA SÁNCHEZ, Jesús-María (Dir.); MONTANER FERNÁNDEZ, Raquel (Coord.). **Criminalidad de empresa y Compliance – Prevención y reacciones corporativas**. Barcelona: Atelier, 2013, p. 90.

O pressuposto para a compreensão dos desvios cognitivos é o de que os seres humanos não são perfeitamente racionais, de modo que não tomam decisões sempre de forma absolutamente reflexiva e não fazem cálculos preditivos sobre toda e cada uma das ações ou omissões que realizam. Isso tem relevo especial em ambientes corporativos, haja vista que tais limitações cognitivas (e também emocionais) tendem a se multiplicar por fatores de coesão coletiva: grupos de colaboradores ou de diretores podem compartilhar os mesmos tipos de desvios cognitivos, em escalas de grande variação qualitativa e quantitativa[636].

Para exemplificar, os desvios a que estão sujeitas as pessoas – individualmente consideradas – podem ser motivados por: excesso de confiança; excesso de otimismo; ilusão de controle; teorização prévia equivocada; egoísmo. Já de um ponto de vista coletivo, os desvios mais comuns são: impressão de conformidade por imitação; obediência a uma autoridade ou líder; desempenho irrefletido da função assumida[637]. Decisões empresariais de gestão influenciadas por um ou mais desses desvios podem tornar totalmente inócuas as disposições do programa de *compliance*, por mais bem elaboradas e monitoradas que sejam[638]. O problema é que não se conhecem métodos seguros para eliminar ou impedir que tais defeitos se formem, especialmente porque são características intrinsecamente humanas[639].

Assim, recomenda-se, normalmente, para se tentar mitigar o surgimento e a consolidação de tais desvios, que o programa de *compliance* utilize treinamentos e sessões de orientação voltadas a fixar valores e a neutralizar interpretações equivocadas a respeito deles, representadas comumente por pensamentos como "dinheiro é dinheiro" e "somos um grupo inteligente e arrojado"[640]. Uma outra possibilidade para evitar o surgimento desses desvios é a rotatividade dos responsáveis pela fiscalização e supervisão, para que não atuem sempre no mesmo setor, tendo contato com as mes-

---

[636] SILVA SÁNCHEZ, Jesús-María; VARELA, Lorena. *Responsabilidades individuales en estructuras de empresa: la influencia de sesgos cognitivos y dinámicas de grupo*. In SILVA SÁNCHEZ, Jesús-María (Dir.); MONTANER FERNÁNDEZ, Raquel (Coord.). **Criminalidad de empresa y Compliance – Prevención y reacciones corporativas**. Barcelona: Atelier, 2013, p. 266-267.
[637] SILVA SÁNCHEZ, Jesús-María; VARELA, Lorena. *Responsabilidades individuales...*, p. 276-280.
[638] Idem, p. 268-269.
[639] Idem, p. 282.
[640] Idem, p. 282-283.

mas pessoas e matérias por muito tempo[641]. Essas medidas, certamente, não piorariam eventuais desvios já existentes.

Todavia, os ambientes corporativos em que decisões são tomadas sob a influência de graves desvios cognitivos provavelmente já contavam com essas precauções previstas nas normas internas. É provavelmente por isso que SILVA SÁNCHEZ e VARELA afirmam ser necessária uma proposta inovadora para combatê-los, tal como – sugerem eles – a contratação de diretores ou administradores externos, independentes, para compartilhar a gestão da empresa. Mas admitem que esse campo ainda carece de muitos estudos[642]. Por isso, propõe-se, neste livro, o uso dos *compliance champions* (campeões do *compliance*) para um enfrentamento mais adequado desse problema.

Trata-se de uma figura que, aparentemente, não tem sido objeto de discussão acadêmica[643], mas que é utilizada na prática como um recurso para o reforço de normas internas em corporações, especialmente nos EUA[644]. Consiste, primeiramente, na identificação de colaboradores que não pertencem às áreas de gestão, de *compliance* ou jurídica e que gozam de alguma representatividade, popularidade, enfim, do respeito dos seus colegas em geral. Tais colaboradores devem estar muito bem alinhados às normas do programa de *compliance*. Em segundo lugar, devem ser realizados treinamentos e orientações com tais colaboradores para que solidifiquem a internalização dos valores que realmente representam a empresa, bem como para que aprofundem seus conhecimentos a respeito das demais normas internas da corporação. Por fim, tais pessoas passarão a atuar como grandes difusores informais dos valores que realmente representam a empresa e das melhores práticas de mitigação de riscos; serão exemplos a seguir, em matéria de cumprimento das normas e de integridade, especialmente

---

[641] GONZÁLEZ DE LEÓN BERINI, Arturo. *Autorregulación empresarial, ordenamiento jurídico y derecho penal. Pasado, presente y futuro de los límites jurídico-penales al libre mercado y a la libertad de empresa*. In SILVA SÁNCHEZ, Jesús-María (Dir.); MONTANER FERNÁNDEZ, Raquel (Coord.). **Criminalidad de empresa y Compliance – Prevención y reacciones corporativas.** Barcelona: Atelier, 2013, p. 90.

[642] SILVA SÁNCHEZ, Jesús-María; VARELA, Lorena. *Responsabilidades individuales...*, p. 283.

[643] Não se localizou estudo científico profundo a respeito.

[644] FCPA Compliance & Ethics: business solutions to compliance and legal challenges. *The compliance champion: getting people to solve problems without you*. Em 13 de setembro de 2011. Disponível em http://fcpacompliancereport.com/2011/09/the-compliance-champion-getting-people-to-solve-problems-without-you/. Acesso em 17 de outubro de 2019.

em setores e locais da empresa que, às vezes, são de difícil ou raro contato por parte dos responsáveis pela gestão[645].

Em estruturas mais sofisticadas, os *champions* se reportarão a um nível mais graduado de campeões, os *compliance ambassadors* (embaixadores do *compliance*), que servem como intermediários, pois farão a ponte com o setor de *compliance* e/ou com demais representantes da cúpula diretora[646]. Diferentemente dos *champions*, que atuam na linha de frente como disseminadores e monitores, os *ambassadors* podem ser oriundos do jurídico ou da área de *compliance* e sua função é, precipuamente, a de recepção de reportes e do seu respectivo tratamento[647].

Grandes empresas têm promovido concursos para que colaboradores possam ser alçados à posição de *compliance champions*. Os pré-requisitos incluem liderança, proatividade e criatividade para propor soluções. As melhores atuações podem render prêmios[648].

Autoridades reguladoras brasileiras, também, consideram o uso dos *champions* como um indicador de que o programa de *compliance* é idôneo. Referem que se trata de uma boa prática de descentralização de responsabilidade e de controle[649] – especialmente em empresas multinacionais – e

---

[645] Compliance & Ethics Professional. *Building an effective compliance champion program*, por Bruno Falcone, em dezembro de 2015. Disponível em https://assets.corporatecompliance.org/Portals/1/PDF/Resources/Compliance_Ethics_Professional/1215/scce-cep-2015-12-Falcone.pdf. Acesso em 17 de outubro de 2019.

[646] Amcham Brasil. *Rígido programa de compliance da Siemens evita pedidos de propina*, em 6 de dezembro de 2013. Disponível em https://www.amcham.com.br/noticias/gestao/rigido-programa-de-compliance-da-siemens-acabou-com-pedidos-de-propina-3318.html. Acesso em 17 de outubro de 2019.

[647] CRUZ, Alessandro de Franceschi; LEITE, Marcelo Ramos. *Pró-Ética: algumas dicas para tornar o seu programa de compliance efetivo*. In **JOTA – Opinião & Análise**, em 28 de agosto de 2018. Disponível em https://www.jota.info/opiniao-e-analise/artigos/pro-etica-compliance-efetivo-28082018. Acesso em 17 de outubro de 2019.

[648] AbInbev Compliance Champions 2017. Compliance Channel. Disponível em http://compliancechannel.ab-inbev.com/otrs/public.pl?Action=PublicFAQZoom;Subaction=DownloadAttachment;ItemID=41;FileID=55. Acesso em 17 de outubro de 2019. E também: AbInbev Compliance Champions Program 2017. Disponível em http://compliancechannel.ab-inbev.com/otrs/public.pl?Action=PublicFAQZoom;Subaction=DownloadAttachment;ItemID=44;FileID=61. Acesso em 17 de outubro de 2019.

[649] A descentralização é reconhecida como um método válido e recomendável para a otimização da gestão de grandes corporações (BRAFMAN, Ori; BECKSTROM, Rod A. **The starfish and the spider: the unstoppable power of leaderless organizations**. New York: Penguim Group, 2006, p. 135-158).

elas podem situar um *champion* em cada filial, setor ou unidade da empresa para melhor aproveitamento[650].

Essa proposta de solução para a contenção e mitigação dos desvios cognitivos é interessante por várias razões: amplia o controle e o monitoramento de modo seguro e com baixo custo imediato para a empresa; promove os valores da corporação de modo mais humano e direto; veicula o conteúdo do programa de *compliance* em âmbitos que, se não fosse por contato pessoal, seriam de difícil alcance; torna o fluxo de informações sobre práticas de colaboradores mais fluído e dinâmico dentro da empresa; reconhece e estimula condutas que estejam em conformidade com o que dispõe o programa de *compliance*. Isso tende a facilitar o isolamento da existência de desvios cognitivos em atitudes individuais ou coletivas e a tratá-las com agilidade.

---

[650] CRUZ, Alessandro de Franceschi; LEITE, Marcelo Ramos. *Pró-Ética: algumas dicas para tornar o seu programa de compliance efetivo*. In **JOTA – Opinião & Análise**, em 28 de agosto de 2018. Disponível em https://www.jota.info/opiniao-e-analise/artigos/pro-etica-compliance-efetivo-28082018. Acesso em 17 de outubro de 2019.

CAPÍTULO 2
A NECESSIDADE DE PREVISÃO LEGAL
DE MECANISMOS DE *LAW ENFORCEMENT*

A abordagem jurídica – isto é, baseada em leis e em comandos infralegais – é uma importante aliada na busca pela obtenção de conformidade das nações com os direitos humanos, p.ex., mesmo que em ambiente internacional, p.ex., em que as decisões das cortes têm aplicabilidade (*enforcement*) dificultada (por questões de legitimidade ou, muitas vezes, logística) nos ambientes domésticos[651]. Ademais, se "a legitimidade dos programas de compliance é a chave para sua efetividade e credibilidade"[652], convém que haja disciplina legal segura e acessível da matéria[653].

No âmbito dos graus de conformidade de condutas às exigências legais e infralegais, DIMENTO explica que "pode haver subconformidade [*undercompliance*], superconformidade [*overcompliance*] e conformidade marginal aceitável [*marginally acceptable compliance*]"[654]. *Undercompliance* seria a

---

[651] HILLEBRECHT, Courtney. **Domestic politics...**, p. 33-39.

[652] MIRANDA RODRIGUES, Anabela. *Compliance programs and corporate criminal compliance*. In **Revista Brasileira de Ciências Criminais**, a. 26, v. 149, nov. 2018. São Paulo: Revista dos Tribunais, p. 5.

[653] Na Rússia, sequer há leis sobre *compliance*, o que é visto como um grande defeito na política de prevenção de ilícitos relacionados a corporações (ESAKOV, Gennady; FILATOVA, Maria. *Alternative investigation and sanctioning systyems for corporate and corporate-related crime in the Russian Federation*. In SIEBER, Ulrich (ed.). **Prevention, investigation, and sanctioning of economic crime: national perspectives. International Review of Penal Law (RIDP)**. Antwerpen (Belgium): Maklu, 2019, v. 90, iss. 1, p. 335-342).

[654] *"There may be undercompliance, overcompliance, and marginally acceptable compliance"* (DIMENTO, John F. **Environmental law and American business: dilemmas of compliance**. New York: Plenum Press, 1986, p. 31).

insuficiência regulatória interna da corporação frente à legislação e/ou a desobediência às leis e a tais regramentos internos por parte dela; *overcompliance* corresponde ao fenômeno do controle legislativo ou corporativo em excesso, o que pode prejudicar a economia e o empresário por incrementar, desnecessariamente, a burocracia e os custos de produção; *marginally acceptable compliance* seria o meio termo, o ponto em que os controles públicos, privados e o seu cumprimento estão em equilíbrio. Assim, verificam-se legislações e mercados de diferentes países que oscilam por tais extremos, cada qual tentando, a seu modo, aproximar-se mais do meio termo[655]. E surge, naturalmente, a dúvida: como alcançar tal estado ideal?

Não há fórmula genérica aplicável a todos, especialmente em vista das enormes diferenças entre cada governo, cada sociedade e as ideologias e os sistemas econômicos e de gestão que lhes definem. Mas há um problema crucial que deve ser comum a maioria dos interessados: os custos e a burocracia derivados dos controles impostos pelas leis são aceitáveis diante dos altos riscos representados pelas atividades empresariais? Segundo DIMENTO, a resposta deverá considerar as vicissitudes socioeconômicas relativas ao contexto em que virá a vigorar a lei e em que atuam as corporações[656]. O custo do risco é visto abaixo (item 1); a liberdade empresarial pela conduta *compliant*, no item 2.

1. O custo do risco

Considerando-se tal premissa, delimita-se a presente proposta à realidade brasileira contemporânea. E, como viu dos casos expostos na Parte I, Capítulo 1, itens 5 (e subitens) e 6, o cenário das corporações que exploram nichos econômicos ligados a altos riscos sociais no Brasil inspira preocupação. Há, no país, recentes casos de grandes tragédias ambientais e esquemas de corrupção e de desvio de dinheiro público em cifras astronômicas. Essa situação faz crer que eventuais novos custos e procedimentos que venham a ser gerados por conta de novos mecanismos de controle e de monitoramento são, ainda, plenamente justificáveis como medidas tendentes a mitigar tais riscos. Em poucas palavras: condutas *non-compliant* podem custar caro; muito mais caro do que o investimento em programas de prevenção.

---

[655] Idem, p. 31.
[656] DIMENTO, John F. **Environmental law...**, p. 32-33.

Isso não significa que se ignoram os óbvios e graves problemas sociais ligados ao atravancamento do funcionamento das empresas em geral. Não se defende que as soluções para a prevenção corporativa de ilícitos sejam indiferentes a essa possibilidade. Entretanto, não parece sequer minimamente plausível a suposição de que hipotéticas inovações legislativas incluam alguns poucos e pontuais procedimentos adicionais de controle possam, realmente, criar tal resultado caótico. Antes, muito mais provável que tornem o ambiente empresarial menos arriscado e a sociedade um âmbito de convivência mais seguro, sem qualquer impacto negativo à economia.

Também não se afirma que a previsão em lei de mecanismos de *law enforcement* – tais como os examinados na Parte II, Capítulo 3 – promoverá, por si só, a melhoria da prevenção corporativa de ilícitos. Assim como se expôs no Capítulo 1, acima, a realização desse aperfeiçoamento depende, em primeiro lugar e fundamentalmente, de que a prevenção seja de fato assumida como uma meta pelos governos, pelas autoridades competentes e pelas corporações. Ademais, exige-se um compromisso do setor empresarial com a idoneidade dos programas corporativos que adotam.

Mas o fato é que, se não houver lei regulando e sancionando, dificilmente as autoridades e corporações darão a importância necessária aos mecanismos porventura existentes de prevenção de ilícitos. Não cabe, aqui, tentar definir exatamente qual o papel da legislação para a formação do compromisso com a idoneidade do programa e da assunção da prevenção como meta, mas parece inegável que a promulgação de leis nesse sentido contribui, sensivelmente, para que todos os envolvidos realmente aceitem e pratiquem as mudanças necessárias em seus procedimentos a fim de consolidar tais premissas. Nessa mesma direção, SHELTON afirma que:

> a lei (...) é frequentemente considerada uma necessária, embora normalmente insuficiente, base para controlar comportamentos. A linguagem da lei, especialmente a linguagem escrita, comunica expectativas e produz confiabilidade de modo mais preciso, em que pesem as inevitáveis ambiguidades e omissões. Ela exerce uma atração em direção à conformidade por sua própria natureza[657].

---

[657] *"Law (...) is often deemed a necessary, if usually insufficient, basis for ordering behaviour. The language of law, especially written language, most precisely communicates expectations and produces reliance, despite inevitable ambiguities and gaps. It exercises a pull towards compliance by its very*

Já há indicativos de boa vontade, no meio empresarial, para promover soluções inovadoras na atividade de prevenção de ilícitos[658], mas, sem a devida segurança legislativa, dificilmente chegarão a significar mudança sensível da realidade corporativa. A previsão legal traz legitimidade ao compromisso com a idoneidade do programa e afasta eventual sensação de insegurança gerada pela imprevisibilidade natural de um ambiente de anomia[659]. Essa legitimidade[660] e segurança são necessárias não somente para dar oficialidade à atitude de compromisso com a prevenção, mas também para emprestar sua força vinculante às normas internas das corporações, especialmente às sanções que elas venham a prescrever contra condutas representativas de *non-compliance*[661].

A propósito, quando não há obrigação legal a ser adimplida, até mesmo o uso da expressão *compliance* perde o sentido, afinal, fica desvirtuada a noção de conformidade com a lei quando, simplesmente, não há lei estabelecendo a necessidade deste ou daquele mecanismo de controle. A ausência de lei prejudica, também, a mensuração do grau de intensidade da (des)conformidade da conduta (os chamados *undercompliance*, *overcompliance* e *marginally acceptable compliance*). Aliás, evidentemente, não há razão para se falar em *law enforcement* quando sequer há uma lei específica a ser aplicada ao caso concreto.

2. A liberdade empresarial como resultado da conduta *compliant*

A ideia geral aqui não é a de mais leis e de mais regulação, a qual poderia produzir críticas no sentido de que o Brasil é um país que já sofre demasiadamente com excesso de burocracia e regras. Mais regras desencontradas, inacessíveis e incoerentes aumentariam ainda mais o engessamento

---

nature" (SHELTON, Dinah. *Law, non-law, and the problem of 'soft law'*. In SHELTON, Dinah. **Commitment and compliance: the role of non-binding norms in the international legal system.** New York: Oxford University Press, 2003, p. 8).

[658] Como, p.ex., a criação de um jogo eletrônico que facilita a memorização das condutas de obediência normativa em determinadas situações. Vide: *Valor Econômico*, "**Companhias usam criatividade para divulgar programas de compliance**", por Joice Bacelo, em 11.8.15. Disponível em http://www.valor.com.br/legislacao/4174260/companhias-usam-criatividade-para-divulgar-programas-de-compliance. Acesso em 30 de maio de 2019.

[659] FEIJOO SÁNCHEZ, Bernardo. **Retribución y prevención general**..., p. 852.

[660] Sobre questões de legitimidade do modelo da autorregulação regulada, vide Parte II, Capítulo 3, item 2.

[661] SIEBER, Ulrich. *Programas de* compliance..., p. 79.

do empresário, retirando-lhe a pouca liberdade que tem para trabalhar. Conforme entende MOREIRA, "a mão invisível do mercado carece da mão visível da regulação pública", e isso se torna mais evidente diante dos casos concretos vistos na Parte I, Capítulo 1. E "regulação quer dizer naturalmente mais normas, instâncias de regulação, instrumentos de supervisão e implementação, medidas sancionatórias contra as infracções"[662].

Além disso, tal como já explicado na Parte II, Capítulo 2, item 2, tem-se, no cenário brasileiro, muitas regras que convivem de modo desorganizado, o que contribui para incrementar o risco natural das atividades empresariais. Assim, propõem-se inovações normativas que possam atacar esse problema, otimizando a relação público-privada no que concerne à prevenção de ilícitos relacionados a empresas, diminuindo, consequentemente, os riscos. É necessária uma nova lei.

É natural que, como qualquer inovação, trata-se de "algo a mais". Quando ela envolve fiscalização de atividade empresarial e os procedimentos para tanto, é recomendável que seja expressa em normas. Em uma análise formalista, isso significa, obviamente, mais normas. Porém, a partir do momento em que tais normas veicularem os mecanismos de *law enforcement* estudados na Parte II, Capítulo 3, itens 2 e 3, elas permitirão uma maior organização do relacionamento entre o poder público e o setor privado porque se dará sobre a base de um modelo de autorregulação regulada mais responsivo, aqui representado pela *enforced self-regulation* (Parte II, Capítulo 3, item 2).

Um ambiente em que incidem poucas regras pode ser visto como um ambiente com muita liberdade apenas quando ele não é habitado ou utilizado por mais de uma pessoa. Imagine-se, por exemplo, como seria o trânsito, os estabelecimentos penitenciários, as escolas, os esportes etc. sem as várias regras que se lhes aplicam. Até mesmo a criatividade se beneficia por regras, como indicam as normas de composição musical e alguns estilos de poesia. Os idiomas em que se expressam os seres humanos, novamente, estão permeados por uma infinidade de regras. Por qual razão haveria de ser diferente para o exercício da atividade empresarial, especialmente aquela que aufere lucro às custas da exposição da sociedade a altos riscos

---

[662] MOREIRA, Vital. *Um marco regulatório: a Lei Sarbanes-Oxley*. In LEITÃO MARQUES, Maria Manuel; MOREIRA, Vital. **A mão visível: mercado e regulação.** Coimbra: Almedina, 2008, p. 174.

de dano? Efetivamente, inexiste razão. Mas as regras não servem apenas para a proteção da sociedade.

Na medida em que o setor empresarial passar a atuar em conjunto com as autoridades regulatórias – no modo colaborativo, como aqui se sugere –, a atividade empresarial se tornará mais segura, porque sofrerá menos riscos de intervenções públicas e sanções antes imprevistas. Isso confere ao empresário maior liberdade para explorar economicamente o nicho em que atua; livre dos percalços de um emaranhado de normas que, hoje, podem representar obstáculos intransponíveis e graves.

É óbvio que essa liberdade trazida pela tranquilidade de estar *compliant* (de acordo) com a lei exige agir realmente de acordo com as normas aplicáveis e as exigências das autoridades. Ou seja, é uma liberdade que deve ser conquistada e, depois, cultivada. Esse investimento na aplicação dos métodos de controle e de monitoramento para fins de prevenção de ilícitos pode contribuir para tornar mais simples e rápida essa conquista.

CAPÍTULO 3
PROPOSTAS DE LEGE FERENDA

Adotando-se as condições acima como paradigmas – prevenção como meta, compromisso com a idoneidade do programa e previsão em lei de disciplina geral das normas internas das empresas com ferramentas de *law enforcement* –, torna-se possível avançar para a indicação de alguns temas que deveriam ser dispostos em lei, no Brasil, de modo a aperfeiçoar a prevenção corporativa de ilícitos. No ordenamento jurídico brasileiro, há normas esparsas que tratam, genericamente, de mecanismos de gestão e de prevenção de ilícitos específicos, tais como a lavagem de dinheiro (Lei 9.613/98) e a corrupção (Lei nº 12.846/13)[663]. Também há normas infralegais (Banco Central, COAF, Conselho Monetário Nacional) que regulam as atividades bancária e financeira de modo geral, especialmente visando à prevenção de ilícitos[664]. Cada qual tem seu próprio âmbito de incidência

---

[663] Vide, p.ex., Lei nº 9.613/98, art. 10º, III e IV e art. 11, II e III; Lei nº 12.846/13, art. 7º, VII e VIII. O parágrafo único deste art. 7º dispõe que "os parâmetros de avaliação de mecanismos e procedimentos previstos no inciso VIII do caput serão estabelecidos em regulamento do Poder Executivo Federal". Esse regulamento é o Decreto 8.420, de 18 de março de 2015. Em seu Capítulo IV, tal ato dispõe acerca de um "Programa de Integridade" (arts. 41 e 42). Todavia, e além de não se tratar de lei em sentido estrito, a sua finalidade específica é evitar somente ilícitos relacionados à corrupção de funcionários públicos. Também para orientar o cumprimento dos deveres previstos na Lei 9.613/98 (além das Leis 13.206/16 e 13.810/19), há a Instrução CVM 617/19, que estabelece regras para a prevenção à lavagem de dinheiro e ao financiamento do terrorismo (PLDFT) no mercado de valores mobiliários.

[664] São exemplos: a Resolução CMN 2554/98; a Circular BACEN 3542/12; a Resolução COAF 20/12; as Instruções Normativas nºs 1 e 2 e a Portaria nº 910, todos da Controladoria-Geral da União, publicados em 2015 com a finalidade de disciplinar o acordo de leniência, a apuração e a delimitação de responsabilidade administrativa de pessoas jurídicas; a Circular BACEN 3978/20.

(p.ex.: prevenção da lavagem de ativos ou a disciplina do risco em empresas públicas), trata a adoção dos programas de modo distinto (p.ex.: na lei de lavagem de dinheiro há uma obrigação mediante sanção; na lei das estatais é mera recomendação) e com abrangências muito diferentes (p.ex.: a lei anticorrupção e a lei das estatais tratam do programa com muito mais detalhes do que a lei de lavagem de dinheiro)[665]. Mas não existe nenhuma lei regulando expressamente a adoção de programas de prevenção de modo generalizado pelas empresas[666].

Falta no Brasil, portanto, uma lei sobre *compliance* com aplicação geral[667] – ressalvados eventuais conflitos com as hipóteses especiais já disciplinadas em outras leis –, isto é, para todos os tipos de empresas privadas, que discipline todos os principais dos programas (como os já vistos na Parte I, Capítulo 3, itens 1 a 5) e traga, especialmente, a inovação dos mecanismos de *law enforcement* tratados na Parte II, Capítulo 3. O objetivo desses programas não será, logo, a prevenção de uma ou outra espécie de ilícito, mas sim regular a prevenção corporativa de ilícitos em geral (crimes incluídos).

Ou seja, a ideia dessa nova lei aqui proposta parte dos requisitos de programas de prevenção corporativa que já constam de textos legais para uniformizá-los em um único diploma e agregar a eles novos requisitos, ferramentas e possibilidades oriundas de conhecimentos de *law enforcement*. Acredita-se que, com isso, não haverá contradição com textos normativos

---

[665] A grande multiplicidade de formas de positivação dos programas de *compliance* – não apenas no Brasil, mas também em leis estrangeiras – está exposta na Parte I, Capítulo 2, itens 1 a 6.

[666] Iniciativa semelhante nesse sentido é o Projeto de Lei 5442/19. Mas ele visa alterar a Lei 9.605/98 para disciplinar programas de prevenção de ilícitos em corporações que explorem exclusivamente atividade econômica potencialmente lesiva ao meio ambiente (Câmara dos Deputados. Disponível em https://www.camara.leg.br/proposicoesWeb/prop_mostrarinte gra;jsessionid=8E4EF28D219C9C74B1CCE38B5D28C739.proposicoesWebExterno1?codt eor=1818737&filename=PL+5442/2019. Acesso em 7 de fevereiro de 2020). Não abrange a generalidade das empresas particulares. Também inexiste lei que trate diretamente sobre programas corporativos de prevenção de crimes em geral (por isso, uma das conclusões do trabalho de BENEDETTI é pela necessidade de "elaboração de lei específica que contemple, de forma expressa, o *Criminal Compliance* nas corporações (...)". Em: BENEDETTI, Carla Rahal. ***Criminal compliance*...**, p. 128).

[667] No mesmo sentido: "de todo modo, é cediço que carece lei específica que contemple, de forma expressa, o *compliance* nas corporações, estabelecendo parâmetros mais detalhados do que as legislações que tratam genericamente do tema" (GABARDO, Emerson; CASTELLA, Gabriel Morettini e. *A nova lei anticorrupção...*, p. 145).

já existentes quanto ao conteúdo dos programas. Para isso, o presente Capítulo debate: o tratamento legal dos programas de prevenção (item 1); o tratamento legal dos mecanismos de *law enforcement* (item 2); a certificação de idoneidade dos programas corporativos de prevenção de ilícitos (item 3); as repercussões na aplicação da sanção (item 4). Os vetores para uma proposta de lei, cujo exame contribui para melhor ilustrar as presentes propostas, constam do Apêndice.

1. O tratamento legal dos programas de prevenção

No Brasil, não há uma lei que consolide as exigências e as orientações públicas no que diz respeito aos programas corporativos de prevenção de ilícitos em geral. O cidadão deve estar atento às regras que porventura se apliquem ao nicho econômico que explora para procurar, diariamente, atualizar-se e atendê-las de modo pontual. Vive-se no cenário de insegurança, provocado pela desorganização normativa, exposto na Parte II, Capítulo 2, itens 1 e 2. E a multiplicidade de formas de tratamento legal dos programas de *compliance* hoje existente no Brasil (vistas na Parte I, Capítulo 2, itens 1 a 6) contribui para a continuidade desse cenário. O que se pretende propor, nesse item, é uma estrutura legal básica de tratamento dos programas de *compliance* que seja mais uniforme, assertiva, detalhada e organizada para, com isso, tentar reduzir a insegurança que a desorganização regulatória provoca[668] e, simultaneamente, otimizar a prevenção corporativa de ilícitos[669].

Inicialmente, o vocabulário: infelizmente não há padrão nas expressões que as leis existentes padronizassem as expressões que utilizam ao ende-

---

[668] Em 2019, o Congresso Internacional de Direito Penal sobre Justiça Criminal e Corporações emitiu algumas resoluções. Dentre elas, a de que países devem criar e investir em mecanismos legais de prevenção e, nessa seara, isso pode ser feito com melhores fórmulas sobre os padrões aceitos de condutas empresariais. O uso mais ostensivo de ferramentas de supervisão e colaboração é recomendado (DE LA CUESTA, José Luis de; BLANCO CORDERO, Isidoro; ODRIOZOLA GURRUTXAGA, Miren (Ed.). **Resolutions of the Congress os the Association Internationale de Droit Pénal (1926-2019) – RIDP**. Antwerpen: Maklu, 2020, p. 232-233).

[669] Após realizarem extensa pesquisa envolvendo dados de diversas corporações alemãs, SIEBER e ENGELHART concluíram que a melhor alternativa para a prevenção de crimes econômicos, em ambiente empresarial, passa pela inclusão em lei daqueles que forem considerados, por especialistas, os requisitos indispensáveis dos programas de *compliance*. Ademais, recomendam que seja igualmente disciplinado em lei o formato de atuação colaborativa público-privado com o objetivo de prevenção (SIEBER, Ulrich; ENGELHART, Marc. **Compliance programs...**, p. 219).

reçar os programas de prevenção ilícitos para facilitar a compreensão por parte dos empresários e da sociedade. A Lei 9.613/98 se refere a "políticas, procedimentos e controles internos" (art. 10, III); a Lei 12.846/13 menciona "mecanismos e procedimentos internos de integridade, auditoria e incentivo à denúncia" (art. 7º, VIII); a Lei 13.303/16 fala em "Código de Conduta e Integridade" (art. 9º, §1º); a Lei 13.709/18 tem uma seção sobre "Boas Práticas e Governança" (arts. 50 e 51). Com isso, seria interessante que uma eventual nova lei de aplicação geral contivesse uma parte inicial explicando que todas essas expressões, na prática, correspondem àquela que se passa a utilizar.

Sugere-se, aqui, a expressão programa de prevenção de ilícitos. Programas de prevenção podem ser utilizados para evitar qualquer tipo de ilícito assim definido, como regra, em lei. A depender do nível de compromisso corporativo com a prevenção, pode-se instituir mecanismos que visem evitar ilícitos que não tenham relação com a sua atividade, como p.ex.: empresa do ramo alimentício procura criar cultura de respeito à honra e à dignidade sexual; empresa de produção de vestimentas elabora programa de prevenção de ilícitos que atentem contra a integridade física de seus integrantes; instituição financeira cria métodos de evitar ilícitos relacionados ao preconceito de credo, raça, cor ou opinião. Inclusive, podem tratar da prevenção de desvios que não sejam definidos como ilícitos em leis, tais como faltas disciplinares ou éticas segundo as pautas definidas pelas empresas. Políticas, procedimentos, códigos de integridade e mecanismos são os instrumentos e itens do programa. É lógico que a expressão "governança" é mais ampla do que programa de prevenção de ilícitos, mas, na medida em que a lei aqui imaginada será direcionada mesmo a evitar a ocorrência de ilícitos em empresas, parece mais conveniente a utilização do termo sugerido.

Como consequência, espera-se que a literatura brasileira perca o desnecessário hábito de tratar desse assunto, utilizando-se de palavras de idioma estrangeiro, como *compliance* e correlatas. É natural que hoje elas sejam utilizadas, até porque representam práticas que surgiram em outros países. Todavia, o hermetismo acadêmico gerado pelo debate com expressões em outro idioma dificulta a idoneidade da prevenção que se quer atingir: os setores responsáveis pela prevenção nas empresas, bem como os nomes dos cargos que seus integrantes exercem frequentemente estão em inglês. Os jargões, em outro idioma, no mundo corporativo, são bastante comuns no dia a dia de analistas, gestores e executivos, mas, ao menos quando se trata de fomentar cultura de apreço à legalidade e a boas práticas em empresas muito grandes, é fundamental que o sentido das palavras seja adequadamente compreendido pelo maior número possível de colaboradores. Nada mais recomendável do que a utilização de vocabulário português – tanto quanto o permitir a identidade multinacional da corporação – e que seja simples e objetivo. São exemplos: oficial, encarregado ou agente de prevenção ou de integridade em vez de *compliance officer*; denunciante, noticiante, reportante ao invés de *whistleblower*; diligências, cautelas, cuidados devidos ao invés de *due diligence* etc.

Em segundo lugar, quanto às formas de positivação vistas na Parte I, Capítulo 2, itens 1 a 5: pareceria, à primeira vista, que a maneira mais adequada de se disciplinar a matéria é a de obrigação mediante sanção. O problema é que, como nesta pesquisa se imagina uma lei que tenha incidência generalizada para todos os setores empresariais privados, a criação de uma obrigação, dessa natureza a todos os empresários brasileiros, sob pena de castigo, provavelmente, geraria revolta e rejeição à própria ideia de se usar programas de prevenção. Portanto, salvo em setores especialmente regulados que seriam expressamente mencionados – como o das instituições financeiras, empresas que contratem com o poder público e que armazenem dados pessoais de terceiros –, a melhor opção para uma lei de incidência ampla parece ser a recomendação. Mas não uma recomendação pura e simples, e sim uma que seja acompanhada de estímulos legais, tal como a possibilidade de interferência positiva na sanção em caso de condenação[670]. A ideia, assim, é que adoção dos programas de prevenção seja vista como algo bom por si só e, posteriormente, ela possa se alastrar por sua própria natureza benéfica entre as empresas.

As formas de positivação da adoção de um programa de prevenção de ilícitos como sanção ou como condição de acordo também são interessantes e não excluem as outras: são oportunidades de o Estado intervir na estrutura da empresa criando ou aprimorando os mecanismos necessários para que novos ilícitos não venham a ocorrer. E a empresa ainda pode ganhar aprendizado e melhorar seu desempenho futuro quanto à gestão de riscos. Os acordos, no Brasil, são regidos basicamente pela Lei 12.850/13 (colaboração premiada) e pela Lei 12.846/13 (acordo de leniência). Nada

---

[670] É o que se propõe no item 4, logo abaixo.

impede que nova lei inclua a formulação e manutenção de programa de prevenção de ilícitos como condição para que um acordo seja feito com os investigados ou acusados, não somente em matéria criminal ou de atos contra a administração pública, mas para todos os tipos de ilícitos em geral.

Uma forma de positivação que parece que não poderia aproveitar a proposta veiculada neste livro é a do programa de prevenção como isenção total de responsabilidade. É de enorme importância prática a previsão de alguma circunstância que possa acarretar a total extinção das consequências jurídicas de um ato ilícito. Por isso, mesmo que um dispositivo dessa natureza provavelmente atrairia interesses negativos ao instituto do *compliance*, seja como norma legal, seja como um dado da realidade da atividade empresária. Em outras palavras: a classe empresarial passaria a implementar programas de prevenção não por conta do seu significado ético, por assumir a prevenção como meta ou o compromisso com um ideal, mas, pura e simplesmente, para não sofrer consequência alguma se (ou quando) vier a praticar algum ilícito. O mercado de consultoria, assessoria e de serviços jurídicos esquentaria, porém, os clientes não estariam em busca da mitigação de riscos, mas da compra de uma blindagem. Não faltariam profissionais dispostos a vender tal produto. Como consequência em longo prazo, a essência do que se entende por *compliance* se perverteria na rasa noção de proteção do empresário em detrimento do Estado e da sociedade.

Em terceiro lugar, quanto ao conteúdo do programa de prevenção a ser disposto na nova lei: todos os itens já vistos na Parte I, Capítulo 3, itens 1 a 5 devem ser endereçados. São eles: métodos de identificação e reavaliação constante de riscos; criação e manutenção de uma cultura de integridade, de transparência e de acolhimento da fiscalização; medidas de auto-organização (setorização, estruturação, reciclagem e orientação), controle (monitoramento de condutas e de fluxos de informações, disciplina legal da figura do agente de integridade[671]) e sancionamento; canais de denúncia e disciplina normativa de incentivo e de proteção aos denunciantes internos e externos (*whistleblowers*); esclarecimento, no texto legal,

---

[671] "Na generalidade das ordens jurídicas nacionais, falta uma regulação detalhada e legalmente vinculativa das funções do *compliance officer* (*e.g.*, Alemanha, Brasil e Portugal)" (SOUSA MENDES, Paulo de. Law enforcement & compliance. In PALMA, Maria Fernanda; DIAS, Augusto Silva; SOUSA MENDES, Paulo de (Coord. Cient.). **Estudos sobre *law enforcement*, *compliance* e Direito Penal**. Coimbra: Almedina, 2018, p. 16.

de que os âmbitos de incidência *ex ante* (pré-fato ilícito; medidas de caráter preventivo) e *ex post* (pós-fato ilícito; medidas de caráter reativo) das normas do programa devem ser indicados de modo expresso nos documentos corporativos a ele correspondentes.

A rigor, alguns destes itens acima já são disciplinados em leis brasileiras, tais como a Lei 12.846/13 (art. 7º, VIII), a Lei 13.303/16 (art. 9º, parágrafos e incisos) e a Lei 13.608/18. Mas ainda são dispositivos muito lacônicos e que deixam de mencionar vários itens fundamentais aos programas de prevenção[672]. Isso significa que há um largo leque de conteúdos que podem ser trabalhados em eventual inovação legislativa, tornando a adoção dos programas de prevenção muito mais direta e segura. A maneira como o endereçamento desses temas pode ser feita, então, comporta alteração.

Uma nova lei de aplicação ampla sobre os programas de prevenção deverá ser, tanto quanto possível, detalhada. As minúcias poderão ser disciplinadas por atos infralegais, todavia, convém que, na própria lei, se indiquem, expressamente, todos os itens que não poderão faltar nos programas de prevenção, por questão de segurança jurídica. Na medida em que não se proíba as empresas de inserirem seus próprios mecanismos de prevenção, haverá espaço para que cada empresa formule procedimentos adequados à sua individualidade, o que, também, garantirá que os programas não sejam todos iguais, ainda que todos devam atender aos mesmos requisitos legais.

2. O tratamento legal dos mecanismos de *law enforcement*

É claro que a expressão *law enforcement* não aparecerá na legislação. Esse é o nome aqui empregado para identificar algumas medidas decorrentes da atuação colaborativa público-privada[673], voltadas a aperfeiçoar a prevenção

---

[672] A Lei 13.964/19, p.ex., promoveu alterações na Lei 13.608/18 para disciplinar em maior profundidade, pela primeira vez, a figura do denunciante ou informante do bem (*whistleblower*) no Brasil. A disciplina é voltada a órgãos governamentais, empresas e outros entes públicos (vide, a respeito de tais alterações legislativas: SOUZA, Renee do Ó. Whistleblower *ou informante do bem: análise da Lei 13.608/2018 com as alterações feitas pela Lei 13.964/2019*. In SOUZA, Renee do Ó (Org.). **Lei anticrime – comentários à lei 13.964/2019**. Belo Horizonte: D'Plácido, 2020, p. 325-345). Em que pese muito bem vindas essas inovações, a legislação ainda não contempla dispositivos que obriguem empresas particulares em geral a manterem canais de recebimento de denúncias e a proteger denunciantes. Isso seria uma relevante contribuição em matéria de programas corporativos de prevenção de ilícitos.

[673] A atuação colaborativa público-privada é explicada em: Parte II, Capítulo 2, item 3; Parte II, Capítulo 3, item 2.

corporativa de ilícitos. Mas, tal como se disse no item acima, quanto ao uso do vernáculo, a expressão inglesa será representada, na lei, pela descrição das medidas formuladas com base na ideia de aplicação concreta da lei.

Propõe-se a formulação de uma nova lei que consolide obrigações e orientações gerais sobre o uso e o conteúdo de programas corporativos de prevenção de ilícitos (nos termos do item acima) para a incidência ampla a todos os setores empresariais privados, ressalvada a legislação especial. Essa lei incluiria, além do conteúdo comum a programas de prevenção (mencionados no item acima), medidas de *law enforcement*[674].

Avançando na proposição, tal como explicado anteriormente, os mecanismos de *law enforcement* vislumbrados na Parte II, Capítulo 3, item 3 funcionam na base do modelo de outro mecanismo de *law enforcement* proposto neste livro: a autorregulação regulada, tal como formulada por AYRES e BRAITHWAITE (*enforced self-regulation*, Parte II, Capítulo 3, item 2). Essa base pode incorporar as demais sugestões veiculadas porque permitem maior dinamismo entre o poder público e o setor privado. Hoje, entende-se, por exemplo, que atores da sociedade civil, parcerias público-privadas, convênios, a atuação dos poderes executivo e judiciário são grandes facilitadores de condutas pró-*compliance*[675] e, por isso, devem ser soluções a se trabalhar para serem contempladas legislativamente como ferramentas de *law enforcement*.

Mas o maior defeito que os citados autores identificaram na ideia da autorregulação pelas empresas reside na aplicação desse padrão como *soft law*: "temos notado que corporações podem ser mais capazes do que o governo para regular suas atividades comerciais. Mas se elas têm maior capacidade, isso não significa que elas necessariamente estejam dispostas a tanto. Essa é a fraqueza fundamental da autorregulação voluntária"[676].

---

[674] Mas nada impede que, ao invés de se promulgar uma nova lei tal como o ora proposto, as citadas medidas sejam incorporadas nas leis já em vigor. Ao menos assim o uso delas já poderia surtir efeitos positivos em matéria de prevenção, embora se defenda, nesta pesquisa, a ideia de que tudo seja feito em uma nova lei por questão de organização e para a simplificação do dia a dia da classe empresária, de modo a reduzir riscos. A pesquisa sobre as ferramentas de *law enforcement* consta na Parte II, Capítulo 3, item 3 e seus subitens.

[675] HILLEBRECHT, Courtney. **Domestic politics...**, p. 3.

[676] "*We have seen that corporations may be more capable than the government of regulating their business activities. But if they are more capable, they are not necessarily more willing to regulate effectively. This is the fundamental weakness of voluntary self-regulation*" (AYRES, Ian; BRAITHWAITE, John. **Responsive regulation...**, p. 105-106).

Esse problema seria solucionado caso se promulgasse lei que, além de tratar a autorregulação como um dever das corporações, estabeleça sanções para o caso de serem violadas as normas internas que criaram, de acordo com a lei, para regulá-las[677]. Assim, no modelo de *enforced self-regulation*[678], "um diretor de *compliance* seria demandado a reportar para a autoridade reguladora competente qualquer contrariedade às normas de *compliance*. O diretor que negligenciasse esse dever poderia ser responsabilizado criminalmente. Uma previsão legal dessa natureza seria o método mais adequado para assegurar que as recomendações do setor de *compliance* sejam cumpridas pelos gestores da empresa"[679].

É, logo, por isso que se deve discutir, com mais seriedade, em matéria de programas de prevenção, "o fenômeno da autorregulação regulada", o qual poderá criar "uma nova relação nos processos decisórios, subsidiando a fiscalização, por meio de mais transparência e cumprimento prévio das regras, reforçando-se, portanto, a regulação estatal". Uma nova lei, tal como a proposta, poderá "proporcionar novos meios de participação e de fomento ao cumprimento interno e externo das normas e leis" aplicáveis às atividades empresariais[680].

O presente item é desenvolvido considerando-se que "a autorregulação regulada dispõe de um amplo espectro de medidas que deixam espaço para distintas sanções e estratégias de estímulo"[681]. Por isso, os comentários a

---

[677] "(...) é necessário que o *serviço público* consiga dar retaguarda suficiente para que a empresa possa fazer cumprir suas próprias normas. Quando isso não existe, o *compliance* transforma-se, apenas, em um segundo nível de descumprimento: descumprem-se a norma e a normativa interna que enuncia um sistema de autorregulação absolutamente inaplicável" (RODRÍGUEZ, Victor Gabriel; SAAD-DINIZ, Eduardo; MARIN, Gustavo de Carvalho. *Programas de whistleblowing e os problemas da delação premiada*. In SOUZA, Luciano Anderson de (Coord.). **Compliance no Direito Penal**. São Paulo: Thomson Reuters Brasil, 2020, p. 105).

[678] Tratado na Parte II, Capítulo 3, item 2.

[679] "*A compliance director would be required to report to the relevant regulatory agency any management overruling of compliance group directives. A director who neglected this duty would be criminally liable. Such a provision would be the strongest method of ensuring that compliance unit recommendations would be followed by management*" (Idem, p. 106).

[680] PEIXOTO, Bruno Teixeira. *Dieselgate: marco para o compliance ambiental – escândalo mundial da Volkswagen define o momento para programas de compliance na área ambiental*. In **JOTA – Opinião & Análise**, em 24 de outubro de 2019. Disponível em https://www.jota.info/opiniao-e-analise/artigos/dieselgate-marco-para-o-compliance-ambiental-24102019. Acesso em 25 de outubro de 2019.

[681] SIEBER, Ulrich. *Programas de* compliance..., p. 79.

seguir têm como referência as pesquisas que constam na Parte II, Capítulo 3. Além disso, a organização político-institucional dos programas de prevenção é de livre desenvolvimento de cada país. Sugere-se, nesta pesquisa, um modelo inovador para o cenário brasileiro, que uniria esforços das autoridades reguladoras e dos empresários em prol de um objetivo comum: prevenir ilícitos. Essa aproximação entre eles tornará mais frequente a lembrança, por parte dos particulares, do monopólio do poder de sancionar exercido pelas autoridades, o que contribui para o efeito de motivação por coerção sutil, já visto aqui[682]. Se os destinatários das normas não enfrentassem fiscalizações institucionais pelas autoridades de controle, eles não teriam incentivos para estabelecer políticas de *compliance* nos seus âmbitos de atuação[683]. Então, a fiscalização deve ser facilitada e tornada mais frequente, mais presente no dia a dia dos empresários. De igual forma, o monitoramento seria intensificado, tanto das empresas pelo Estado, quanto dos colaboradores particulares pelas empresas[684].

A nova lei, então, disciplinaria esse modelo de autorregulação regulada, estabelecendo como um dever do Estado e da classe empresária a atuação colaborativa em prol do objetivo de prevenção dos programas de prevenção. É recomendável que a lei estabeleça que todas as ferramentas de *law enforcement* que descrevam sejam obrigatoriamente incluídas pelas empresas em seus programas de prevenção de ilícitos, respeitada a possibilidade de que as disciplinem de acordo com suas características individuais. Para melhor aproveitamento do uso dessas ferramentas, a lei, também, deverá instar os particulares a que incluam, em seus programas, a prescrição de sanções a serem aplicadas aos integrantes da corporação que estejam inadimplentes com as normas internas respectivas.

Tais deveres poderiam ser positivados na forma de recomendações encorajadas por benefícios legais (como regra) decorrentes de seus cumprimentos. Torná-los obrigações mediante sanção legal a todas as empresas em geral (afora algumas exceções, como, p.ex., as instituições financeiras)

---

[682] Parte II, Capítulo 3, item 3.
[683] HILLEBRECHT, Courtney. **Domestic politics...**, 2014, p. 31.
[684] FRANCO, Isabel; FERREIRA, Glaucia. *A monitoria nos acordos entre empresas e autoridades*. In LANA E SOUZA, Fernanda Nunes Coelho; TOMAGNINI, Flávia Neves; UCHOA, Maria Raquel de Sousa Lima; ANDRADE, Renato campos (Orgs.). **Compliance em perspectiva: abrangência, especificidades, mecanismos de atuação e a salvaguarda das organizações.** Belo Horizonte: Editora D'Plácido, 2019, p. 656-658.

exigiria a criação de um aparato público enorme para fiscalizar e sancionar pretendentes a iniciar negócios, o que, provavelmente, seria inviável e ruim para a economia. Além disso, se a atuação colaborativa público-privada for motivada preponderantemente pela ameaça de sanção, dificilmente haverá outra razão para que haja adesão dos empresários a ela. Não sobraria espaço para um mínimo de espontaneidade que deve haver para o fortalecimento de um compromisso genuíno com a idoneidade do programa, o que deve ser uma premissa dessa colaboração, como se viu na Parte III, Capítulo 1, item 1. Não é possível, nesse sentido, debater os detalhes do funcionamento dessa forma de atuação em si, o que envolveria muitas outras áreas jurídicas (além de questões sócio-políticas implicadas em uma reforma regulatória), mas, possivelmente, o início dessa colaboração se daria por convite do particular e certamente seria formalizada em instrumento jurídico próprio.

Pode surgir a seguinte dúvida: se, no Brasil, há uma enorme desorganização regulatória[685], como o pretendente a empresário (e também o empresário experiente) poderá identificar a qual autoridade recorrer para desenvolver a atuação em colaboração? Esse é um problema real. Para tentar oferecer alguma solução real a ele, sugeriu-se a adoção do paradigma do *one-stop-shop*, visto na Parte II, Capítulo 3, item 3, subitem 3.6. Nesse ponto, a nova lei deverá apontar quais autoridades e órgãos públicos detêm competência para fiscalizar qual atividade empresária, determinando que os cidadãos que pretendem iniciá-la deverão, preliminarmente, buscar tal autoridade de modo a obter orientações formais sobre o estabelecimento do negócio[686]. Os particulares deverão ser informados pelas autoridades, de

---

[685] Como se inferiu na Parte II, Capítulo 2, item 2.

[686] Um bom ponto de partida para tal proposta é a utilização da Classificação Nacional de Atividades Econômicas (CNAE). Trata-se de um "instrumento de padronização nacional dos códigos de atividade econômica e dos critérios de enquadramento utilizados pelos diversos órgãos da Administração Tributária do país. (...) A CNAE resulta de um trabalho conjunto das três esferas de governo, elaborada sob a coordenação da Secretaria da Receita Federal e orientação técnica do IBGE, com representantes da União, dos Estados e dos Municípios, na Subcomissão Técnica da CNAE, que atua em caráter permanente no âmbito da Comissão Nacional de Classificação – CONCLA. A tabela de códigos e denominações da CNAE foi oficializada mediante publicação no DOU – Resoluções IBGE/CONCLA nº 01 de 04 de setembro de 2006 e nº 02, de 15 de dezembro de 2006 (Receita Federal. Ministério da Economia. Disponível em http://receita.economia.gov.br/orientacao/tributaria/cadastros/cadastro-nacional-de-pessoas-juridicas-cnpj/classificacao-nacional-de-atividades-

modo simples, organizado e objetivo, de todas as recomendações a seguir e exigências a cumprir, no início e durante o desenvolvimento de seus negócios. Quanto aos negócios já em desenvolvimento, a lei não proibirá que tais autoridades se coloquem à disposição para iniciar uma aproximação a fim de formalizar o mesmo pacto de atuação colaborativa doravante, ficando a critério dos empresários aderirem ou não.

A lei também deverá tratar da transparência, conferindo a esta uma dimensão mais ligada à responsabilidade social do que ao atendimento de exigências das autoridades reguladoras. As informações sobre a composição dos produtos, sobre a qualidade e natureza dos serviços, sobre toda a extensão e significado de contratos deverão ser disponibilizadas ao público consumidor em geral, mediante linguagem clara e canais acessíveis. Obviamente, também, as autoridades fiscalizarão tais informações, que, desse modo, existirão em maior quantidade e maior qualidade graças à atitude colaborativa das empresas.

As sanções são um tema fundamental para a ideia de *law enforcement*, tanto aquelas aplicadas pelo Estado, como *enforcer* (aplicador), e as aplicadas pelas empresas a seus integrantes, como colaboradores para a aplicação da lei. Atualmente, aponta-se que há empresas tão ricas que as tradicionais penas de multa podem ser absolutamente inócuas[687]. As alterações legislativas em matéria de sanções para corporações devem ser dinâmicas, para que as condenações continuem sendo altamente indesejáveis. Nesse contexto, convém que as leis se adaptem à realidade social correspondente, inovando em alternativas de punição que realmente possam ser sentidas pelos castigados e que transmitam à sociedade a mensagem de que

---

economicas-2013-cnae/apresentacao. Acesso em 13 de novembro de 2019). Assim, a lei aqui sugerida poderia obrigar as Associações Comerciais, Federações Industriais e demais entidades representativas das classes empresárias a organizar todas as atividades econômicas por seus respectivos códigos, relacionando-os às autoridades competentes para fiscalizá-las. Tal informação seria, então, divulgada publicamente a todos que desejassem abrir um negócio e aos que já estejam explorando uma ou mais daquelas atividades. De início, os empresários não mais poderiam alegar desconhecer a quem deveriam recorrer para receber orientações; os que desejarem, poderão, desde o início da empreitada, buscar as autoridades para se informar sobre suas obrigações ou eventuais dúvidas de interpretações das normas aplicáveis.

[687] OMAROVA, Saule T. *The "too big to fail" problem*. In **Legal Studies Research Paper Series**, Cornell Law School, n. 19-06, The Social Science Research Network Electronic Paper Collection, Ithaca/NY. Disponível em: http://ssrn.com/abstract=3309305. Acesso em 25 de outubro de 2019.

determinado fato censurável recebeu a reprimenda justa. Considerando-se que a autorregulação regulada deve produzir efeitos no direito público em geral[688] e que a "aplicação de sanções penais é uma forma de *incentivar* os dirigentes das empresas a estabelecerem mecanismos de controlo eficazes"[689], a nova lei deveria dispor sobre sanções de natureza criminal também. Esta pesquisa não se dedicou, especificamente, ao tema, mas à adoção da responsabilização penal da pessoa jurídica de forma ampla e não somente em relação a uma espécie de crimes (como hoje o faz a Lei 9.605/98) parece compatível com o modelo de *enforced self-regulation* de AYRES e BRAITHWAITE[690], e também com o modelo de autorregulação regulada mais dinâmico proposto[691]. É uma hipótese que merece ser investigada mais a fundo para ser efetivada no Brasil[692].

Outra possível inovação a ser disciplinada em lei são as sanções de *shame*[693], ao menos na modalidade de publicidade adversa, como consequência da prática de ilícitos em geral[694]. Essa sanção não carece ser de natureza exclusivamente criminal. Na medida em que o modelo de autorregulação regulada é compatível com o Direito penal, sanções de naturezas distintas podem contribuir para a redução da aplicação de penas privativas de liberdade e do aparato estatal criminal brasileiro como um todo. Segundo NIETO MARTÍN:

---

[688] NIETO MARTÍN, Adán. *Autorregulación*..., p. 101.
[689] MIRANDA RODRIGUES, Anabela. **Direito penal económico**..., p. 50. Itálicos originais.
[690] AYRES, Ian; BRAITHWAITE, John. **Responsive regulation: transcending the deregulation debate.** New York: Oxford University Press, 1992.
[691] Vide Parte II, Capítulo 3, item 2.
[692] SIEBER e ENGELHART concluíram, por meio de pesquisa empírica, que, na Alemanha, a inclusão do sancionamento criminal do descumprimento de deveres de *compliance* contribui sensivelmente para o sucesso da prevenção (SIEBER, Ulrich; ENGELHART, Marc. **Compliance programs**..., p. 139-148). Há notícia de que o país poderá adotar uma lei de responsabilização criminal de pessoas jurídicas, tratando também de *compliance* e de investigações internas (TEIXEIRA, Adriano; GÓES, Guilherme; ENSEL, Linus. *O projeto de lei de sanções corporativas da Alemanha.* In **JOTA – Penal em Foco**, em 6 de janeiro de 2020. Disponível em https://www.jota.info/opiniao-e-analise/colunas/penal-em-foco/o-projeto-de-lei-de-sancoes-corporativas-da-alemanha-06012020. Acesso em 7 de janeiro de 2020).
[693] SCANDELARI, Gustavo Britta; POZZOBON, Roberson Henrique. *Shaming como uma via para a sanção criminal de pessoas jurídicas no Brasil.* In **Revista Brasileira de Ciências Criminais**, a. 27, v. 151, jan./2019. São Paulo: Revista dos Tribunais, p. 75-114.
[694] Como já se expôs na Parte II, Capítulo 3, item 3.

sem mecanismos alternativos ao direito penal, é complexo empreender uma política despenalizadora ou, ao menos, reduzir a dureza punitiva de um sistema. O direito penal é mais eficaz e, portanto, não necessita de grandes níveis de severidade, quando outros controles eficazes atuam reforçando seus mandatos. É inteligente, por isso, que o sistema penal atue em harmonia com outros controles sociais e passe a reforçá-los[695].

Sanções inovadoras, para o Brasil, também seriam a implementação e/ou otimização de programas de *compliance* mediante acompanhamento da autoridade competente, na linha das *Sentencing Guidelines* (EUA)[696] e, também, a previsão de que tais providências podem ser contempladas como cláusulas de acordos entre o poder público e as empresas[697].

A lei ainda poderá criar, para o setor empresarial, a obrigação de agir com proatividade em relação às normas especiais que regulamentam o nicho econômico que se pretende explorar. Tal dever será representado, na lei, como um dos itens obrigatórios dos programas corporativos de prevenção de ilícitos, os quais prescreverão, cada qual a seu modo, as pessoas responsáveis por buscar se informar a respeito das novidades regulatórias e das interpretações que as autoridades estão conferindo a elas. Provavelmente, caberá ao setor de *compliance* levar a cabo tais atividades.

Convém, finalmente, recordar que todas as ferramentas supracitadas – quais sejam: monitoramento, transparência, sancionamento e autoinformação – serão tratadas, na lei, como itens de inclusão e posterior detalhamento obrigatório nos programas de *compliance*. As minúcias de cada qual não virão na lei, portanto, apenas as suas linhas gerais. Já a criação e a disciplina do modelo de autorregulação regulada, e o *one-stop-shop* poderão ser mencionados na lei, mas deverão, antes, ser cuidadosamente estudados, publicamente debatidos e posteriormente explanados em regulamentos, basicamente em virtude da magnitude dessas inovações, tanto de um

---

[695] Nieto Martín, Adán. *Autorregulación...*, p. 99-100.
[696] "*The organization shall develop and submit to the court an effective compliance and ethics program (...)*". United States Sentencing Comission, §8D1.4 "Recommended Conditions of Probation – Organizations (Policy Statement)", letra *b*, itens 1 e 2. Disponível em https://www.ussc.gov/guidelines/2018-guidelines-manual/2018-chapter-8#NaN. Acesso em 29 de outubro de 2019.
[697] Muñoz de Morales Romero, Marta. *Programa de cumplimiento "efectivos" en la experiencia comparada*. In Zapatero, Luis Arroyo; Nieto Martín, Adán (direct.). **El Derecho Penal Económico en la era Compliance**. Valencia: Tirant lo Blanch, 2013, p. 220-230.

viés político-institucional quanto de um viés da prática empresarial. Seria, também, por isso, conveniente que, nos moldes de leis que causam maior impactação social, o seu processo legislativo contasse com ampla participação da sociedade para contribuições e críticas de todos os interessados e que houvesse um período razoável de *vacatio legis* para as necessárias adequações prévias.

3. A certificação de idoneidade dos programas corporativos de prevenção de ilícitos

O presente item é um reflexo da pesquisa constante na Parte II, Capítulo 1, item 1, sobre a substituição da noção de efetividade pela de idoneidade no que diz respeito aos programas de prevenção de ilícitos. Como se sugere, nesta Parte III, que haja uma nova lei de aplicação geral aos programas de prevenção de ilícitos (ressalvada a legislação específica), um ponto a se disciplinar deve ser a avaliação e a consequente certificação da idoneidade desses programas. Pretende-se explorar de que forma isso pode ser disposto em lei, seja na lei uniformizadora que se menciona nos dois itens acima (a qual é a opção preferível[698]), seja de modo isolado, por dispositivos novos em leis já existentes[699].

Recordando-se o quanto já visto[700], aqui se adota a expressão *idoneidade* ao invés de *efetividade* porque, para que se possa concluir que determinado programa de prevenção é efetivo, deve ser possível testar sua capacidade de prevenção empiricamente a fim de se obter a prova material de que ele funciona. Mas isso é inviável, já que não há como garantir que um programa não falhará nunca. O que se pode buscar, na realidade, são apenas indicativos objetivos da alta probabilidade de que o programa poderá prevenir ilícitos; isto é, de que o programa é idôneo para a finalidade preventiva a que se propõe. Tratando especificamente desse problema (quanto à prevenção da lavagem de dinheiro), CARDOSO admite que "medir a eficácia dos programas de *compliance* é uma tarefa complicada, senão impossível", diante da "falta de instrumentos hábeis a medir" os seus efeitos[701]. Inde-

---

[698] Por conta do exposto na Parte II, Capítulo 2, itens 1 a 3, e na Parte III, Capítulo 3, itens 1 e 2.
[699] Como a atividade de certificação normalmente envolve empresas e o poder público, é mais uma medida de *law enforcement* tal como aqui se apresenta a noção. Todavia, trata-se dela em um item próprio por simples questão de melhor individualização do assunto.
[700] Vide Parte II, Capítulo 1, item 1.
[701] CARDOSO, Débora Motta. **Criminal compliance**..., p. 180.

pendentemente disso, considera: "o que se deve buscar, diante da forçosa colaboração das instituições financeiras privadas com o Poder Público, na tarefa de prevenção e combate à lavagem de dinheiro, é a melhor forma de fazê-la (...)"[702]. Entende-se que essa forma é a previsão legal da obrigação de que as corporações observem condições mínimas em seus programas de *compliance* de modo a permitir uma avaliação minimamente objetiva da sua idoneidade.

A técnica de se aferir o grau de aptidão para prevenir ilícitos de programas de *compliance*, mediante requisitos mínimos, não é incomum em textos legais[703]. A literatura majoritária não vê problemas porque, em termos simples, se um programa de prevenção é "um controle interno específico que se deve adotar para cumprir as leis"[704], então, torna-se viável a adoção de "modelos certificáveis" de *compliance*[705], bastando o desenvolvimento de métodos adequados para a avaliação dos programas para o atendimento das exigências legais em questão. Cumpre, então, com o auxílio da literatura especializada, verificar os requisitos constantes de alguns atos normativos públicos para que os programas corporativos de prevenção de ilícitos sejam considerados adequados, bem como exemplos de métodos sugeridos para sua avaliação. Ao final desse item, deverá ser possível vislumbrar uma possível disciplina legal sobre a matéria para o Brasil.

As *Sentencing Guidelines* dos EUA veiculam requisitos para um "programa de *compliance* e de ética efetivo". São eles: exercer a diligência devida para prevenir e detectar condutas criminosas; promover cultura corpora-

---

[702] Idem, p. 183.
[703] P.ex.: EUA, *Sentencing Guidelines*, §8B2.1; Código Penal espanhol, art. 31 bis, item 2, 1ª; Decreto Legislativo italiano 231/01, 7º, 4; Lei argentina 27.401/17, art. 23, VIII; Lei chilena 20.393/09, art. 4º, item 4, *a*; Lei peruana 30.424/16, art. 18; Lei brasileira 12.846/13, art. 7º, VIII; Lei brasileira 13.303/16, art. 9º, §3º, II; Lei brasileira 13.709/18, art. 50, II.
[704] Nieto Martín, Adán. *El cumplimiento normativo*. In Nieto Martín, Adán (Dir.); Lascuraín Sánchez, Juan Antonio; Blanco Cordero, Isidoro; Pérez Fernández, Patricia; García Moreno, Beatriz. **Manual de cumplimiento penal en la empresa**. Valencia: Tirant lo Blanch, 2015, p. 48. Na mesma obra, Nieto Martín, em artigo intitulado *Cumplimiento normativo, criminología y responsabilidad penal de personas jurídicas*, analisa (p. 79-90) os requisitos constantes do Código Penal espanhol, no art. 31 bis, para que a qualidade do programa possa isentar de pena ou servir como sua atenuante.
[705] Javier Carbayo, Francisco. *Abogados, riesgos legales y Compliance*. In **Diario La Ley**, ISSN 1989-6913, n. 8701, Sección Tribuna, 15 de fevereiro de 2016, Ref. D-68, Madrid, Wolters Kluwer, p. 5. Disponível em https://dialnet.unirioja.es/servlet/articulo?codigo=5342496. Acesso em 27 de junho de 2019.

tiva que encoraje a ética e o comprometimento com o cumprimento da legislação[706]. Mais adiante, a norma explica que o Judiciário poderá utilizar dos especialistas necessárias para avaliar o grau de efetividade do programa de *compliance* e que as corporações darão a eles total acesso a informações e materiais. Afirma, ainda, que, se o programa parecer razoavelmente formulado para prever e detectar condutas ilícitas em relação ao que recomendam as *Guidelines* e quaisquer normas especiais porventura aplicáveis, ele deverá ser considerado adequado pelo Estado[707].

O *Department of Justice* (DOJ) dos EUA publicou, em abril de 2019, um guia contendo orientações para a avaliação da qualidade dos programas de *compliance*. Ele é especialmente dirigido aos integrantes do Ministério Público, porém, é de grande utilidade às corporações e ao público em geral, já que permite conhecer, com alguma segurança, algumas das características consideradas fundamentais por operadores experientes na análise crítica de programas de *compliance* corporativo[708]. Convém uma explicação preliminar, feita pelo próprio DOJ: "(...) a Divisão Criminal não usa nenhuma fórmula rígida para avaliar a efetividade dos programas corporativos de *compliance*. Nós reconhecemos que o perfil de risco e as soluções para reduzi-lo demandam avaliações particularizadas. Por conta disso, faremos avaliações devidamente individualizadas em cada caso"[709]. Esse guia foi traduzido para o espanhol e publicado pela *Asociación Peruana de Compliance* (APC). Em sua apresentação, consta que "os guias são bastante conhecidos no âmbito do *compliance* (...) por sua praticidade e poder

---

[706] United States Sentencing Comission, §8B2.1. "Effective Compliance and Ethics Program", letra *a*, itens 1 e 2. Disponível em https://www.ussc.gov/guidelines/2018-guidelines-manual/2018-chapter-8#NaN. Acesso em 29 de outubro de 2019. Há mais detalhes nos itens da letra *b*, mas essas são as recomendações gerais.

[707] United States Sentencing Comission, §8D1.4. "Application Note 1". Disponível em https://www.ussc.gov/guidelines/2018-guidelines-manual/2018-chapter-8#NaN. Acesso em 29 de outubro de 2019.

[708] U.S. Department of Justice, Criminal Division. Evaluation of Corporate Compliance Programs. Guidance Document, Updated: April 2019. Disponível em https://www.justice.gov/criminal-fraud/page/file/937501/download. Acesso em 3 de outubro de 2019.

[709] "(...) *the Criminal Division does not use any rigid formula to assess the effectiveness of corporate compliance programs. We recognize that each company's risk profile and solutions to reduce its risks warrant particularized evaluation. Accordingly, we make an individualized determination in each case*" (U.S. Department of Justice, Criminal Division. Evaluation of Corporate Compliance Programs. Guidance Document, Updated: April 2019. Disponível em https://www.justice.gov/criminal-fraud/page/file/937501/download. Acesso em 3 de outubro de 2019, p. 1).

pedagógico e orientativo (...). Mas, como o próprio guia explica, não estamos diante de um *numerus clausus* de perguntas e respostas, nem diante de critérios rígidos para validar um programa de *compliance*. Essa análise deve ser mais complexa (...)"[710].

O cuidado do DOJ parece acertado: convém que a análise acerca do preenchimento dos requisitos tente considerar os aspectos próprios de cada corporação, procedendo a devida compatibilização sempre que isso não desnaturalize a razão de ser do requisito. A propósito, de acordo com o DOJ, são 3 os requisitos gerais, formulados de forma interrogativa: o programa de *compliance* é bem redigido? O programa foi implementado de boa-fé? O programa funciona, na prática?[711] Para tentar responder a cada indagação, o guia recomenda o exame de todos os principais aspectos das normas internas de *compliance*, tais como: identificação de riscos, canais de denúncias, treinamentos, orientações, sanções, investigações, sindicâncias, compromisso, incentivos, auditorias etc.

O DOJ também editou um guia para a ideal aplicação da FCPA em matéria de programas corporativos de prevenção de ilícitos (dentre outros assuntos). O documento também aponta que as normas devem ser feitas de modo individualizado para cada empresa, enfatizando que as autoridades estadunidenses não divulgam fórmulas padrão a serem seguidas. Em seguida, repete as mesmas 3 perguntas já vistas no parágrafo acima. Mas enfatiza: o compromisso da cúpula com os valores do programa; a necessidade de uma política clara contra práticas permeáveis à corrupção; código

---

[710] A passagem na íntegra é esta: "*Las guías son bastante conocidas en el ámbito del compliance, aunque provienen del common law se han expandido rápidamente a los países de tradición romano germánica por su practicidad y poder pedagógico u orientativo, permiten de modo coloquial, en este caso con preguntas y sub preguntas, una aproximación a la efectividad del compliance. Pero como la propia Guía lo dice, no estamos ante un numerus clausus de preguntas y respuestas, ni ante criterios cerrados para validar un compliance program. Dicho análisis debe ser más complejo, se trata de evaluar si en el caso concreto el programa era idóneo o no para prevenir el delito imputado, la idoneidad no equivale a cumplir con un check list, por ejemplo el llamado test de idoneidad o de debido control de Nieto Martín no implica una evaluación de auditoría sino jurídica, se ponderan criterios de proporcionalidad y exigibilidad, ante los cuales cumplir o no con un check list es algo secundario, auxiliar o referencial*". Asociación Peruana de Compliance (APC). Evaluación de Programas de Cumplimiento Corporativo (Trad. María Alejandra Quintana Gallardo). Lima, 2019. Disponível em https://acompliancepe.com/lorem-ipsum-dolor-sit-amet-conset-2-2/. Acesso em 29 de outubro de 2019.

[711] U.S. Department of Justice, Criminal Division. Evaluation of Corporate Compliance Programs. Guidance Document, Updated: April 2019. Disponível em https://www.justice.gov/criminal-fraud/page/file/937501/download. Acesso em 3 de outubro de 2019, p. 2.

de conduta simples e acessível; autonomia e recursos próprios ao departamento de *compliance*; treinamento e aplicação de sanções; medidas de avaliação de riscos de relacionamento com terceiros (clientes, fornecedores, parceiros etc.); investigações internas com correção constante de erros.[712]

O *Serious Fraud Office* (SFO) é o órgão governamental do Reino Unido, encarregado da persecução de casos complexos de fraudes e corrupções criminosas em geral. Em janeiro de 2020, o SFO atualizou seu *operational handbook* (uma espécie de manual prático) para inserir capítulo sobre a avaliação dos programas corporativos de *compliance*. De modo semelhante ao guia do DOJ, o *hanbdbook* registra que se presta ao uso interno dos servidores, não representa base para orientação jurídica vinculante e é divulgado apenas por questão de transparência com as corporações que venham a ser investigadas quanto aos critérios que poderão ser seguidos pelas autoridades. Basicamente, os critérios são: análise do passado, presente e futuro dos mecanismos de prevenção; adoção de procedimentos de prevenção proporcionais à magnitude dos riscos; comprometimento da cúpula com os valores de prevenção; avaliação profunda e constante dos riscos existentes; realização regular de diligências devidas (*due diligence*); comunicação fluída e treinamento; monitoramento e revisão[713].

O Código Penal da Espanha, em seu art. 31 bis, 2[714], prevê quatro condições que as empresas devem cumprir para que seus programas de *compliance* possam lhes render isenção de pena criminal. Em resumo, elas são:

---

[712] *A Resource Guide to the U.S. Foreign Corrupt Practices Act, Second Edition* (July 2020). By the Criminal Division of the U.S. Department of Justice and the Enforcement Division of the U.S. Securities and Exchange Commission. Disponível em: https://www.justice.gov/criminal-fraud/file/1292051/download. Acesso em 6 de agosto de 2020, p. 56-68.

[713] UK Government. SFO – Serious Fraud Office. SFO Operational Handbook. Topic: Evaluating a Compliance Programme. Disponível em https://www.sfo.gov.uk/publications/guidance-policy-and-protocols/sfo-operational-handbook/. Acesso em 30 de janeiro de 2020. Esses critérios são quase idênticos aos seis princípios que o governo do Reino Unido já havia divulgado (em um guia para o cumprimento ideal da Seção 9 do *Bribery Act*) para a prevenção de corrupção envolvendo agentes públicos: 1) procedimentos proporcionais; 2) comprometimento da alta cúpula da organização empresarial; 3) permanente estudo dos riscos de existência de corrupção em determinada atividade; 4) governança corporativa e *due diligence*; 5) comunicação e treinamento; 6) monitoramento e revisão. Disponível em http://www.justice.gov.uk/downloads/legislation/bribery-act-2010-guidance.pdf. Acesso em 23 de maio de 2019.

[714] Agencia Estatal Boletín Oficial del Estado. Disponível em https://www.boe.es/legislacion/codigos/codigo.php?modo=1&id=038_Codigo_Penal_y_legislacion_complementaria. Acesso em 29 de outubro de 2019.

a adoção, antes da prática do fato, de medidas idôneas de prevenção; a supervisão deve estar a cargo de pessoas ou órgão autônomos na corporação; os autores do fato devem ter violado fraudulentamente as normas do programa; os responsáveis por evitar o fato e gerir o programa devem ter realizado tudo o que lhes era exigível para tal desiderato. A *Fiscalía General del Estado* (órgão similar ao Ministério Público no Brasil), comentando tais condições, também recomenda que elas não sejam inflexíveis, mas sim, referências de avaliação dos programas[715]. Aponta que algumas dessas referências, na prática, devem ser que: os programas sejam escritos de forma clara e precisa; as normas não tenham sido copiadas ou readequadas com base em modelos prontos ou de programas alheios; haja o emprego de técnicas contemporâneas de identificação de riscos e de gestão de informações; seja feita a contratação de auditores externos e independentes parta verificações regulares; haja normas de disciplina e de proteção aos *whistleblowers*[716]; haja normas claras sobre sanções e a aplicação efetiva delas[717].

A *Asociación Española de Normalización* (UNE) divulgou a norma UNE 19601, em 2017, veiculando requisitos dos programas corporativos de *compliance*. Seu objetivo é estabelecer diretrizes para a implementação e contínua melhoria dos programas corporativos de prevenção de ilícitos em empresas espanholas. Tal como ocorre com as regras acima, essa norma se considera aplicável a qualquer organização, independentemente de nicho de atuação, natureza jurídica e porte. Sua única especificidade refere-se ao fato de relacionar-se mais à prevenção de ilícitos penais[718], já que a norma partiu do disposto no constante do art. 31 bis do Código Penal espanhol, visando fornecer um modelo para a construção dos programas de prevenção corporativa[719]. Os itens de maior atenção dos programas são:

---

[715] Entendendo tais condições como "regras interpretativas": AGUILERA GORDILLO, Rafael. **Compliance penal...**, p. 140.

[716] Sobre *whistleblowers*, vide Parte I, Capítulo 3, item 4.

[717] Agencia Estatal Boletín Oficial del Estado. Doctrina de la Fiscalía General del Estado. *Circular 1/2016, de 22 de enero, sobre la responsabilidad penal de las personas jurídicas conforme a la reforma del Código Penal efectuada por Ley Orgánica 1/2015*, p. 22-24. Disponível em https://www.boe.es/buscar/doc.php?id=FIS-C-2016-00001. Acesso em 29 de outubro de 2019.

[718] UNE Normalización Española. Disponível em https://www.une.org/encuentra-tu-norma/busca-tu-norma/norma?c=N0058338. Acesso em 30 de outubro de 2019.

[719] SERRANO DE NICOLÁS, Yolanda; CONESA ALAGARDA, Mayrata; ALBALÁ GONZÁLEZ, Augustín. **Compliance penal para pymes según la Norma UNE 19601**. Madrid: Aenor, 2019, p. 18.

entendimento das expectativas e interesses da corporação e das pessoas/ empresas com que mantém negócios; liderança e compromisso; política institucional de prevenção; responsabilidades e deveres dos integrantes da corporação; avaliação de riscos; orientação e formação; implementação de controles em filiais; investigação e sanção; revisão regular e aprovação por órgão do governo[720].

Em 2014, foi publicada a norma internacional ISO 19600 (*Compliance management systems – Guidelines*)[721]. A norma se aplica a todo tipo de empresas, independentemente do porte ou nicho de atuação[722]. Longe de significar que ela é alheia às diferenças imanentes a cada negócio, ela busca, considerado tal aspecto, divulgar um padrão minimamente comum e que seja adaptável a distintas realidades empresariais, inclusive de diferentes países[723]. As recomendações abrangem distintas possibilidades para corporações conforme seus contextos e nichos de atuação, explora as noções

---

[720] FERNÁNDEZ TERUELO, Javier Gustavo. *Requisitos de configuración de los programas de prevención de delitos (art. 31 bis CP y Norma UNE 19601)*. In FRAGO AMADA, Juan Antonio (Dir.). **Actualidad compliance 2019**. Cizur Menor: Aranzadi, 2019, p. RB-11.2

[721] Organisation Internationale de Normalisat (International Organization for Standardization). *Compliance Management systems – Guidelines*. Disponível em https://www.iso.org/obp/ui/#iso:std:iso:19600:ed-1:v1:en. Acesso em 27 de outubro de 2019.

[722] É o que se dessume da seguinte passagem: "essa regra internacional não especifica requisitos, mas veicula orientações sobre programas de *compliance* e práticas mais recomendadas. As orientações aqui constantes devem ser adaptáveis e seu uso pode mudar a depender do tamanho e do nível de maturidade do programa corporativo de *compliance* e do contexto, natureza e complexidade das atividades da corporação, incluindo sua política de *compliance* e seus objetivos" ("*This International Standard does not specify requirements, but provides guidance on compliance management systems and recommended practices. The guidance in this International Standard is intended to be adaptable, and the use of this guidance can differ depending on the size and level of maturity of an organization's compliance management system and on the context, nature and complexity of the organization's activities, including its compliance policy and objectives*"). Vide: Organisation Internationale de Normalisat (International Organization for Standardization). *Compliance Management systems – Guidelines*. Disponível em https://www.iso.org/obp/ui/#iso:std:iso:19600:ed-1:v1:en. Acesso em 27 de outubro de 2019.

[723] No Brasil, não se trata de uma obrigação. Tampouco na Espanha: "*En España la Entidad que extrapola las exigencias ISO es AENOR (Asociación Española de Normalización y Certificación), y cumplir la norma ISO 19600 no es una obligación, estando exenta de la pertinente certificación de AENOR*" (VEGAS AGUILAR, Juan Carlos; E. HERNÁNDEZ SÁNCHEZ, Francisco; IZQUIERDO GARCÍA, Fernando. *La figura del «ComplianceOfficer» y los «Programas de prevención de riesgos penales»*. In **Diario La Ley**, ISSN 1989-6913, n. 8689, Sección Tribuna, 26 de janeiro de 2016, Ref. D-41, Madrid, Wolters Kluwer, p. 2. Disponível em https://dialnet.unirioja.es/servlet/articulo?codigo=5311785. Acesso em 27 de outubro de 2019).

de liderança e comprometimento, fortalecimento de cultura de cumprimento normativo, investimentos constantes no programa, monitoramento e melhorias contínuas[724]. Já a ISO 37001, de 2016, tem objetivos similares, mas voltados a prevenir, especificamente, crimes de corrupção e de prevaricação relacionados a empresas[725]. Com a mesma amplitude e maleabilidade de aplicação, essa norma parte da premissa de que a lei, por si só, não é suficiente para que haja o controle e a devida fiscalização na corporação[726].

A UNE é uma entidade privada espanhola, enquanto a ISO é uma organização internacional. As normas de ambas não têm força de lei, mas a adequação a elas é bem vista pelas autoridades reguladoras, além de transmitir maior segurança ao público em geral. Independentemente disso, tais normas são aqui declinadas como exemplos de conhecimentos técnicos disponíveis que podem ser aplicados na prática para o aumento da qualidade da prevenção de ilícitos.

---

[724] Para comentários sobre a norma, confira: JAVIER CARBAYO, Francisco. *Abogados, riesgos legales y Compliance*. In **Diario La Ley**, ISSN 1989-6913, n. 8701, Sección Tribuna, 15 de fevereiro de 2016, Ref. D-68, Madrid, Wolters Kluwer, p. 2-3. Disponível em https://dialnet.unirioja.es/servlet/articulo?codigo=5342496. Acesso em 27 de junho de 2019.

[725] Sustentando a possibilidade e a necessidade de uso complementar das normas ISSO 19600 e 37001: REIS, Danielle Fernandes; MORAIS, Raquel Filgueiras Varoni. Compliance *associado aos sistemas de gestão: ABNT NBR ISSO 19600 (sistema de gestão de compliance) e ABNT NBR ISSO 37001 (sistema de gestão antissuborno)*. In LANA E SOUZA, Fernanda Nunes Coelho; TOMAGNINI, Flávia Neves; UCHOA, Maria Raquel de Sousa Lima; ANDRADE, Renato campos (Orgs.). **Compliance em perspectiva: abrangência, especificidades, mecanismos de atuação e a salvaguarda das organizações.** Belo Horizonte: Editora D'Plácido, 2019, p. 555.

[726] "Contudo, a lei não é suficiente para resolver o problema. Corporações têm a responsabilidade de contribuir proativamente para o combate da corrupção. Isso pode ser feito por um sistema de gestão anticorrupção, o qual essa norma disciplina, e por meio de uma liderança comprometida com o estabelecimento de uma cultura de integridade, transparência, acessibilidade e *compliance*. A natureza da cultura da corporação é fundamental para o sucesso ou fracasso de um sistema de gestão anticorrupção" ("*However, the law alone is not sufficient to solve this problem. Organizations have a responsibility to proactively contribute to combating bribery. This can be achieved by an anti-bribery management system, which this document is intended to provide, and through leadership commitment to establishing a culture of integrity, transparency, openness and compliance. The nature of an organization's culture is critical to the success or failure of an antibribery management system*"). Vide: Organisation Internationale de Normalisat (International Organization for Standardization). *Anti-bribery management systems – Requirements with guidance for use*. Disponível em https://www.iso.org/obp/ui/#iso:std:iso:19600:ed-1:v1:en. Acesso em 27 de outubro de 2019.

Ademais, ao menos no Brasil, "terceiros podem certificar a conformidade de uma organização com a norma (...)" ISO. E, mesmo que a certificação não possa garantir que o programa seja infalível, ela "pode auxiliar a implementar medidas robustas e proporcionais, que possam reduzir substancialmente o risco de subornos e tratar o suborno onde quer que ele ocorra"[727]. Ou seja, a certificação por entidades particulares já é uma maneira de se tentar promover a conquista da idoneidade dos programas corporativos de prevenção de ilícitos[728]. Resta que seja fomentada e melhor disciplinada em texto legal de ampla incidência, especialmente para os programas de *compliance*[729].

Com o objetivo de promover o aperfeiçoamento dos programas de *compliance* em todo o território nacional, o Governo Federal brasileiro, em parceria com o Instituto Ethos, criou a Empresa Pró-Ética[730]. É uma iniciativa que "consiste em fomentar a adoção voluntária de medidas de integridade pelas empresas, por meio do reconhecimento público daquelas que, independentemente do porte e do ramo de atuação, mostram-se comprometidas em implementar medidas voltadas para a prevenção, detecção e remediação de atos de corrupção e fraude". O programa se iniciou em 2017; das 375 empresas inscritas, somente 23 foram premiadas com o selo Pró-Ética; a edição de 2018 contou com 373 inscritos e apenas 26 foram aprovados[731].

---

[727] Associação Brasileira de Normas Técnicas (ABNT). ISO 37001 Sistemas de gestão antissuborno, p. 5. Disponível em: http://www.abnt.org.br/publicacoes2/category/184-iso-37001. Acesso em 29 de outubro de 2019.

[728] "De uma forma geral, é preciso que se definam os papéis das organizações no combate à corrupção, inclusive de valorização desse ambiente de integridade e segurança, sendo, dessa forma, a publicação da ABNT NBR ISSO 37001 um grande passo para a difusão desse tipo de sistema e procedimento" (RAMOS, Raeclara Drummond. *Norma ABNT NBR ISSO 37001: sistemas de gestão antissuborno*. In PORTO, Vinicius; MARQUES, Jader [Org.]. **O *compliance* como instrumento de prevenção e combate à corrupção**. Porto Alegre: Livraria do Advogado, 2017, p. 137).

[729] Há notícia de que, na Colômbia, a promulgação da Lei 1.778/16, de normas pró-*compliance* e a crescente adoção, por empresas, da norma ISSO 37001:2016 tem provocado efeitos positivos, no país, em termos de alastramento de hábitos e controles mais transparentes e éticos (ENCISO VANEGAS, Camilo Alberto. *Alternative investigation...*, p. 129).

[730] Ethos. Empresa Pró-Ética. Disponível em https://www.ethos.org.br/conteudo/projetos/integridade/empresa_pro_etica/#.Xbh66ppKiWU. Acesso em 29 de outubro de 2019.

[731] Governo Federal. Controladoria-Geral da União. Empresa Pró-Ética. Disponível em: https://www.gov.br/cgu/pt-br/assuntos/etica-e-integridade/empresa-pro-etica. Acesso em 7 de fevereiro de 2022.

Após submeterem-se ao processo de avaliação, em que serão atribuídos pontos a itens considerados essenciais ao programa de prevenção – comprometimento da alta cúpula e compromisso com a ética; políticas e procedimentos; comunicação e treinamento; canais de denúncia e remediação; análise de risco e monitoramento; transparência e responsabilidade social –, as corporações porventura reprovadas poderão aprimorar seus programas e se inscrever novamente no futuro. Já as aprovadas serão consideradas habilitadas e poderão, eventualmente, se beneficiar de publicidade positiva ligada ao fato de que são empresas limpas, seguras e íntegras.

O interessante dessa iniciativa é que se trata de uma "conjugação de esforços entre os setores público e privado para promover no país um ambiente corporativo mais íntegro, ético e transparente"[732], exatamente na linha da atuação colaborativa que se propõe na Parte II, Capítulo 3, item 2. E a literatura admite tal forma de atuação como típica da autorregulação regulada e válida para fins de prevenir ilícitos[733]. Além disso, o envolvimento da Controladoria-Geral da União confere a esse esforço maiores segurança e confiabilidade na outorga do concorrido selo de idoneidade Pró-Ética.

Outro documento produzido pelo Governo Federal do Brasil, voltado aos programas corporativos de prevenção de ilícitos, é um manual destinado a facilitar o atendimento das exigências da Lei 12.486/13 (Lei Anticorrupção). Uma de suas motivações é a seguinte:

> ocorre que a Lei Anticorrupção atribuiu a cada órgão e entidade dos Poderes Executivo, Legislativo e Judiciário competência para instaurar e julgar processo administrativo para apuração de responsabilidade de pessoa jurídica, o chamado PAR, e, consequentemente, para avaliar programas de integridade. Esse grande número de potenciais avaliadores, por si só, seria suficiente para ocasionar discrepâncias nas avaliações de programas de integridade[734].

---

[732] Governo Federal. Controladoria-Geral da União. Empresa Pró-Ética. Disponível em: https://www.cgu.gov.br/assuntos/etica-e-integridade/empresa-pro-etica. Acesso em 29 de outubro de 2019.

[733] COSTA GONÇALVES, Pedro António Pimenta da. **Entidades privadas com poderes públicos...**, p. 191-200.

[734] Governo Federal. Ministério da Transparência e Controladoria-Geral da União. Manual Prático de Avaliação de Programa de Integridade em Processo Administrativo de Responsabilização. Brasília, setembro de 2018, p. 5. Disponível em https://www.cgu.gov.br/

Essa constatação de que a pluralidade de agentes reguladores com competência para fiscalizar o cumprimento de uma única lei no Brasil pode levar a "discrepâncias", confirma o cabimento de uma proposta como a do *one-stop-shop enforcement*, feita na Parte II, Capítulo 3, subitem 3.6. Mas, além disso, é mais um indicativo de que é recomendável a utilização de guias, manuais e orientações para que programas de prevenção possam ter a sua idoneidade avaliada de modo prático e objetivo. Para tanto, o manual propõe metodologia própria, na forma de uma planilha, que pode ou não ser seguida pelos avaliadores[735]. Os grandes temas de preocupação para serem examinados são: a cultura organizacional de integridade; os mecanismos, as políticas e os procedimentos de integridade; a atuação da pessoa jurídica em relação ao ato lesivo[736].

A certificação da idoneidade dos programas corporativos de prevenção de ilícitos já é disciplinada em lei ao menos em dois países da América Latina. No Peru, a Lei 30.424/16[737] regula a responsabilidade administrativa de pessoas jurídicas por corrupção ativa internacional. Em seu art. 17 e subitens, descreve as condições exigidas para que o programa de *compliance* corporativo seja considerado "efetivo": designação de um oficial de cumprimento (*"compliance officer"*) que tenha meios para exercer sua função; identificação dos riscos da atividade empresarial; previsão de procedimentos que permitam aos funcionários da empresa impedir corrupção; existência de canal de denúncia e de proteção do denunciante; existência de previsão e de aplicação de sanções internas quando houver infração ao programa. O art. 19 trata da "certificação do modelo de prevenção", que

---

Publicacoes/etica-e-integridade/arquivos/manual-pratico-integridade-par.pdf. Acesso em 29 de outubro de 2019.

[735] Governo Federal. Ministério da Transparência e Controladoria-Geral da União. Manual Prático de Avaliação de Programa de Integridade em Processo Administrativo de Responsabilização. Brasília, setembro de 2018, p. 23-24. Disponível em https://www.cgu.gov.br/Publicacoes/etica-e-integridade/arquivos/manual-pratico-integridade-par.pdf. Acesso em 29 de outubro de 2019.

[736] Governo Federal. Ministério da Transparência e Controladoria-Geral da União. Manual Prático de Avaliação de Programa de Integridade em Processo Administrativo de Responsabilização. Brasília, setembro de 2018, p. 25-27. Disponível em https://www.cgu.gov.br/Publicacoes/etica-e-integridade/arquivos/manual-pratico-integridade-par.pdf. Acesso em 29 de outubro de 2019.

[737] El Peruano, Normas Legales, Jueves 21 de abril de 2016, p. 583798-583801. Disponível em http://www.leyes.congreso.gob.pe/Documentos/Leyes/30424.pdf. Acesso em 31 de outubro de 2019.

pode ser feita por terceiros devidamente registrados e acreditados conforme as exigências do art. 17 da lei. Os detalhes a respeito da acreditação e certificação são estabelecidos no Decreto Supremo 002-2019-JUS[738], o qual determina que as empresas deverão incluir, em seus fluxos comerciais, os procedimentos de certificação e que tal inclusão poderá ser objeto de fiscalização por parte das autoridades competentes (arts. 37, 48 e 49)[739].

No Chile, a Lei 20.393/09[740] prevê um modelo de programa de prevenção de ilícitos que deverá apresentar, no mínimo: a criação de meios e recursos para que ele possa desempenhar sua função de modo autônomo; o estabelecimento de um complexo sistema de prevenção, com regras e procedimentos voltados à identificação de riscos específicos, bem como sanções administrativas internas e mecanismos de denúncias (art. 4º, 1, 2 e 3). Disciplina a possibilidade de que empresas obtenham "a certificação da adoção e implementação de seu modelo de prevenção de delitos. No certificado constará que dito modelo contempla todos os requisitos" mínimos que a lei estabelece (art. 4º, 4, b). Os certificados poderão ser expedidos por "empresas de auditoria externa, sociedades classificadoras de risco e outras entidades registradas na Superintendência de Valores e Seguros que possam desempenhar essa atividade" (art. 4º, 4, b). O diploma declara que as pessoas naturais que participem do processo de certificação serão classificadas como servidores públicos para fins de eventual responsabilização criminal (art. 4º, 4, c).

Comentando especificamente a certificação tal como disposta na lei chilena, MATUS ACUÑA observa que não se trata de uma obrigação, mas de

---

[738] El Peruano, Normas Legales, Reglamento de la Ley Nº 30424, Ley que regula la Responsabilidad Administrativa de las Personas Jurídicas, Decreto Supremo Nº 002-2019-JUS, em 9 de janeiro de 2019. Disponível em https://busquedas.elperuano.pe/normaslegales/reglamento-de-la-ley-n-30424-ley-que-regula-la-responsabil-decreto-supremo-n-002-2019-jus-1729768-3/. Acesso em 31 de outubro de 2019.

[739] Detalhes adicionais – tais como a duração máxima de dois anos do certificado – constam da norma de caráter geral 302/11, emitida pela Superintendência de Valores e Seguros (SVS) chilena. Vide: Comisión para el Mercado Financiero, Legislación y normativa. Norma de Carácter General (NCG) 302, de 25 de janeiro de 2011. Disponível em http://www.cmfchile.cl/institucional/legislacion_normativa/normativa2.php?tiponorma=NCG&numero=302&dd=&mm=&aa=&dd2=&mm2=&aa2=&buscar=&entidad_web=ALL&materia=ALL&enviado=1&hidden_mercado=%25. Acesso em 31 de outubro de 2019.

[740] Biblioteca del Congreso Nacional de Chile/BCN. Disponível em https://www.leychile.cl/Navegar?idNorma=1008668. Acesso em 31 de outubro de 2019.

algo que a lei encoraja. O autor nota que, desde a edição da lei (2009) até a publicação do seu artigo (2013), o sítio eletrônico da Superintendência de Valores e Seguros (SVS) ainda não registrava a acreditação de nenhuma empresa dedicada à tal atividade. Ele atribui isso à inexistência de previsão de sanção decorrente da ausência de certificação e à regra de impedimentos constante da norma 302/11 da SVS, que proíbe de atuar como certificadores pessoas que tenham atuado no setor de *compliance* da empresa candidata[741]. Para o autor, a certificação poderá contribuir, no mínimo, para que se comprove que, até a data da certificação, a empresa foi uma "boa cidadã corporativa", além de indicar a alta qualidade do seu programa de prevenção, o que poderá lhe render algum benefício legal em caso de condenação[742].

SOLTES realizou pesquisa voltada especialmente ao desenvolvimento de métodos para a aferição do que ele chama de "efetividade"[743] dos programas de *compliance*. Para ele, tais programas devem perseguir três objetivos: a prevenção de ilícitos, a detecção de ilícitos e o alinhamento das atividades da corporação com as normas reguladoras. A capacidade do programa de cumprir com tais objetivos está diretamente ligada às iniciativas que prevê e que a corporação executa para tanto. Assim como as recomendações vistas acima, o autor explica que não há uma fórmula genérica para que se possa aferir essa capacidade, porque se trata de um procedimento

---

[741] MATUS ACUÑA, Jean Pierre. *La certificación de los programas de cumplimiento*. In ZAPATERO, Luis Arroyo; NIETO MARTÍN, Adán (direct.). **El Derecho Penal Económico en la era Compliance.** Valencia: Tirant lo Blanch, 2013, p. 146-148.

[742] MATUS ACUÑA, Jean Pierre. *La certificación de los programas de cumplimiento*. In ZAPATERO, Luis Arroyo; NIETO MARTÍN, Adán (direct.). **El Derecho Penal...**, p. 151.

[743] Quanto ao uso dessa expressão, o autor se justifica, em um tópico destinado apenas a isso, argumentando que "a efetividade do *compliance* não é uma condição binária. Todos os programas têm falhas em potencial e (...) até programas efetivos podem falhar" ("*compliance effectiveness is not a binary condition. All programs have potential faults and the federal sentencing guidelines recognize that even effective programs can fail*"). Mas é claro que o autor está tentando simplesmente dizer que a palavra "efetividade" não tem o significado que ela tem, que é, sim, binário. Isso reforça a opção, aqui feita (Parte II, Capítulo 1, item 1), pelo uso de outro vocábulo – idoneidade – para melhor definir a qualidade que se deve buscar em programas de *compliance* e, ao mesmo tempo, evitar críticas ligadas à frustração que a expectativa de "efetividade" dos programas pode produzir em operadores jurídicos e na sociedade (SOLTES, Eugene. *Evaluating the effectiveness of corporate compliance programs: establishing a model for prosecutors, courts, and firms*. In **New York University Journal of Law & Business**, v. 14, n. 3, 2018, p. 1000. Disponível em: https://docs.wixstatic.com/ugd/716e9c_d2bbd781bef742ba8f74bd65206dd0b2.pdf. Acesso em 29 de outubro de 2019).

compreensivo e que deverá variar em relação a cada empresa; embora sem perder a consistência[744].

A recomendação para tanto é depender menos da intuição e mais de modelos práticos, decorrentes de experimentos com casos reais, tais como, em resumo: diferenciar programas "de papel" de programas "substantivos". O descompasso entre os manuais e a realidade das empresas, normalmente, se identifica mediante entrevistas e pesquisas em campo. SOLTES utiliza a expressão "métrica" como um instrumento de análise. A métrica pode ser "incompleta" (quando uma determinação de *compliance* tem sido cumprida parcialmente) ou "inválida" (quando ela nunca é cumprida) e deve corresponder à regulação pública mais atual; implica a avaliação individual de efetividade: requer exame do desempenho do programa ao longo de um período de tempo pré-definido, para a comparação de como a empresa e seus integrantes se comportaram em diferentes situações no passado em comparação com o que se esperava deles e as razões para tanto. É indispensável relacionar fatores como variações no empenho pessoal da cúpula e de outros integrantes, em ações e omissões praticadas e nos recursos investidos durante esse mesmo período. Os canais de denúncia devem ser acessíveis, simples e funcionais. Os treinamentos devem ser humanizados, justos e racionais. Deve haver sancionamentos, desde que proporcionais aos fatos. A corporação deve utilizar *softwares* adequados de geração, interpretação, tratamento e armazenamento de dados sigilosos e de desempenho do programa como um todo[745].

O trabalho revela, ainda, uma preocupação especial com a dependência financeira do setor de *compliance*. A falta de investimentos adequados em prevenção e na manutenção do programa, tanto em seus aspectos formais quanto materiais, é uma forma de torná-lo inócuo por inviabilidade. Ademais, deixá-lo atrelado à receita de um setor específico da corporação (vendas de bens ou serviços, p.ex.), provavelmente, produzirá conflitos de interesses entre os agentes de *compliance* e seus colegas do trabalho e a própria empresa, especificamente no que diz respeito a atividades que sejam lucrativas, mas que não sejam recomendáveis de um ponto de vista legal

---

[744] SOLTES, Eugene. *Evaluating the effectiveness of corporate compliance programs: establishing a model for prosecutors, courts, and firms*. In **New York University Journal of Law & Business**, v. 14, n. 3, 2018, p. 974-975. Disponível em: https://docs.wixstatic.com/ugd/716e9c_d2bbd781bef742ba8f74bd65206dd0b2.pdf. Acesso em 29 de outubro de 2019.
[745] SOLTES, Eugene. *Evaluating the effectiveness...*, p. 984-1000.

e/ou ético[746]. Por isso, os investimentos devem ser sempre suficientes para que o programa seja realizável e sua fonte de receita deve ser, tanto quanto possível, independente e protegida dentro da corporação.

Sieber e Engelhart, em sua pesquisa de campo com diversas corporações alemãs, também se dedicaram ao estudo dos itens que são considerados, pelos próprios empresários e colaboradores internos, os que mais contribuem para a prevenção de ilícitos. De todos os itens mais comuns (tais como auditoria interna, *compliance officers*, sanções, códigos etc.), os que foram eleitos mais importantes são a cultura de integridade e ética e comprometimento da cúpula com o programa[747]. Klinkhammer concluiu da mesma forma[748]. Mas é claro que esses fatores são todos interdependentes entre si, de modo que, se não forem sancionadas condutas *non-compliant*, isso certamente prejudicará o fortalecimento de uma cultura de integridade. Outros itens dos programas de *compliance*, sugeridos pelas corporações para serem incluídos ou aperfeiçoados em leis, são: o reconhecimento público positivo (*"white list"*); ranking de corporações pelo nível de integridade; fomento de relacionamentos "saudáveis" entre as corporações[749].

De tudo o que se viu até aqui neste item, nota-se que a ideia de certificação dos programas corporativos de prevenção de ilícitos é plenamente compatível com o modelo de autorregulação regulada preconizado no presente trabalho. O Estado, ao exercer sua potestade regulatória, pode, além de monitorar e sancionar, verificar a compatibilidade dos programas com as exigências legais para o fim de, periodicamente, reconhecer-lhes como idôneos (ou não)[750]. Essa atividade pode ser feita em parceria com entidades acreditadoras especializadas, a exemplo, no Brasil, do Instituto Ethos e do INMETRO (Instituto Nacional de Metrologia, Qualidade e Tecnologia)[751].

---

[746] Idem, p. 1004-1006.
[747] Sieber, Ulrich; Engelhart, Marc. **Compliance programs...**, p. 124-132. No mesmo sentido, e enfatizando a necessidade de que o programa seja permanentemente aprimorado para o atendimento das leis: García Cavero, Percy. **Criminal compliance...**, p. 87-88.
[748] Klinkhammer, Julian. *On the dark side of the code: organizational challenges to an effective anti-corruption strategy*. In **Crime, Law and Social Change**, v. 60, issue 2, Springer Netherlands (Science+Business Media Dordrecht), jul./2013, p. 205. Disponível em https://doi.org/10.1007/s10611-013-9453-y. Acesso em 30 de outubro de 2019.
[749] Sieber, Ulrich; Engelhart, Marc. **Compliance programs...**, p. 148.
[750] Darnaculleta I Gardella, Mª Mercè. **Autorregulación...**, p. 402-404.
[751] Epsztein, Ruth; Murad, Karine. *Inmetro: importância da conformidade*. In Ritto, Antonio Carlos de Azevedo; Carvalho, Marinilza Bruno de (Org.). **Compliance e ética – uma nova**

A certificação, assim como os licenciamentos, habilitações e credenciamentos em geral são formas de avaliações regulares comuns há muitos anos no Brasil. Inúmeras atividades, para serem exploradas legalmente, devem, primeiramente, passar por procedimentos de revisão e de constatação do atendimento das normas aplicáveis. São alguns exemplos: instituições financeiras, companhias abertas, clubes de futebol, planos de saúde, entidades com fins filantrópicos, seguradoras, companhias fechadas de grande porte, empresas que obtiveram apoio financeiro do BNDES, empresas do ramo da educação, do ramo alimentício, construtoras etc.[752] Tem crescido bastante, também, a prática das certificações de sustentabilidade das empresas que pretendem ser consideradas ambientalmente éticas ou "verdes"[753]. Não seria, logo, algo tão impactante para o dia a dia das empresas que a possibilidade de certificação pública da idoneidade dos programas de prevenção de ilícitos viesse disciplinada em lei[754].

As leis peruana e chilena são um indicativo seguro de que a disciplina legal de procedimentos de certificação de idoneidade de programas de *compliance* é algo institucional e socialmente viável também para o Brasil (guardadas as devidas diferenças de cada ordem social e jurídica, naturalmente). Os requisitos mínimos de tais programas – que já foram vistos na Parte I, Capítulo 2, itens 1 a 5 – são coincidentes em grande parte das legislações que tratam deles. Ademais, consoante a literatura especializada, a certificação é algo recomendável como meio objetivo de se avaliar

consciência em tempos de trabalho em redes. Rio de Janeiro: Ciência Moderna Ltda., 2019, p. 195-230. Interessante projeto de lei visa transformar o INMETRO em órgão regulatório, transferindo as atividades de fiscalização para órgãos similares mantidos pelos estados e Distrito Federal (os institutos de pesos e medidas) (disponível no sítio eletrônico da Câmara dos Deputados: https://www.camara.leg.br/noticias/631764-projeto-transforma-inmetro-em-orgao-regulatorio-e-transfere-poder-de-policia-para-estados/. Acesso em 27 de janeiro de 2020).

[752] ANTONIK, Luis Roberto. **Compliance, ética, responsabilidade social e empresarial: uma visão prática.** Rio de Janeiro: Alta Books, 2016, p. 184-197.

[753] VASCONCELOS, Priscila Elise Alves; OLIVEIRA, Rafael Carvalho Rezende. *Compliance ambiental: a busca pela efetividade na aplicação das normas ambientais.* In OLIVEIRA, Rafael Carvalho Rezende; ACOCELLA, Jéssica (Coord.). **Governança corporativa e compliance.** Salvador: Juspodivm, 2019, p. 246-251.

[754] DIAS, Paulo Roberto Vilela; CONSTANTINO, Marcelo Pessoa. *O compliance e a norma brasileira ABNT NBR ISSO/IEC 17024:2013 no IBEC certificador.* In RITTO, Antonio Carlos de Azevedo; CARVALHO, Marinilza Bruno de (Org.). **Compliance e ética – uma nova consciência em tempos de trabalho em redes.** Rio de Janeiro: Ciência Moderna Ltda., 2019, p. 175-194.

a qualidade da prevenção que os programas entregam[755]. Por essas razões, veicula-se a proposta de que, também para o Brasil, além de serem previstos em lei requisitos mínimos os mecanismos de *law enforcement* acima citados, seja também disciplinada a possibilidade de certificação. Como já se expôs no item 1 do presente Capítulo, essa possibilidade não deverá ser tratada como obrigação mediante sanção, mas como recomendação fomentada por benefício legal, tal qual uma interferência positiva na sanção em caso de condenação.

Na linha dos exemplos de normas já existentes, parece recomendável que, no Brasil, seja alçado à condição de texto legal algo similar ao procedimento já adotado pelo Governo Federal para o programa Pró-Ética. O incremento da participação de entidades certificadoras privadas – desde que mediante prévia acreditação e seus controles e cautelas de praxe – pode contribuir para o compartilhamento de custos, o que reduziria gastos públicos e manteria a maior legitimidade conferida pelo envolvimento do Estado. A previsão de consequências adequadas em caso de eventual fraude ou corrupção em procedimentos de certificação também deve ser endereçada, a exemplo do que fez a lei chilena ao equiparar os certificadores a funcionários públicos para fins criminais.

4. Detalhamento das repercussões da aplicação de sanções

Conforme a Parte I, Capítulo 2, item 5, é comum que leis estabeleçam a possibilidade de que a autoridade competente considere a qualidade do programa de prevenção para definir o grau de intensidade da reprovação. Em geral, porém, seus textos são genéricos e parecem não considerar a possibilidade de que o programa fundamente o recrudescimento da sanção, somente o seu abrandamento. Isso pode ser aperfeiçoado em lei futura ou em modificações nas leis já existentes.

Consoante a Lei 12.846/13, "serão levados em consideração na aplicação das sanções": "a cooperação da pessoa jurídica para a apuração das infrações" e "a existência de mecanismos e procedimentos internos de integridade, auditoria e incentivo à denúncia de irregularidades e a aplicação

---

[755] À exceção da consequência da extinção da responsabilidade por conta da certificação, que não se recomenda aqui, consoante o exposto no item 1 deste Capítulo (nesse sentido: MATUS ACUÑA, Jean Pierre. *La certificación de los programas de cumplimiento*. In ZAPATERO, Luis Arroyo; NIETO MARTÍN, Adán (direct.). **El Derecho Penal Económico en la era Compliance**. Valencia: Tirant lo Blanch, 2013, p. 152-154).

efetiva de códigos de ética e de conduta no âmbito da pessoa jurídica" (art. 7º, VII e VIII); a Lei 13.709/18, ao tratar de sanções administrativas para "agentes de tratamento de dados", determina que elas "serão aplicadas (...) considerados os seguintes parâmetros e critérios": "a adoção de política de boas práticas e governança" e "a pronta adoção de medidas corretivas" (art. 52, §1º, IX e X). Embora não sejam explícitas, a menção a requisitos como "cooperação", "existência de mecanismos" de prevenção" e "adoção de medidas corretivas" permite a interpretação de que as sanções poderiam ser reduzidas, mas nunca aumentadas. Como se trata, nessa Parte III, de propor ideias para a otimização da prevenção corporativa de ilícitos, convém explorar essa ideia de criação de incentivos legais para a difusão da utilização de programas de *compliance* em empresas.

Atualmente, as normas nesse sentido são tímidas. E, como nunca é demais investir no fomento da implementação de boas práticas em programas de prevenção, aparentemente inexistem razões para que se utilizem as sanções como um mecanismo mais generoso de incentivo a condutas *compliant*. Isso poderia ser feito pelo melhor detalhamento, em lei, de quais características dos programas podem repercutir de quais formas nas sanções aplicáveis. Os exemplos são fáceis e podem variar entre aqueles que são considerados os requisitos mínimos dos programas de prevenção vistos no item 1 do presente Capítulo. O mesmo se pode dizer a respeito dos mecanismos de *law enforcement* sugeridos nos seus itens 2 ou 3.

Basicamente, então: a constatação de que o programa possui ferramentas sólidas de *whistleblowing* pode permitir a redução de até 10 ou 20% de sanção pecuniária; verificado que a corporação implementou formal e materialmente a atuação colaborativa com o Estado, em um modelo de autorregulação regulada, determinadas sanções restritivas de direitos podem perdurar por tempo 1/3 menor; se o programa tiver sua idoneidade certificada regularmente, fica afastada a possibilidade de sanções gravíssimas, como o cancelamento daquela pessoa jurídica.

Mas, recordando-se o potencial motivador da ameaça da sanção mencionado na pesquisa empírica de SHORT e TOFFEL[756], seria interessante que características negativas dos programas, também, fossem expressamente mencionadas como aptas a prejudicar os sujeitos condenados. São exemplos: a constatação de que o programa é deliberadamente utilizado

---

[756] Vide Parte II, Capítulo 3, item 3.

para encobrir atos ilícitos pode motivar a aplicação das sanções mais graves, como o encerramento da pessoa jurídica; a verificação de que mecanismos de supervisão e monitoramento são ignorados pela cúpula pode permitir o agravamento fracionário de sanções aplicáveis à eventual ilícito cometido; a alteração do objeto social da empresa sem a devida comunicação ao órgão certificador de seu programa de prevenção; a ausência de compromisso com a idoneidade do programa, de modo geral, pode permitir o prolongamento de sanções específicas relativas a um período de fiscalização que o Estado pode realizar sobre os condenados.

Finalmente, para maior clareza e segurança, conviria que a inovação especificasse quais são as repercussões compatíveis com as sanções atribuíveis a pessoas jurídicas e quais são as que podem incidir em sanções cominadas para pessoas físicas. Sabe-se que são consequências jurídicas distintas as que podem ser aplicadas a umas e a outras. E é claro que as naturezas e qualidades de cada tipo de sanção variam conforme o país e suas leis. No Brasil, aplicam-se sanções criminais (em caso de crimes ambientais), cíveis e administrativas a pessoas jurídicas. Mas, na prática, tais sanções são quase sempre patrimoniais ou restritivas de direitos. Pessoas físicas podem receber, como sanções criminais, penas privativas de liberdade. Por isso, elas podem sofrer repercussões ligadas ao tempo de cerceamento da liberdade, algo bastante distinto das sanções aplicáveis a empresas. Em casos de punições conjuntas a pessoas jurídicas e físicas pelos mesmos fatos, seria recomendável que a lei contivesse a diferenciação dos efeitos dos programas de *compliance* para cada espécie de sanção, considerando-se a natureza do seu destinatário.

5. Resumo dos aperfeiçoamentos que mecanismos de *law enforcement* podem realizar na prevenção corporativa

Com base nas propostas acima examinadas, apresentam-se, nesse item, alguns exemplos de práticas corporativas de prevenção que podem vir a ser aprimoradas, considerando-se que sejam dispostas em lei. O objetivo é indicá-las de modo mais didático do que o método de análise teórica (utilizado até aqui) permite. Não se pretende que essa lista seja taxativa; ela constitui, somente, uma reunião resumida dos principais pontos passíveis de melhoria examinados nesta Parte III.

Propõe-se, neste livro, a formulação de uma nova lei que consolide obrigações e orientações gerais sobre o conteúdo e o uso de programas corporativos de prevenção de ilícitos para a incidência ampla a todos os setores empresariais privados. Essa lei incluiria, além de conteúdos de programas de prevenção corporativa de ilícitos, medidas inovadoras de *law enforcement*. Confiram-se, a seguir, quais seriam alguns fatores preventivos que poderiam ser aperfeiçoados com base na presente proposição.

As medidas gerais para a melhoria de programas corporativos de prevenção de ilícitos (*compliance*):

1) Maior organização das normas públicas atinentes à prevenção corporativa de ilícitos, que passariam a constar em uma mesma lei aplicável a empresas privadas em geral. Essa lei teria um objetivo inicial de uniformizar a matéria com vocabulário simples, acessível e, ao mesmo tempo, abrangente. Isso contribuiria para reduzir riscos, aumentar a segurança da sociedade e incrementar a idoneidade dos programas de prevenção;

2) Não haveria mais dúvidas sobre se as empresas são obrigadas a implementar programas de prevenção. Isso porque o significado dos programas seria transmitido de modo mais assertivo: trata-se de uma obrigação comum (público-privada) de prevenir ilícitos. Isso seria fixado em lei mediante políticas de premiação e de sanção;

3) Não haveria confusão sobre quais seriam os requisitos mínimos dos programas de prevenção corporativa de ilícitos. Eles viriam todos na nova lei aqui proposta, para serem obrigatoriamente desenvolvidos nas normas internas das empresas: métodos de identificação e de reavaliação constante de riscos; criação e manutenção de uma cultura de integridade, de transparência e de acolhimento da fiscalização (com o uso disseminado de técnicas de maior alcance, como os *compliance champions*); medidas de auto-organização (setorização, estruturação, reciclagem e orientação), controle (monitoramento de condutas e de fluxos de informações, disciplina legal da figura do agente de integridade) e sancionamento; canais de denúncia e disciplina normativa de incentivo e de proteção aos denunciantes internos e externos (*whistleblowers*); esclarecimento, no texto legal, de que os âmbitos de incidência *ex ante* (pré-fato ilícito; medidas de caráter preventivo) e *ex post* (pós-fato ilícito; medidas de caráter reativo) das normas do programa devem ser indicados de modo expresso nos documentos corporativos a ele correspondentes (vide Parte I, Capítulo 3, itens 1 a 5);

As medidas específicas de melhoria de programas corporativos de prevenção de ilícitos derivadas do uso de técnicas de *law enforcement* são:

4) no geral, as medidas propostas com base em estudos de *law enforcement* visam investir em um modelo de atuação colaborativa público-privada – a partir da base da *enforced self-regulation* – e explorar o objetivo comum de prevenção corporativa de ilícitos. Esse modelo dependeria de uma reforma regulatória e de uma inovação legislativa que disciplinaria os seguintes instrumentos:

4.1) institucionalização clara do objetivo comum e indeclinável de prevenção de ilícitos ao setor público e ao privado (em colaboração com as autoridades);

4.2) aproximação entre autoridades fiscalizadoras e particulares fiscalizados, por meio da criação de canais próprios para consultas e solução de dúvidas, antes e durante o início formal de empreendimentos. Isso ampliaria o monitoramento por parte do Estado, além de lhe trazer mais subsídios probatórios quando de eventuais investigações;

4.3) a atuação conjunta mais próxima, como consequência, reforçaria de modo sutil a prevenção pelo risco de aplicação de sanções, representado pela presença mais frequente das autoridades e pela constância do monitoramento;

4.4) a obrigação legal de que haja a prescrição de sanções internas, nos programas corporativos, contribuiria para afastar a noção comum de que as regras das empresas são *soft law*. E a omissão da aplicação de sanções, pelas corporações, quando aparentemente devidas, será objeto de escrutínio por parte da autoridade competente, que poderá apurar se houve cumplicidade ou conluio por parte da cúpula diretora da empresa em questão;

4.5) a adoção do formato *one-stop-shop* de atuação estatal reduziria a desorganização regulatória, tornando mais fácil o cumprimento de exigências públicas e, consequentemente, aperfeiçoando a prevenção corporativa de ilícitos;

4.6) a lei traria uma nova forma de transparência de gestão a que se obrigariam as empresas privadas, mais ligada à responsabilidade social do que ao mero atendimento formal de exigências públicas;

4.7) novas espécies de sanções, aplicáveis pelas autoridades competentes, seriam apresentadas nesse diploma legislativo. Isso combateria a crítica, em boa parte procedente, de que penas pecuniárias frequentemente não afligem os infratores suficientemente. Uma alternativa aqui sugerida é a sanção de *shame*. Ademais, haveria um maior detalhamento sobre quais são as repercussões, para a sanção, da ausência e da presença de um programa idôneo ao tempo do fato;

4.8) a lei disporá sobre a disciplina obrigatória, nos programas corporativos, de políticas de autoinformação sobre novas normas que possam regular a atuação da empresa. Isso pode impedir a postura inerte do empresário diante da necessidade natural de conhecer e estar atualizado em relação às regras que disciplinam a área econômica que optou por explorar;

4.9) será veiculada e disciplinada, ainda, a prática público-privada da certificação da idoneidade dos programas corporativos de prevenção. Trata-se de algo que já parece viável no Brasil, que fomenta a concorrência por boas práticas no setor privado e favorece o controle, pelas autoridades, da qualidade do compromisso das empresas com as boas práticas preventivas.

CONCLUSÕES

Os programas de *compliance* – ou, como aqui se sugere, programas de prevenção corporativa – pertencem, inegavelmente, a diversas áreas do conhecimento humano. Nenhuma detém o seu monopólio, apesar da crescente quantidade de obras sobre eles no em relação ao Direito nos últimos anos. Isso significa que é praticamente impossível exaurir suas nuances e aplicações em uma única pesquisa, ou seja, as propostas de aperfeiçoamento aqui dispostas não são as únicas possíveis, tampouco são absolutas.

O foco de análise foi o jurídico; ainda que isso atraísse, simultaneamente, várias áreas do Direito, o que foi necessário para que as presentes propostas de inovação legislativa pudessem ser apresentadas, ainda que não de modo totalmente acabado.

A multidisciplinaridade do tema abrange questões de gestão pública, econômicas, regulatórias, políticas, corporativas, morais, criminais etc. Pesquisas sobre processo legislativo, técnica legislativa, administração pública, Direitos administrativo, econômico, regulatório, civil, penal, ética, filosofia jurídica, ciência política, governança corporativa, administração de empresas e economia, embora pertinentes para o enfrentamento do problema aqui exposto, não puderam ser executadas aqui. Tal como já se havia adiantado na Introdução, o presente estudo pretendeu demonstrar a necessidade e a possibilidade de inovações específicas em matéria de programas corporativos de prevenção, derivadas da *law enforcement*, e não as esmiuçar com base nos pontos de vista igualmente (ou mais) apropriados. A conclusão principal é a de que é possível o aperfeiçoamento dos programas de prevenção corporativa de ilícitos no Brasil mediante o uso de ferramentas inovadoras de aplicação concreta da lei (*law enforcement*) que sejam veiculadas em lei, a qual disciplinaria, também, as bases e de uma atuação colaborativa público-privada (autorregulação regulada).

A pesquisa da Parte I demonstrou que a prevenção corporativa de ilícitos em vários países e, especialmente, no Brasil, é assunto da maior importância atualmente. Quando falhas ocorrem, as consequências sociais podem ser trágicas, notadamente quando envolvem grandes corporações. Os casos concretos examinados atestam que as principais leis sobre prevenção corporativa – inclusive estrangeira, porque no Brasil há multinacionais que se submetem a elas – mesmo quando somadas às normas internas das empresas não têm sido suficientes para promover uma prevenção minimamente idônea. Isso ocorre por conta de vários fatores, como a ausência de uma identidade bem definida dos programas de prevenção nas leis; a defasagem dos mecanismos legislativos voltados a fomentar a contribuição privada na atuação preventiva do Estado; a inércia do setor privado na atuação preventiva; a grande complexidade do cenário regulatório brasileiro, o que prejudica o cumprimento das obrigações públicas; a ausência de compromisso das empresas com a prevenção, provocado, provavelmente, porque a adoção de programas de prevenção não é tratada como obrigação geral em lei no Brasil.

Por um lado, a multiplicidade de formas de positivação dos programas de prevenção corporativa gera a dúvida: o que é *compliance*, afinal? Se for feita pesquisa nas leis, a resposta será: *compliance* pode ser várias coisas ao mesmo tempo, depende do ramo da empresa, de suas dimensões, da existência ou não de processo sancionador em curso etc. Ou seja, não se sabe se é uma obrigação prévia ou uma consequência de um fato ilícito; se é somente um elemento de convicção da autoridade ou uma salvaguarda do infrator. Isso produz grande insegurança na classe empresária – que pode usar tal circunstância para o bem ou para o mal – e também na academia, que tem de se esforçar para tentar decifrar a natureza jurídica do instituto. Por outro lado, foi possível deduzir, de diversos diplomas legislativos, alguns requisitos básicos ou mínimos dos programas de prevenção. Isso permitiu conhecer o conteúdo de tais programas conforme o determinado pelas normas hoje em vigor, o que foi indispensável para que se pudessem formular propostas inovadoras e com potencial de realmente melhorar a prevenção corporativa de ilícitos. Vistos tais fatores, foi possível estabelecer que a realidade dos programas é marcada por um déficit de aproveitamento que carece de aperfeiçoamento.

A Parte II foi dedicada à demonstração da possibilidade desse aperfeiçoamento. Para isso, foi necessário, antes, explorar os significados jurídicos das expressões *compliance* e *law enforcement*. Viu-se que *compliance* não significa somente o cumprimento da norma em si, algo que é o objetivo primordial de toda e qualquer lei ou autoridade encarregada de sua aplicação. Além disso, a palavra designa, atualmente, no cenário corporativo, uma postura ativa no sentido de se buscar respeitar o sentido da norma, empregando-se esforços para que não se produzam as consequências danosas que ela visa evitar. Para isso, programas são criados, novas obrigações são estabelecidas e competências são desenhadas em torno da mesma meta: atuar conforme a lei. Todo esse conceito contextual é compatível com a noção, aqui alcançada, de *compliance*: é um instituto jurídico preventivo. Seu objetivo é evitar ilícitos e sua manutenção deve levar isso sempre como questão de primeira importância. Visto dessa forma, percebe-se que é um instrumento de enorme importância social, pois, utilizado adequadamente – isto é, explorando-se melhor seu potencial, o que é proposto aqui –, pode realmente prevenir ilícitos. Não se trata de prevenção simbólica, como a representada pela cominação de sanções ou aplicações de penas em casos concretos, mas de uma prevenção real, o que dispensa de agir o aparato sancionatório estatal.

Law enforcement, longe de significar apenas a aplicação da lei ou o próprio aparato repressivo estatal, designa, também, uma atitude mais ampla de preocupação com a criação e a gestão pública de políticas, medidas e campanhas voltadas ao bem-estar social. Nisso se inclui, evidentemente, monitoramento, controle e sancionamento de condutas antissociais e a atuação das corporações, grandes produtoras de riscos da atualidade. Ficou claro, em especial, que essa atitude não precisa ser proibida ao particular: ele pode colaborar com as autoridades nessa digna e necessária missão. Tal colaboração é perfeitamente viável sob a base da Teoria da Autorregulação Regulada, especificamente nos moldes da *enforced self-regulation* pesquisada por Ayres e Braithwaite. Isso porque se trata de uma forma de regulação responsiva em que o Estado pode intervir, mais ou menos, na corporação conforme sua conduta seja menos ou mais cumpridora das normas aplicáveis. Dessa forma, privilegia-se o monitoramento constante ao mesmo tempo em que a presença sutil do regulador desencoraja possíveis condutas ilegais.

Uma vez agindo nesse formato de autorregulação regulada (o que já se vê, aqui, como um instrumento de *law enforcement*), outras medidas inovadoras de *enforcement* foram examinadas: a previsão em lei de que o empresário possa consultar formalmente o Estado sobre quais normas deverá seguir e a quais autoridades deverá se reportar considerando-se a sua atividade econômica. A ausência de interesse do particular nessa consulta já poderá ser vista como sinal de que ele tem segurança sobre o que deve fazer ou de que assume postura de desinteresse em relação ao tema. Seja como for, a autoridade competente poderá considerar, em caso de fiscalização; a adoção de técnicas mais honestas de transparência, que aproximem os produtores de bens e serviços e a indústria em geral de seus mercados, de seus fiscais e, especialmente, da sociedade. A maior disponibilidade de informações sobre produtos, métodos de fabricação e das pautas éticas das empresas maximiza o controle e a fiscalização, inibindo, consequentemente, condutas ilícitas que, de outra forma, tenderiam a se ocultar na desinformação; sanções contemporâneas, adaptadas ao cenário corporativo atual, em que a imagem e a marca são os ativos mais valiosos. A sanção de *shame* é uma alternativa às tradicionais sanções pecuniárias; criação de um dever legal de se informar sobre as normas aplicáveis às empresas, de modo a evitar postura passiva do empresariado diante de inovações regulatórias; o *one-stop-shop*, que dependeria de uma reforma regulatória para reduzir, drasticamente, o número de autoridades reguladoras e, com isso, coincidência de competências sobre um mesmo regulado. A ideia é tornar mais simples e acessíveis as normas cujo cumprimento é devido, reduzindo-se a geração de riscos por condutas em desconformidade e, também, a necessidade de sanções. Confia-se que a viabilidade teórica dessas ideias – muitas delas testadas em pesquisas empíricas vistas no texto – seja indicativo seguro de sua viabilidade prática. Embora não se ignore, naturalmente, que há uma distância enorme entre a proposição teórica e a verificação concreta de sua realização a contento.

Finalmente, as propostas de aperfeiçoamento da prevenção corporativa de ilícitos no Brasil são transmitidas na Parte III. Sabe-se que de nada adianta uma nova lei, ainda que nos termos aqui imaginados, se não houver, por parte de seus destinatários, a adesão necessária. Por isso deve haver a assunção de um compromisso com a idoneidade dos programas de prevenção por parte, principalmente, das corporações. E isso também pode ser descrito e fomentado pela lei. Sem essa condicionante inicial, as demais propostas tendem a ser inócuas. Além do estímulo impositivo da lei, uma outra sugestão para reforçar e manter esse compromisso é o uso dos *compliance champions*. É uma ferramenta ainda pouco usada no Brasil, mas que permite a difusão dos valores dos programas de modo mais ágil e duradouro do que o comum envio de e-mails e colheitas de assinaturas em termos de recebimento de manuais.

Fixada essa premissa, apontaram-se circunstâncias concretas apoiando a ideia de que as inovações aqui propostas sejam veiculadas em lei federal. Primeiro, porque tais inovações sequer seriam possíveis sem que houvesse alterações de competências de órgãos e agentes públicos, o que depende de lei; segundo, porque também o setor privado dificilmente investiria em alterações em seus programas de prevenção se não fossem obrigados a tanto; terceiro, pois toda a pesquisa aqui realizada considera a aplicação concreta de leis; quarto, porque não se acredita que a nova lei, tal como aqui percebida, acarretará embargos às atividades empresariais ou atrasos à economia. Pelo contrário: o empresário que vier a adimplir com suas obrigações terá sempre maior liberdade para atuar e lucrar, sem nenhum incômodo ou óbice por parte das autoridades. E isso será mais fácil de se obter no cenário de maior interação público-privada aqui proposto.

As propostas, em si, expressas em lei, abrangem tanto melhorias nos programas de prevenção corporativa em si quanto aquelas decorrentes de conhecimentos de *law enforcement*. Deixa-se, aqui, de reproduzi-las porque já estão resumidas na Parte III, Capítulo 3, item 5. Elas referem-se à simplificação do atendimento das leis pelo cidadão e da eliminação de uma relação exclusivamente adversarial entre reguladores e regulados. É nesse sentido que as perspectivas da *law enforcement* conferem maior viabilidade ao emprego do *compliance*, aperfeiçoando a prevenção corporativa de ilícitos. De modo a contribuir com a visualização dessas propostas, elaborou-se um texto de sugestão da redação legal, no Apêndice.

Embora esta pesquisa culmine com a realização de propostas que visam mudar para melhor o aparato público-privado de prevenção corporativa de ilícitos, sabe-se que os problemas legislativos aqui expostos, bem como os localizados em decorrência da análise dos casos concretos não comportam soluções simples. Não se pretende, aqui, oferecer as respostas, pois sequer as sugestões aqui veiculadas estão definidas. As propostas devem comportar revisão e críticas para que também elas, afinal, sejam aperfeiçoadas. Pretendeu-se, isso sim, frisar que a atual situação demanda reparos, tais reparos são possíveis e que as propostas já vistas apresentam, no mínimo, potencial como alternativas atraentes em matéria de prevenção. Acredita-se que tal desiderato foi cumprido. Espera-se que, futuramente, isso possa ser constatado na prática.

REFERÊNCIAS

AGUILERA GORDILLO, Rafael. **Compliance penal en España**. Navarra: Aranzadi/Thomson Reuters, 2018.

AIOLFI, Gemma; PIETH, Mark. *International aspects of corporate liability and corruption*. In TULLY, Stephen. **Research handbook on corporate legal responsibility**. Gloucestershire: Edward Elgar, 2005.

ALMEIDA, Joana. *Investigações internas: ponderações e limites*. In PALMA, Maria Fernanda; DIAS, Augusto Silva; SOUSA MENDES, Paulo de (Coord. Cient.). **Novos estudos sobre** *law enforcement*, **compliance e Direito Penal**. Coimbra: Almedina, 2020.

AMBOS, Kai. **Direito Penal – fins da pena, concurso de pessoas, antijuridicidade e outros aspectos** (Trad. Pablo Rodrigo Alflen da Silva). Porto Alegre: Sergio Antonio Fabris Editor, 2006.

ANTONIK, Luis Roberto. **Compliance, ética, responsabilidade social e empresarial: uma visão prática**. Rio de Janeiro: Alta Books, 2016.

AMTENBRINK, Fabian; REPASI, René. *Compliance and enforcement in economic policy coordination in EMU*. In JAKAB, András; KOCHENOV, Dimitry. **The enforcement of EU law and values. Ensuring member states' compliance**. Oxford: Oxford University Press, 2017.

ARAUJO, Marcelo Azambuja. **Investigações empresariais**. São Paulo: LiberArs, 2019.

ARROYO JIMÉNEZ, Luis. *Introducción a la autorregulación*. In ARROYO JIMÉNEZ, Luis; NIETO MARTÍN, Adán (Dir.). **Autorregulación y sanciones**. 2. ed. Navarra: Aranzadi, 2015.

ATALIBA, Geraldo. *Denúncia espontânea e exclusão de responsabilidade penal*. In **Revista de Informação Legislativa**, Brasília, João Batista Soares de Sousa/ Senado Federal, a. 32, n. 125, jan./mar. 1995.

AYRES, Ian; BRAITHWAITE, John. **Responsive regulation: transcending the deregulation debate**. New York: Oxford University Press, 1992.

AZNAR, Enrique. *¿Como y para qué crear una cultura ética en las organizaciones?* In FRAGO AMADA, Juan Antonio. **Actualidad Compliance (2018)**. Navarra: Aranzadi/Thomson Reuters, 2018.

BACIGALUPO, Enrique. **Compliance y Derecho Penal**. Navarra: Thomson Reuters Aranzadi, 2011.

BALDWIN, Robert; CAVE, Martin. **Understanding regulation: theory, strategy and practice**. New York: Oxford University Press, 1999.

BARATTA, Alessandro. *Funções instrumentais e simbólicas do direito penal – lineamentos de uma teoria do bem jurídico*. In **Revista Brasileira de Ciências Criminais**, São Paulo, vol. 5, jan./mar. 1994.

BARBAS, Leandro Moreira Valente. *Questionamentos e pontos relevantes ao se pensar uma política de proteção a whistleblowers no Brasil a partir de casos e experiências norte-americanas: suas repercussões em políticas de compliance criminal*. In BECHARA, Fábio Ramazzini; FLORÊNCIO FILHO, Marco Aurélio Pinto (Coord.). **Compliance e direito penal econômico**. São Paulo: Almedina, 2019.

BENEDETTI, Carla Rahal. ***Criminal compliance*: instrumento de prevenção criminal corporativa e transferência de responsabilidade penal**. São Paulo: Quartier Latin, 2014.

BENÍTEZ PALMA, Enrique. *El control externo y el* whistleblowing *(canales de denuncia)*. In **Revista Española de Control Externo**, v. XX, n. 59, maio de 2018. Disponível em Tribunal de Cuentas de España, em https://www.tcu.es/repositorio/2388e0c6-5eaf-4f9f-8b0b-b6a1a4b52c1b/R59_01_BenitezPalma_CEyWB.pdf. Acesso em 26 de junho de 2019.

BENOIT, Peter. **The BP Oil Spill**. New York: Children's Press, 2011.

BERNSTEIN, Carl; WOODWARD, Bob. **Todos os homens do presidente: o caso Watergate e a investigação jornalística mais famosa da história** (Trad. Denise Bottmann). São Paulo: Três Estrelas, 2014.

BLACK, Julia. *Learning from Regulatory Disasters*. In **LSE Law, Society and Economy Working Papers**, n. 24. London School of Economics and Political Science, 2014. Disponível em: www.lse.ac.uk/collections/law/wps/wps.htm and the Social Sciences Research Network electronic library at: http://ssrn.com/abstract=2519934. Acesso em 13 de agosto de 2020.

BOCK, Dennis. *Compliance y deberes de vigilancia en la empresa*. In: KUHLEN, Lothar; MONTIEL, Juan Pablo; ORTIZ DE URBINA GIMENO, Íñigo (Eds.). **Compliance y teoría del derecho penal**. Madrid: Marcial Pons, 2013.

BOTTINI, Pierpaolo Cruz. **Crimes de perigo abstrato e princípio da precaução da sociedade de risco**. São Paulo: Revista dos Tribunais, 2007.

BRAFMAN, Ori; BECKSTROM, Rod A. **The starfish and the spider: the unstoppable power of leaderless organizations**. New York: Penguim Group, 2006.

BRAITHWAITE, John. **Restorative justice and responsive regulation**. New York: Oxford University Press, 2002.

BRAITHWAITE, Valerie. *Resistant and dismissive defiance towards tax authorities*. In BROOKS, Graham; WALSH, David; LEWIS, Chris; KIM, Hakkyong. **Preventing corruption: investigation, enforcement and governance**. New York: Palgrave Macmillan, 2013.

BUSATO, Paulo César. **Direito Penal, parte geral**. 2. ed. São Paulo: Atlas, 2015.

—. *O Leviatã de Brumadinho*. In **Boletim IBCCRIM**, a. 27, n. 316, mar./2019.

—. *O papel do Ministério Público no futuro do Direito Penal brasileiro*. In **Revista de Estudos Criminais**, Instituto Transdisciplinar de Estudos Criminais, Porto Alegre, v. 5, n. 5, 2002. In http://egov.ufsc.br/portal/sites/default/files/anexos/32755-40424-1-PB.pdf, acesso em 30 de julho de 2019.

—. **Tres tesis sobre la responsabilidade penal de personas jurídicas**. Valencia: Tirant lo Blanch, 2019.

—; SCANDELARI, Gustavo Britta. *La incorporación de los programas de cumplimiento ("criminal compliance") en la realidad jurídico-penal latino-americana.* In GÓMEZ COLOMER, Juan-Luis (Coord.). **Tratado sobre compliance penal: responsabilidad penal de las personas jurídicas y modelos de organización y gestión.** Valencia: Tirant lo Blanch, 2019.

CAMBI, Eduardo; KICHILESKI, Gustavo Carvalho. *Whistleblowing no pacote anticrime.* In **Revista dos Tribunais**, v. 1006, ago./2019, São Paulo.

CAMPOS ACUÑA, Mª Concepción. **Aplicación práctica del compliance en la contratación pública.** Navarra: Aranzadi, 2019; NIETO MARTÍN, Adán; MAROTO CATALYUD, Manuel (Dir.). ***Public compliance.* Prevención de la corrupción en administraciones públicas y partidos políticos.** Cuenca: Universidad de Castilla-La Mancha, 2014.

CARDENAL MONTRAVETA, Sergi. *Función de la pena y suspensión de su ejecución. ¿Ya no 'se atenderá fundamentalmente a la peligrosidad criminal del sujeto'?* In **InDret – Revista para El Análisis del Derecho**, n. 4, oct./2015.

CARDOSO, Débora Motta. **Criminal *compliance* na perspectiva da lei de lavagem de dinheiro.** São Paulo: LiberArs, 2015.

CARDOSO, Alessandro Mendes; MELO, Anthéia Aquino. *Compliance tributário e a responsabilização pessoal dos gestores.* In OLIVEIRA, Luis Gustavo Miranda de. **Compliance e integridade: aspectos práticos e teóricos, v. 2.** Belo Horizonte: Editora D'Plácido, 2019.

CARLINI, Angélica; SAAVEDRA, Giovani Agostini (Coord.). ***Compliance* na área da saúde.** São Paulo: Foco, 2020.

CARPENTER, Daniel. *Detecting and measuring capture.* In **Preventing regulatory capture: special interest influence and how to limit it.** New York: Cambridge University Press, 2014.

CARPENTER, Daniel; MOSS, David A. **Preventing regulatory capture: special interest influence and how to limit it.** New York: Cambridge University Press, 2014.

—. *New conceptions of capture – mechanisms and outcomes.* In **Preventing regulatory capture: special interest influence and how to limit it.** New York: Cambridge University Press, 2014.

CARRAU CRIADO, Rafael. **Buen gobierno corporativo para PYMES. Sociedades de capital y cooperativas.** Valencia: Tirant lo Blanch, 2019.

CASTELLS, Manuel. **A sociedade em rede.** 11. ed. São Paulo: Paz e Terra, 2008.

CASTRO, Rodrigo Pironti Aguirre de; GONÇALVES, Francine Silva Pacheco. **Compliance e gestão de riscos nas empresas estatais.** Belo Horizonte: Fórum, 2018.

CARVALHO, Paulo de Barros (coord.); DIAS, Karem Jureini; BRITTO, Lucas Galvão de. **Compliance no Direito Tributário.** São Paulo: Thomson Reuters Brasil, 2018.

CARVALHOSA, Modesto. **Considerações sobre a lei anticorrupção das pessoas jurídicas (Lei 12.846/2013).** São Paulo: Revista dos Tribunais, 2015.

CHAZOURNES, Laurence Boisson de. *Policy guidance and compliance: the world bank operational standards.* In SHELTON, Dinah. **Commitment and compliance: the role of non-binding norms in the international legal system.** New York: Oxford University Press, 2003.

CHEMIM, Rodrigo. **Mãos Limpas e Lava Jato: a corrupção se olha no espelho.** 2.ed. Porto Alegre: CDG, 2018.

COFFEE JR. John C. **Gatekeepers: the professions and corporate governance.** New York: Oxford University Press, 2019 (paperback), 2006 (first print).

COCA VILA, Ivó. *¿Programas de cumplimiento como forma de autorregulación regulada?* In SILVA SÁNCHEZ, Jesús-María (Dir.); MONTANER FERNÁNDEZ, Raquel (Coord.). **Criminalidad de empresa y Compliance – Prevención y reacciones corporativas.** Barcelona: Atelier, 2013.

COSTA GONÇALVES, Pedro António Pimenta da. **Entidades privadas com poderes públicos: o exercício de poderes públicos de autoridade por entidades privadas com funções administrativas.** Coimbra: Almedina, 2008.

CRAWFORD, Adam. *'Sticks and carrots... and sermons': some thoughts on compliance and legitimacy in the regulation of youth anti-social behaviour.* In CRAWFORD, Adam; HUCKLESBY, Anthea. **Legitimacy and compliance in criminal justice.** Oxfordshire: Routledge, 2013.

CRUZ, Alessandro de Franceschi; LEITE, Marcelo Ramos. *Pró-Ética: algumas dicas para tornar o seu programa de compliance efetivo.* In **JOTA – Opinião & Análise**, em 28 de agosto de 2018. Disponível em https://www.jota.info/opiniao-e-analise/artigos/pro-etica-compliance-efetivo-28082018. Acesso em 17 de outubro de 2019.

D'AVILA, Fabio Roberto. **Ofensividade em Direito Penal – escritos sobre a teoria como ofensa a bens jurídicos.** Livraria do Advogado: Porto Alegre, 2009.

DARKE, Sacha. *A prevenção da criminalidade na Inglaterra e no País de Gales* (Trad. Cristina Emy Yokaichiya). In **Revista Ultima Ratio**, a. 3, n. 3, Rio de Janeiro: Lumen Juris, 2009.

DARNACULLETA I GARDELLA, Mª Mercè. **Autorregulación y derecho público: la autorregulación regulada.** Madrid: Marcial Pons, 2005.

DAYCHOUM, Mariam; VÉRAS, Rafael. *Do processo normativo.* In GUERRA, Sérgio; SAMPAIO, Patrícia (Org.). **Processo administrativo nas agências reguladoras: uma proposta de disciplina legislativa.** Rio de Janeiro: Escola de Direito do Rio de Janeiro da Fundação Getulio Vargas, 2016.

DEAN, John W. **Worse than Watergate: the secret presidency of George W. Bush.** New York: Little, Brown and Company, 2004.

DE LA CUESTA, José Luis; BLANCO CORDERO, Isidoro. **Resoluciones de los Congresos de la Asociación Internacional de Derecho Penal (1926-2009) – Nouvelles Études Pénales.** Toulouse: Éditions érès, n. 23, 2012.

DE LA CUESTA, José Luis de; BLANCO CORDERO, Isidoro; ODRIOZOLA GURRUTXAGA, Miren (Ed.). **Resolutions of the Congress os the Association Internationale de Droit Pénal (1926-2019) – RIDP.** Antwerpen: Maklu, 2020.

DIAS, Paulo Roberto Vilela; CONSTANTINO, Marcelo Pessoa. *O compliance e a norma brasileira ABNT NBR ISSO/IEC 17024:2013 no IBEC certificador.* In RITTO, Antonio Carlos de Azevedo; CARVALHO, Marinilza Bruno de (Org.). **Compliance e ética – uma nova consciência em tempos de trabalho em redes.** Rio de Janeiro: Ciência Moderna Ltda., 2019.

DICKENS, Linda. *Fairer workplaces: making employment rights effective.* In DICKENS, Linda. **Making employment rights effective: issues of enforcement and compliance.** Oxford: Hart, 2012.

DIMENTO, John F. **Environmental law and American business: dilemmas of compliance.** New York: Plenum Press, 1986.

DIMENTO, Joseph F. C.; GEIS, Gilbert. *Corporate criminal liability in the United States.* In TULLY, Stephen. **Research hand-**

book on corporate legal responsibility. Gloucestershire: Edward Elgar, 2005.

DOPICO GÓMEZ-ALLER, Jacobo. *Posición de garante del* compliance officer *por infracción del "deber de control": una aproximación tópica*. In ZAPATERO, Luis Arroyo; NIETO MARTÍN, Adán (direct.). **El Derecho Penal Económico el la era Compliance.** Valencia: Tirant lo Blanch, 2013.

DOTTI, René Ariel. **Bases e alternativas para o sistema de penas.** 2. ed. São Paulo: Revista dos Tribunais.

DURKHEIM, Émile. **As regras do método sociológico.** 8.ed. São Paulo: Companhia Editora Nacional, 1977.

—. **O suicídio, estudo de sociologia.** São Paulo: Martins Fontes, 2000.

EISINGER, Jesse. **The chickenshit club: why the Justice Department fails to prosecute executives.** Simon & Schuster: New York, 2017.

EMERY, Fred. **Watergate: the corruption & fall of Richard Nixon.** London: Jonathan Cape Random House, 1994.

ENCISO VANEGAS, Camilo Alberto. *Alternative investigation and sanctioning systems for corporate and corporate-related crime in Colombia.* In SIEBER, Ulrich (ed.). **Prevention, investigation, and sanctioning of economic crime: national perspectives. International Review of Penal Law (RIDP).** Antwerpen (Belgium): Maklu, 2019, v. 90, iss. 1.

EPSZTEIN, Ruth; MURAD, Karine. *Inmetro: importância da conformidade.* In RITTO, Antonio Carlos de Azevedo; CARVALHO, Marinilza Bruno de (Org.). **Compliance e ética – uma nova consciência em tempos de trabalho em redes.** Rio de Janeiro: Ciência Moderna Ltda., 2019.

ESAKOV, Gennady; FILATOVA, Maria. *Alternative investigation and sanctioning systyems for corporate and corporate-related crime in the Russian Federation.* In SIEBER, Ulrich (ed.). **Prevention, investigation, and sanctioning of economic crime: national perspectives. International Review of Penal Law (RIDP).** Antwerpen (Belgium): Maklu, 2019, v. 90, iss. 1.

EWING, Jack. **Faster, higher, farther: the Volkswagen Scandal.** New York: W. W. Norton & Company, 2017.

FARIA, Milton. **Contrabando X Legislação.** Rio de Janeiro: Récord, 1961.

FEIJOO SÁNCHEZ, Bernardo. **Cuestiones actuales de Derecho Penal Económico.** Buenos Aires: B de F, 2009.

—. **Retribución y prevención general – un estudio sobre la teoría de la pena y las funciones del Derecho Penal.** Buenos Aires: B de F, 2007.

FEINBERG, Barbara Silberdick. **Watergate: scandal in the White House.** New York: Franklin Watts, 1990.

FERNÁNDEZ TERUELO, Javier Gustavo. *Requisitos de configuración de los programas de prevención de delitos (art. 31 bis CP y Norma UNE 19601).* In FRAGO AMADA, Juan Antonio (Dir.). **Actualidad compliance 2019.** Cizur Menor: Aranzadi, 2019.

FERRIER, R. W. **The history of the British Petroleum company, v. 1. The developing years (1901-1932).** Cambridge: Cambridge University Press, 1982.

FERRAZ, Sérgio Valladão. *Programas de compliance: é possível aferir sua efetividade para fins penais?* In COUTINHO, Aldacy Rachid; BUSATO, Paulo César (Org.). **Aspectos jurídicos do *compliance*.** Florianópolis: Empório do Direito, 2017.

FERREIRA, Luisa Moraes Abreu. *A função da pena mínima: uma proposta de fomento do debate para reconstrução do sistema criminal.* In **Revista *Ultima Ratio*,** a. 3, n. 3, Rio de Janeiro: Lumen Juris, 2009.

FIGUEIREDO DIAS, Jorge de. **Direito Penal – Parte Geral, Tomo I – questões fundamentais; a doutrina geral do crime**. São Paulo: Revista dos Tribunais, 2007.

FOX, Loren. **Enron: the rise and fall**. New Jersey: John Wiley & Sons, 2003.

FRANCO, Isabel; FERREIRA, Glaucia. *A monitoria nos acordos entre empresas e autoridades*. In LANA E SOUZA, Fernanda Nunes Coelho; TOMAGNINI, Flávia Neves; UCHOA, Maria Raquel de Sousa Lima; ANDRADE, Renato campos (Orgs.). **Compliance em perspectiva: abrangência, especificidades, mecanismos de atuação e a salvaguarda das organizações**. Belo Horizonte: Editora D'Plácido, 2019.

FRAZÃO, Ana; MEDEIROS, Ana Rafaela Martinez. *Desafios para a efetividade dos programas de* compliance. In CUEVA, Ricardo Villas Bôas; FRAZÃO, Ana (Coord.). **Compliance: perspectivas e desafios dos programas de conformidade**. Belo Horizonte: Fórum, 2018.

FREITAS, Juarez. *Regulação de Estado, avaliação de impactos e o direito fundamental à boa Administração Pública*. In GUERRA, Sérgio; FERREIRA JUNIOR, Celso Rodrigues (Coord.). **Direito Administrativo – estudos em homenagem ao Professor Marcos Juruena Villela Souto**. Belo Horizonte: Fórum, 2015.

FURTADO, Lucas Rocha. **Brasil e corrupção: análise de casos (inclusive da Operação Lava Jato)**. Belo Horizonte: Fórum, 2018.

GABARDO, Emerson; CASTELLA, Gabriel Morettini e. *A nova lei anticorrupção e a importância do* compliance *para as empresas públicas que se relacionam com a Administração Pública*. In **A&C – Revista de Direito Administrativo & Constitucional**, Belo Horizonte, a. 15, n. 60, abr./jun. 2015.

GARCÍA CAVERO, Percy. **Criminal compliance**. Lima: Palestra Editores, 2014.

—. *Criminal compliance – en especial compliance anticorrupción y antilavado de activos*. Lima: Instituto Pacifico S.A.C., 2017.

GARCÍA-MORENO, Beatriz. Whistleblowing *como forma de prevención de la corrupción en la administración pública*. In NIETO MARTÍN, Adán; MAROTO CALATAYUD, Manuel (Dir.). **Public compliance: prevención de lá corrupción en administraciones públicas y partidos políticos**. Cuenca: Ediciones de la Universidad de Castilla-La Mancha, 2014.

—. *Whistleblowing y canales institucionales de denuncia*. In NIETO MARTÍN, Adán (Dir.). **Manual de cumplimiento penal en la empresa**. Valencia: Tirant lo Blanch, 2015.

GARNER, Brian A (Editor in Chief). **Black's law dictionary**. 8. ed. St. Paul/MN: West;Thomson, 2004.

GIMENO BEVIÁ, Jordi. *La monitorización*. In FRAGO AMADA, Juan Antonio (Dir.). **Actualidad compliance 2019**. Cizur Menor: Aranzadi, 2019.

GRECO, Luís. *Internal investigations e o princípio da não auto-incriminação*. In LOBATO, José Danilo Tavares; MARTINELLI, João Paulo Orsini; SANTOS, Humberto Souza (Orgs.). **Comentários ao Direito penal econômico brasileiro**. Belo Horizonte: D'Plácido, 2017.

GRECO FILHO, Vicente; RASSI, João Daniel. **O combate à corrupção e comentários à lei de responsabilidade de pessoas jurídicas (lei n. 12.846, de 1º de agosto de 2013) – atualizado de acordo com o Decreto n. 8420, de 18 de março de 2015**. São Paulo: Saraiva, 2015.

GOENA VIVES, Beatriz. **Responsabilidad penal y atenuantes en la persona jurídica**. Madrid: Marcial Pons, 2017.

GOLD, Dana L. *Whistleblowers: the critical link in corporate accountability.* In TULLY, Stephen. **Research handbook on corporate legal responsibility.** Gloucestershire: Edward Elgar, 2005.

GÓMEZ-JARA DÍEZ, Carlos. **Fundamentos modernos de la culpabilidad empresarial: esbozo de un sistema de responsabilidad penal de las personas jurídicas.** Peru: ARA Editores, 2010.

GÓMEZ TOMILLO, Manuel. **Compliance penal y política legislativa.** Valencia: Tirant to Blanch, 2016.

GOMES, Rodrigo Dias de Pinho. **Big data: desafios à tutela da pessoa humana na sociedade da informação.** 2. ed. Rio de Janeiro: Lumen Juris, 2019.

GONÇALVES, Leonardo Gomes Ribeiro. *Mecanismos de governança da interação entre as agências reguladoras e outros entes e órgãos da Administração Pública no processo administrativo regulatório.* In GUERRA, Sérgio; SAMPAIO, Patrícia (Org.). **Processo administrativo nas agências reguladoras: uma proposta de disciplina legislativa.** Rio de Janeiro: Escola de Direito do Rio de Janeiro da Fundação Getulio Vargas, 2016.

GONTIJO, Conrado Almeida Corrêa. **O crime de corrupção no setor privado.** São Paulo: LiberArs, 2016.

GONZÁLEZ DE LEÓN BERINI, Arturo. *Autorregulación empresarial, ordenamento jurídico y derecho penal. Pasado, presente y futuro de los límites jurídico-penales al libre mercado y a la libertad de empresa.* In SILVA SÁNCHEZ, Jesús-María (Dir.); MONTANER FERNÁNDEZ, Raquel (Coord.). **Criminalidad de empresa y Compliance – Prevención y reacciones corporativas.** Barcelona: Atelier, 2013.

GORGA, Maria Luiza. **Direito médico preventivo:** *compliance* **penal na área da saúde.** Belo Horizonte: Editora D'Plácido, 2019.

GRACINDO, Gabriel Rosa. **Desenhos institucionais e instrumentos jurídicos da revisão de estoque regulatório no Brasil: o estudo de caso da Agência Nacional de Vigilância Sanitária.** Dissertação de Mestrado apresentada ao Programa de Pós-Graduação da Escola de Direito de São Paulo da Fundação Getulio Vargas, em 2019. Cadastrada no Sistema de Bibliotecas FGV. Disponível em: https://bibliotecadigital.fgv.br/dspace/bitstream/handle/10438/27700/GRACINDO%2C%20Gabriel.%20Desenhos%20institucionais%20e%20instrumentos%20juri%CC%81dicos%20da%20RER%20-%20Final.pdf.

GRUNER, Richard S. **Beyond fines: innovative corporate sentences under federal sentencing guidelines.** In: *Washington University Law Review*, v. 71, issue 2 *(corporate sentencing)*, jan. 1993. Disponível em: https://openscholarship.wustl.edu/law_lawreview/vol71/iss2/3/. Acesso em 2 de outubro de 2019.

GUERRA, Sérgio. **Agências reguladoras: da organização administrativa piramidal à governança em rede.** Belo Horizonte: Fórum, 2012.

—. *Regulação estatal sob a ótica da organização administrativa brasileira.* In GUERRA, Sérgio (Org.). **Regulação no Brasil: uma visão multidisciplinar.** Rio de Janeiro: Editora FGV, 2014, p. 365

GUIMARÃES, Bernardo Strobel; RIBEIRO, Leonardo Coelho; RIBEIRO, Carlos Vinícius Alves; GIUBLIN, Isabella Bittencourt Mäder Gonçalves; PALMA, Juliana Bonacorsi de. **Comentários à lei das estatais (Lei nº 13.303/2016).** Belo Horizonte: Fórum, 2019.

GUTIÉRREZ PÉREZ, Elena. *Los* compliance programs *como eximente o atenuante de la responsabilidad penal de las personas jurídicas. la "eficacia e idoneidad" como principios rectores tras la reforma de 2015.* In GÓMEZ DE LA TORRE, Ignacio Berdugo (Dir.). **Revista General de Derecho Penal (RGDP)**, n. 24, novembro de 2015. Madrid: Iustel, 2015. Disponível em https://www.iustel.com/v2/revistas/buscador.asp?id=8&autor=%22Mar%C3%ADa%20Guti%C3%A9rrez%20Rodr% C3%ADguez%22. Acesso em 30 de outubro de 2019.

HABIB, Gabriel. *O criminal compliance e sua abrangência.* In OLIVEIRA, Rafael Carvalho Rezende; ACOCELLA, Jéssica (Coord.). **Governança corporativa e compliance.** Salvador: Juspodivm, 2019.

HAENSEL, Taimi. **A figura dos gatekeepers: aplicação às instituições intermediárias do mercado organizado de valores mobiliários brasileiro.** São Paulo: Almedina, 2014.

HASSEMER, Winfried. *Contra el abolicionismo: acerca del porqué no se debería suprimir el derecho penal.* In **Revista Penal**, n. 11, Huelva, Universidad de Huelva, 2003. Disponível em http://rabida.uhu.es/dspace/handle/10272/12585. Acesso em 8 de agosto de 2019.

—. **Direito penal: fundamentos, estrutura, política.** Porto Alegre: Sergio Antonio Fabris, 2008.

—. **Direito penal libertário** (trad. Regina Greve). Belo Horizonte: Del Rey, 2007.

HAYASHI, Felipe Eduardo Hideo. **Corrupção – combate transnacional, *compliance* e investigação criminal.** Rio de Janeiro: Lumen Juris, 2015.

HENNING, Peter J. *Sarbanes-Oxley Act § 307 and Corporate Counsel: Who Better to Prevent Corporate Crime?* In **Buffalo Criminal Law Review** (State University of New York), v. 8, dez./2004.

HESPANHA, António Manuel. **Pluralismo jurídico e Direito Democrático.** São Paulo: Annablume, 2013.

HILLEBRECHT, Courtney. **Domestic politics and international human rights. The problem of compliance.** New York: Cambridge, 2014.

HORRIGAN, Bryan. *Comparative corporate governance developments and key ongoing challenges from Anglo-American perspectives.* In TULLY, Stephen. **Research handbook on corporate legal responsibility.** Gloucestershire: Edward Elgar, 2005.

HOWARD, Steven B. **Leadership lessons from the Volkswagen saga.** Palm Springs/CA: Caliente Press, 2017.

HUANG, Robin Hui; HOWSON, Nicholas Calcina. **Enforcement of corporate and securities law: China and the world.** Cambridge: Cambridge University Press: 2018.

ITZCOVICH, Giulio. *On the legal enforcement of values. The importance of the institutional context.* In JAKAB, András; KOCHENOV, Dimitry. **The enforcement of EU law and values. Ensuring member states' compliance.** Oxford: Oxford University Press, 2017.

JAVIER CARBAYO, Francisco. *Abogados, riesgos legales y Compliance.* In **Diario La Ley**, ISSN 1989-6913, n. 8701, Sección Tribuna, 15 de fevereiro de 2016, Ref. D-68, Madrid, Wolters Kluwer. Disponível em https://dialnet.unirioja.es/servlet/articulo?codigo=5342496. Acesso em 27 de junho de 2019.

JAWORSKI, Leon. **The right and the power: the prosecution of Watergate.** New York: Reader's Digest Press, 1976.

JOBIM, Rosana Kim. **Compliance e trabalho: entre o poder diretivo do empregador e os direitos inespecíficos do empregado.** Florianópolis: Tirant lo Blanch, 2018.

JORGE SILVEIRA, Renato de Mello; SAAD-DINIZ, Eduardo. Criminal compliance: *os limites normativos da cooperação normativa quanto à lavagem de dinheiro*. In **Revista de Direito Bancário e do Mercado de Capitais**, São Paulo, Revista dos Tribunais, v. 56/2012, abr./2012.

JUNQUEIRA, Gabriel Marson. **A prevenção da corrupção na administração pública: contributos criminológicos, do *corporate compliance* e *public compliance*.** Belo Horizonte: Editora D'Plácido, 20109.

KARAM, Maria Lucia. *Os paradoxais desejos punitivos de ativistas e movimentos feministas*. In **Justificando**, São Paulo, 13 de março de 2015. Disponível em http://justificando.com/2015/03/13/os-paradoxais-desejos-punitivos-de-ativistas-e-movimentos-feministas/. Acesso em 25 de julho de 2019.

KÄSSMEYER, Karin; BUSATO, Paulo César. *Intervenção mínima x precaução: conflito entre princípios no Direito Penal ambiental?* In: **Direito e Risco – o direito do ambiente na sociedade de risco** (Org.: Karin Kässmayer e Paulo César Busato). Curitiba: UNIFAE, 2008.

KISS, Alexandre. *Os direitos e interesses das gerações futuras e o princípio da precaução*. In: VARELLA, Marcelo Dias; PLATIAU, Ana Flávia Barros (Org.). **Princípio da precaução.** Belo Horizonte: Del Rey, 2004.

KLINKHAMMER, Julian. *On the dark side of the code: organizational challenges to an effective anti-corruption strategy*. In **Crime, Law and Social Change**, v. 60, issue 2, Springer Netherlands (Science+Business Media Dordrecht), jul./2013. Disponível em https://doi.org/10.1007/s10611-013-9453-y. Acesso em 2 de agosto de 2019.

KOCHENOV, Dimitry. *The Acquis and its principles: the enforcement of the 'law' versus the enforcement of 'values' in the EU*. In JAKAB, András; KOCHENOV, Dimitry. **The enforcement of EU law and values. Ensuring member states' compliance.** Oxford: Oxford University Press, 2017.

KUKATHAS, Chandran; PETTIT, Philip. **Rawls, "Uma Teoria da Justiça" e os seus críticos** (Trad. Maria Carvalho). Lisboa: Gradiva, 1995.

LAM, Alexa. *Enforcement of Hong Kong's securities law: the underpinning philosophy*. In HUANG, Robin Hui; HOWSON, Nicholas Calcina. **Enforcement of corporate and securities law: China and the world.** Cambridge: Cambridge University Press: 2018.

LAMONT, Christopher K. **International criminal justice and the politics of compliance.** Farnham: Ashgate, 2010.

LAPIRA, Timothy M.; THOMAS, Herschel F. **Revolving door lobbying: public service, private influence, and the unequal representation of interests.** Kansas: University Press of Kansas, 2017.

LASKY, Victor. **It didn't start with Watergate.** New York: The Dial Press, 1977.

LIÑÁN LAFUENTE, Alfredo. *La necesaria racionalidad de los programas de compliance penal*. In **Revista Lex Mercatoria – Doctria, praxis, jurisprudencia y legislación**, n. 3, artículo 9, Alicante, Universidad Miguel Hernández de Elche, p. 46. Disponível em http://revistas.innovacionumh.es/index.php?journal=lexmercatoria&page=article&op=view&path%5B%5D=944&path%5B%5D=151. Acesso em 27 de junho de 2019.

LEITE FILHO, José Raimundo. **Corrupção internacional, *criminal compliance* e investigações internas: limites à produção e valoração dos interrogatórios privados.** Lumen Juris: Rio de Janeiro, 2018.

LLEDÓ BENITO, Ignacio. **Corporate compliance: la prevención de riesgos penales y delitos en las organizaciones penalmente responsables.** Madrid: Dykinson, 2018.

LEÓN ALAPONT, José. **La responsabilidade penal de los partidos políticos.** Valencia: Tirant lo Blanch, 2019.

LUMBARD, J. Edward. *The Citizen's Role in Law Enforcement.* In **Journal of Criminal Law and Criminology**, Northwestern University School of Law, Chicago, vol. 56, article 9, iss. 1, Mar./1965. Disponível em https://scholarlycommons.law.northwestern.edu/cgi/viewcontent.cgi?article=5281&context=jclc. Acesso em 11 de setembro de 2019.

MADRUGA, Antenor; FELDENS, Luciano. *Cooperação da pessoa jurídica para apuração do ato de corrupção: investigação privada?* In **Revista dos Tribunais**, São Paulo, v. 947, set./14, DTR\2014\9965.

MANZI, Vanessa Alessi. **Compliance no Brasil: consolidação e perspectivas.** São Paulo: Saint Paul, 2008.

MAROTO CALATAYUD, Manuel. *Autorregulación y legitimidad corporativa: democracia interna y control social en partidos políticos y empresas.* In ARROYO JIMÉNEZ, Luis; NIETO MARTÍN, Adán (Dir.). **Autorregulación y sanciones.** 2. ed. Navarra: Aranzadi, 2015.

MARQUES NETO, Floriano Peixoto; RODRIGUES JR., Otavio Luiz; LEONARDO, Rodrigo Xavier (Orgs.). **Comentários à Lei da Liberdade Econômica (Lei 3.874/2019)**. São Paulo: Thomson Reuters Brasil, 2019.

MARTINEZ, André Almeida Rodrigues; LIMA, Carlos Fernando dos Santos. **Compliance bancário.** 2. ed. Salvador: JusPodivm, 2020.

MATUS ACUÑA, Jean Pierre. *La certificación de los programas de cumplimiento.* In ZAPATERO, Luis Arroyo; NIETO MARTÍN, Adán (direct.). **El Derecho Penal Económico el la era Compliance.** Valencia: Tirant lo Blanch, 2013.

MCCONELL, Ray. *Plan now or pay later: the role of compliance in criminal cases.* In **Houston Journal of International Law**, v. 33, n. 3, summer/2011. Disponível em http://www.questia.com/library/p4845/houston-journal-of-international-law/i2680279/vol-33-no-3-summer#/. Acesso em 31 de julho de 2019.

MCLEAN, Bethany; ELKIND, Peter. **The smartest guys in the room: the amazing rise and scandalous fall of Enron.** New York: Penguin Books, 2004.

MCQUITTY, Jake. **A guide to conducting internal investigations.** London: Bloomsbury Professional, 2021.

MENDONÇA, José Vicente Santos de. *É o revisaço regulatório – só que (ainda) não.* In **JOTA – Reg.**, em 29 de novembro de 2019. Disponível em https://www.jota.info/opiniao-e-analise/colunas/reg/e-o-revisaco-regulatorio-so-que-ainda-nao-29112019. Acesso em 29 de novembro de 2019.

MESSA, Ana Flávia. **Transparência, compliance e práticas anticorrupção na administração pública.** São Paulo: Almedina, 2019.

MIRANDA RODRIGUES, Anabela. *Compliance programs and corporate criminal compliance.* In **Revista Brasileira de Ciências Criminais**, a. 26, v. 149, nov. 2018. São Paulo: Revista dos Tribunais.

—. **Direito penal econômico: uma política criminal na era compliance.** Coimbra: Almedina, 2019.

MIR PUIG, Santiago. **Funcion de la pena y teoria del delito en el Estado social y democratico de Derecho.** 2. ed. Barcelona: Bosch, 1982.

Mir Puig, Santiago. *Las nuevas 'penas' para personas jurídicas: una clase de 'penas' sin culpabilidad.* In Mir Puig, Santiago; Corcoy Bidasolo, Mirentxu; Gómez Martín, Víctor (Dir.); Hortal Ibarra, Juan Carlos; Valiente Ivañez, Vicente (Coord). **Responsabilidad de la empresa y compliance – programas de prevención, detección y reacción penal.** Buenos Aires: B de F, 2014.

Moerel, Lokke. *CNIL's decision fining Google violates one-stop-shop.* In **SSRN**, Elsevier, 19 de fevereiro de 2019. Disponível em https://papers.ssrn.com/sol3/papers.cfm?abstract_id=3337478. Acesso em 3 de outubro de 2019.

Monteiro de Andrade, Flávio Carvalho; Ferreira, Isadora Costa. *Alguns contornos especiais do compliance em suas relações com a área trabalhista corporativa.* In Oliveira, Luis Gustavo Miranda de. **Compliance e integridade: aspectos práticos e teóricos, v. 2.** Belo Horizonte: Editora D'Plácido, 2019.

Morais, Raquel Filgueiras Varoni. *Compliance associado aos sistemas de gestão: ABNT NBR ISSO 19600 (sistema de gestão de compliance) e ABNT NBR ISSO 37001 (sistema de gestão antissuborno).* In Lana e Souza, Fernanda Nunes Coelho; Tomagnini, Flávia Neves; Uchoa, Maria Raquel de Sousa Lima; Andrade, Renato campos (Orgs.). **Compliance em perspectiva: abrangência, especificidades, mecanismos de atuação e a salvaguarda das organizações.** Belo Horizonte: Editora D'Plácido, 2019.

Moreira, Egon Bockmann. *Negociações público-privadas: sob a lei, mas para além do texto da lei.* In **Gazeta do Povo**, Vozes, Curitiba, 30 de abril de 2019. Disponível em https://www.gazetadopovo.com.br/vozes/egon-bockmann-moreira/negociacoes-publico-privadas-sob-a-lei-mas-para-alem-do-texto-da-lei/. Acesso em 9 de agosto de 2019.

—. *Por uma lei a assegurar a liberdade: mais iniciativa, menos regulação.* In **Gazeta do Povo**, Vozes, Curitiba, 28 de março de 2019. Disponível em https://www.gazetadopovo.com.br/vozes/egon-bockmann-moreira/por-uma-lei-a-assegurar-a-liberdade-mais-iniciativa-menos-regulacao/. Acesso em 2 de agosto de 2019.

Moreira, Vital. **Administração autónoma e associações públicas.** Coimbra: Coimbra Editora, 2003.

—. *Um marco regulatório: a Lei Sarbanes-Oxley.* In Leitão Marques, Maria Manuel; Moreira, Vital. **A mão visível: mercado e regulação.** Coimbra: Almedina, 2008.

Moreira, Vital; Maçãs, Fernanda. **Autoridades reguladoras independentes: estudo e projecto de Lei-Quadro.** Coimbra: Coimbra Editora, 2003.

Mota Filho, Humberto E. C.; Casagrande, Morgana Ana Daler. *Desenvolvendo programas de integridade efetivos: como traduzir o compliance para as pequenas e médicas empresas?* In Oliveira, Rafael Carvalho Rezende; Acocella, Jéssica (Coord.). **Governança corporativa e compliance.** Salvador: Juspodivm, 2019.

Moura, Bruno. *Autoria e participação nos crimes desde a empresa: bases para um modelo de imputação individual.* In **Revista CEPPG**, a. 15, n. 25, 2º sem./2011. Catalão: Centro de Ensino Superior de Catalão, 2011.

Mueller, Tom. **Crisis of conscience: whistleblowing in an age of fraud.** New York: Riverhead Books, 2019.

Muñoz de Morales Romero, Marta. *Programa de cumplimiento "efectivos" en la experiencia comparada.* In Zapatero, Luis Arroyo; Nieto Martín, Adán (direct.).

El Derecho Penal Económico el la era Compliance. Valencia: Tirant lo Blanch, 2013.

NETTO, Vladimir. **Lava Jato: o juiz Sergio Moro e os bastidores da operação que abalou o Brasil.** Rio de Janeiro: Primeira Pessoa, 2016.

NIETO MARTÍN, Adán. *Autorregulación, 'compliance' y justicia restaurativa.* In ARROYO JIMÉNEZ, Luis; NIETO MARTÍN, Adán (Dir.). **Autorregulación y sanciones.** 2. ed. Navarra: Aranzadi, 2015.

—. *El cumplimiento normativo.* In NIETO MARTÍN, Adán (Dir.); LASCURAÍN SÁNCHEZ, Juan Antonio; BLANCO CORDERO, Isidoro; PÉREZ FERNÁNDEZ, Patricia; GARCÍA MORENO, Beatriz. **Manual de cumplimiento penal en la empresa.** Valencia: Tirant lo Blanch, 2015.

—. *Investigaciones internas.* In NIETO MARTÍN, Adán (Dir.); LASCURAÍN SÁNCHEZ, Juan Antonio; BLANCO CORDERO, Isidoro; PÉREZ FERNÁNDEZ, Patricia; GARCÍA MORENO, Beatriz. **Manual de cumplimiento penal en la empresa.** Valencia: Tirant lo Blanch, 2015.

—. *La privatización de la lucha contra la corrupción.* In ZAPATERO, Luis Arroyo; NIETO MARTÍN, Adán (direct.). **El Derecho Penal Económico el la era Compliance.** Valencia: Tirant lo Blanch, 2013.

—; MAROTO CATALYUD, Manuel (Dir.). **Public compliance. Prevención de la corrupción en administraciones públicas y partidos políticos.** Cuenca: Universidad de Castilla-La Mancha, 2014.

OLIVEIRA, Fabrício dos Santos de. *Investigações internas corporativas.* In OLIVEIRA, Luis Gustavo Miranda de. **Compliance e integridade: aspectos práticos e teóricos, v. 2.** Belo Horizonte: Editora D'Plácido, 2019.

OLVER, Michael. Whistleblower protection protocols are now a key element of FCPA compliance. In **The FCPA Blog (News and commentary about white-collar crime, enforcement, and compliance).** On Wednesday, May 15, 2019 at 8:18AM. Disponível em http://www.fcpablog.com/blog/2019/5/15/whistleblower-protection-protocols-are-now-a-key-element-of.html?utm_source=feedburner&utm_medium=feed&utm_campaign=Feed%3A+fcpablog%2FsLbh+%28The+FCPA+Blog%29. Acesso em 23 de maio de 2019.

OMAROVA, Saule T. *Rethinking the Future of Self-Regulation in the Financial Industry.* In **Brooklyn Journal of International Law**, SYMPOSIUM: New Paradigms for Financial Regulation in the United States and the European Union, v. 35, iss. 3, art. 2, New York, Brooklyn Law School, 2006. Disponível em https://brooklynworks.brooklaw.edu/bjil/vol35/iss3/2. Acesso em 27 de setembro de 2019.

—. *The "too big to fail" problem.* In **Legal Studies Research Paper Series**, Cornell Law School, n. 19-06, The Social Science Research Network Electronic Paper Collection, Ithaca/NY. Disponível em: http://ssrn.com/abstract=3309305. Acesso em 25 de outubro de 2019.

ORLAND, Leonard. *The transformation of corporate criminal law.* In **Brooklyn Journal of Corporate, Financial & Commercial Law**, SYMPOSIUM: New Models for Securities Law Enforcement: Outsourcing, Compelled Cooperation, and Gatekeepers, v. 1., iss. 1, art. 4, New York, Brooklyn Law School, 2006. Disponível em https://brooklynworks.brooklaw.edu/bjcfcl. Acesso em 23 de setembro de 2019.

PAGOTTO, Leopoldo; NAKAHARA, Eric Felipe Sabadini. *O programa de compliance como mecanismo de prevenção de responsabilidade penal no ambiente corporativo*. In SOUZA, Luciano Anderson de (Coord.). **Compliance no Direito Penal**. São Paulo: Thomson Reuters Brasil, 2020.

PALMA, Maria Fernanda; DIAS, Augusto Silva; SOUSA MENDES, Paulo de. *Apresentação*. In PALMA, Maria Fernanda; DIAS, Augusto Silva; SOUSA MENDES, Paulo de (Coord. Cient.). **Estudos sobre law enforcement, compliance e Direito Penal**. Coimbra: Almedina, 2018.

PARO, João Pedro. *Compliance de governança múltipla*. In **JOTA – Compliance pelo mundo/integridade**, em 8 de janeiro de 2020. Disponível em https://www.jota.info/opiniao-e-analise/artigos/pro--etica-compliance-efetivo-28082018. Acesso em 9 de janeiro de 2020.

PASTOR MUÑOZ, Nuria. **Riesgo permitido y principio de legalidad**. Barcelona: Atelier, 2019.

PECI, Alekta. *Regulação e administração pública*. In GUERRA, Sérgio (Org.). **Regulação no Brasil: uma visão multidisciplinar**. Rio de Janeiro: Editora FGV, 2014.

PEIXOTO, Bruno Teixeira. *Dieselgate: marco para o compliance ambiental – escândalo mundial da Volkswagen define o momento para programas de compliance na área ambiental*. In **JOTA – Opinião & Análise**, em 24 de outubro de 2019. Disponível em https://www.jota.info/opiniao-e-analise/artigos/dieselgate--marco-para-o-compliance-ambiental-24102019. Acesso em 25 de outubro de 2019.

PERES, Marisa; SOUSA, Ricardo Inglez de. *Compliance concorrencial*. In LANA E SOUZA, Fernanda Nunes Coelho; TOMAGNINI, Flávia Neves; UCHOA, Maria Raquel de Sousa Lima; ANDRADE, Renato campos (Orgs.). **Compliance em perspectiva: abrangência, especificidades, mecanismos de atuação e a salvaguarda das organizações**. Belo Horizonte: Editora D'Plácido, 2019.

PORTO, Roberta Guasti; CASSINI, Flavia Tiemi Oshiro; LIMA, Mirela Clemente Pedrosa. *Reflexões sobre a efetividade de programas de compliance*. In OLIVEIRA, Luis Gustavo Miranda de. **Compliance e integridade: aspectos práticos e teóricos, v. 2**. Belo Horizonte: Editora D'Plácido, 2019.

POSNER, Eric. *A terrible shame – enforcing moral norms without the law is no way to create a virtuous society*. In **Slate.com**, em 9 de abril de 2015. Disponível em https://slate.com/news-and-politics/2015/04/internet-shaming-the-legal-history-of--shame-and-its-costs-and-benefits.html. Acesso em: 2 de outubro de 2019.

POSNER, Richard A. *The concept of regulatory capture: a short, inglorius history*. In CARPENTER, Daniel; MOSS, David A. **Preventing regulatory capture: special interest influence and how to limit it**. New York: Cambridge University Press, 2014.

PRITTWITZ, Cornelius. *La posición jurídica (en especial, posición de garante) de los compliance officers*. In KUHLEN, Lothar; MONTIEL, Juan Pablo; ORTIZ DE URBINA GIMENO, Íñigo (Eds.). **Compliance y teoría del Derecho Penal**. Madrid: Marcial Pons, 2013.

PUYOL, Javier. **El funcionamiento práctico del canal de compliance "whistleblowing"**. Valencia: Tirant lo Blanch, 2017.

RAFIH, Rhasmye El. *Algumas consequências da premiação patrimonial do* whistleblowing *no âmbito criminal e em programas de* compliance: *impactos inaugurais da Lei 13.608/2018*. In **Boletim IBCCrim**, São Paulo, a. 26, n. 309, ago./18.

RAMOS, Raeclara Drummond. *Norma ABNT NBR ISSO 37001: sistemas de gestão antissuborno*. In PORTO, Vinicius; MARQUES, Jader [Org.]. **O compliance como instrumento de prevenção e combate à corrupção**. Porto Alegre: Livraria do Advogado, 2017.

RAKOFF, Jed S. *The financial crisis: why have no high-level executives been prosecuted?* In HUANG, Robin Hui; HOWSON, Nicholas Calcina. **Enforcement of corporate and securities law: China and the world**. Cambridge: Cambridge University Press: 2018.

RAWLS, John. **Uma teoria da Justiça**. (Trad. Vamireh Chacon). Brasília: Universidade de Brasília, 1981.

REES, Martin. **Hora final: alerta de um cientista – o desastre ambiental ameaça o futuro da humanidade** (Trad. Maria Guimarães). São Paulo: Companhia das Letras, 2005.

RIBEIRO, Marcia Carla Pereira; DINIZ, Patrícia Dittrich Ferreira. *Compliance e lei anticorrupção nas empresas*. In **Revista de Informação Legislativa**, a. 52, n. 205, jan.-mar. 2015.

RITTO, Antonio Carlos Azevedo de. *Compliance e ética – uma nova consciência em tempos de trabalho em redes* e CARVALHO, Marinilza Bruno de. *Compliance e níveis de serviço*. In RITTO, Antonio Carlos de Azevedo; CARVALHO, Marinilza Bruno de (Org.). **Compliance e ética – uma nova consciência em tempos de trabalho em redes**. Rio de Janeiro: Ciência Moderna Ltda., 2019.

ROBLES PLANAS, Ricardo. *El responsable de cumplimiento* ("compliance officer") *ante el Derecho penal*. In SILVA SÁNCHEZ, Jesús-María (Dir.); MONTANER FERNÁNDEZ, Raquel (Coord.). **Criminalidad de empresa y Compliance – Prevención y reacciones corporativas**. Barcelona: Atelier, 2013.

RODRÍGUEZ, Victor Gabriel; SAAD-DINIZ, Eduardo; MARIN, Gustavo de Carvalho. *Programas de* whistleblowing *e os problemas da delação premiada*. In SOUZA, Luciano Anderson de (Coord.). **Compliance no Direito Penal**. São Paulo: Thomson Reuters Brasil, 2020.

ROSI, Elisabetta; UBERTIS, Giulio. *Prevention, investigation, and sanctioning of economic crime – a comparative analysis of normative control systems in Italy*. In SIEBER, Ulrich (ed.). **Prevention, investigation, and sanctioning of economic crime: national perspectives. International Review of Penal Law (RIDP)**. Antwerpen (Belgium): Maklu, 2019, v. 90, iss. 1.

ROXIN, Claus. **Derecho penal, parte general – tomo I: fundamentos. La estrutura de la Teoría del Delito** (Trad. Diego-Manuel Luzón Peña; Miguel Díaz y García Conlledo; Javier de Vicente Remesal). Madrid: Civitas, 1997.

ROXIN, Imme; ASSIS, Augusto. *Problemas e estratégias da consultoria de compliance em empresas*. In **Revista Brasileira de Ciências Criminais**, São Paulo, v. 114, mai./jun. 2015.

SAAD-DINIZ, Eduardo. *Brasil vs. Golias: os 30 anos da responsabilidade penal da pessoa jurídica e as novas tendências em compliance*. In **Revista dos Tribunais**, São Paulo, v. 988, fev./2018, DTR\2018\7952.

—. **Ética negocial e *compliance*: entre a educação executiva e a interpretação judicial**. São Paulo: Thomson Reuters Brasil, 2019.

—. *O papel transformativo das corporações no processo penal: ideias sobre* compliance *e vitimização corporativa*. In **Revista Magister de Direito Penal e Processual Penal**, n. 91, ago.set/2019. Porto Alegre: Lex Magister.

—. *O sentido normativo dos programas de compliance na APN 470/MG*. In **Revista dos Tribunais**, São Paulo, v. 933, jul./2013.

—. *Política Regulatória, Enforcement e Compliance: Análise dos Lineamientos da Oficina Anticorrupção da Procuradoria Argentina*. In **Revista Magister de Direito Penal e Processual Penal**, n. 90, jun.jul/2019. Porto Alegre: Lex Magister.

—. **Vitimologia corporativa.** São Paulo: Tirant lo Blanch, 2019.

SÁNCHEZ RIOS, Rodrigo; ANTONIETTO, Caio. *Criminal compliance – prevenção e minimização de riscos na gestão da atividade empresarial*. In **Revista Brasileira de Ciências Criminais**, São Paulo, v. 114, mai./jun. 2015.

SÁNCHEZ RIOS, Rodrigo; MACHADO, Allian Djeyce Rodrigues. *Criminalidade intraempresarial, sistemas de denunciação interna e suas repercussões na seara penal: o fenômeno do whistleblowing*. In **Revista Brasileira de Ciências Criminais** | vol. 137/2017 | p. 89 – 123 | Nov / 2017, DTR\2017\6616.

SANEN, Claudia; DONEGÁ, Guilherme. *Integridade e empresas no Brasil*. In **Transparência Internacional Brasil**. São Paulo: Associação Transparência e Integridade, maio de 2018. Disponível em https://transparenciainternacional.org.br/assets/files/conhecimento/relatorio-executivo.pdf. Acesso em 5 de julho de 2019.

SANTOS, Juarez Cirino dos. **Direito penal, parte geral.** Curitiba; ICPC: Lumen Juris, 2006.

SANTOS, Felipe Matias. *Compatibilização dos deveres de informação e colaboração com o princípio da não autoinculpação*. In PALMA, Maria Fernanda; DIAS, Augusto Silva; SOUSA MENDES, Paulo de (Coord. Cient.). **Novos estudos sobre *law enforcement*, *compliance* e Direito Penal.** Coimbra: Almedina, 2020.

SERRA, Cristina. **Tragédia em Mariana: a história do maior desastre ambiental do Brasil.** Rio de Janeiro: Record, 2018.

SERRANO DE NICOLÁS, Yolanda; CONESA ALAGARDA, Mayrata; ALBALÁ GONZÁLEZ, Augustín. **Compliance penal para pymes según la Norma UNE 19601.** Madrid: Aenor, 2019.

SCANDELARI, Gustavo Britta. *As sanções criminais aplicáveis às pessoas jurídicas: uma nova teoria das penas?* In: BUSATO, Paulo César; GRECO, Luís. (Org.). **Seminário Brasil-Alemanha: responsabilidade penal de pessoas jurídicas.** Florianópolis: Tirant lo Blanch, 2018.

—. *Compliance como prevenção idônea de crimes e sua compatibilização com a intervenção mínima*. In COUTINHO, Aldacy Rachid; BUSATO, Paulo César (Org.). **Aspectos jurídicos do *compliance*.** Florianópolis: Empório do Direito, 2017.

—; ANDRADE, Guilherme Oliveira de. *A prevenção geral positiva na sanção aplicável à pessoa jurídica: crítica e sugestões*. In BUSATO, Paulo César (Org.); GRECO, Luís; BUSATO, Paulo César (Coord.). **Responsabilidade penal de pessoas jurídicas (anais do III Seminário Brasil-Alemanha).** v. 2. São Paulo: Tirant lo Blanch, 2020.

—; POZZOBON, Roberson Henrique. *Shaming como uma via para a sanção criminal de pessoas jurídicas no Brasil*. In **Revista Brasileira de Ciências Criminais**, a. 27, v. 151, jan./2019. São Paulo: Revista dos Tribunais.

SCHAPIRO, Mario G.; MARINHO, Sarah M. Matos. **Compliance concorrencial: cooperação regulatória na defesa da** concorrência. São Paulo: Almedina, 2019.

SCHMIDT-ASSMANN, Eberhard. *Enforcing international environmental law: a German and European perspective on national implementation*. In ZHENGHUA, Tao; WOLFRUM, Rüdiger. **Implementing international environmental law in Germany and in China**. London: Kluwer Law International Ltd., 2001.

SCHNEIDER, Carl D. **Shame, exposure and privacy.** Boston: Beacon Press, 1977 (reimpresso em 1992).

SCHYMURA, Luiz Guilherme. *Regulação e aspectos institucionais brasileiros*. In GUERRA, Sérgio (Org.). **Regulação no Brasil: uma visão multidisciplinar.** Rio de Janeiro: Editora FGV, 2014.

SHELTON, Dinah. *Law, non-law, and the problem of 'soft law'*. In SHELTON, Dinah. **Commitment and compliance: the role of non-binding norms in the international legal system.** New York: Oxford University Press, 2003.

SHORT, Jodi; TOFFEL, Michael W. *Making self-regulation more than merely symbolic: the critical role of the legal environment*. In **Administrative Science Quarterly**, Georgetown Public Law and Legal Theory Research Paper n. 11-14, Scholarship@Georgetown Law, Georgetown University Law Center, Washington/DC, v. 55, 2010. Disponível em http://scholarship.law.georgetown.edu/facpub/461. Acesso em 27 de setembro de 2019.

SIEBER, Ulrich. *Programas de* compliance *en el derecho penal de la empresa. Una nueva concepción para controlar la criminalidad económica*. In ZAPATERO, Luis Arroyo; NIETO MARTÍN, Adán (direct.). **El Derecho Penal Económico el la era Compliance.** Valencia: Tirant lo Blanch, 2013.

—; ENGELHART, Marc. **Compliance programs for the prevention of economic crimes – an empirical survey of German companies.** Berlin: Max--Planck-Institut für ausländisches und internationales Strafrecht, 2014.

SILIPRANDI, Adriana; LOPES, Fernando. **Blockchain, bitcoin e smart contracts: a revolução dos ativos digitais.** São Paulo: Tirant lo Blanch, 2019.

SILVA SÁNCHEZ, Jesús-María. *Deberes de vigilancia y* compliance *empresarial*. In: KUHLEN, Lothar; MONTIEL, Juan Pablo; ORTIZ DE URBINA GIMENO, Íñigo (Eds.). **Compliance y teoría del Derecho Penal.** Madrid: Marcial Pons, 2013.

—; VARELA, Lorena. *Responsabilidades individuales en estructuras de empresa: la influencia de sesgos cognitivos y dinámicas de grupo*. In SILVA SÁNCHEZ, Jesús-María (Dir.); MONTANER FERNÁNDEZ, Raquel (Coord.). **Criminalidad de empresa y Compliance – Prevención y reacciones corporativas.** Barcelona: Atelier, 2013.

SILVEIRA, Renato de Mello Jorge. *Direito penal da era* compliance*, a realidade penal econômico-empresarial brasileira e a variação de seus momentos*. In SOUZA, Luciano Anderson de (Coord.). **Compliance no Direito Penal.** São Paulo: Thomson Reuters Brasil, 2020.

SILVEIRA, Renato de Mello Jorge; SAAD--DINIZ, Eduardo. **Compliance, Direito Penal e Lei Anticorrupção.** São Paulo: Saraiva, 2015.

SOLTES, Eugene. *Evaluating the effectiveness of corporate compliance programs: establishing a model for prosecutors, courts, and firms*. In **New York University Journal of Law & Business**, v. 14, n. 3, 2018. Disponível em: https://docs.wixstatic.com/ugd/716e9c_d2bbd781bef742ba-8f74bd65206dd0b2.pdf. Acesso em 29 de outubro de 2019.

Sousa Pereira, Marília Viana. Compliance *para pequenas empresas: como implantar.* In Lana e Souza, Fernanda Nunes Coelho; Tomagnini, Flávia Neves; Uchoa, Maria Raquel de Sousa Lima; Andrade, Renato campos (Orgs.). **Compliance em perspectiva: abrangência, especificidades, mecanismos de atuação e a salvaguarda das organizações.** Belo Horizonte: Editora D'Plácido, 2019.

Sousa Santos, Boaventura de. **Renovar a teoria crítica e reinventar a emancipação social.** São Paulo: Boitempo, 2007.

Souza, Renee do Ó. Whistleblower *ou informante do bem: análise da Lei 13.608/2018 com as alterações feitas pela Lei 13.964/2019.* In Souza, Renee do Ó (Org.). **Lei anticrime – comentários à lei 13.964/2019.** Belo Horizonte: D'Plácido, 2020.

Stone, Christopher D. *Corporate vices and corporate virtues: do public/private distinctions matter?* In **University of Pennsylvania Law Review**, v. 130, n. 6, Philadelphia, 1982.

Stucke, Maurice E. *In Search of Effective Ethics & Compliance Programs.* 39 Journal of Corporation Law 769, University of Tennessee Legal Studies, Research Paper n. 229, 2014. Disponível em https://dx.doi.org/10.2139/ssrn.2366209. Acesso em 29 de outubro de 2019.

Sousa Mendes, Paulo de. *A problemática da punição do autobranqueamento e as finalidades de prevenção e repressão do branqueamento de capitais no contexto da harmonização europeia.* In **Católica Law Review**, Católica Research Centre for the Future of Law, v. I, n. 3, nov./17, Lisboa: Universidade Católica Editora.

—. Law enforcement & compliance. In Palma, Maria Fernanda; Dias, Augusto Silva; Sousa Mendes, Paulo de (Coord. Cient.). **Estudos sobre** *law enforcement,* **compliance e Direito Penal.** Coimbra: Almedina, 2018.

—. Law enforcement & compliance. In Palma, Maria Fernanda; Dias, Augusto Silva; Sousa Mendes, Paulo de (Coord. Cient.). **Novos estudos sobre** *law enforcement, compliance* **e Direito Penal.** Coimbra: Almedina, 2020.

Sundfeld, Carlos Ari. *Direito público e regulação no Brasil.* In Guerra, Sérgio (Org.). **Regulação no Brasil: uma visão multidisciplinar.** Rio de Janeiro: Editora FGV, 2014.

Teixeira, Adriano; Góes, Guilherme; Ensel, Linus. *O projeto de lei de sanções corporativas da Alemanha.* In **JOTA – Penal em Foco**, em 6 de janeiro de 2020. Disponível em https://www.jota.info/opiniao-e-analise/colunas/penal-em-foco/o-projeto-de-lei-de-sancoes-corporativas-da-alemanha-06012020. Acesso em 7 de janeiro de 2020.

Temporão, José Otto Segui. Compliance *como estrutura mitigadora de riscos.* In Lana e Souza, Fernanda Nunes Coelho; Tomagnini, Flávia Neves; Uchoa, Maria Raquel de Sousa Lima; Andrade, Renato campos (Orgs.). **Compliance em perspectiva: abrangência, especificidades, mecanismos de atuação e a salvaguarda das organizações.** Belo Horizonte: Editora D'Plácido, 2019.

Tiedemann, Klaus. *El derecho comparado en el desarrollo del derecho penal económico.* In Zapatero, Luis Arroyo; Nieto Martín, Adán (direct.). **El Derecho Penal Económico el la era Compliance.** Valencia: Tirant lo Blanch, 2013.

Tuma Jr., Romeu; Tognolli, Claudio. **Assassinato de reputações II: muito além da Lava Jato.** 2. ed. São Paulo: Matrix, 2016.

VASCONCELOS, Priscila Elise Alves; OLIVEIRA, Rafael Carvalho Rezende. *Compliance ambiental: a busca pela efetividade na aplicação das normas ambientais*. In OLIVEIRA, Rafael Carvalho Rezende; ACOCELLA, Jéssica (Coord.). **Governança corporativa e compliance**. Salvador: Juspodivm, 2019.

VEGAS AGUILAR, Juan Carlos; E. HERNÁNDEZ SÁNCHEZ, Francisco; IZQUIERDO GARCÍA, Fernando. *La figura del «Compliance Officer» y los «Programas de prevención de riesgos penales»*. In **Diario La Ley**, ISSN 1989-6913, n. 8689, Sección Tribuna, 26 de janeiro de 2016, Ref. D-41, Madrid, Wolters Kluwer. Disponível em https://dialnet.unirioja.es/servlet/articulo?codigo=5311785. Acesso em 27 de junho de 2019.

VIEIRA, Geraldo da Silva. **Direito penal econômico; abordagem da corrupção pela legislação brasileira; aspectos fundamentais da Operação Lava Jato**. 2. ed. Belo Horizonte: D'Plácido, 2018.

WALD, Arnoldo. *O governo das empresas*. In **Revista de Direito Bancário e do Mercado de Capitais**, São Paulo, v. 15, jan./2002.

WEDY, Gabriel. **O princípio constitucional da precaução como instrumento de tutela do meio ambiente e da saúde pública**. Belo Horizonte: Fórum, 2009.

WEISS, Edith Brown. *Understanding compliance with soft law*. In SHELTON, Dinah. **Commitment and compliance: the role of non-binding norms in the international legal system**. New York: Oxford University Press, 2003.

WELZEL, Hans. **Derecho penal aleman, parte general**. (Trad. da 11ª ed. alemã por Juan Bustos Ramírez e Sergio Yáñez Pérez). Santiago: Editorial Jurídica de Chile, 1970.

WOODWARD, Bob. **Five presidents and the legacy of Watergate**. New York: Simon & Schuster, 1999.

—. **O homem secreto: a história do garganta profunda de Watergate** (Trad. Equipe Editorial). Rio de Janeiro: Rocco, 2005.

ZANON, Patricie Barricelli; FANTIN, Lucas Alfredo de Brito. *20 anos de compliance e políticas públicas de combate e prevenção à corrupção e lavagem de dinheiro*. In BECHARA, Fábio Ramazzini; FLORÊNCIO FILHO, Marco Aurélio Pinto (Coord.). **Compliance e direito penal econômico**. São Paulo: Almedina, 2019.

ZARDO, Francisco. **Infrações e sanções em licitações e contratos administrativos – com as alterações da Lei Anticorrupção (Lei 12.846/2013)**. São Paulo: Revista dos Tribunais, 2014.

APÊNDICE. REDAÇÃO SUGERIDA PARA A PROPOSTA DE LEI

Com o intuito de se obter resultado o mais próximo possível de um rendimento prático em relação às propostas veiculadas na Parte III, Capítulo 3, bem como para facilitar o debate e fomentar as críticas, oferecem-se, a seguir, possíveis vetores iniciais para o texto de uma lei uniformizadora de incidência ampla em matéria de programas corporativos de prevenção de ilícitos e que veicula instrumentos de *law enforcement*, tal como aqui se propõe. Como a ideia é a de um diploma legislativo que deverá dispor sobre uma série de assuntos de disciplinas político-institucionais e jurídicas de múltiplas naturezas – muitas das quais não foram aqui abordadas –, é necessário respeitar as limitações da presente pesquisa e cingir a hipotética redação legal aos pontos que foram pesquisados. Como segue:

LEI Nº, DE DIA DE MÊS DE ANO

> Dispõe sobre a adoção de programas de prevenção de ilícitos por empresas privadas, cria a Comissão para a Simplificação de Exigências Públicas à classe empresária (COSEP), cria a Comissão para a Formalização da Atuação Colaborativa entre o Estado e os particulares (COFAC) e dá outras providências.

O PRESIDENTE DA REPÚBLICA Faço saber que o Congresso Nacional decreta e eu sanciono a seguinte Lei:

CAPÍTULO I
DISPOSIÇÕES GERAIS

Art. 1º Esta Lei dispõe sobre a formulação e a adoção de programas de prevenção de ilícitos por empresas privadas, sediadas em território nacional, ainda que possuam filiais ou atividades em outros países, ressalvada a legislação especial no que for conflitante.

Parágrafo único. Aplica-se o disposto nesta Lei a todo e qualquer formato jurídico de negócio empresarial privado, ainda que constituído apenas de fato e não de direito.

I – As expressões "políticas, procedimentos e controles internos" (Lei nº 9.613/98, art. 10, III), "mecanismos e procedimentos internos de integridade, auditoria e incentivo à denúncia" (Lei nº 12.846/13, art. 7º, VIII), "Código de Conduta e Integridade" (Lei nº 13.303/16, art. 9º, §1º), "Boas Práticas e Governança" (Lei 13.709/18, arts. 50 e 51) e outras similares são equivalentes a "programas de prevenção de ilícitos" para os fins desta Lei.

Art. 2º A formulação e a adoção dos programas de prevenção são obrigatórias a todas as empresas que considerem relevante a prevenção de danos a terceiros e ao meio ambiente.

§1º A não formulação e a adoção de programas de prevenção de ilícitos não ensejará sanção como regra geral, todavia, tal circunstância poderá ser elemento prejudicial de convicção da autoridade competente em eventual processo sancionatório.

§2º As pessoas jurídicas que contratem com o poder público e que armazenem dados pessoais de terceiros que não formularem e adotarem programas de prevenção estarão sujeitas a sanções que serão aplicadas conforme Regulamento do Poder Executivo federal.

§3º As instituições financeiras e entidades equiparadas que não formularem e adotarem programas de prevenção estarão sujeitas a sanções previstas na forma da legislação específica.

§4º Os programas de prevenção de ilícitos destinam-se a prevenir todo e qualquer tipo de ilícito assim reconhecido por lei, independentemente de sua natureza e gravidade, bem como desvios ético-disciplinares previstos em normas empresariais internas, razão pela qual é de interesse público que sejam implementados no setor corporativo em geral.

§5º Desde que atendidos os requisitos mínimos constantes no Capítulo II desta Lei e não incorram em ilegalidade, as empresas são livres para formular seus respectivos programas de prevenção conforme melhor se adequem às características próprias de suas respectivas áreas de atuação.

Art. 3º Essa Lei determina a simplificação das exigências públicas à classe empresária e estabelece o dever, às autoridades públicas e aos particulares, de que assumam formalmente o compromisso de atuar colaborativamente na busca do constante aprimoramento de mecanismos de prevenção de ilícitos.

§1º A simplificação das exigências públicas é dever do Estado e deve ser realizada no menor prazo possível, observado o disposto no art. 23 desta Lei.

§2º A simplificação visa facilitar o atendimento das exigências públicas pela classe empresária e reduzir, com isso, os riscos inerentes à sua atividade.

§3º A classe empresária priorizará, em seus programas de prevenção de ilícitos, a formulação de regras voltadas à sua constante atualização quanto a todas as obrigações que deverão cumprir para o exercício seguro e regular de suas atividades.

§4º A atuação colaborativa e a formalização do compromisso das partes com a idoneidade dos programas de prevenção de ilícitos são deveres compartilhados entre o Estado e os particulares e serão realizados com base no art. 144 da Constituição Federal, consoante as disposições do art. 24 desta Lei.

CAPÍTULO II
OS REQUSITOS MÍNIMOS DOS PROGRAMAS DE PREVENÇÃO DE ILÍCITOS

Art. 4º Os requisitos veiculados nesta Lei representam apenas o conteúdo mínimo dos programas de prevenção, os quais deverão ser desenvolvidos, em seus detalhes, pelas empresas interessadas, observadas as suas diferenças de dimensão e de nichos de atuação.

§1º É recomendável que os programas sejam representados formalmente e por normas escritas.

Art. 5º Os programas de prevenção de ilícitos deverão dispor expressamente sobre os seguintes itens:

I – Métodos de identificação e de reavaliação constante dos riscos ligados às atividades econômicas exploradas pela empresa, bem como os riscos por ela produzidos que não tenham relação direta com suas atividades;

II – Os valores perseguidos pela corporação, a criação e a manutenção de uma cultura de integridade, de transparência e de acolhimento da fiscalização pública;

III – Medidas de auto-organização voltadas a permitir que os setores e as pessoas encarregadas pela prevenção possam exercer adequadamente suas obrigações;

IV – Medidas de controle e de sancionamento dos integrantes da empresa;

V – Canais de comunicação, de relacionamento e de denúncia;

VI – Procedimentos internos de apuração de autoria e de materialidade de ilícitos praticados pela empresa, na empresa ou contra ela;

VII – Procedimentos de divulgação imediata, ao público, quando da descoberta de riscos graves ou de ilícitos praticados pela empresa, seus gestores ou por terceiros quando possam afetar sua atividade, o mercado ou a sociedade em geral;

VIII – Formas lícitas e viáveis de aproximação e de atuação conjunta com as autoridades reguladoras competentes, fomentando o constante diálogo com as empresas para facilitar o monitoramento e o cumprimento das exigências aplicáveis com o objetivo de prevenir ilícitos;

IX – A obrigação dos gestores da empresa de submeter, regularmente, o programa de prevenção a avaliação e/ou a certificação por entidades devidamente credenciadas.

Art. 6º A avaliação dos riscos deve ser realizada em conjunto por profissionais da própria empresa e por terceiros especializados, utilizando-se, tanto quanto possível, das tecnologias disponíveis para o tratamento de dados e de estatísticas.

Art. 7º A cultura de integridade deve ser constantemente fomentada, especialmente por orientações, treinamentos e informações que reforcem os valores defendidos pela corporação, bem como a respeito da necessidade e das vantagens sociais representadas pelo monitoramento, pelo controle e pelas fiscalizações por parte das autoridades reguladoras.

Art. 8º As medidas de auto-organização para os setores de prevenção incluirão a destinação de verba orçamentária suficiente para que funcionem satisfatoriamente e que, preferencialmente, não esteja atrelada ao lucro variável da empresa.

I – A estruturação da empresa para que formule o programa de prevenção pode compreender a criação de novos departamentos, novos setores, a contratação de integrantes especializados e de terceiros externos;

II – Deverá haver setor ou pessoa, interna e/ou externa, responsável pela guarda do programa de prevenção como um todo e pela transmissão das orientações, informações e recomendações aos gestores da empresa;

III – Deverá haver setor ou pessoa, interna e/ou externa, responsável pelo monitoramento de condutas desenvolvidas em ambientes de riscos especiais, bem como pelo fluxo e pela guarda de informações a elas relativas;

IV – Eventuais indícios de riscos graves ou de ilícitos praticados pela empresa e/ou por seus colaboradores internos ou externos deverão ser reportados às autoridades reguladoras competentes;

V – A empresa desenvolverá, no âmbito do programa de prevenção, mecanismos de estímulo e de premiação aos seus integrantes que aceitarem assumir tarefas de divulgação dos valores perseguidos pela empresa e pelas normas que ela se obriga a respeitar.

APÊNDICE

Art. 9º O programa deve prever sanções disciplinares que sejam aplicadas aos seus integrantes ou aos seus colaboradores externos que injustificadamente descumpram as suas normas.

I – Tais sanções respeitarão todos os mandamentos constitucionais incidentes e somente serão aplicadas após o devido procedimento de apuração de responsabilidades;

II – Deverá haver setor ou pessoa, interna e/ou externa, responsável pela realização de procedimentos internos de apuração de responsabilidades, nos quais serão admissíveis a colheita de depoimentos voluntários, documentação e mídia não protegidas por sigilo, a menos que haja a desistência do sigilo pelo titular do direito;

III – Finalizada a apuração, o setor ou pessoa responsável emitirá um relatório conclusivo ou não quanto à existência de indícios de descumprimento injustificado do programa, bem como o(s) seu(s) respectivo(s) autor(es).

IV – A sanção será aplicada pelo setor ou pessoal responsável pela guarda do programa de prevenção como um todo e não dependerá do prévio aval ou permissão da cúpula gestora da empresa ou de nenhum outro ator privado.

Art. 10º A existência e o modo de funcionamento dos canais de comunicação, de relacionamento e de denúncia serão divulgados da forma mais ampla possível, por meios digitais, físicos e, quando necessário, pessoais.

I – A gestão desses canais será feita preferencialmente por terceiros especializados e que possam garantir a discrição no trato e na proteção de informações sensíveis;

II – Haverá disciplina, no programa, a respeito da atividade dos denunciantes que não ajam por má-fé, premiando-os, bem como sanções para os que se utilizem dos canais para fins ilegais, egoísticos ou meramente para fomentar a discórdia, sem prejuízo de outras sanções já previstas em lei.

Art. 11. O programa disporá sobre a forma, os meios e o conteúdo da divulgação espontânea ao público, pela empresa, a respeito de riscos graves ou de ilícito que tenha praticado, isoladamente ou em conjunto com colaborado(es) interno(s) ou externo(s).

Art. 12. O programa conterá regras de estímulo à transparência na relação da empresa com seus clientes, consumidores, concorrentes e com o a sociedade em geral.

I – Informações confidenciais ou protegidas por sigilo somente poderão ser disponibilizadas ao público após a concordância do titular do respectivo direito;

II – O programa incentivará o público em geral a solicitar informações, nos canais adequados, sobre quaisquer dúvidas ligadas não somente aos produtos e aos serviços comercializados pela empresa, mas especialmente a respeito de suas ações para prevenir ilícitos em geral, sobre sua política interna de valores e sobre sua posição a respeito de questões socialmente relevantes.

Art. 13. O programa disciplinará a obrigação de autoinformação a respeito de todas as obrigações e exigências a que se deve atentar a empresa e seus colaboradores internos e externos.

Parágrafo único. Após a realização da Simplificação de Exigências Públicas mencionada no art. 23, será prevista, nos programas de prevenção, a obrigação de que a cúpula gestora da empresa procure a(s) autoridade(s) competente(s) para se informar sobre como melhor atendê-las.

CAPÍTULO III
DA CERTIFICAÇÃO DE IDONEIDADE

Art. 14. A idoneidade dos programas de prevenção de ilícitos poderá ser objeto de certificação temporária por entidades de reconhecida experiência, respeitabilidade e devidamente acreditadas na forma da lei.

I – Os procedimentos de avaliação e de prova para fins de certificação serão presididos e conduzidos pela Controladoria-Geral da União (CGU), em parceria, quando possível, com entidades particulares, respeitadas as condições do *caput* do art. 14 desta Lei.

Art. 15. Uma vez expedido o certificado, a empresa poderá utilizá-lo na promoção de sua imagem, desde que não veicule informações falsas a respeito do significado, da extensão e da validade do certificado, sob pena de responder pelo abuso na forma da legislação aplicável.

Art. 16. O prazo máximo de duração de validade do certificado de idoneidade não será maior do que 2 (dois) anos e poderá ser renovado desde haja novo procedimento de avaliação e de prova.

I – Regulamento do Poder Executivo federal disporá sobre os procedimentos de avaliação e de prova para fins de certificação.

Art. 17. A certificação de idoneidade não poderá, em hipótese alguma, isentar pessoas jurídicas ou físicas de responsabilidade por eventuais ilícitos praticados, embora possa vir a ser utilizado como elemento favorável de convicção pela autoridade competente em eventual processo sancionatório.

CAPÍTULO IV
DAS INTERFERÊNCIAS NAS SANÇÕES APLICÁVEIS

Art. 18. As pessoas jurídicas e físicas que tenham adotado programa de prevenção de ilícitos obrigam-se, automaticamente, a respeitá-los.

Art. 19. A falha injustificada no cumprimento das regras dos programas de prevenção sujeitará a pessoa jurídica e/ou a pessoa física responsáveis a sanções pecuniárias e a sanções de publicidade adversa que serão disciplinadas em Regulamento do Poder Executivo federal, independentemente das sanções eventualmente previstas em lei caso ilícito(s) tenha(m) sido praticado(s).

Art. 20. O programa de prevenção, sua forma, seu conteúdo, seu funcionamento em geral e o histórico da empresa poderão ser utilizados pela autoridade competente para aumentar ou reduzir as sanções aplicáveis.

I – São elementos que normalmente podem recrudescer as sanções aplicáveis:

a) a ausência de normas internas de prevenção de ilícitos;

b) o descompromisso da empresa e/ou de sua cúpula gestora com a idoneidade do seu programa de prevenção;

c) toda e qualquer medida ou conduta da empresa ou de sua cúpula gestora que indique intenção de sabotar, prejudicar, burlar normas internas de prevenção ou grave desídia em relação a elas.

II – São elementos que normalmente podem abrandar as sanções aplicáveis:

a) a existência de programa de prevenção aparentemente idôneo e que funcionava adequadamente ao tempo do fato;

b) a constatação do compromisso da empresa e/ou de sua cúpula gestora com a idoneidade de seu programa de prevenção;

c) o certificado de idoneidade do programa de prevenção, desde que válido ao tempo do fato.

Art. 21. A autoridade competente, ao analisar o disposto no art. 20 e incisos desta Lei, deverá se ater a circunstâncias concretas que possam ser sopesadas objetivamente, sob pena de serem consideradas inválidas como elementos de convicção.

Art. 22. A depender do nível de descompromisso da empresa e/ou de sua cúpula gestora com a idoneidade do programa de prevenção, a autoridade poderá referenciar tal fato como indicativo do dolo ou má-fé na consecução do ilícito, observada a regra de fundamentação do art. 21 desta Lei.

CAPÍTULO V
DISPOSIÇÕES FINAIS

Art. 23. Fica criada, no âmbito do Poder Executivo federal, a Comissão para a Simplificação de Exigências Públicas à classe empresária (COSEP), que será composta por integrantes de todos os órgãos públicos com atribuições para fiscalizar e sancionar atividades empresariais privadas.

§1º A COSEP deverá, na forma e prazo estabelecidos em regulamento do Poder Executivo federal, realizar estudos e apresentar proposta para simplificar o atendimento, pelas empresas, de todas as exigências públicas relativas às atividades econômicas específicas que exploram.

§2º Serão itens de consideração obrigatória de tal proposta:

I – a redução do número de autoridades competentes para fiscalizar e sancionar empresas;

II – a concentração das atividades fiscalizatórias e sancionatórias no menor número possível de autoridades públicas;

III – a atuação conjunta com órgãos de classe representativos dos variados ramos empresariais para que divulguem regularmente cartilhas atualizadas com orientações sobre quais órgãos públicos são responsáveis por fiscalizá-los e sancioná-los.

§3º Uma vez apresentada tal proposta, será submetida a debates públicos que versarão sobre sua viabilidade jurídica e orçamentária e prazo de realização.

Art. 24. Fica criada, no âmbito do Poder Executivo federal, a Comissão para a Formalização da Atuação Colaborativa entre o Estado e os particulares (COFAC), que será composta por juristas de renome nacional e por representantes da classe empresária a fim de estudar e indicar o instrumento legal mais adequado para a formalização do compromisso público-privado com a prevenção de ilícitos.

§1º Regulamento do Poder Executivo federal disporá sobre a forma de funcionamento e o prazo dos trabalhos da COFAC;

§2º Uma vez apresentado instrumento legal mais adequado, regulamento do Poder Executivo federal disporá sobre seu conteúdo e seus usos.

§3º Enquanto não forem concluídos os trabalhos da COFAC, o Estado e os particulares interessados são livres para escolher o instrumento legal que lhes seja recomendado por assessoria jurídica especializada.

I – Tal instrumento poderá ser objeto de futura adequação correspondente às indicações da COFAC;

II – Se não forem encontrados indícios de ilegalidade, má-fé ou fraude na formalização desse instrumento, deverá ser observada, como regra, a preservação de seu conteúdo e seus efeitos.

Art. 25. Regulamento do Poder Executivo federal disporá sobre critérios de seleção e de capacitação de diretores e de técnicos que atuem em seus órgãos de controle, bem como sobre a formalização de contatos e do fluxo de informações entre o poder público e o setor privado de forma a detectar e prevenir a captura de interesses.

Art. 26. Os cidadãos que pretendam abrir novas empresas podem consultar quaisquer órgãos públicos competentes para fiscalizar e sancionar a atividade econômica a ser explorada, de modo a obterem, previamente, as devidas orientações sobre quais obrigações e exigências deverão atender e sobre como fazê-lo.

I – Caso não detenha competência, o servidor público consultado empregará esforços para direcionar o cidadão ao órgão adequado;

II – Caso seja competente, o servidor público consultado entregará todas as informações e orientações necessárias para que o cidadão possa empreender com segurança dentro da legalidade;

III – As informações deverão ser formalizadas, de preferência, em meio digital e sua forma e conteúdo mínimos serão disciplinados por regulamento do Poder Executivo federal.

Art. 27. Esta lei entra em vigor 365 (trezentos e sessenta e cinco dias) após a data de sua publicação.

Brasília, data.

Presidente da República.
Demais autoridades.

Como se percebe, vários itens dessa hipótese de lei poderiam ter sido melhor explorados. Deixou-se, p.ex., nos arts. 2º, §2º e 19, de desenvolver a cominação das sanções porque seria necessário dispor sobre o processo contraditório prévio, sobre a competência para aplicá-las e outras questões.

Mas, como se explicou no início deste item, os temas que não foram objeto específico da presente pesquisa não foram inseridos na redação legal acima sugerida. Afinal, as linhas gerais lei acima esboçadas representam apenas possíveis vetores a serem considerados como provocação ao debate e, quiçá, para que de fato ocorra a inovação legislativa ora proposta.